21세기의 테야르

지구에 출현하는 정신

아서 파벨 · 도날드 세인트 존 엮음
박정희 옮김

21세기의 테야르

지구에 출현하는 정신

아서 파벨 · 도날드 세인트 존   엮음
박정희   옮김

철학과현실사

차 례

옮긴이의 글 / 9
감사의 글 / 13
서문 / 15

제1부 테야르: 그의 삶과 사상

1. **테야르 드 샤르댕: 간단한 일대기** / 41
   존 그림과 메리 에블린 터커

2. **새로운 창조 이야기: 테야르 드 샤르댕의 창조적 정신** / 60
   도날드 그레이

3. **테야르의 지식의 통일성** / 74
   토머스 킹

4. **테야르 드 샤르댕과 루실 스완의 편지들: 개인적 해석** / 99
   어슐러 킹

5

5. 생태학적 시대의 테야르 / 127
   토머스 베리

제2부 21세기를 위한 생태학

6. 새로운 이야기: 기원과 정체 그리고 가치 전달에 관한 논평들 / 159
   토머스 베리

7. 교육과 생태학: 지구교양과 과학기술의 황홀감 / 178
   메리 에블린 터커

8. 지속가능한 발전과 생태 영역: 개념과 원리 / 204
   윌리엄 리스

제3부 우주 발생

9. 새로운 자연선택 / 247
   브라이언 스윔

10. 진화적 우주의 구조: 테야르 드 샤르댕의 물질과 정신 / 266
    캐슬린 더피

11. 테야르 2000: 우주 발생에 관한 새 천년의 비전 / 298
    아서 파벨

제4부 신학적 차원과 사회적 차원

12. 해방신학과 테야르 드 샤르댕 / 323
    에울라리오 발타자르

13. 혼돈, 복잡성, 신학 / 352
    존 호트

14. 성스러운 지혜: 오늘을 위한 그녀의 중요성 / 380
    엘리노 레이

15. 사람과 공동체의 창조적 결합: 지구-인본주의 윤리 / 410
    조셉 그라우

미국 테야르 협회와 *Teilhard Studies* 소개 / 437
집필자와 편집자 / 442
영어로 발간된 테야르의 작품 목록 / 447
21세기를 위한 테야르 관련 참고문헌 / 450
찾아보기 / 456

옮긴이의 글

일반적으로 받아들여지듯이 엄격한 다윈주의의 경계는 그리 확실치 않다. 개체 수준이 아닌 다양한 수준의 선택을 받아들이는 이론들은 다윈의 이론을 확장시켜 놓았으며, 최근의 발생학적 접근이나 창발론적 접근은 다윈주의의 점진적 진화이론에 어려움을 안겨준다. 물론 다윈주의자들은 그러한 개념들을 다윈주의 안에서 수용할 수 있다고 여긴다. 갑자기 일어난 것으로 보이는 사건들도 사실은 진화적 시간에 비추어보면 상당히 긴 기간에 일어난 사건이기 때문이다.

대체로 다윈주의는 유전적 부동과 돌연변이 그리고 자연선택을 진화의 주된 원인으로 받아들인다. 과학적인 진화론은 최대한 인간의 의도를 배제하고 사실 그 자체를 다루어야 하기 때문에 거기에는 인간의 의도나 목적은 포함되지 않는다. 또한 과학적 진화론은 분석적이고 객관적으로 진화를 다루고자 하며 진화에서 어떤 의미를 찾고자 하지 않는다. 여기에서 인간은 거대한 자연의 기작을 통해 선택되거나 추려지는 객관적이고 수동적인 존재일 뿐이다. 그러한 세계는 맹목적인 우연의 세계다. 그리고 그러한 우연의 세계는 허무주의적 삶으로 유도한다.

반면에 테야르에게 있어서 우주는 본질적으로 무의미하다거나 진화는 완전히 무작위적 과정이라는, 그리고 인간의 출현은 순전히 우연한 결과라고 주장하는 사람들과 분명하게 대조를 이룬다. 물론 그에게 있어 진화하는 우주는 '지적 설계' 때문은 아니다. 오히려 테야르에게 있어 진화는 한편으로는 자연선택과 우연한 돌연변이의 힘들이 복잡하게 얽히는 데 의존하며, 다른 한편으로는 복잡성과 의식이 증가하는 데 의존한다. 이는 자동적으로 목적론적 우주로 이끄는 것은 아니다. 그럼에도 이는 인간에게 더 큰 의미의 목적과 희망을 제시한다.

테야르는 인간의 의도와 목적을 진화의 매우 중요한 요소로 여긴다. 엄청나게 오랜 지구의 역사에서 가장 끝머리에 출현한 인간의 현상이 이 지구를 회복할 수 없을 정도로 변화시켜 놓았다. 인간은 진화의 현상이면서 또한 능동적으로 진화를 이끌어가는 존재다. 따라서 진화는 스스로 진화를 의식한다. 이러한 진화의 세계는 인지권에서 그 꽃을 피우는 인간 현상으로 나아가는 일정한 경향성을 보여준다. 테야르의 비전은 기독교 전통의 근본적인 핵심가치들을 과학적으로 정통하고 생태학적으로 책임 있는 인간의 삶에 대한 가장 훌륭한 열망과 통합시킨다. 우리는 지구 전체에 그리스도의 치료와 완성을 가져다주기 위해 공동체 안에서 함께 일하는 사람들이 되어야 한다.

이 책의 필자들은 테야르의 사상을 비판적으로 수용하면서 현대의 경향에 비추어 그것을 확장시키고 있다. 4부 15장으로 구성된 이 책은 그의 삶과 사랑, 신앙과 과학에서부터 현대의 생태학과 여성주의에 이르기까지 다양한 주제로 다루어지고 있다. 그러나 그 이야기들은 테야르의 기본 아이디어를 잘 반영하고 있으며, 또한 매우 경험적이고 과학적인 자료들로 뒷받침되어서 그 전개가 매우 탄탄하다. 각 장의 필자들이 심혈을 기울여 이 책을 집필했음을 알 수 있다. 나는 각 장이 모두 정말로 소중하다고 생각하며, 이 모든 장들을 짧은 표현으로 통일하여 나타낼 수 없다는 것이 아쉬울 뿐이다. 단지 이 말이 도움이 될지 모르겠다. 바라보라… 깊이 사랑하라….

이렇게 소중한 책을 번역할 수 있게 해주신 철학과현실사 전춘호 사장님께 무척 감사드린다. 또한 곧 퇴임을 앞두신 나의 스승 손동현 선생님께도 깊은 감사를 드린다. 한 알의 밀알이 썩어져 새로운 생명으로 태어날 것을 기다리며 아름다운 시간이 되길 기도드린다. 테야르의 사상 자체도 이해하기 쉽지 않은데다 많은 주제들에 따라 너무나 전문적으로 깊이 들어가야 했기 때문에 번역하는 데 어려움도 많았다. 하지만 언제나 반갑게 대답하는 성준이와 나의 소중한 친구 희진이 덕분에 무사히 마칠 수 있었다. 이렇게 서로에게 호의를 베풀 수 있다는 것이 인간 사랑의 에너지 때문이 아닐까⋯. 이러한 보편적 인간 사랑이 또한 우주적 사랑으로 나아가길 기도하면서⋯　엄마, 나의 아이들, 나의 가족과 친구들, 그리고 고통 속에 있는 이웃들과 모든 인간과 세상이 모두모두 평안하길 기도하면서⋯.

2013년 2월
나의 고향 송추에서
박 정 희

감사의 글

*Teilhard Studies*와 그것을 후원하는 테야르 협회에서 나온, 25년간의 내용을 담고 있는 다양한 공동 저자들의 책이 나오게 된 것은 오직 수많은 헌신적인 사람들의 노력을 통해서만 가능할 것이다.

토머스 베리는 협회의 의장으로 여러 해 동안 봉직했으며, 그 기간 동안 *Teilhard Studies*를 개시했다. 그는 1964년 포드햄 대학교에서 있었던 최초의 회의에 참석해서 테야르 단체의 사람들과 토의를 했으며, 뉴욕 시의 리버데일 종교연구소에서 1980년대와 1990년대에 필요한 본거지를 마련해주었다. 토머스는 그의 책에서 보여주듯 테야르의 사상에 필요한 생태학적 차원을 제공함으로써 상당한 발전을 이루었다. 그는 신성한 지구 공동체를 이루는 위대한 일에 참여하는 모든 사람들에게 성실한 조언자이자 영감을 주는 사람으로 남아 있다.

포드햄 대학교의 신학 교수 에워트 커즌스 또한 그 협회의 의장이었다. 1960년대부터 참여한 커즌스 박사는 테야르에 관한 수업을 많이 했으며, 한 세대의 학생들에게 대부분 테야르의 작품에 기초해 있는 통합적인 세계적 정신을 접하게 했다. 최근의 한 논문이 테야르 목록에 포함되어 있다.

원래 그 책은 캘리포니아 버클리 대학교의 브라이언 스웜의 조언으로 계획되었다. 우주 발생 이야기에 대한 영상적 표현과 서정적 작품들과 많은 작업들을 통한 스윔 박사의 이야기는 이러한 활기찬 비전을 독특하게 전달했다.

미국 테야르 협회는 같은 회원들이 막연하게 그 활동을 계속하는 매우 특이한 그룹이다. *Teilhard Studies*와 *Teilhard Perspective*의 회보 모두 한 출판업자 해리 벅으로부터만 도움을 받았다. 현재 펜실베이니아 체임버스버그의 윌슨 대학 종교학 명예교수인 해리는 다양한 자료들과 원고들을 전문적인 문서로 끈기 있게 바꾸어놓았다.

*Teilhard Studies*의 첫 번째 편집자 도날드 그레이는 특히 인정을 받을 만하다. 그레이 교수는 그 연속 출판물의 학문적인 품격을 높였으며 처음의 열 개의 간행물을 통해 그 주제 범위를 수립했다.

고(故) 위니프레드 맥컬로 또한 1996년까지 약 19년 동안 *Teilhard Perspective*을 편집했다. 위니프레드의 여행과 인맥을 통해 일 년에 두 번 발간되는 이 출판물은 믿을 만한 테야르 관련 자료가 되었다.

이제 여러 해 동안 존 그림은 협회의 의장으로, 메리 에블린 터커는 부의장으로 있다. 그들은 그 과정과 성장을 효과적으로 유도해왔으며, 그 모임을 위한 최초의 아이디어를 생각해냈다. 존과 메리 에블린은 많은 회의와 출판물들 그리고 대중적인 웹사이트를 통해 환경적 책임감을 위한 종교적 방편을 획득하려는 노력에 강력한 통솔력을 제공했다.

그리고 마지막으로 훌륭한 출판사 오르비스 북스에 대해 경의를 표한다. 편집장 빌 버로우스는 선택된 연구 선집의 평판과 가치에 대해 인정했다. 그는 그것을 예술적으로 유도해서 이 광범한 판본을 가능케 했다. 또한 오르비스 북스에서 제작을 감독한 캐서린 코스텔로와 원고 교열과 조판 그리고 색인을 맡은 HK 필사실에 많은 감사를 드린다.

서문

존 그림과 메리 에블린 터커

21세기가 시작되면서 우주에 대한 기계론적 모델이 그 설명력을 잃어감에 따라, 창발적 물질과 의식의 유기적 관계를 이해하려는 시도들이 계속된다. 프랑스의 수사이자 고생물학자인 피에르 테야르 드 샤르댕(1881-1955)이 비록 역사적인 제약 때문에 지식과 통찰에 한계가 있었다 할지라도, 그의 사상은 이러한 진화론적 문제들을 가장 훌륭하게 연구하고 있음을 보여준다.

20세기의 종교계나 세속의 학자들은 물질적 실재와 의식의 관계를 연구해왔다. 종교 사상가들은 종종 신과 인간의 상호작용이라는 관점, 다시 말해 창조된 물질과는 구별된 인간 세계로 신의 중재가 파고들어가는 것으로 보이는 종교적 계시의 관점에서 그 탐구를 진행해왔다. 신이 께느른한 아담의 몸에 영적 생명력을 전하기 위해 공간을 가로질러 도달하듯이, 의식은 신적 영역으로부터 인간에게 확장된 것으로 생각된다.

세속의 사상가들은 타인들과의 인간적인 상호작용의 중요성을 보여줌으로써 이차적인 인간적 중재를 강조해왔다. 인간 행위자가 우선적인 것으로 생각되며, 신성은 고려되지 않는다. 이러한 인간중심적 관점에서 물질은 종종 부차적인 위치를 점하며, 인간 이외의 생명세계는 주로 인간에게 봉사하는 것으로 생각된다. 이러한 관점은 경험과학을 통해 더욱더 확장되었다. 이러한 관점에 따르면, 의식이란 단지우주를 구성하는 비활성의 무의식적 물질에서 나온 창발적 현상으로보일 뿐이다.

테야르는 이러한 지배적인 전통의 종교적 입장이나 세속적 입장과는 다른 입장을 취했다. 그는 의식을 창발하는 우주의 구성요소로 삼는 좀 더 전체론적인 입장을 제시했다. 테야르는 인간의 의식과 복잡성의 증가가 직접 우주의 진화와 관련이 있다고 생각했다. 테야르에게 있어서 이러한 복잡성과 의식은 물질 그 자체의 창발적 속성이다. 지구의 진화를 강조하고 "지구의 정신"이라는 문구를 사용하면서, 그는 지구 주변을 순환하면서 층을 이루는 가스체들로 계속 변화하는 물질의 양에 관심을 가졌다. 과학적 범주에 따라 그는 이러한 층들을 암석권, 수권, 생물권으로 분류했다. 그리고 이것은 지구를 둘러싸고 있는 인지권(人智圈, Noosphere: 인간 활동 때문에 변화가 현저하게 나타나는 생물권)에서 지금 인류가 보여주는 의식으로 진화한다고 그는 제안했다. 물질과 정신을 분리시키지 않고자 하는 그는 이렇게 연결된 권역들이 같은 창발적 실재에서의 다르지만 상호 연관된 모습들이라 생각했다. 테야르에게 있어서, 진화적 변화과정 속에서 우주의 다양한 물질은 궁극적으로는 정신의 통합시키는 동력에 의해 앞으로 끌린다.

테야르는 창발적인 물질-정신과 관련해서 인간이 그들의 진화적 역할을 적극적으로 실현하도록 장려하는 일에 그의 일생을 바쳤다. 그가 생각하기에, 인간의 진화적 역할은 유기적으로 발달하는 우주를 상상하도록 마음을 수양하고 보는 것이다. 이렇게 보도록 하기 위해 테야르는 물질의 진화 현상, 정신과의 결합의 형이상학, 그리고 사람 중심의 신비주의를 설명했다.1) 이 서문은 "봄"의 문제를 기술하는 것을 필두로 테야르의 현상학과 형이상학 그리고 그의 신비주의의 본성을 연구하게 될 것이다. 테야르 사상의 한계와 그 공헌을 강조하면서 결론을 마무리할 것이다.

테야르 일생의 문제: 봄

프랑스 남부의 오베르뉴 지방의 가톨릭 집안에서 태어난 테야르는 예수회 교단에 들어갔는데, 거기에서 그는 초기의 생명 형태나 고생물학을 연구하려는 자극을 받았다. 진화 생물학에 대한 이해와 화석에 대한 현장 연구를 통해 그가 전통적인 성경의 창세기 우주론을 의심하게 되었다는 것은 놀랄 일이 아니다. 창세기의 7일간의 창조 이야기는 시간이 지나면서 변해왔던 창발적 우주에 대한 테야르의 이해와 어울리지 않았다. 테야르가 생각했듯이 기독교 신앙과 진화가 서로를 강화하는 관계로 들어가게 하는 것이 중요했다. 이러한 관계로 들어가는 길은 우선 진화가 시작된 시간의 차원들을 깨닫는 것이었다. "우리 나이에 진화를 의식하게 되었다는 것은 한 가지 사실을 더 발견했다는 것과는 매우 다르며, 그 이상의 것을 의미한다. … 그것은 (어린아이가 원근감을 획득할 때 그에게 발생하는 것과 같이) 우리가 새로운 차원으로 들어감을 의미한다."2)

---

1) Pierre Teilhard de Chardin, "My Fundamental Vision", *Toward the Future* (London: Collins, 1974), p.205.

2) Pierre Teilhard de Chardin, *Science and Christ*(New York: Harper & Row, 1969), p.193

따라서 테야르는 세계에 대한 분석적 탐구를 넘어서 현대의 과학이 진화 과정에 있는 깊은 차원의 시공간을 보는 수단이 되도록 확장시키고자 했다. 이를 위한 그의 노력은 모더니스트 논쟁에 말려들게 되었다. 이는 19세기 말부터 20세기 초까지 정통 가톨릭의 견해를 위협하는 것으로 여겨지는 다양한 근대의 아이디어들과 바티칸 간에 계속되는 갈등을 수반했다. 특히 이것은 성경을 해석하는 비판적 방법들과 다윈의 진화론을 포함했다. 이러한 긴장 속에서 테야르는 대단히 창조적인 우주에 대한 비전을 표명하는 동시에, 평생 동안 가톨릭교회의 가르침을 성실하게 따르고자 노력했다.

그의 주저 *The Human Phenomenon* 에서 테야르는 사람들이 진화의 깊은 통일성을 보라고 요청했다.

바라봄. 사람들은 삶 전체가 비록 궁극적으로는 아니라 할지라도 최소한 본질적으로는 보기 나름이라고 말할 것이다. 더 바라볼수록 더 통일되는데, 이것이 요점이며 결국 따라야 하는 결론인 것이다. 하지만 통일성은 성장하며, 비전에 대한 의식의 증가를 통해서 그것이 지지될 때에만 우리는 이것을 다시금 인정하게 될 것이다. 생명세계의 역사가 항상 좀 더 많은 것을 인식할 수 있는 우주 중심의 훨씬 더 완벽한 눈들의 정교함으로 환원될 수 있는 이유가 아마도 그것일 것이다. 동물의 완전함과 생각하는 존재의 우월성은 바라본 것을 통찰하고 종합하는 그들의 능력을 통해 측정되지 않는가? 따라서 더 많은 것을 더 잘 바라보고자 하는 것은 단지 환상이나 호기심이나 사치가 아니다. 보지 않으면 멸망할 것이다. 이것은 존재라는 신비로운 선물이 우주의 모든 요소들에 부여한 상황이다. 따라서 그 정도가 더 높아질수록 그것은 인간의 조건이다.[3]

---

3) Pierre Teilhard de Chardin, *The Human Phenomenon*(Bristol: Sussex Academic Press, 1999), p.3. 이 작품은 *The Phenomenon of Man* 의 프랑스 원본을 Sarah Appleton Weber가 새로 번역한 것이다.

테야르에게 있어서 진화의 통일성을 바라보는 데 문제가 되는 것은 물질과 정신이 분리되어 인식된다는 것이었다. 이러한 경향은 그 시대의 기계론적이고 데카르트적인 과학에서 분명했다. 기계론적 과학은 물질을 죽어 있고 움직이지 않는 것으로 보았으며, 이원론적인 종교관을 갖고서 신을 물질과는 떨어져 있는 초월적 존재로 보았다. 테야르는 물질의 세계와 신의 현현을 진화 속에서 재결합하려 했다. 따라서 테야르는 다음과 같이 가장 인상적인 말로 세계에 대한 그의 믿음을 과감하게 공표하면서 그의 개인적 믿음을 옹호하고 해명했다.4)

혹시라도 어떤 내적 변화의 결과로 내가 예수에 대한 나의 믿음과 인격적 신에 대한 나의 믿음 그리고 정신에 대한 나의 믿음을 차례로 잃게 된다 할지라도, 내가 느끼기에는 아마도 내가 계속해서 세계를 믿을 것이다. 세계(그것의 가치, 그것의 틀림없음, 그것의 선함)는 모든 말과 행동에서 처음이자 끝이며 내가 믿는 유일한 것이다. 이러한 믿음으로 나는 산다. 그리고 내가 느끼기에, 죽음의 순간에 모든 의심을 넘어서 나는 이러한 믿음에 복종할 것이다.5)

테야르는 진화에 대한 과학적 탐구가 기독교 정신에서 멀어지기보다는 오히려 우주에서의 우주적 그리스도를 깊이 이해하게 할 것이라 주장했다. 그는 우주적 그리스도가 진화를 좀 더 인간화하는 방향으로 이끌고 정신을 좀 더 심오하게 한다고 보았다.6) 과학과 종교에서

---

4) Henri de Lubac, *Teilhard de Chardin: The Man and His Meaning*(New York: New American Library, 1967, pp.129-43.
5) Pierre Teilhard de Chardin, "How I Believe", *Christianity and Evolution* (New York: Harcourt Brace Jovanovich, 1971), p.99.
6) 테야르는 진화의 우주적 그리스도에 대한 그의 경험을 표현하는 것으로 "christic"이라는 용어를 만들어냈다. 즉 "변화의 편재성"을 말하는데, 이는 앞으로 끌어 나가는 복잡성-의식에서 기본적이다. *The Heart of Matter* 의 "The

물질과 정신을 분리하는 모든 지배적 입장은 이러한 우주의 깊은 통일적인 성질을 이해하지 못한 것이다.

다윈 이래 과학이 보여주었듯이, 우주는 말하자면 시간이 지나면서 계속 발달하는 상태에 있는 발생적 우주(cosmogenesis)다. 이것은 성경에서 제시된 불변의 창조라든지, 신플라톤주의에서처럼 한때 완벽했던 우주가 축퇴되는 것과는 대조된다. 진화는 원자에서 은하까지 역동적이고 자기 조직적인 과정을 보여준다. 따라서 원자들은 세포를 형성하고 그것은 다세포 유기체들로, 그리고 결국에는 더 높은 생명체들로 진화한다. 이는 인간에서 자기반성이 나타날 때까지 생명체가 복잡해질수록 의식도 더 커진다고 지적했을 때 테야르가 의미했던 바이다.

테야르가 볼 때, 분산과 변화와 고통이란 다양한 물질이 정신과의 통일을 거부하는 진화 과정의 불가피한 차원이다.[7] 에너지 흐름이 쓸모없는 엔트로피로 소실하듯이 더 높은 상태의 복잡성과 의식으로의 진보는 결함을 요구하는 것으로 보인다. 개인에 있어 고통이란 창조적인 우주의 과정들과 관련된 더 큰 변화의 일부로서 속죄의 기능을 갖는다.

개인들이 진화의 통일성을 "볼" 때, 그들은 자신이 어떻게 더 큰 진화의 동력에 참여하고 지구 공동체의 번영에 공헌하는지를 깨닫게 될 것이다. 테야르에게 있어 인간은 궁극적으로 자신의 에너지를 진화와 결합시켜야 하고, 또한 모든 창조를 끌어 나가는 살아 있는 중심과 자

Christic"을 참조(New York: Harcourt Brace Jovanovich, 1978), p.94.

7) 테야르는 *Christianity and Evolution*에서 다음과 같이 말한다. "그리스도는 구조적으로 그 자신 안에 우리 모두를 위해 물질에 본래부터 있는 정신의 상승에 대한 다양한 저항에 의해 제공되는 통일에 대한 저항을 극복하는 자이시다."(p.85)

신의 인격을 결합시켜야 한다.

현상학: 복잡성-의식의 의미

테야르는 1940년에 완성된 *The Human Phenomenon* 에서 진화 과정들에 관해 충분히 자신의 의견을 표현하고자 한다. 1959년에 이러한 의견을 광범위하게 종합한 작품이 영어로 처음 나왔으며, 40년 후인 1999년에 새로운 번역이 발간되었다. 이 작품에서 테야르는 세계의 어떠한 물리적 물질에 대한 고찰도 최소한 "세 가지 무한들"을 포함했다고 제안한다. 처음의 두 "무한들"은 무한히 큼의 영역과 무한히 작음의 영역이었다. 과학적 연구들이 우주와 원자(큼과 작음)를 강조한 반면, 테야르는 의식과 연결될 수 있게 하는 생물학적 복잡성이라는 세 번째 축을 제안했다. 테야르에게 있어서 이러한 복잡성-의식이라는 축의 법칙은 물질을 통해 움직이며 조직화를 위한 기초로 작용한다. 이러한 관점에서 물질의 진화는 단순한 세포 단계에서 더 큰 복잡성과 의식적 반성으로 이동하는 내선적인 다시 말해 안으로 향하는 진보로서 진행한다. 입자와 분자에서 원자까지, 단세포에서 다세포까지, 그리고 식물과 나무들에서 무척추동물과 척추동물까지 진화는 좀 더 복잡한 유기체를 향해 좀 더 많은 감각을 향해 움직임을 보여준다.

테야르는 원시 태양에서 나온 커다란 불길로부터 최초의 창조가 이루어졌다는 아이디어를 인정한다. 그러나 그는 분명 창세기에서 표현된 방식으로 7일간의 완전한 창조에 관한 성경의 표현을 글자 그대로 받아들일 수는 없었다. 과학의 사실들은 그러한 생명의 등장에 관한 설명과 충돌한다. 게다가 에너지와 엔트로피 흐름의 생명 진보로부터 악이 생겨난다고 생각하는 그의 설명과 진화적 시간에 대한 그의 이

해가 교회와 갈등을 일으켰다.8)

　테야르의 관점에서 모든 물질은 더 높은 형태의 복잡성-의식을 향해 진화하고 있다. 그렇다면 물질은 단순히 영지주의적 의미의 악으로 간주되거나 신플라톤주의에서처럼 더 높은 의식으로부터 더 낮은 세계의 지성과 형태로의 유출로 간주될 수도 없을 것이다. 대신에 물질은 여지없이 정신과 연관되어 있는데, 그 두 가지 모두는 의식의 성장을 위한 중요한 도구로서 작용한다. 이러한 과정은 인류 진화의 인간화하는 힘에서 정점을 이룬다. 그것은 바로 우주에 관한 인간에서의 의식적 반성인 것이다.

　*The Human Phenomenon*에서 테야르는 다수성, 통일성, 에너지라는 물질의 세 가지 질을 가정한다.9) 다수성은 사물의 끝없는 퇴화나 파쇄나 추락을 포함한다. 따라서 우주에는 차별화를 위한 무한한 가능성이 있다. 통일성은 다른 크기의 물질이 동일한 시공간을 점하면서 서로 결합되어 있다는 점에서 다수성과 관련하여 발생한다. 역설적이게도 결합은 점점 더 분명한 실재들로 분화한다. 에너지는 사물들의 역동적인 상호작용 즉 결합력에 존재한다. 그것은 위로 오르는 움직임 즉 증강의 힘을 가리킨다. 복잡성-의식이 창발적 속성인 반면, 테야르는 또한 우주가 함께 묶여 위나 앞으로부터 당겨지고 있다고 생각했다.

　테야르는 물질의 파편보다는 그것의 전체성을 강조한다. 그가 정확히 *The Human Phenomenon*에서 설명하고자 했던 것도 바로 그러한 진화 과정에서의 전체성에 관한 시각이었다. 그는 물질을 다수성에 의해 차별화된 것으로, 통일성에 의해 상호 연결된 전체로, 그리고 에

---

8) Mary and Ellen Lukas, *Teilhard: The Man, The Priest, The Scientist*(Garden City, N.Y.: Doubleday, 1977), pp.87-96, 8장의 논의를 보라.

9) Teilhard, *The Human Phenomenon*, p.24.

너지가 불어넣어진 양자로 본다.10) 이러한 전 체계의 필수적 원리는 열역학 제2법칙인데, 그것은 사용할 수 있는 에너지의 상실과 소산을 나타낸다. 전체 진화 과정의 뿌리에는 이러한 기본적인 대립이 있는데, 엔트로피 혹은 소산은 진화 과정에서 앞으로 나아가는 움직임을 위해서는 어쩔 수 없이 생겨나는 것이다.

정신-물질의 내적, 외적 차원을 설명함에 있어서, 테야르는 사물의 심적, 물리적 차원에 대해 말했다. 인간의 의식은 진화적인 이상 현상이나 부가물이 아니라 물질 그 자체의 창발적 질을 보여주는 것으로 자리하고 있다는 귀납적 관찰을 통해서 그는 그러한 견해가 정당하다고 여긴다. 그는 다음과 같이 주장한다.

갈라진 틈을 통해 분명 우리 자신들 내부 깊숙이에서 "중심"이 존재의 심장부에 등장한다. 이것은 자연 어느 곳에서나 영원히 이러저러한 정도로 이러한 중심의 존재를 확립하기에 충분하다. 우주의 재료는 그 자체 어느 한 시점에 내적 얼굴을 갖고 있기 때문에, 그것의 구조는 필히 이중의 얼굴을 갖는다. 예를 들면 알곡과 마찬가지로, 모든 시공간에서 그것의 외부와 동일한 시공간을 갖는 모든 것은 내부를 갖는다.11)

그렇다면 테야르에게 있어 진화란 심적이고 물리적인 과정 모두인 것이다. 물질은 그것의 내부와 그것의 외부를 갖는다. 테야르는 진화와 관련된 것으로서 두 가지 종류의 에너지, 즉 접선 방향에 따라 움직이는 것과 방사상으로 움직이는 것을 묘사한다. 접선형 에너지는

---

10) 이러한 진화에 관한 전체론적 견해는 이제 복잡계를 다루는 새로운 과학에서 다루어지고 있다. 특히 종교에 관한 포럼에서 이용할 수 있는 아서 파벨이 편집해 놓은 이러한 과학들에 대한 주석의 목록과 다음의 생태 웹사이트를 보라. http://environment. harvard.edu/religion.

11) Teilhard, *The Human Phenomenon*, p.24.

"우주에서 그 자체와 같은 등급의 모든 다른 것들과 한 요소를 연결시키는 것"이다. 방사형 에너지는 "그 요소를 좀 더 큰 복잡성과 중심성을 향하는, 다시 말해 앞으로 끌어가는 것"이다.12) 테야르는 좀 더 복잡한 체계를 가져오는 물질에서 자기 조직적인 원리나 경향들이 분명하게 나타남을 관찰한다.

오랫동안 우연의 작용 하에 충분하게 남겨져 있으면, 물질은 점점 더 복잡한 그룹들로 그리고 동시에 더욱 깊어가는 의식의 층들로 그 자신을 정렬하는 속성을 보여준다. 물리적 펼침과 심적 내부화(혹은 중심화)라는 이러한 이중의 결합된 운동은 일단 시작되고 나면 계속되고 강화되어 그것의 극한까지 성장한다.13)

그런 다음 그는 다음과 같이 정신과 물질의 진화는 하나의 과정의 두 국면들이라 말한다. "정신적 완전함(혹은 의식적 '중심성')과 물질석 종합(혹은 복잡성)은 단지 한 가지 현상의 두 가지 연결된 얼굴이나 부분들이다."14)

따라서 테야르는 초기 우주의 형성으로부터 지구상의 생명의 출현과 인간의 등장까지 물질과 정신이 깊이 엮여 있음을 보았다. 물질은 어떤 중요한 변화 국면들을 통과하는 복잡한 발달 상태에 있다. 그 첫 번째 국면은 물질이 구성적 원자들의 원인이 되어 분자들이 형성되는 알곡화의 국면이다. 결국 거대 분자들이 생겨나고 마침내 최초의 세포들이 생겨난다. 이 모든 것에서 테야르는 창세기의 7일간의 창조와 반대되는 엄청나게 긴 시간을 가정한다. 테야르가 가장 최근에 추정

---

12) 같은 책, p.30.

13) Pierre Teilhard de Chardin, *The Appearance of Man*(New York: Harper & Row, 1965), p.139.

14) Teilhard, *The Human Phenomenon*, p.27.

되는 137억 년이라는 지구 나이를 분명히 알지 못했겠지만, 그의 생각은 진화론과 관련해서 많은 문제들에 관해 과학을 하는 그의 동료들의 최근 생각과 일치한다.

테야르가 명시하고 있는 진화 과정의 발단은 우선 무기적인 세계가 생겨남을 말하는 우주 발생이다. 두 번째는 유기적 생명체가 나타나는 생명 발생이다. 점차로 인류 발생에 이르기까지 좀 더 복잡한 신경계가 발달하고 대뇌가 증가하게 된다. 이 세 번째 국면에서 인간의 생각이 탄생하며, 처음으로 진화가 그 자체를 반성할 수 있게 된다. 인간은 진화 과정의 진보나 후퇴를 결정할 수 있는 진화 과정의 계승자가 된다. 이것은 놀라운 책임인데, 테야르의 많은 후기 작품들은 어떻게 인간들이 진화 과정의 계속적인 창조성에 가장 효과적으로 참여할 수 있는지를 설명한다.

개인과 종의 더 큰 인간화 혹은 "인류 진화"의 중요성은 테야르 사상에서 우주론적 차원 및 윤리적 차원과 결합한다. 지구에서 인간의 전성기는 자연 과정들이 인간의 영역이나 인간 인지권에 적응되는 결과를 가져왔다. 예를 들어 많은 예에서 자연선택의 인간화는 깨어지기 쉬운 생태계에서 어떤 생활방식이 살아남을 것인지를 이제 인간이 결정하는 결과를 가져온다. 브라이언 스윔이 지적하듯이, 또 다른 자연적 과정 즉 성년이 되었을 때에도 나타나는 어린아이의 특성이나, 놀이를 고무하는 포유류들 중의 오랜 청소년기에서 관찰되는 특성은, 인간의 진화 과정에서 추진되어, 축전과 스포츠와 같은 그러한 사회적 표출에서 보이는 인간들 중에서의 긴 청소년기로 나타난다.15)

우리의 현재 진화 단계에서, 인간은 모든 진화를 앞당기는 영향을 가져오는 복잡성-의식의 내적 끌어당김에 참여한다. 따라서 더 큰 우

---

15) *What is Enlightenment?* no. 19(spring/summer 2001)에서 브라이언 스윔의 인터뷰를 보라.

주의 정신화가 생기게 되는데, 이를 그는 변화시키는 사랑의 힘, 사물들의 사랑화라고 부른다. 개인에서 인간화와 사랑화의 증가를 통해, 지구를 둘러싸고 있는, 테야르가 noogenesis(고대 그리스어 $voῦς$ = mind + $γένεσις$ = becoming의 합성어로서, 지적인 생명체들의 창발을 가리킴)라고 부른, 인간 의식의 집합적 정신이 생겨난다. 마지막 경계는 진화가 우주의 우주적 그리스도에서 그것의 가장 높은 형태의 인간화와 정신화를 향해 움직이는 때다. 진화를 그 모든 가장 이상적인 운동을 통해 앞으로 끌어당겼던 정신-물질은 동시에 그것의 시작점이었던 종국점에 도달하는데, 그것은 바로 그것의 오메가 포인트다.

그렇다면 인간 행위를 위한 테야르의 진화 사상의 함축은 다음으로 요약될 수 있다.

물질세계의 필수적인 현상은 생명이다(생명은 내면화되기 때문이다).

생명세계의 필수적인 현상은 인간이다(인간은 반성적이기 때문이다).

인간의 필수적인 현상은 인류의 점진적 전체화다(여기에서 개체들은 그들 자신을 더 높이 반성한다).[16)

이러한 관점에서 보자면, 인간은 깊은 반성과 사회화의 증가 그리고 넓은 지구화를 통해 진화 과정에서 중요한 역할을 한다. 이것은 인간 안에서 진화가 그 자신을 의식하고 펼쳐지는 우주의 과정을 되돌아보는 그러한 존재가 인간이기 때문이다.

테야르가 보기에는 인지권에서 나타나는 인간의 집합적 의식과 행위는 이제 세계 공동체를 창조할 수 있는 엄청난 잠재력을 갖는 어떤

---

16) Teilhard, *Toward the Future*, p.175.

것이었다. 따라서 테야르는 통일화와 중심화 그리고 정신화가 증가될 필요가 있다고 보았다. 통일화란 정치, 경제, 문화적 경계들의 대립적 한계들을 극복할 필요를 의미한다. 중심화란 펼쳐지는 우주에서 우리의 위치를 포함한 반성적 의식의 강화를 의미한다. 정신화란 인간에서 생에 대한 열정을 창조하는 진화 과정의 상향적 충동 증가를 의미한다. 이 모든 것에서 그는 진화의 창조적 동력에 좀 더 충분히 참여하기 위해서는 인간 에너지의 활성화가 매우 중요하다고 본다. 인간의 창조성은 새로운 차원의 예술과 문화와 더불어 의미 있는 작업과 생산적인 연구에 열정적으로 헌신할 필요가 있음을 인식한다.

인간이 이제 지구의 모든 부분들에 대해 느끼고 있기 때문에, 이제 해야 할 일은 지구 차원의 우주 이야기로 어떻게 적절하게 들어가야 하는지를 배우는 것이다. 토머스 베리가 테야르의 사상을 묘사할 때 제시했듯이, 이것은 인간에게 새로운 역할을 요구한다. 이것은 지구 생명계의 퇴보에 기여하기보다는 인간-지구 관계를 강화하는 것이다. 인간들이 점차 그들의 종으로서의 성장을 결정하는 생물학적 요인들을 떠맡고 있기 때문에, 그들은 그들 자신을 수정하거나 창조할 수 있다. 우리가 물리적으로 출현하고 환경적으로 영향을 받아 지구의 종이 되듯이, 우리는 또한 모든 생명체들에게 우리의 연민을 광범위하게 확장함으로써 지구의 종이 될 필요가 있다.

형이상학: 결합의 동력

테야르는 우주의 타고난 본성이나 방향과 관련한 그의 사색들이 예비적 단계임을 깨달았다.17) 그러나 그가 찾은 것은 점점 더 정합성과

---

17) Teilhard, "My Fundamental Vision", p.192.

집중성이라는 통일된 중심을 향하여 증가하는 "생각-의-우주"였다. 살아 있는 움직임의 형태로서 생각은 복잡성-의식을 내놓는다. 이러한 의미로 테야르는 "움직이는 몸이 그것을 살아 있게 하는 움직임에 의해 물리적으로 산출된다'고 주장했다.18) 비유로 말하자면, 오메가점은 진화 과정의 정점일 뿐 아니라 그것을 이끌기도 한다.19)

그러한 살아 있어 끌어당기는 중심은 인간이 직접 이해할 수 있는 것은 아니지만, 세 가지 점에서 그것이 있음을 가정할 수 있다고 테야르는 생각한다. 첫 번째는 진화적 과정의 비가역성인데, 이것은 일단 움직이기 시작하면 중지할 수가 없다. 게다가 모든 것이 그것을 향해 움직이는 최고의 초점이 있음에 틀림없다. 그렇지 않으면 붕괴가 발생할 것이다. 두 번째는 극성이다. 이것은 전 방위 운동이 진화의 소용돌이의 중심에 영향을 미치는 안정된 중심을 수반한다는 것을 나타낸다. 이 중심은 독립적이지만 다양한 우주의 층들의 복잡한 중심화를 야기할 만큼 충분히 적극적이기도 하다. 마지막 원리는 일치성이다. 여기에서는 사물들을 중심에서 중심으로 함께 끌어당기는 사랑이나 동감의 에너지가 존재한다고 그는 시사한다. 그러나 만약 비인간적인 집합체에 초점이 맞춰진다면, 그러한 사랑의 존재는 상실될 것이다. 따라서 인간적인 초점이 존재해야 한다. "만약 사랑이 생겨나고 확고하게 확립이 되고자 한다면, 그것은 개인적인 마음과 개인적인 얼굴을 가져야 한다."20)

---

18) Teilhard, *Toward the Future*, p.193

19) 테야르는 이 점을 내재적이기도 하고 초월적이기도 한 의식의 극으로 묘사한다. 그는 오메가점을 "궁극적이고 자존적인 의식의 극으로서, 결합을 통해 그 자체로 모일 수 있도록 세계 안에 포함된 것으로서 본다. 우주의 요소들은 그 것들의 극한의 집중화를 겪지만, 그것의 초진화적(말하자면 초월적) 본성의 이성을 통해서, 시공간에 그 내용물이 존재하는 모든 체계는 구조적으로 위협이 되는 치명적인 퇴보에서 자유로울 수 있다."(같은 책, p.185)

28

테야르는 이것을 "결합의 형이상학"이라 부르는데, 왜냐하면 가장 근본적인 존재 개념은 결합을 암시한다고 그가 주장하기 때문이다.[21] 그는 적극적인 형태의 존재에 대해 자신을 결합하거나 혹은 우정과 결혼이나 공동 연구에서 다른 사람들과 결합하는 것으로 묘사한다. 소극적인 형태는 또 다른 이들에 의해 결합되거나 통일되는 상태라고 그는 생각한다. 그런 다음 그는 연속적인 결합의 양상들을 묘사한다. 첫 번째, 삼위일체 본성을 갖고 있는 신은 그 자신의 자기 대립을 포함한다는 것이다. 따라서 신은 오직 그 자신을 결합함으로써만 존재한다. 두 번째, 자족적인 **제일원인(신)**의 반대 극에는 다양한 물질이 존재한다. 이것은 성스러운 존재의 극과 결합을 갈망하는 다양한 물질의 수동적 잠재성이다. 마지막으로, 신의 창조적인 작용은 중요한 의미를 가지며, 창조는 창조주를 반영한다. 물질에서의 복잡성 증가와 인간의 참여적 반성의 출현은 신이 움직여 향하는 가장 깊은 인간화에 대한 반향이다. "창조하는 것은 결합하는 것이다." 따라서 바로 그 창조 행위에 의해 신은 다수에 담긴다. 이것은 성육신의 범위가 모든 창조에 널리 펼쳐 있음을 의미한다.[22]

---

20) 같은 책, p.187.

21) 같은 책, p.193.

22) 테야르는 그의 형이상학이 주요한 기독교의 신비한 교리들과 연결된 것으로 간주한다. 즉, "창조물 결합이 없이는 신이란 없다. 육화적 담김이 없이는 창조는 없다. 속죄 없이는 육화는 없다."(같은 책, p.198) 또한 다음을 참조하라. Thomas M. King, "Teilhard, Evil and Providence", *Teilhard Studies* no. 21 (Chambersburg, Pa.: ANIMA books for the American Teilhard Association, 1989).

신비주의: 진화에서의 사람 중심

종교적이고 과학적인 입장을 통합하고자 하는 테야르의 도전은 그를 창조적이고 통일적인 시각을 구축한 인간 도가니가 되게 했다. 그가 이러한 내적 경험을 이해한 것처럼, 전 세계 종교들의 전통적 신비주의는 비물질화를 요구했으며, 또한 신으로의 초월적 도약을 요구했다. 테야르는 진화의 시작으로서 신비로운 여정을 철저하게 재개념화했으며, 거기에서 신과의 내재적인 교감을 발견했다.

제1차 세계대전 동안, 들것 메는 사람으로서, 그가 "신과의 교감이 있으며, 지구와의 교감이 있으며, 지구를 통한 신과의 교감이 있다."23) 라는 글을 썼을 때, 그는 이러한 부르심의 본래적 방향을 직관했었다. 결국 테야르는 인간이 이러한 영적 교감에 참여하게 될 때 깊은 신비를 경험하게 된다는 것을 깨닫게 되었다. 테야르는 이를 다음과 같이 표현했다. "나는 세계 안에서 절대적 존재 ㄱ 자신의 실현과 완성이라는 신비로운 결과물을 본다."24) 교감의 과정은 테야르에게 있어서 우주와 지구 그리고 인간에 있는 신적 에너지의 통합과 중심화다.

테야르는 신비주의를 "필수적인 것으로, 즉 동시에 그리고 각각 상대를 통해, 보편적이고 정신적인 것을 획득하는 학문과 예술"로서 정의한다.25) 다수를 통해 더 큰 전체와 하나가 되는 것이 그의 신비주의의 목표였다. 그는 신비주의를 우주적 의미를 향한 인간 영혼의 동경으로 보는데, 이는 많은 세계 종교들에서 분명하게 드러난다.26) 테

---

23) Pierre Teilhard de Chardin, *Writings in Time of War*(New York: Harper & Row, 1968), p.14.

24) Teilhard, *The Heart of Matter*, p.54.

25) Teilhard, "My Fundamental Vision", p.12.

26) Pierre Teilhard de Chardin, *Human Energy*(New York: Harcourt Brace Jovanovich, 1971), p.82.

야르는 개인적인 것을 잃지 않으면서도 전체 속으로 앞당겨지는, 우주적 의미의 존재로 이끄는, 가장 깊은 내면성으로서 신비한 결합을 이해한다. 테야르에게 있어 이러한 결합은 모든 예술과 시와 종교의 중심에서 발견된다.

테야르는 진화의 흐름과 인간 사랑의 흐름이라는 두 가지 강력한 흐름의 종합이 미래에 요구되는 신비주의라고 본다. "진화를 사랑하는 것"은 그의 특정 사랑이 보편화되고 역동적으로 움직이고 종합되는 과정에 참여하게 되는 것이다. 모든 신비주의 입장들처럼, 인간 사랑의 특정한 성격과 모든 것을 포용하는 신성한 사랑의 의미를 연관 짓고자 함에 있어 역설적인 문제가 생겨난다. 테야르는 이러한 문제를 더 큰 인간 가족에 대한 주저 없는 사랑으로 확장시키고, 또한 자연과 우주 전체의 물질과 정신에 대한 더 큰 인식으로 확장시킨다. 그렇다면 테야르가 보편화로 의미하는 것은 "실재는 신의 현현으로 가득 차 있다"[27]는 것이다. 이러한 신비로운 경험은 테야르가 "교감"으로 이해했던 그 이전의 경험들로 거슬러 올라간다. 그는 다음과 같이 말했다:

> 본능적으로 느껴지는 신비로움처럼, 모든 것은 물리적으로 그리고 글자 그대로 신 안에서 사랑할 수 있게 된다. 그리고 대신에 신은 우리 주변의 모든 것 안에서 이해할 수 있고 사랑할 수 있게 된다. … 하나의 강물처럼, 신으로 가득 찬 세상은 우리의 계몽된 눈에는 단지 보편적 교감이 획득될 수 있는 배경으로 보인다.[28]

이 견해는 단순히 인간중심적인 사랑이 아니라 세계에 대한 사랑을

---

27) Teilhard, *Science and Christ*, p.167; *Let me Explain*(New York: Harper & Row, 1970), p.120.

28) Teilhard, *Science and Christ*, p.168.

포함한다. 테야르의 신비주의는 모든 생명체에 대한 포괄적인 동정에서뿐 아니라, 과학적 탐구와 탐구에 대한 사회적 참여에서도 활성화된다. 신비주의는 단순히 초월적이거나 추상적인 신성에 대한 묵상의 결과를 수동적으로 즐기는 것과는 다른 어떤 것이다. 테야르에게 있어서 사랑이란 항상 사람에서 종합된다. 여기에 테야르가 생각하는 세상의 수렴점이 놓여 있다. 그것은 모든 정신적 에너지가 놓여 있는 중심이다. 이러한 인간화하는 힘을 통해, 우주의 중심에서 그리고 개인의 중심에서, 모든 인간 활동은 사랑의 표현이 된다. 그가 생각하기에 바로 이러한 의미로 "모든 활동이 사랑화된다."29)

테야르에게 있어 신비로운 길은 진화의 의미로 이어지는데, 거기에서 개인적 인간화는 엄청난 다원성의 최고점에서 전체에 대한 강력한 직관을 향해 수렴한다. 테야르에게 있어 이러한 전체는 살아가고 숨쉬면서 우리가 되어가는 성스러운 환경이다.

테야르 사상의 기여와 한계

21세기를 위한 테야르의 특별한 유산에는 단지 불변의 우주가 아니라 펼쳐지는 우주 발생으로 이해될 수 있는 진화하는 우주라는 심오한 의미가 포함된다. 최초의 불덩이에서 나온 거대한 불꽃과 최초의 수소와 헬륨 원자들에서, 복제하는 세포들의 생명 탄생에서, 그리고 수많은 형태의 생명체의 점진적 발달에 이르기까지, 이러한 역동적이고 창발적인 우주는 이제 복잡하게 연결된 하나로서 보일 수 있다. 테야르는 우리에게 이러한 과정이 어떻게 즉시 통일이 되고 또한 다양해질 수 있는지를 반복해서 보여준다.30)

---

29) 같은 책, p.171.

30) 이러한 테야르의 관점은 Brian Swimme and Thomas Berry, *The Universe*

우주 발생에 대한 테야르의 비전은 전체의 상호 관계와 상호 연관을 증언한다. 테야르는 원자에서 인간들까지 우주 진화에서 점점 더 복잡성이 증가하는 비가역적 흐름을 묘사한다. 따라서 그는 우주의 모든 부분들 간의 깊은 관계성을 보기 위해 경험적으로 기록된 증거들을 제공한다.

이러한 상호 연관성은 인간의 역할을 끊임없이 변화시킨다. 우리는 더 이상 우리 자신들을 전체로부터 떨어져 "창조된" 어떤 것이거나 추가적인 존재로 볼 수 없다. 오히려 우리는 의식적인 자기 인식 속에서 우주가 그 자신을 우리 안에서 반성하는 그러한 존재다. 인간의 마음과 심장에서 내면성이 깊어지게 되면, 우리가 우주 창발의 모든 포괄적 과정을 경축하고 거기에 참여하게 되는 동기를 갖게 된다.31) 매우 확장된 생태학적 의식이 함축하는 바는 분명하다.

테야르에게 있어 그러한 관점은 우주가 신비와 의미로 연결되어 있다는 난해하지만 충만한 의미로 이끈다. 이는 (종종 독단적으로) 우주가 본질적으로 무의미하다거나, 진화는 완전히 무작위적 과정이라는, 그리고 인간의 출현은 순전히 우연의 결과라고 주장하는 사람들과 분명하게 대조를 이룬다. 그러나 테야르에게 있어 진화하는 우주는 그가 "지적 설계" 때문으로 묘사할 만한 것은 아니다. 오히려 테야르에게 있어 진화는 한편으로는 자연선택과 우연한 돌연변이의 힘들이 복잡하게 얽히는 데 의존하며, 다른 한편으로는 복잡성과 의식이 증가하는 데 의존한다. 이는 자동적으로 목적론적 우주로 이끄는 것은 아니다. 그럼에도 이는 인간에게 더 큰 의미의 목적과 희망을 제시하는 것이다.

Story(San Francisco: HarperSanFrancisco, 1992)에서 발전된다.

31) 이 마지막 문장은 *The Dream of the Earth*(San Francisco: Sierra Club Books, 1988)에서 표현된 대로 테야르에 관한 토머스 베리의 생각을 반영한 것이다.

본래적으로 자기 조직적인 진화의 중심에 있는 이러한 희망은 또한 그러한 과정을 이끄는 유인책이기도 하다.32) 이러한 통찰로 테야르는 인간의 행위를 설정하는 맥락을 제공한다. 그가 생각하기에 교육과 연구와 예술뿐 아니라 사회와 정치, 경제에서 인간들이 더 큰 의미에 대한 감각을 갖고 참여하기 위해서는 이러한 희망이 필수적인 것이었다. 테야르에게 있어 주요한 관심은 인생에 풍미를 주는 인간 에너지를 활성화하는 것이었다. 그는 두 번의 세계대전 동안 유럽에 팽배했던 실존주의적 절망을 피하고자 했다. 인간과 지구 모두의 번영을 위해 인간의 정신은 지구의 정신과 결합된 것으로 이해될 필요가 있었다.

테야르의 견해는 종교적으로 보수적인 반대파들의 관점이나 유물론적인 과학적 관점과 차이가 난다. 그는 창세기에서 그려진 정적인 우주와는 다르게 새로운 방법으로 인간 공동체가 창조를 이해할 수 있게 했다. 그는 기독교 신학의 강령을 극적으로 변화시켰다. 그는 오로지 나사렛 예수라는 역사적 인물의 구속(속죄)에 초점을 맞추지 않고, 진화 과학에서 제시하는 창조에 대한 역동적인 그림을 인식하도록 했다. 창조 안에 새겨진 그리고 창조를 이끌어 나가는 우주적 그리스도에 대한 그의 감각은 바울의 서한과 초기의 기독교 교회의 성자들을 창조적으로 읽도록 만든다. 토머스 베리가 제시하듯이, 그의 관점은 속죄나 구속에 대한 관심에서 창조에 대한 관심으로 이동하는데, 창조에 대한 관심이란 다시 말해 크게는 우주에 대한 이해(우주론), 구체적으로는 지구에 대한 이해(생태학)를 가리킨다. 이는 그의 포괄적이고 육화된 정신성이 신비스러운 내면성을 발산하는, 점점 더 중심화되고 인간화된 우주를 증언하기 때문이다. 가장 독창적인 그의 공

---

32) 특히 John Haught, "In Search of a God for Evolution: Paul Tillich and Pierre Teilhard de Chardin", *Teilhard Studies* no. 45를 보라.

헌 중 하나인 우주를 탐구함에 있어서, 테야르는 자신의 과학적 탐구에 비추어 이러한 "사물들의 내부"를 이해하고자 노력했으며, 과학 그 자체의 신비로운 특성을 깊이 반성하게 되었다.

테야르 사상의 몇 가지 한계점들은 그가 공헌한 것들에서 지적될 수 있을 것이다.[33] 테야르는 특히 프랑스 계몽주의의 유산인 인간의 재능에 대한 믿음과 진보에 대한 근대적 신념을 물려받았다. 이것은 "지구를 건설하는" 인간의 능력과 관련한 그의 낙관주의를 설명해준다. 인간을 우주 진화의 정점으로 묘사함에 있어서, 그는 과도하게 인간중심주의적 경향을 보여준다. 이러한 경향으로 인해 그는 진보적인 진화의 표시로서 과학적 발견과 기술적 업적들을 강조한다. 이러한 의미로 우리는 테야르가 응용과학이 지구의 과정을 방해할 것이라고는 생각하지 못하고 경솔하게 그것을 지지했음을 알 수 있다. 예를 들어 그가 1940년대 후반과 1950년대 초반에 핵의 놀라운 힘에 관한 글을 썼을 때, 그는 핵폐기물이나 오염이 함축하는 바들을 생각하지 못했던 것으로 보인다. 마찬가지로 유전공학과 관련해서도 테야르는 물질 그 자체의 유전적 패턴을 침범할 때 초래할 수 있는 해로운 결과들을 생각하지 못했던 것 같다. 이 책의 많은 논문들에서는 더 나은 미래를 창조할 과학과 기술에 대한 이러한 과도한 낙관적 믿음을 교정하기 위해, 우리의 현재의 환경문제들을 다루고 있다. 이 논문들은 지구에서 생명체들이 번영할 수 있도록 하기 위해 생태과학과 대안 기술들이 필요하다고 지적한다.

지구와의 교감에 대한 그의 감동적인 표현에도 불구하고, 테야르는 "생태 구역"이나 지역 생태계 혹은 습지와 같은 것들에 대한 생태학적 이해를 발전시키지 못했다. 그는 우주적인 상호 의존성이라는 생

---

33) 토머스 베리는 이 책의 그의 논문 "Teilhard in the Ecological Age"에서 더 상세하게 이것들을 다룬다.

각에 몰두했지만, 어떤 면에서는 지구상의 생명체의 특이한 발현 속에서 펼쳐지는 그러한 모습을 충분히 평가하지 못했다. 그의 기독교적 감각 때문에, 그는 종종 생명의 다양성을 우주적 그리스도 안에서 더 높이 수렴하게 되는 물질의 다양성으로 흡수시켜 버린다. 예를 들어 *Hymn of the Universe* 에서 그의 세상에서의 미사는 매우 놀라운 우주적 성찬식으로 묘사된다. 거기에서 물질은 신성함을 실어 나르는 그릇으로 찬양된다. 따라서 그것은 기독교적인 생각에서는 진보로 평가될 수도 있을 것이다. 그러나 만약 그가 무제한적인 소비재들에 대한 세계적인 수요 규모라든지 지구상의 경제 주체들의 공격에 대해 생각했더라면 그는 어떤 희생의 언어를 표현했을 것인가? 과학과 기술을 통한 인간의 업적 이외에도 그는 특정 생태계와 생명의 양식들을 그 자체로 소중한 진화의 창조적 다양성의 일부로 생각했을 것이다.

그 당시의 대부분의 사람들처럼 세계의 종교들에 대한 테야르의 이해는 제한적이었다. 예를 들어 그는 힌두교를 대부분 우파니샤드의 일원론적 입장에서 논했다. 이러한 제한된 이해는 힌두교의 다양한 지역적 특성이나 철학적 특성 혹은 그들의 경건성을 적절하게 고려하지 못했다. 게다가 비록 중국에서 살면서 몇 십 년을 보냈다 할지라도, 테야르는 유교나 도교 혹은 중국의 불교를 거의 이해하지 못했다. 마지막으로 그는 "정적이고 지친" 것으로서 토착 전통들을 바라보는, 전형적으로 서양적인 견해를 갖고 있었다.34) 반면에 테야르는 기독교가 진화 과정을 지지하고 끌어가는 풍부한 정신성을 담고 있는 것으로서 바라보았으며, 따라서 그는 특별히 기독교를 진화의 중심축으로 보았다.

---

34) Teilhard, "Spirit of the Earth", in *Human Energy*, p.25를 보라.

이러한 한계점들에도 불구하고 테야르의 사상과 삶을 생각해보면, 자신의 가장 깊은 가치들에 도전하는 많은 입장들을 열심히 탐구했으며, 과학적 삶과 자신의 종교적 입장을 조율하고자 하는 노력을 게을리 하지 않았던 그의 덕을 평가하지 않을 수 없다. 그는 아주 심오하고 기발한 방식으로 과학과 종교를 지적이고 정서적으로 종합한 몇몇 방법들 중 하나를 우리에게 제공했다. 우주 창발과 그러한 창발에서 인간의 역할에 대한 그의 비전은 21세기 사상을 보여주는 훌륭한 공식 선언들 중 하나다.

요약

테야르의 전반적인 진화적 관점은 우리가 상상했던 것보다도 훨씬 더 크고 더 복잡한 우주에서의 인간을 이해하는 맥락을 제공한다. 테야르는 진화적 관점이 생각이나 도덕적 입장에서의 변화를 요구한다고 보았다. 펼쳐지고 변화하고 발달하는 우주에 우리가 참여하고 있음을 깨달은 그는 인간이 단순히 정적인 우주가 아니라 역동적인 우주 발생을 반영한다고 생각했다. 테야르에게 있어서는, 진화적 시공간 내부에 있는 피할 수 없는 인간의 고통과 자연 재앙 속에서 어떻게 인간의 행위를 올바르게 유지할지, 그리고 어떻게 삶에 대한 열정을 불러일으킬지가 가장 중요한 문제였다.

테야르는 진화를 물리적 물질의 심적 특성이 더 큰 복잡성과 의식으로 전개되는 역동적 과정으로 표현한다. 테야르는 창조적 과정을 앞으로 끌어가는 여전히 현존적인 통일화하는 중심을 가정한다. 테야르는 실재에 대한 자신의 입장이 신비로운 특성을 지녔음을 알고 있었으며, 가톨릭에 대한 자신의 깊은 믿음과 어울릴 수 있는 언어를 탐색했다. 동시에 그는 신자가 아닌 사람들에게도 말할 수 있는 언어를 찾았다. 그에게 인간성이라는 단어가 떠올랐다. 그 은유는 그가 일원론적 범신론을 옹호하거나 어떤 정치적 이데올로기들의 몰개성적 성향들을 선호하는 것으로 잘못 이해되지 않도록 하기 위한 그의 관심을 충족시켜 주었다. 그의 생각에 신비로운 결합이란 개인이 우주의 허공 속으로 무너지는 것이 아니다. 오히려 테야르에게 있어서 인간의 진화 과정에의 참여는 점점 더 복잡해지는 조직화와 의식의 내재화를 향하는 우주적 변화에서 사람의 중심화였다. 테야르 덕택에 우리는 이러한 진화적 동력들에 대한 통찰과 그 안에서 우리의 특별한 역할에 관한 심오한 통찰을 얻는다. 이 책에서 그의 유산은 다양한 분야에서 받아들여지는데, 이는 그의 사후 거의 반세기 동안 그의 사상이 영향을 끼치고 있다는 증거다. 이 책은 또한 토머스 베리의 *The New Story* 와 *Teilhard Studies* 의 25주년을 기념한다. 이 독창적인 저작은 모든 포괄적 주제들의 교류를 포함한 것으로서, 우주 이야기에 대한 테야르의 견해가 크게 확장되었음을 보여준다.

테야르

그의 삶과 사상

　피에르 테야르 드 샤르댕의 업적을 소개하기 위해서 벅넬 대학교의 종교 역사가들인 존 그림과 메리 에블린 터커의 전기문으로 시작해보자. 그들은 어린 시절 프랑스의 오베르뉴의 생태 지역에서부터, 과학적 탐구와 정신적 탐험을 포함하는 전 세계의 여행까지, 테야르의 가장 중요한 차원의 특이한 삶의 여정을 요약하고 있다. 그림과 터커는 테야르의 삶과 사상을 간명하게 소개한다.

　"새로운 창조 이야기: 테야르 드 샤르댕의 창조적 정신(A New Creation Story: The Creative Spirituality of Teilhard de Chardin)"에서 맨해튼 대학의 신학 교수이자 *Teilhard Studies*의 전 편집자인 도날드 그레이는 테야르를 단지 과학자나 철학자, 신학자나 형이상학자뿐 아니라 제한적인 다윈주의를 넘어서는 위대한 진화적 관점의 내레이터로 자리매김한다.

　다음 조지타운 대학교의 저명한 신학 교수 토머스 킹은 "테야르의 지식의 통일성(Teilhard's Unity of Knowledge)"에서 진화에 관한 확장된 견해를 전달하고, 그것의 체계적인 정합성과 수렴적 성질을 강조한다. 토머스 킹에 따르면, 주류 과학이 사물들의 "외부"에 집중하는 반면, 테야르는 그것의 내적 통일성과 방사하는 "내부", 그리고 분기하는 정신을 보았다.

테야르는 많은 동료와 친구들이 있는 축복된 삶을 살았다. 그는 오랜 기간 여러 사람들과 서신을 주고받았으며, 종종 그 편지들에서 그의 가장 깊은 통찰들을 표현했다. 어슐러 킹의 통찰력 있는 논문은 테야르와 미국의 조각가 루실 스완과의 많은 서신 교환을 보여주는데, 스완은 전쟁 기간 동안 베이징에서 살면서 종종 테야르와 오후에 차를 마시곤 했다. 그들의 서신은 나중에 킹의 책 『테야르 드 샤르댕과 루실 스완의 편지들(*The Letters of Teilhard de Chardin and Lucile Swan*)』(1992)에 수록되었으며, 가장 중요한 내용들은 이 책에도 같은 제목으로 실려 있다.

1부의 마지막 장은 문화 역사학자 토머스 베리의 "생태학적 시대의 테야르(Teilhard in the Ecological Age)"다. 토머스 베리는 테야르가 여전히 기여하고 있는 중요한 점들과 테야르 사상의 한계점들을 모두 강조한다. 그는 좀 더 포괄적인 생태학적 시각에 대한 현대적 요구에 더 잘 어울릴 수 있도록 하기 위해, 테야르의 진화 개념들, 의식의 발생, 속죄에서 창조로의 강조점 변화, 인간 에너지의 활성화, 그리고 과학적인 계획 등을 설명하고 확장시킨다.

1

테야르 드 샤르댕
간단한 일대기

존 그림과 메리 에블린 터커

> 신과의 교감이 있으며,
> 지구와의 교감이 있으며,
> 지구를 통한 신과의 교감이 있다.
> _ 피에르 테야르 드 샤르댕1)

테야르의 에세이 "The Cosmic Life"의 결론인 이 구절은 그의 삶을 생각하기에 적절한 출발점을 제공한다. 이 구절은 특히 흥미로운데, 왜냐하면 테야르가 1916년 제1차 세계대전에서 들것 메는 사람으로 그의 첫 임무를 하는 동안 이 글을 썼기 때문이다. 여러 면에서 이 글은 그의 이후의 작품들의 방향을 시사한다. 그러나 여기에서 강조된 교감 경험은 프랑스 남부에서의 그의 어린 시절로, 그리고 그의 여행 시기와 과학적 탐구의 시기로 돌릴 수 있다. 신에 대한 테야르의 경험과 진화적 과정에서 인간의 역할에 대한 그의 통찰은 그의 인생 74년간의 주된 관심사였다. 테야르에 대한 이 짧은 전기문은 형성기, 여행기, 그리고 뉴욕에서의 마지막 삶이라는 세 시기로 구분될 것이다.

---

1) Pierre Teilhard de Chardin, *Writings in Time of War*(New York: Harper & Row, 1968), p.14.

형성기

피에르 테야르 드 샤르댕은 1881년 5월 1일에 임마누엘과 베르트 아델레 사이에서 태어났다. 그의 부모의 혈통이 모두 훌륭한데, 그의 엄마가 볼테르로 더 잘 알려진 프랑수아-마리 아루에의 조카 손녀였다는 것은 주목할 만하다. 피에르는 부부의 열한 명의 아이들 중 넷째였고, 오베르뉴 지방의 클레르몽페랑의 쌍둥이 도시 근처의 사르세나에 있는 본가에서 태어났다. 오랫동안 활동을 멈춘 오베르뉴의 화산 봉우리들과 이 남부 지방의 삼림보호구역은 테야르에게 지울 수 없는 흔적을 남겼다. 그는 그의 정신적인 자서전 *The Heart of Matter*에서 다음과 같이 말한다.

> 오베르뉴는 나를 만들었다. … 오베르뉴는 나에게는 자연사박물관이었고 야생보호지역이었다. 오베르뉴의 사르세나는 나에게 발견의 즐거움을 처음으로 맛보게 해주었다. … 나의 가장 소중한 것들을 가질 수 있었던 것은 오베르뉴 덕분이다. 조약돌과 바위들은 여전히 내가 살았던 저곳에서 발견되기를 기다리고 있다.[2]

자연세계에 매력을 느낀 테야르는 그의 특이한 관찰력을 발달시켰다. 이 유치한 기술은 특히 그의 아버지를 통해 다듬어졌는데, 그의 아버지도 자연과학에 열광적인 관심을 갖고 있었다. 그러나 테야르의 어린 시절에 관한 가장 초기의 기억은 오베르뉴의 식물군과 동물군이나 철마다 달라지는 집들에 대한 기억이 아니라 생명의 덧없음과 어떤 영원한 실재를 발견하기 어렵다는 데 대한 놀라운 깨달음에 관한

---

2) Claude Cuenot, *Teilhard de Chardin: A Biographical Study*(Baltimore: Helicon, 1965), p.3.

것이었다. 그는 다음과 같이 회상한다.

기억이라고? 나의 가장 첫 번째 기억! 다섯이나 여섯 살 때였다. 엄마는 내 곱슬머리를 몇 가닥 잘랐다. 나는 하나를 집어 들고 그것을 불가까이 가져갔다. 머리카락은 순식간에 타버렸다. 끔찍한 슬픔이 나를 엄습했다. 나는 내가 사멸할 수 있다는 것을 알았다. … 내가 어렸을 때 무엇이 나를 슬프게 했는가? 사물의 이러한 불안정성이었다. 그리고 나는 무엇을 사랑했는가? 나의 강철 요정이었다! 일곱 살 때 나는 강철 제설기를 갖고 부패하지 않고 오래 지속되는 보물이 많다고 믿었다. 그런데 내가 갖고 있던 것이 단지 몇 조각의 녹슨 쇳조각임이 드러났다. 그것을 발견하고 나는 잔디에 드러누워 내 존재의 가장 쓴 눈물을 흘렸다!3)

그것은 단지 테야르가 "강철의 신들"에서 돌의 신들로 이동한 작은 단계일 뿐이었다. 오베르뉴는 놀라운 다양한 돌들을 내놓았다. 자수정, 황수정, 옥수 등 단지 몇 가지를 예로 들었는데, 이와 더불어 영원한 실재를 찾는 그의 어린 시절의 탐구는 늘어갔다. 분명 그의 민감한 본성은 그의 엄마의 확고한 신심을 통해 길러졌을 것이다. 엄마의 영향력에 관한 테야르의 반성은 놀랍다.

불꽃이 일게 하기 위해서는 불똥이 나에게 떨어져야만 했다. 그리고 분명 나의 엄마를 통해 그것은 나에게 왔으며, 기독교적 신비주의의 흐름에서 나와 내 어린 영혼을 비추고 그것에 불을 붙였다. 바로 그 불똥을 통해서, 여전히 단지 반 정도만 인간화된 "나의 우주"는 사랑화될 수 있었으며, 그렇게 그것의 완전한 집중화를 성취했다.4)

---

3) 같은 책, p.3.

4) Pierre Teilhard de Chardin, *The Heart of Matter*(New York: Harcourt Brace Jovanovich, 1978), p.41.

이 어린 신심은 잘 확립되어서, 열두 살에 그가 리옹에서 북쪽으로 30마일 거리의 빌프랑슈쉬르손 근처의 노트르담 드 몽그레에 들어갔을 때, 그의 조용하고 부지런한 본성은 거의 완전하게 형성되었다. 이 기숙학교에서 5년 동안 테야르는 토머스 켐피스의 *Imitation of Christ*에 크게 영향을 받아, 돌에 대한 그의 확신을 그리스도의 신심으로 바꾸었다. 졸업할 때쯤 그는 그의 부모에게 수사가 되길 원한다는 편지를 전했다.

수사로서의 훈련을 통해, 그는 지구에 대한 과학적 탐구와 종교인으로서의 삶에 모두 헌신하고자 하는 자극을 받았다. 그는 1899년에 엑상프로방스에 있는 수사 수련원에 들어갔다. 거기에서 그는 몽그레에서 수련할 때 배웠던 금욕적인 신심을 더욱 발달시켰다. 그가 오귀스트 발렌싱과 우정을 나누기 시작한 것도 엑상프로방스에서였는데, 발렌싱은 이미 모리스 블롱델과 철학을 공부했었다. 1901년 프랑스 공화국에서 있었던 반 교권 운동 때문에, 예수회와 다른 종교 단체들은 프랑스에서 쫓겨났다. 엑상프로방스 수련원은 1900년에 파리로 이사했다가, 1902년에 영국의 저지 섬으로 이전했다. 그러나 저지 섬으로 이전하기 전 1902년 3월에 피에르는 예수회에서 첫 서약을 했다. 이 시기에 프랑스에서의 정치적 상황을 차치하고라도 테야르의 여동생 마르그리트 마리가 조금씩 병들어 가고 그의 형 알베릭이 갑작스레 병이 들어, 테야르의 종교적 삶은 고통스러울 정도로 불안했다.

피에르와 그의 동료 수사들이 조용히 파리를 떠나 저지로 향했을 때인 1902년 9월에 알베릭의 죽음이 다가왔다. 생전에 꽤 성공했고 쾌활했던 형의 죽음에 이어 1904년 그의 막내 여동생 루이스의 죽음은 순간적으로 테야르가 이 세계의 사물들에 대한 관심에서 멀어지게 했다. 게다가 그의 이전의 수도원 시절에 지도를 맡아주고 신에게로 나아가는 적합한 방법으로서 과학을 따르도록 격려했던 폴 트로사르가 없었더라면, 그는 그러한 연구를 그만두고 신학을 했을 것이라고 말한다.

1905년 피에르는 이집트 카이로의 성 프란체스코 수사 대학에서 교생 연수를 하기 위해 저지를 떠나 이집트로 향했다. 다음 3년 동안 현존하는 식물상과 동물상 그리고 이집트의 과거의 화석들까지 연구하면서 카이로 근처의 시골 마을을 오랫동안 탐구함으로써 테야르의 자연주의적 경향이 발달하게 되었다. 가르치는 일을 열심히 하는 한편, 테야르는 또한 시간을 내어 화석을 모으고 이집트와 프랑스의 자연주의자들과 서신을 주고받았다. 이집트에서 수집된 그의 편지들을 보면 그가 예리한 관찰력을 가진 사람임을 알 수 있다. 1907년에 테야르는 그의 첫 번째 논문 "A Week in Fayoum"을 출판했다. 또한 1907년에 파이윰과 카이로 주변 탐색에서 그가 상어 이빨을 발견한 덕분에 세 가지 새로운 품종의 상어가 프랑스 지질학회에 등장하게 되었는데, 이는 또한 프랑스에서 그와 서신을 주고받았던 프리외르 씨 덕분이기도 하다.

피에르는 헤이스팅스의 오어 플레이스에서 그의 신학 연구를 마치기 위해 카이로에서 영국으로 돌아왔다. 1908년과 1912년 사이에 테야르는 규율이 엄격한 학문적인 수사의 삶을 살았다. 그러나 중국에서 1911년 그의 누나 프랑수아즈가 죽었을 때 표현된 깊은 감정을 고려한다면, 그가 그의 가족과 친밀한 관계를 맺고 있었다는 것은 분명하다. 이 누나는 가족 중에 다른 종교적 삶을 산 유일한 사람이었으며, 빈민 구호 수녀회(Little Sister of the Poor)에 들어가서 상하이의 가난한 사람들을 위해 일했다. 그녀의 이타적이고 헌신적인 삶 때문에 테야르에게 그녀의 죽음은 특히나 통렬했다.

이 헤이스팅스에서의 기간 동안 그의 편지들을 보면, 그의 신학적 연구들 때문에 헤이스팅스의 백악기 절벽이나 월드 삼림지대 근처의 점토 등에 관한 지질학적 탐구를 수행할 시간이 거의 없었다는 것을 알 수 있다. 그러나 또한 그의 편지들은 이러한 종류의 연구들 모두에 대한 그의 열정을 보여준다. 요약하자면, 미래에 테야르의 삶의 여정에 상당하게 영향을 미치게 되는, 다르지만 서로 연관되어 있는 세 가지 진전이 이 시기에 발생했다. 즉 베르그송의 『창조적 진화(Creative Evolution)』에 대한 해석, 교황 피우스 10세에 의한 반-모더니스트 공격, 그리고 헤이스팅스 지역에서의 치아 화석 발견.

새로 출판된 앙리 베르그송의 『창조적 진화』를 읽고, 테야르는 진화하는 우주의 시간을 통한 운동을 지지하면서 물질과 정신이라는 아리스토텔레스적 이원론을 폐기시킨 한 사상가를 만났다. 테야르는 또한 베르그송에게서 진화라는 단어를 발견했다. 그는 바로 그 단어의 소리를 특이한 밀도와 강도와 연결시켰다. 그는 다음과 같이 말한다. "서섹스의 숲이 (특히 일몰에) 모든 화석 생명체로 가득 차 있는 것으로 보일 때, 이와 더불어 영국의 경치는 내게는 내가 윌드의 들판에서 이리저리 탐험을 하고 있는 것으로 보였다."5) 그때 테야르는 베르그송으로부터 발달하는 진화에 대한 비전을 얻었다. 베르그송에게 진화는 계속적으로 확장하는, 어떤 궁극적 목적이 없는 "생명의 흐름"이었다. 테야르는 결국 우주의 방향과 관련해서는 베르그송의 의견에 동의하지 않을 것이다. 후에 그는 얼마간의 현장 작업을 토대로 진화 과정에 대한 그 자신의 해석을 개진했다.

1903년 피에르가 이집트에 가기 전, 피우스 10세가 레오 13세를 이어 교황이 되었다. 레오의 진취적 요소는 보수적인 이탈리아 로마 교황청에 의해 폐기되었는데, 로마 교황청은 회칙 파스첸디(Pascendi, 1907)와 라망타빌리(Lamentabili, 1907)를 선포하고 "모더니즘"으로

---

5) Robert Speaight, *The Life of Teilhard de Chardin*(New York: Harper & Row, 1967), p.45.

표현되는 아이디어들을 공격했다. 헤이스팅스에서 테야르가 읽었을 때는 그렇게 의심스럽진 않았는데도, 앙리 베르그송의 『창조적 진화』도 금서 목록에 놓이게 된 많은 새로운 작품들 중에 포함되어 있었다. 바로 이러한 교회 환경에서, 테야르는 우주의 정신적 질에 대한 그의 비전을 표현하고자 노력했다.

테야르와 다른 수사들이 아마추어 고생물학자 찰스 도슨을 만난 것도 헤이스팅스에서의 그 시절 동안이었다. 카이로에서의 수년간의 수집 때문에, 피에르는 화석들과 선사시대의 삶에 점점 더 관심을 갖게 되었지만, 그는 성공적인 고생물학자도 아니었고, 그의 연구를 통해 그가 선사시대 화석들의 날짜를 정확히 결정하는 데 필요한 기술을 발달시킨 것도 아니었다. 도슨과 매우 제한적 관계만을 맺고 있었던 테야르는 채굴하는 도중에 치아 화석을 발견했는데, 이로 인해 그의 이름이 과학자 사회에 알려지게 되었다. 게다가 테야르의 선사시대에 관한 과학적 연구를 향한 열정은 이제 1911년 8월 그의 성직 임명식 이후에 가능한 방향으로 구체화되었다.

테야르는 1912년과 1915년 사이에 그의 고생물학 연구를 계속했다. 그러나 자연사박물관에서 마슬랭 불을 만나려는 목적 때문에, 그리고 이 파리 박물관과 가톨릭 재단에서 조르주 부삭과 함께 수업을 들으려는 목적 때문에, 테야르는 이제 에오세(Eocene: 신생대 제3기)의 지질학적 특징에서 전문지식을 발전시키기 시작했으며, 이것으로 그는 1922년에 박사학위를 얻었다. 게다가 피에르는 또한 앙리 브뢰이, 후고 오베르마이어, 장 부삭과 같은 뛰어난 고생물학자들과 프랑스 남부의 유럽 후기 구석기 시대의 동굴이나 벨기에의 인회토 화석 산지 그리고 프랑스 알프스의 화석이 풍부한 모래밭에서 함께 발굴 작업을 했다. 테야르는 유망한 과학적 경력을 쌓는 한편, 또한 그의 사촌 마르그리트 테야르 샹봉과 함께 파리에서 새로운 친분을 쌓았다. 테야르는 마르그리트를 통해 아이디어를 교환하고 다양한 관점에서 나오는 비판적 논평을 얻을 수 있는 사회적 환경에 진입했다. 이러한 환경에서 테야르는 1914년 제1차 세계대전이 발발할 때까지 그의 생각을 발전시켰다.

8월에 전쟁이 일어났을 때, 테야르는 파리로 돌아와 불이 박물관의 전시품들을 저장하도록 도왔으며, 마르그리트가 교장으로 있었던 여학교를 병원으로 바꾸는 데 도움을 주었으며, 또한 그 자신도 다른 일을 할 준비를 했다. 8월은 프랑스 군대에게는 재앙의 달이었다. 독일 군대가 슐리펜 작전을 성공적으로 수행해서, 월말쯤 그들은 거의 파리에서 30마일 정도까지 전진했다. 9월에 프랑스는 마른에 철도를 놓았으며, 파리 사람들은 한숨을 돌렸다. 테야르가 다른 일을 하는 것이 미루어졌기 때문에, 테야르의 선배 수사들은 그를 헤이스팅스로 보내 마지막 서원을 하기 전에 해야 하는 서계식을 받들도록 결정했다. 두 달 뒤에 그의 남동생 공자그가 수와송 근처의 전투에서 죽었다는 전갈이 왔다. 얼마 후에 테야르는 오베르뉴에서 새로 설립된 연대에 복무보고를 하도록 명령 받았다. 사르세나에 있는 그의 부모와 병약한 누이 기기트를 방문한 후, 그는 1915년 1월에 북아프리카 프랑스 보병대에서 부상병을 실어 나르는 역할을 담당하기 시작했다.

테야르에게 미친 전쟁의 강력한 충격은 그의 사촌 마르그리트에게 보낸 그의 편지들에 기록되어 있는데, 그것은 지금 *The Making of a Mind*에 수록되어 있다. 그 편지들은 우리에게 "군목"으로서 테야르의 초기의 열정, 다른 사람들이 무기를 나르는 반면 들것을 메는 그의 겸손함, 이프르와 베르됭에서의 잔혹한 전투 후의 그의 지친 모습, 네 번째 연합 연대에서 그의 동료들을 구하는 그의 영웅주의, 그리고 전쟁 가운데에서조차 세계가 진화한다고 보는 그의 신비주의적 비전에 대한 친숙한 그림들을 보여준다. 이 편지들에는 테야르가 나중에 전개하게 될 많은 중대한 아이디어들이 들어 있다. 예를 들어 1916년 베르됭에서 맹렬한 전투가 벌어지는 동안 테야르는 그의 사촌 마르그리트에게 다음과 같은 글을 썼다.

국가에서 나중에 그 대단한 전투를 기념하기 위해 프로이드테르 언덕에 어떤 종류의 기념비를 세울지 난 모르겠다. 적합할 것 같은 유일한 것이 있다. 그것은 그리스도의 위대한 형상이다. 오직 십자가에 매달린 모습만이 그 수많은 갈등과 슬픔 속의 모든 공포와 아름다움 그리고 모든 희망과 깊은 신비로움을 표현하고 구제할 수 있다. 혹심한 노역의 장면을 보았을 때, 나는 완전히 어떤 생각에 압도된 느낌이 들었는데, 나는 바로 그 순간 우주의 전 생명이 파도치듯 치솟았다 썰물처럼 빠져나가는 두세 지점들 중 하나에 내가 서 있다는 생각이 들었다. 그곳은 고통의 장소들이었지만, 위대한 미래가 형성되고 있는 곳은 바로 그곳이라고 나는 점점 더 그렇게 믿게 된다.6)

거의 4년간의 피나는 이 전투 동안 테야르의 연대는 1915년 마른과 이프르에서, 1916년 뉴포르에서, 1917년 베르됭에서, 그리고 1918년 샤토 티에리에서 가장 잔혹한 몇몇 전투를 치렀다. 테야르 자신은 연대의 모든 전투에서 적극적이었으며, 이로 인해 그는 1921년에 나폴레옹이 제정한 최고의 훈장을 받았다. 그는 이러한 혼란에도 불구하고 역사가 일반적으로 우리에게 밝혀주는 것보다도 더 신비롭고 은밀한 삶의 목적과 방향이 있다는 느낌이 든다고 그의 서신에 썼다. 테야르는 전쟁의 열기 속에서 이러한 더 큰 의미가 종종 밝혀진다고 생각했다. 전쟁 동안 쓴 여러 논문들 중 하나에서 테야르는 군인들이 종종 경험하는 전선의 긴장을 향해 떠나라는 역설적인 소망을 표현했다.

---

6) Pierre Teilhard de Chardin, *The Making of a Mind*(New York: Harper & Row 1965), pp.119-20.

나는 여전히 똑같은 조용한 숙소에 있다. 언제 무슨 일이 일어날지, 우리의 미래는 계속해서 아주 모호하다. 미래가 우리 현존재에 부과하는 것은 정확히 우울감이 아니다. 그것은 오히려 일종의 진지함, 초연함, 충만함, 그리고 장래에 대한 느낌이다. 물론 이러한 느낌은 일종의 슬픔에 인접해 있다(이 슬픔은 모든 근본적인 변화를 동반한다). 하지만 그것은 또한 일종의 더 높은 기쁨으로 이끈다. 나는 그것을 "전선에 대한 향수"라고 부를 것이다. 내 생각에 그 이유들은 이것이다. 전선은 우리를 끌어당길 수밖에 없는데, 어떤 면에서는 그것이 이미 우리가 인식한 것과 여전히 형성 과정 중에 있는 것 간의 **극한의 경계**이기 때문이다. 우리는 당신이 어느 곳에서도 경험하지 못하는 것들을 거기에서 볼 뿐 아니라, 또한 일상생활에서는 그 밖의 어느 곳에서도 거의 발견될 수 없는 분명함과 에너지 그리고 자유가 내부로부터 출현하는 것을 본다. 그리고 그 영혼이 그때 취하는 새로운 형태는 모든 사람들의 유사-집합적 삶을 사는 개인의 그것인데, 그것은 개체의 그것보다 훨씬 더 높은 기능을 수행하며, 이 새로운 상태를 충분히 의식하게 되는 형태다. 전선에서는 더 이상 당신이 후방에서 하는 것과 같은 방식으로 사태를 보지 않는다는 것은 말할 필요도 없다. 만약 당신이 그렇게 한다면, 당신이 보는 광경과 당신이 영위하는 삶은 당신이 견딜 수 있는 것 그 이상일 것이다. 이러한 고양됨은 어떤 고통을 동반한다. 그럼에도 그것은 정말로 고양됨이다. 그리고 그것이 바로 우리가 모든 것에도 불구하고 전선을 좋아하고 그것을 그리워하는 이유다.[7]

테야르의 표현력은 이 글에서 분명하게 나타난다. 게다가 이따금씩 휴가가 있을 때, 그는 삶에 대한 그의 비전을 표현하고자 노력했는데, 이를 통해 그는 나중에 그의 작품을 교회가 어떻게 받아들일지에 대해 미리 알게 되었다. 왜냐하면 비록 테야르가 1918년 5월에 예수회에서 최종 서약을 하도록 허락받았다 할지라도, 전장에서 쓴 그의 글

---

7) 같은 책, p.205.

들은 그의 선배 수사들을 놀라게 했으며, 특히 진화나 원죄와 같은 주제에 대한 그의 생각은 더 놀라운 것이었기 때문이다. 점차 테야르는 교회에서 요구하는 것이 좀 더 사실적이고 좀 더 보편적인 방식, 즉 좀 더 '우주 발생적' 방식으로 교리를 표현하는 것이라는 것을 깨달았다.8) 이러한 깨달음은 종종 테야르에게 "정통적으로 판단되지만 이단적 느낌"을 주었다.9) 만약 그가 느낀 대로 정말로 어떤 것을 보았다면, 그 봄은 장애물에도 불구하고 빛날 것이라고 그는 확신했다. 그가 1919년의 편지에서 말하듯이, "내 마음에 이 점에서 나를 더 편안케 만드는 것이 있는데, 그것은 나의 가르침에 다소 위험한 점들이 사실은 나에게는 단지 두 번째로만 중요한 것이라는 점이다. 내가 전파하고자 하는 것은 아이디어가 아니라 정신이다. 그리고 정신은 모든 외적 표상들을 움직이게 할 수 있다."10)

1919년 3월 10일 제대 후, 테야르는 저지로 돌아가 회복기를 거치고, 소르본에서 지질학 박사학위를 마치기 위해 준비연구를 했다. 예수회 리옹 지회에서 테야르가 자연과학 분야에서 그의 연구를 계속하도록 허락했기 때문이었다. 저지에 있는 동안, 테야르는 "The Spiritual Power of Matter"에 관한 심오한 기도문 형식의 작품을 썼다.

파리로 돌아와서, 테야르는 마슬랭 불과 함께 프랑스의 에오세기의 인회토 화석 연구를 계속했다. 많은 현장을 돌다 벨기에까지 가게 되었는데, 거기에서도 그는 현대 프랑스 신학과 관련한 진화의 의미에 관해 학생들에게 가르치기 시작했다. 1920년 가을쯤, 테야르는 가톨릭 대학의 지질학과에서 자리를 확보하고 학생들을 가르쳤는데, 이 학생들은 그를 적극적으로 진화 사상을 홍보하는 사람으로 생각했다.

---

8) 같은 책, pp.267-68.
9) 같은 책, p.277.
10) 같은 책, p.281.

피우스 10세의 교황청이 발의한 가톨릭교회에서의 보수적 반응은 1914년 교황이 사망하면서 누그러졌다. 하지만 새로운 교황 베네딕토 15세는 진화와 "새로운 신학"에 관해 그리고 바티칸 교황청에 의해 위협으로 생각되는 많은 실수들로 여겨지는 것들에 관해 공격을 개시했다. 테야르가 하고 있는 유형의 일에 대해 교회 단체들의 분위기는 점차 그 분야의 일이 그의 경력에 도움을 줄 뿐 아니라 그와 다른 프랑스 사상가들이 연루된 논쟁을 잠재울 것이라는 확신을 그에게 주었다. 베이징 부근에서 고생물학 작업을 맡아 하고 있었던 예수회 과학자 에밀 리상의 초대로, 1919년 테야르는 중국에서 현장 탐구를 할 기회를 얻었다. 1923년 4월 1일 테야르는 마르세유에서 중국을 향해 배를 탔다. 그는 이 "짧은 여행"이 다음 수년간의 여행을 촉발시킬 것이라는 사실을 거의 알지 못했다.

여행기

테야르는 베이징에서 80마일 정도 떨어진 해변 도시 텐진에서 처음 중국 생활을 시작했다. 에밀 리상은 텐진에 그의 박물관을 세웠으며, 1914년 중국에 도착한 이래로 리상은 중국에서 수집한 화석들을 거기에 소장했다. 프랑스의 그 두 수사들은 서로 스타일이 달랐다. 북쪽 사람인 리상은 좀 색다른 복장을 했으며 성격이 무뚝뚝했고 일을 함에 있어서 매우 독립적이었다. 그는 주로 화석들의 의미를 해석하는 것보다는 그것들을 모으는 데 관심을 가졌다. 반면에 테야르는 좀 더 도시적이었다. 그는 대화를 즐겼으며, 그 대화 속에서 그의 지질학적 지식을 좀 더 넓은 과학적이고 해석학적 영역에 연결시킬 수 있었다. 도착하자마자 테야르는 리상의 수집품들에 정통하게 되었으며, 리상의 부탁으로 중국의 지질학회에 논문을 발표했다. 1923년 6월 테야르와 리상은 내몽골 국경 근처에 있는 베이징 서부의 오르도스 사막에 원정을 갔다. 이 원정과 그 이후 있었던 1920년대 리상과의 연이은 원정에서 테야르는 중국의 구석기 유물들에 관한 대단히 소중한 정보를 얻었다. 이 기간 동안 테야르의 서신은 몽골 사람들과 풍경 그리고 식생과 그 지역의 동물들에 관한 예리한 관찰들을 제공한다.

이 여행 기간 동안 테야르의 주된 관심사는 주로 자연적 영역이었다. 비록 그가 수많은 인종 그룹들과 교류했다 할지라도, 그는 거의 자신의 일을 하거나, 일반적인 관심을 충족시키는 데 필요한 이상으로 그들의 문화에 들어가지는 않았다. 그의 이력에서 한 가지 이상한 점이 있다면, 유교적 전통과 그 전통이 관심을 갖고 있는 천지인(天地人)의 우주적 동일성에 대한 깨달음이 테야르의 관심 밖에 있었다는 점이다. 부족민들과 그들의 지구 중심적 정신성은 테야르에게는 단순히 그리스도 계시의 진화적 발달에서 초기 단계로 생각되었다.

테야르는 1924년 9월에 파리로 돌아와 가톨릭 대학에서 다시 학생들을 가르치기 시작했다. 하지만 유럽의 가톨릭교회의 지적 분위기는 크게 변하지 않았다. 1922년에 교황이 된 피우스 11세는 보수당원들에게 자유로이 통제할 수 있는 권한을 주었다. 이러한 적대적 분위기 속에서, 테야르가 벨기에에서 강의했던 논문 복사본이 로마로 흘러들어 왔다. 중국에서 돌아온 지 한 달 후, 테야르는 그 지역의 선임들 앞에서 원죄에 관한 그의 아이디어를 부인하는 진술서에 서명하라는 소환 명령을 받았다. 테야르의 오랜 친구 오귀스트 발렌싱은 리옹에서 신학을 가르치고 있었는데, 테야르는 사유서와 관련해서 그의 조언을 구했다. 세 명의 수사들의 회의를 거쳐 선임이 테야르의 초기 논문의 수정본과 사유서에 대한 그의 대답을 로마로 보내기로 동의했다.

그의 수정본에 대한 로마의 대답을 받기 전에 얼마 동안 테야르는 대학에서 수업을 계속했다. 그의 수업을 들었던 학생들은 그 젊은 교수가 호모 파베르에 대해 예리하게 분석했던 역동적인 강의를 기억했다. 테야르에 따르면, 도구를 만들고 불을 사용하는 자로서의 인간은 인간의 의식 발달이나 종의 인간화에 있어서 중요한 순간을 나타낸다. 바로 이 시기에 테야르는 에두아르드 쥐스의 "생물권" 혹은 지구-층의 생명체들이라는 용어를 그의 지질학적 도식에서 사용하기 시작했다. 그리고 테야르는 그 개념이 지구-층의 생각하는 존재들을 포함하도록 확장시켰는데, 그는 "마음"을 의미하는 그리스어 단어 *nous* 로부터 아이디어를 얻어 그것을 "noosphere"라 불렀다. 그의 강의는 사람들로 가득 찼지만, 프랑스의 보수적인 주교들로 인해 그다지 크게 영향을 미치진 못했다. 이들은 그를 바티칸 교황청에 보고했으며 교황청에서는 예수회에게 압력을 넣어 그를 침묵케 했다.

이 시기의 예수회 총장 블라디미르 레도초프스키는 이전에 오스트리아 장교였는데, 그는 공공연히 바티칸 보수파의 편을 들었다. 그리하여 1925년 테야르는 다시금 그의 논쟁의 여지가 있는 이론들을 부인하는 서류에 서명하고 학기를 마친 다음 프랑스를 떠나라는 명령을 받았다.

테야르의 박물관 동료들 마슬랭 불과 앙리 브뢰이는 그에게 예수회를 떠나 교구의 목사가 되라고 충고했다. 그의 친구 발렌싱과 몇몇 사람들은 그 서류에 서명하고 그 행동을 원로원의 요구에 대한 지적인 동의 중 하나라기보다는 예수회에 대한 충성의 뜻으로 해석하라고 조언했다. 발렌싱은 테야르의 정신이 옳은지는 결국 하늘에 맡겨야 한다고 주장했다. 일주일간 은둔해서 이그나티우스 영성 훈련에 몰두한 후, 테야르는 1925년 7월에 그 서류에 서명했다. 그날은 진화의 타당성을 주장했던 테네시 주 스콥스의 "원숭이 재판"이 있던 주와 같은 주였다.

다음 해 봄에 테야르는 극동지방 행 증기선에 올랐다. 리상과 텐진에 두 번째 있게 되었을 때는 아주 많은 발전이 있었다. 우선, 스웨덴의 왕세자와 왕세자빈이 방문하고, 그 후에 파리 자연사박물관의 알프레드 라크루아가 방문했는데, 이들의 방문으로 테야르는 베이징에서 새로운 지위를 얻었으며, 톈진에서 점차 베이징의 좀 더 세련된 과학자 사회로 이동하게 되었다. 미국과 스웨덴, 영국의 팀들은 베이징 부근 주구점이라 불리는 풍요로운 지역에서 일을 시작했다. 테야르는 그들의 일에 가담하여, 중국의 선사시대 사람들의 도구 제작 활동과 중국의 지질 구조에 대한 그의 지식을 제공했다. 테야르는 또한 리상과 함께 베이징의 북쪽 바이칼 호(Dalai-Nor)로 향하는 중요한 탐험대를 맡았다. 마침내 테야르는 선임들에게 받아들일 만한 방식으로 그의 견해를 표현하고자 노력하면서 *The Divine Milieu*를 썼다. 이 신비한 논문은 세계를 사랑하는 사람들에게 바쳐졌다. 거기에는 인간을 "가장 불타는 단계의 물질"로서 보는 그의 비전이 표현되어 있다.

한편 테야르는 그의 선임들과 서신을 주고받았으며, 마침내 그들은 1927년 8월에 그가 프랑스로 돌아오도록 허락했다. 하지만 파리 잡지에 그의 강의록이 출판되면서 테야르가 마르세유에 도착하기도 전에 그의 사상에 대한 공격들이 쏟아졌다. 테야르가 *The Divine Milieu*를 파리에서 편집하고 다시 집필했지만, 그의 비평가들과 직접 대면했을 때는 참을 수가 없었다. 마침내 1928년 6월 예수회 총장의 보좌관은 파리에 도착해서 테야르에게 그의 모든 신학적 작업은 중지하고 과학적인 작업에만 전념해야 한다고 전했다. 이러한 억압적 분위기에서 테야르는 1928년 11월에 어쩔 수 없이 중국으로 돌아갈 수밖에 없었다.

다음 11년간 테야르는 중국에서 망명생활을 이어갔으며, 5년이라는 짧은 기간 동안에만 프랑스를 방문할 수 있었다. 이 방문은 그의 논문을 배포해준 가족과 친구들을 보기 위해서였으며, 또한 그의 아이디어를 위한 공개토론회를 제공해온 파리와 벨기에의 대학생 동호회 회원들에게 가끔씩 이야기를 하기 위해서였다. 이 기간에도 테야르는 많은 지질학적 탐구를 수행했다. 1929년 테야르는 중국으로 돌아오기 전, 소말릴란드와 에티오피아를 여행했다. 1929년에서 1930년, 그는 주구점에서 "베이징인"을 발견하고 해석할 때 중심적인 역할을 했다. 1930년, 그는 미국 자연사박물관의 초대로 레이 채프먼 앤드류의 중앙 몽골 원정에 합류했다. 다음 해 그는 미국을 횡단했는데, 이 여행은 그가 *The Spirit of the Earth*를 쓰도록 영감을 불어넣어 주었다. 1931년 5월부터 1932년 2월까지 그는 시트로앵 자동차 회사가 후원하는 유명한 황허 원정대와 중앙아시아를 여행했다. 1934년에 그는 조지 바버와 양자강을 거슬러 여행하고 사천 산지를 여행했다. 1년 후 그는 인도에서 헬무트 테라가 이끄는 예일-케임브리지 원정대에 합류했으며, 그 후 자바에서 쾨니히스발트 원정대와 함께했다. 1937년 그는 과학적 업적으로 필라델피아 총회에서 멘델 메달을 수상했다. 같은 해 그는 하버드-카네기 원정대와 함께 미얀마로 갔으며, 그런 다음 테라와 함께 자바로 갔다. 이러한 다방면의 현장 탐구 결과로, 테야르는 지구 분야에서 가장 훌륭한 지질학자들 중 하나로 인식되었다. 인간 진화에 관한 그의 독창적인 이론과 이러한 명성으로 인해 테야르는 프랑스 정부에게는 동서양의 지식인 사회에서 소중한 존재가 되었다. 1932년과 1936년 사이, 그의 어머니와 아버지, 남동생 빅토르, 그리고 사랑하는 누이 기기트가 모두 그가 집을 떠나 있는 동안 죽었을 때 그가 경험했던 깊은 비극을 생각하면, 그의 전문직업에서의 업적은 훨씬 더 주목할 만한 가치가 있다.

　1939년에서 1946년까지 마지막 중국 망명 시기는 대략 제2차 세계대전 시기와 중국 공화정이 붕괴되는 시기와 일치한다. 이 기간 동안에 테야르와 동료 수사이자 친구인 르루아는 리상의 수집품을 보호하는 한편 그들의 화석을 분류하고 해석하기 위한 실험실을 마련하기 위해 베이징에 지구생물학 연구소를 세웠다. 그러나 이 기간에 가장 중요한 업적은 1940년 5월 *The Human Phenomenon*을 완성한 것이었다. 이 작품이 중요하게 기여하는 바는 그것이 창조적인 방식으로 진화 과정을 통일시키는 주제로 인간의 출현을 다룬다는 것이다. 네 번의 진화(은하 진화, 지구 진화, 생명 진화, 그리고 의식 진화)가 출현하는 *The Human Phenomenon*은 거의 새로운 문학 장르로 생각될 수 있는 것을 수립한다.

전쟁이 끝나면서 테야르는 프랑스로 돌아오도록 허락을 받았으며, 프랑스에서 그는 다양한 활동에 참여했다. 그는 예수회 잡지 『에튀드(*Etudes*)』에 수많은 논문을 실었다. 그는 *The Human Phenomenon*을 재작업해서 사본을 로마에 보내어 출판 허락을 구했지만, 그의 생전에 출판은 허락되지 않았다. 그는 또한 그의 오랜 친구 브뢰이의 사퇴로 공석이 될 프랑스 소르본 대학에서 선사학장 후보로 나오도록 요청받았다. 1947년 5월쯤 테야르는 그의 입장을 다시 다듬고 그에게 동감하는 독자들의 기대를 충족시키고자 너무 애를 쓰다 과로했으며, 이 과로로 인해 1947년 6월에 심장발작을 일으켰다. 이 병으로 인해 테야르는 뉴욕의 베너-그렌 재단의 바이킹 펀드가 후원하는 캘리포니아 대학교 원정대의 아프리카 원정에 합류하는 것을 미룰 수밖에 없었다. 테야르는 *The Human Phenomenon*과 관련해서 로마의 교황청과 마주치기 전에 그리고 소르본 대학에서 학생들을 가르치기 시작하기 전에 막간을 이용해 여행하고자 했다. 병에서 회복하는 동안 테야르는 그의 과학적이고 지적인 업적들 때문에 프랑스 외무부에서 상을 받았으며, 레지옹 도뇌르 훈장으로 임원으로 승진했다.

1948년 9월 테야르는 미국을 여행했다. 이번에 그는 컬럼비아 대학교에서 연속 강의를 하도록 초대받은 것이었지만, 지역 예수회 선임이 허락하질 않았다. 1948년 7월에 갑자기 테야르는 그의 사상을 둘러싸고 있는 논쟁들을 토의하러 로마로 오라는 초대를 받았다. 테야르는 그의 작품의 미래가 이 만남에 달려 있음을 깨닫고 그의 말대로 "호랑이 수염을 건드릴" 준비를 했다.

1948년 로마는 전쟁의 참화로부터 막 회복하기 시작한 도시였다. 1939년에 교황직을 맡았던 피우스 12세가 전쟁 시기 동안 고립 상태에 있었기 때문에, 그리고 1940년대 후반에 그는 1950년을 성스러운 해로 정하고자 계획했기 때문에, 바티칸 교황청도 재정비를 시작했다. 이전에 바티칸의 외교관으로서 피우스 12세는 좀 더 정교하고 지적인 노력을 들여 교황청의 보수적인 입장을 계속해서 이어나갔다.

테야르가 로마에 왔을 때, 그는 바티칸 시국의 예수회 기숙사에 머물렀다. 예수회 총장 얀센 신부와 여러 번 만난 후에, 테야르는 그가 평생 동안 그의 작품을 출판하도록 허락받을 수 없으며 또한 그가 프랑스 대학에서 자리를 얻지 못하리라는 것을 깨달았다. 테야르가 파리로 돌아와서 자신이 대항하기에는 무기력할 수밖에 없었던 그 권력을 더듬더듬 이해해보고자 했을 때, 그와 이야기를 해본 사람들은 그를 둘러싼 좌절을 감지할 수 있었다. 다음 2년 동안 테야르는 열심히 영국과 아프리카와 미국을 여행했으며, 이제 중국은 더 이상 가능하지 않았기 때문에, 살 만한 적합한 곳을 결정하고자 했다. 1951년 12월에 그는 뉴욕에서 베너-그렌 재단의 연구직을 받아들였다.

뉴욕에서의 마지막 시절

그의 예수회 선임들이 테야르가 뉴욕에서 살고자 한 결정을 승인함으로써 그의 거주와 관련한 불확실성이 해결되었다. 그는 다음 몇 년을 파크 애비뉴의 성 이그나티우스 교회 신부들과 함께 살았으며, 걸어서 베너-그렌 재단의 사무실과 그의 자칭 비서이자 친구 로다 테라의 아파트를 오갔다. 이 마지막 시절 동안 *Letters from My Friend* 라는 영어 제목으로 출판된 르루아 신부와의 서신에서는 고통과 괴로움이 눈에 띄게 줄어들었으며 그들의 마음은 과학적 연구에 초점이 맞춰져 있었다.

1954년에 테야르는 마지막으로 프랑스를 방문했다. 그와 그의 친구 르루아는 남쪽으로 운전하여 라스코 동굴로 갔다. 라스코를 방문하기 전에 그들은 테라 부인과 함께 사르세나에 들렀다. 그들은 말없이 걷다가 테야르의 어머니가 쓰던 방과 그녀의 의자를 마주쳤다. 그때서야 테야르는 "이것이 내가 태어난 방인데…"라고 반쯤 혼잣말을 했다. 그의 말년을 고향에서 보내기를 바라면서 테야르는 그의 선임들에게 한 번 더 그가 프랑스로 영구히 돌아올 수 있도록 허락해줄 것을 요청했다. 그 요청은 미국으로 돌아가도록 정중하게 거절되었다.

피에르 테야르 드 샤르댕은 부활주일인 1955년 4월 10일 저녁 6시에 사망했다. 부활절 월요일 그의 장례식에는 몇몇 친구들이 참석했다. 르루아 신부와 성 이그나티우스의 사제들은 그를 뉴욕시티 약 60마일 북부까지 수행했는데, 거기에서 그는 뉴욕에 있는 예수회 공동묘지에 묻혔다.

단순하고 조용히 삶을 마감한 테야르의 인생은 그 자신이 묘사하듯 생명나무처럼 서서히 펼쳐진다. 그는 다음과 같이 생명나무에 대해 말했다.

그 생명의 비밀을 캐려고 시도하기 전에, 그것을 잘 들여다보자. 왜냐하면 단순히 외적으로 주시하면서도 그것으로부터 도출되는 교훈과 힘이 있기 때문이다. 바로 **그것을 증언하는 느낌**.[11]

---

11) Pierre Teilhard de Chardin, *The Phenomenon of Man*(New York: Harper & Row, 1965), p.137.

2

새로운 창조 이야기
테야르 드 샤르댕의 창조적 정신

도날드 그레이

*The Phenomenon of Man*이 처음 출간되었을 때, 그것은 많은 혼란을 불러일으켰다. 어떻게 그 책이 읽혀야 하는지, 어떻게 그것이 해석되고 이해되어야 하는지가 알기 힘들었다. 테야르 자신이 그의 서문에서 주장하듯이 그것은 "과학 논문"인가? 과학자들은 거기에서 많은 과학적인 자료를 발견할 것이다. 하지만 결국 그들은 그것을 과학 서적으로 받아들이기 불가능하다고 생각할 것이다. 비록 테야르 자신이 적극 부인한다 할지라도, 그것은 "형이상학에 관한 작품"인가, 아니면 "일종의 신학적 에세이"인가? 철학자들과 신학자들은 그것이 정말로 그들 자신의 전공 분야에 속한다고 인정하기를 꺼리고 있다. 과학적, 철학적, 신학적 요소들이 이 책에서 함께 얽혀 있지만, 이 친숙한 범주들 중 어떤 하나에도 전적으로 적합하지는 않다.

테야르는 과학자인가, 철학자인가, 아니면 신학자인가? 어느 정도 그는 그 각각의 역할들을 떠맡았지만, 그것들 중 어느 한 가지도 우리에게 문제의 중심을 보여주지는 못한다. 분명 그는 능숙한 이야기꾼이다. 이것이 그의 매력의 원천이다. 그는 이상하지만 청중을 매료시키는 이야깃거리를 갖고 있으며, 그것은 경이로움과 당혹감을 불러일으킨다. 이 우주 역사 이야기, 이 새로운 창조 서사시는 맨 처음으로 우리가 볼 수 있도록 의식을 변형시키는 힘을 갖고 있다. 그것은 정신적 힘, 에너지를 방출하는 힘, 새로운 정신적 길을 여는 힘, 그리고 새로운 창조적 정신을 갖고 있다. 이제 그 이야기를 마주할 때다. 그 이야기는 삶과 죽음의 이야기이며, 통일과 분리의 이야기, 획득과 상실의 이야기다. 그 이야기는 우주의 이야기이며, 그것을 새로이 보았던 남자와 우주에 대한 이야기다.

I

테야르의 생애에 관한 연구에서, 엘렌과 메리 루카스는 테야르의 고향 오베르뉴의 전설에서 전하는 특이하게 매력적인 이미지의 그 남자와 그의 삶에 대한 이야기를 우리에게 다음과 같이 제공하고 있다.

> 정말로 존재하는 불가사의에 대한 그 두께가 얇은 문학작품에서, 단 하나의 주제가 이상한 빈도로 계속 등장한다. 그것은 실재의 중심에 있는 비밀을 찾기 위해 그가 가진 모든 것과 그의 땅을 남겨두고 떠난 순박한 구도자의 이야기다. 그의 이름은 마구스인데, 그는 다양한 환상의 베일 뒤에 감춰진 단 하나의 진리를 찾는다. … 오베르뉴의 민속학자들은 평범한 사람들이었기 때문에, 그들은 바위와 꽃과 짐승 간에 어떤 정합성이 분명히 있다는 것을 알았다. 그들은 인내심이 있고 대담했기 때문에, 그들은 항상 근면성과 결단력이 있으면, 그것들의 관계에 대한 비밀이 발견될 수 있을 것이라고 믿었다. 하지만 그들은 현실주의자들이었기 때문에, 그들은 그러한 것들이 종종 큰 대가가 치러져야 함을 알고 있었다. 따라서 그들의 모든 이야기들에서 그가 무엇을 찾고

있는지를 발견한 구도자는 그 싸움에서 상처를 입는다. 그는 필히 그가 꽤 소중하게 얻은 비밀의 힘을 포기하거나, 혹은 또 다른 살아 있는 영혼에게 그것을 전하지도 못하고 그의 삶의 종국으로 걸어 들어갈 수밖에 없다.[1]

테야르는 구도자이기도 하고 통찰자이기도 했다. 그는 자신이 오랫동안 찾아왔던 것 즉 파괴할 수 없는 의미를 그의 시각 영역에서 발견했다. 테야르의 정신성은 시각적인 정신성이다. 우리는 우리 자신이 현명한 사람과 그의 지혜에 매료되는 것을 발견하기 때문에 시각적 정신성은 호소력이 있다. 또한 우리의 일상적인 의식 양상은 시각적 표현을 이해하는 데 잘 익숙하지 않기 때문에 시각적 정신성은 위험하기도 하다. 그러한 정신적 방식의 첫 번째 명령은 "보는 법을 배워야 한다"는 것인데, 왜냐하면 보는 것이 모든 것이기 때문이다. 혹은 만약 보는 것이 정확하게 모든 것이 아니라면, 그것은 그 밖의 모든 것을 위해 기초석인 것이다.[2] 보는 방법을 아는 사람들에게는 여기 아래의 그 어떤 것도 통속적이지 않다.[3] 그러나 그렇게 밝게 비추는 방식의 맥락 내에서, 그것은 정확히 암흑에서 광명으로, 무지에서 지식으로, 어리석음에서 지혜로 나아가는 여행이다. 따라서 비록 몰이해의 결과로 그가 끔찍한 대가를 치러야 한다 할지라도, 이미 통찰을 획득한 통찰자는 그 길을 위한 도움을 제공하는 정신적 안내자로 그 자신을 바쳐야 한다. 테야르는 사실상 안내자 역할을 하고자 하는 그의

1) Mary and Ellen Lukas, *Teilhard: The Man, the Priest, the Scientist*(Garden City, N.Y.: Doubleday, 1977), p.14.
2) 보는 것의 중요성에 관하여 알고자 한다면, 테야르의 *The Phenomenon of Man*(New York: Harper Torchbooks, 1965), pp.31-36의 서문을 보라.
3) Pierre Teilhard de Chardin, *The Divine Milieu*(New York: Harper Torchbooks, 1965), p.66.

열정 때문에 망명과 고립이라는 끔찍한 대가를 치렀다. 그가 죽은 뒤에야 비로소 "와서 보라"4)는 그의 초대의 소리를 듣는 것이 가능했다. 그리고 그때조차 몰이해는 계속되었다.

우선 그의 시각에 대한 탐구에서 시각적인 것을 보내는 것은 무엇인가? 아마도 그것은 충분히 혹은 만족스럽게 해명될 수는 없는 마음의 수수께끼일 것이다. 우리는 테야르의 경우에 그것은 그가 깊이 사랑하는 두 가지 전통 즉 기독교적 전통과 과학적 전통 간에 존재하는 심각한 부정합성에 대한 느낌과 특히 관련이 있다고 추측해볼 수 있을 것이다. 이 두 전통 모두 진지한 진리 추구를 주장했다. 이 둘 다 실재를 아는 방법이었다. 그러나 이 둘은 세계에 대한 다양하고 심지어는 반대되는 해석을 낳으면서 점점 더 갈라지는 것으로 보였다. 이 두 방법이 유망한 통찰 방식이었지만, 사람들은 분명하게 같은 과정들을 볼 수 없었다. 그 둘 다를 넘어서는 어떤 더 나은 점, 하지만 그것들 모두를 포함하는 점이 발견되어야 한다. 그러한 낯선 우위의 점으로부터 모든 것은 분명해지고 모든 것은 제자리를 찾을 것이다. 하지만 어떻게 거기에 도달할 것인가?

테야르는 분명히 타협할 수 없는 두 가지 창조 이야기들을 물려받았다. 창세기에 설명된 첫 번째 이야기는 창조를 먼 과거에 두었으며, 거기에서 모든 것이 시작된다. 그것은 창조주 신과 그의 전능한 말씀에 관한 이야기였는데, 신의 말씀은 일주일 만에 세상을 존재케 했다. 이것은 창조에 관한 종교적 신화이며 종교적 이야기였다. 그것은 인류의 타락, 신의 아들을 통한 구속(속죄), 성령을 보내심, 교회의 성립, 그리고 마지막으로 부활하신 분의 재림과 세상의 종말 등 다양한 이

---

4) Pierre Teilhard de Chardin, *Activation of Energy*(New York: Harcourt, Brace, Jovanovich, 1971), p.376. 그 표현은 요한복음 1장 39절을 모방한 것일 것이다.

야기들을 위한 배경을 제공했다. 따라서 그 창조 이야기는 구속 이야기의 서막으로 이해되었는데, 그 구속 이야기는 기독교인들을 위한 종교적인 이야기 전통의 중심부다.

그러나 19세기에 또 다른 창조 이야기가 생겼는데, 이는 찰스 다윈의 작품과 연관된 진화론적 설명이다. 이 이야기에서 창조는 수백만 년에 걸친 그리고 수많은 생명체들의 정교함을 수반하는 장구한 과정이 되었다. 그 과정에서 나중에서야 인간은 더 높은 영장류 진화의 역사와 함께 등장한다. 생존을 위한 투쟁과 최적자의 생존 가능성은 생물권 내의 이러한 역동적인 움직임을 이해하기 위한 설명적 가설로서 제공된다. 이 후자의 과학적 이야기는 물론 신-말씀 이야기와 어울릴 수 없으며, 따라서 새로운 창조 이야기는 신의 영역과 관련하거나 그것을 분명하게 언급하지 않고 이루어졌다. 이 이야기는 다윈 이래 다양한 수정을 겪는 한편 대체로 문화적 혜택을 받은 사람들에게서 신뢰를 받아왔다. 테야르는 그것을 필히 정확한 것으로 받아들였다.

하지만 그가 판단하기에 그것은 충분치 않았다. 그것은 창조의 완전한 내적 역사 즉 의식의 역사를 설명하지 않고 있다. 그것은 사물들을 충분하게 깊이 들여다보지 못했다. 왜냐하면 복잡해지고 있는 물질의 역사는 수반하는 내면의 역사 즉 의식과 관계성을 위한 능력을 동반하기 때문이다. 그 역사는 끝나지 않는다. 그것은 인간과 더불어 새로운 수준의 의식과 관계를 가능케 하는 새로운 문화 형식들의 정교함을 통해 계속된다. 테야르는 진화론적 설명에 비추어 창조를 끝나지 않은 과정으로 인식했다. 창조는 계속되며, 또한 창조는 역사를 갖는다. 구원의 역사는 이제 창조 역사의 맥락 내에서 이해되어야 한다. 세상은 더 이상 인간의 역사가 준비되어 있는 질서정연한 우주가 아니다. 세상은 발생하는 우주이며 창조적 과정이다. 이는 테야르의 새로운 창조 이야기에서 생명체들 특히 인간들에게 새로운 역할이 제공된다는 것을 의미한다. 그들은 의식의 진보에 있어서 협동자이며 함께 창조하는 자들이다. 그들은 세상을 존재케 함에 있어서 그리고 그것을 완성함에 있어서 신의 동역자들이 된다.

이제 사물들을 보는 이 새로운 방식의 결과로, 기독교 정신은 새로운 방향을 취하도록 요구된다. 옛 종교 이야기와 새로운 과학적 이야기의 결합으로 새로운 성례를 위한 이야기가 요구된다. 기독교 정신은 성스러운 창조 작업에 협동적으로 참여하도록 하는 창조적 정신으로 다시 생각되어야 한다. 인간의 죄와 타락을 속죄하도록 만들어진 전통적인 정신성은 성스러운 창조 작품 즉 진화하는 의식에 봉사하는데 인간의 창조적 에너지를 활용하도록 강조할 필요가 있다. 거기에서 구속(속죄)의 요소가 무시되는 것은 아니다. 그것은 단지 새로운 장소에 재배치될 뿐이다. 왜냐하면 창조적 과정과 성장의 길을 방해하는 그러한 저항들 즉 신의 창조 초대에 대한 그러한 불신을 제거할 필요가 항상 있을 것이기 때문이다.

II

테야르에게 있어, 우주 발생 과정은 그가 오메가라고 부른 궁극적 목표를 향해 그것이 움직이고 있기 때문에 목적과 의미를 모두 갖고 있다. 이런 면에서 그의 창조 이야기는 기독교 전통의 종말론적 요소와 함께함으로써 다시 한 번 다윈의 설명과 갈라진다. 단지 끝에 가서야 창조는 완전함을 획득할 것이다. 테야르는 이미 오랜 역사를 가진 복잡화(물질)와 의식(정신)을 진화 운동에서 나타나는 목적적 패턴의 증거로서 그리고 최종의 의미를 증명하는 것으로서 표현한다. 그러나 그 증거는 모호하다. 그것은 입장에 따라 다른 방식으로 읽힐 수 있을 뿐 아니라, 또한 그것은 최종 분석에서 테야르가 "죽음의 장벽"5)이라

칭한 것의 위협을 받는 것으로 보이기도 한다. 만약 모든 것이 죽음으로 끝난다면, 목표로 겨냥하고 있는 파괴할 수 없는 완전함을 기다리는 것은 불가능하다. 따라서 테야르에 관한 한, 목표로 겨냥할 적절한 이유가 전혀 없다. 정신성의 창조적 행위 가능성은 바로 죽음의 장벽을 초월하는 데 (그리고 절대적인 우주적 의미를 여실히 단언함에) 의존한다.

죽음의 장벽에 대한 테야르의 관심은 1934년 그의 친구이자 동료인 데이비드슨 블랙이 죽었을 때 그가 쓴 한 통의 편지에서 감동적으로 표현된다.

오늘 나는 세상의 물질주의의 어둠으로부터 세상을 구하라는 부름을 깊이 깨닫는다. 당신은 이미 블랙 박사가 죽었다는 것을 알고 있다. 때이른 그 죽음의 부조리함, 여기 남은 그의 친구들이 이 비극을 숭고하지만 맹목적으로 받아들인다는 것, 베이징 종합 의대의 차가운 방에 누워 있는 가련한 몸에서 완전히 "불빛"이 사라졌다는 것, 이 모든 것은 나의 슬픔을 더욱 무겁게 했으며 혐오를 일으켰다.

어딘가에 개인의 생각을 위해 혹은 그의 자의식을 위해 죽음으로부터의 탈출구가 있든지, 아니면 세상은 끔찍한 실수다. 그리고 만약 그렇다면, 우리가 계속 살아나가는 것은 아무런 소용이 없다. 하지만 계속 살아나가는 것이 아무런 쓸모가 없다는 것은 모두에게 참을 수 없는 생각이기 때문에 그 대안은 믿을 수 있는 것이어야 한다. 이러한 믿음을 일깨우는 것이 이제껏보다 지금 더욱더 내가 해야 할 일이라고 나는 맹세한다. 나는 이것을 내 형제 이상인 데이비가 이 세상에 남긴 것들에 대고 맹세한다.[6]

---

5) Pierre Teilhard de Chardin, "The Death-Barrier and Co-Reflection", in *Activation of Energy*, pp.395-406을 보라. 이 논문은 1955년 그가 사망하기 몇 달 전에 쓰였다.

6) Claude Cuenot, *Teilhard de Chardin: A Biographical Study*(Baltimore: Heli-

그러나 해결책을 찾을 필요가 있는 것은 단지 개인의 죽음만이 아니다. 우주 자체도 마찬가지로 엔트로피 법칙의 결과로 무의미한 에너지 평형에서 결국 끝나게 되어 있는 것으로 보인다.[7] 이러한 가능성은 테야르가 세계의 궁극적인 종말에 관한 현대과학적 견해를 논하고 있는 *The Phenomenon of Man*의 도입부 근처에서 나타난다. "시간의 화살이 눈뜨면서 치솟는 로켓, 그것은 폭발하여 결국은 소멸된다. 하강하는 해류 깊숙한 곳에서 솟아오르는 소용돌이, 그러한 것들이 세상에 대한 우리의 그림임에 틀림없다. 그렇게 과학은 말한다. 그리고 나는 과학을 믿는다. 하지만 지금까지 과학은 밖으로부터가 아닌 다른 세상을 보려고 애써본 적이 있는가?"[8]

현대과학적 창조 이야기의 이 필연적인 결론에 대한 대안으로, 사물들의 내부에 대한 관점으로부터 나올 수 있는 어떤 다른 시나리오들이 가능할 것인가? 우선 테야르의 창조 이야기가 의미 있는 종말을 정말로 포함한다는 사실에도 불구하고, 전통적인 종말론적 시나리오가 테야르의 새로운 창조 이야기와 양립할 수 없어 보인다는 점이 지적되어야 한다. 종말론적 사고 내에서는 창조 과정 그 자체의 발달 단계를 특별하게 주목하지 않고, 직접 신의 개입을 통해 이 종말이 어느 때든지 이를 수 있다는 생각이 받아들여지기 때문에, 이 종말은 생명체들의 협동적인 창조성과 논리적으로 연결되어 있지 않다. 그렇다면 이제 필요한 것은 우주 발생의 "광대한 여정"을 타당하게 절정에 이르게 하는 종말이며, 생명체들 특히 인간들의 적극적 참여를 요구하

---

con Press, 1965), p.158에서 인용함. 그 편지는 1934년 5월 18일의 것임.

7) 우주의 에너지의 양은 일정한 상태로 남아 있는 반면(에너지 보존의 법칙), 끝없는 에너지 소실(에너지 소실의 법칙 – 엔트로피 원리) 때문에 사용할 수 있는 에너지의 양은 감소한다. 이 문제는 *The Phenomenon of Man*, pp.50-52에서 논의됨.

8) Teilhard, *The Phenomenon of Man*, p.52.

는 종말이다. 따라서 성숙을 향한 세계의 이전 단계의 발달은 종국의 시간에 신의 왕국이 등장하는 데 없어서는 안 될 조건이 된다.9) 그것은 테야르가 재구성한 새로운 창조 이야기의 논리다.

그렇다면 이 종말의 본성은 어떠한 것이며, 어떻게 그것이 효과적으로 죽음의 문제를 해결하고, 이를 통해 어떻게 창조적 행위를 위해 요구되는 의미 맥락을 수립할 것인가? 상승하고 확장하는 의식 과정의 완성으로서, 이 종말은 최대한의 의식 획득을 나타내야 한다. 사회화 증가와 높아진 인간화 모두를 포함하는 인간 수렴 과정의 완성으로서 이 종말은 가장 강한 공동체와 개인적 성취 모두를 나타내야 한다. 신과 인간의 창조적 상호작용 과정의 완성으로서, "하나님이 만유의 주로서 만유 안에 계시려 하실 때"(고린도 전서 15:28),10) 이 종말은 최종의 신-인간의 결합을 나타내야 한다. 간단히 말해서, 이 종말은 신 안에서 모든 것들의 최종적 결합과, 모든 것들 안에서 신의 최종적 결합을 나타내야 한다. 이는 전통 성경이 도래할 신의 왕국이라는 상징을 통해서 가리킨 것이다. 만약 결합(영적 교감)이 종말이라면, 결합의 창조는 종말로의 길을 나타낸다. 창조적 정신 또한 통일적(혹은 결합적) 정신일 것인데, 왜냐하면 이전에는 전혀 존재한 적이 없는 새로운 공동체를 세움으로써 종말 또한 건설될 것이기 때문이다. 따라서 종말이 보이는 인간 공동체의 통일은 그러한 정신적인 길에서 가장 긴급히 요구되는 중요한 일이 된다. 그리고 이 미래의 통일을 위한 기초는 사랑 에너지인데, 이 결합력 있는 에너지는 인간 공동체를 함께 묶어주며, 동시에 그것은 인간화를 가능케 하고 지탱해준다. 사랑의 힘 속에서 결합은 차이가 생긴다.11)

---

9) *The Divine Milieu* 의 "Epilogue", pp.150-55를 보라.
10) 이것은 테야르가 가장 좋아하는 내용이며 종종 그의 작품에 인용된다.
11) 이 문구에 대한 논의를 위해서는, Donald P. Gray, *The One and the Many:*

테야르에 따르면, 효과적인 현대의 정신은 두 가지 것을 해야 한다. 한편으로, 그것은 빛을 비추어야 한다. 그것은 비전과 새로운 의식을 생산해야 한다. 그것은 그 여행을 위해 빛을 제공함으로써 길을 보여주어야 한다. 다른 한편, 그것은 행위를 위해서 그리고 결합을 위해서 에너지를 발생시켜야 한다. 비전과 에너지는 밀접하게 연결되어 있는데, 왜냐하면 비전은 윤리적인 에너지와 정서적인 에너지 모두를 생산하기 때문이다. 인간사의 엔트로피 원리에 따르면, 비전이 없으면 에너지는 흩어지고 마침내는 소멸된다. 하지만 비전 그 자체는 아무리 필수적이라 해도 충분한 것은 아니다. 마르크스주의는 비전 운동이지만, 테야르에게 마르크스주의 비전은 죽음의 장벽을 초월하거나 오메가12)에 도달하기 위해 요구되는 사랑 에너지를 활성화할 수 없다. 오직 신만이 사람과 공동체 모두의 불멸성을 보증할 수 있다. 오직 신만이 그 자신 사랑이자 현존하는 사람의 중심이며, 우주 그 자체뿐 아니라 인간 공동체 전체를 포용할 수 있는 사랑을 활성화할 수 있다. 의미를 보증하는 것, 그리고 사랑 에너지를 활성화하는 것, 이것이 정확히 테야르의 우주론 내에서 신의 기능들이다. 신은 그의 말씀을 통한 의미의 원천이며, 또한 그의 정신을 통한 에너지의 원천이며, 빛과 생명의 원천이다. 테야르의 비전은 분명 기독교 전통 내에서 길러진 신뢰와 소망의 믿음에 기초한다.

진화에 비추어 창조 이야기를 재구성하는 과정에서, 테야르는 또한 기독교 전통에 비추어 죽음의 의미를 변형시켰다. 테야르의 새로운 창조 이야기에서, 죽음은 더 이상 의미와 행위를 위험에 처하게 하는 비존재라는 위협으로 나타나지 않는다. 비전의 마법을 통해 그것은

Teilhard de Chardin's Vision of Unity(New York: Herder & Herder, 1969), p.121을 보라.

12) Teilhard, *The Phenomenon of Man*, pp.257-72를 보라.

"성장의 최종 단계"13)로 변형되었다. 왜냐하면 개인이나 사회 모두의 죽음은 이제 더 높은 수준의 존재로 황홀하게 출현하는 사건이 되기 때문인데, 그 지점에서 신으로의 자기 초월적 이동이 발생한다. 죽음을 통해 마지막으로 또 하나의 진화적 한계를 넘어간다. 과정 밖에서 볼 때는 적군인 죽음이 우주 발생에서 제자리를 발견한다. 그것은 또한 의미를 갖고 있으며, 더 이상 단순히 모든 의미가 소멸함을 선포하지 않는다. 죽음에서 다시 사신 구세주의 역사의 결과로, 죽음은 전체의 일부 즉 창조 과정의 한 요소가 된다. 전통적으로 죽음은 오로지 구속의 영역에만 속했다. 인간 타락의 무참한 결과로, 죽음은 예수의 십자가에 의한 구속으로 사용되어 왔다. 테야르에게 있어서 그것은 삶의 수동성에 속하는 것이지만, 그것은 생명의 활동과 더불어 창조가 발생하는 틀을 구성한다.14) 우리가 행하는 것뿐 아니라 죽음까지 포함해서 우리가 겪는 것을 통해 우리는 만들어진다. 죽음은 통일적인 창조 과정에 속한다.

III

정신적 여정은 종종 특히 서양 문화권에서는 정화하는(속죄의) 단계, 계발하는(빛을 비추는) 단계, 그리고 통일의 단계라는 세 단계의 진보 관점에서 이해되어 왔다. 우리는 테야르의 정신적인 길이 정화하는(속죄의) 단계는 무시하는 것으로 보이는 한편, 계발하는(빛을 비추는) 단계와 통일의 단계는 매우 강조하고 있음을 보았다. 그는 *The*

---

13) Elisabeth Kubler-Ross의 작품 제목, *Death: The Final Stage of Growth*(Englewood Cliffs, N.J.: Prentice Hall, 1975).

14) 테야르가 가장 철저하게 수동성을 다루는 것을 찾아보기 위해서는 *The Divine Milieu* 의 2부를 보라.

Divine Milieu 라는 정신적인 걸작에서, 그가 이미 정신적인 길을 따라 어느 정도 진보한 기독교인을 위해 주로 글을 쓰고 있기 때문에, 죄로부터의 정화 문제는 다루고자 하지 않는다고 말한다.[15) 테야르처럼 창조적 경건함과 창조적 정신을 갖고 있는 사람들은 아마도 단순히 죄로부터의 정화 문제에 병적으로 과도하게 주목하기보다는 죄 자체 혹은 악 일반의 문제를 조심스럽게 분석적으로 조사하는 경향이 있다. 결국 이것들은 구속의 비전들과 그것들의 정신성에 대한 지배적인 주제들이다. 그러나 테야르는 결코 정신적 여정의 정화 측면을 무시한 것이 아니라 악의 문제를 무시한다. 아니 그는 그것을 계발과 통일의 측면으로 통합시킨다. 통찰과 비전에 이르기 위해서는 보는 능력을 끊임없이 정화시킬 필요가 있으며, 부적절하거나 왜곡된 방식의 통찰을 끊임없이 초월할 필요가 있다. 통일적 삶을 살기 위해서는 영적 교감에 대한 저항을 끊임없이 정화하고 제한적인 자기 이익과 자기중심성을 끊임없이 초월해야 한다. 비전과 사랑을 통한 우주 발생 과정에 창조적으로 참여하는 데 방해가 되는 장애들을 계속해서 제거하기 위해서는 정화가 요구된다.

창조적 정신은 금욕주의적인 훈련 자체를 포함한다. 그것은 그 자체에 독특한 금욕주의적인 훈련의 형태를 요구한다. 창조의 작업에 포함된 바로 그 노력은 정신적 무기력을 극복함에 있어서 필수적인 금욕주의적 요소를 포함한다. 현재의 모든 업적과 성취를 넘어 미래를 향하기 위해서는 과거와 현재로부터의 분리가 필요하다. 그것은 구성될 미래에 애정을 가질 것을 요구하는데, 이는 전통적인 속죄의 정신들의 금욕주의적 요구조건들만큼 힘든 것이다. 테야르에게는 여전히 계발하고 통일하는 과정을 통해 창조될 자아를 위해 현재 구성

---

15) Teilhard, *The Divine Milieu*, p.44.

되어 있는 자아를 부정하는 점이 있다. 그것은 좀 더 전통적인 정신적 방법들에 특징적인 어떤 절박한 자기부정과 자기 고행을 보여준다. 창조적인 정신은 분명하게 대가를 치르는 형태의 훈련을 요구한다.16) 그 대가는 새로운 삶을 위한 죽음이다. "인간의 서사는 십자가의 길을 닮지 않았다."17) 다시 말하지만, 죽음은 단지 더 이상 피해야 할 적이 아니라 창조적 종말을 향해 가는 길의 필수적인 일부가 되는 것이라고 볼 수 있다. 죽음은 여전히 삶의 어둠에 속하지만 테야르는 우리가 이 어둠을, 아니 심지어 이 어둠조차 사랑하도록 초대한다. 그 자신을 새로운 의식에 봉사하고 빛에 봉사하도록 모두 내어주는 한편, 신비와 어둠 또한 의식 향상의 역사에 속하기 때문에, 테야르는 그것들과의 접촉을 끊지 않는다. 만약 죽음이 정확히 아직 친구가 되지 못한다면, 그것은 전적으로 적도 되지 못한다. 평생 동안 테야르는 헌신적으로 자신을 바쳐 창조 과정의 선함과 깊은 친교를 가졌다. 심지어 죽음조차도 생명의 힘이 승리할 것이라는 근본적 믿음을 흔들 수 없었다. 마침내 죽음 그 자체조차도 바로 이 똑같은 생명의 힘들에 봉사하는 것으로 이해된다. 어떻게 해서인지 신비하게도 그것 또한 언젠가는 오메가에 이르게 될 그 창조 운동의 선함에 속한다.

테야르 드 샤르댕은 현대의 위대한 이야기꾼들 중 하나다. 그는 기독교 사회와 과학자 사회 모두의 이야기 전통으로부터 새로운 창조 이야기를 발명했다. 그는 성경적 전통의 옛 신화를 신화적으로 재해석하고,18) 과학적 전통의 새로운 신화를 다시 신격화했다. 이 새로운

---

16) 테야르의 정신은 Dietrich Bonhoeffer가 *The Cost of Discipleship*(New York: Macmillan, 1959)에서 비난한 "값싼 은총"과는 다른 양극단들이다.

17) Teilhard, *The Phenomenon of Man*, p.313을 보라. 또한 Robert Farich, "Teilhard de Chardin's Spirituality of the Cross", *Horizons*(spring 1976), pp.1-15를 보라.

18) *Teilhard de Chardin: Re-Mythologization*(Waco: Word Books, 1970)에 실린

테야르의 창조 신화는 또한 행위와 헌신을 가능케 하는 새로운 의미 맥락이 되었다. 테야르에게 가장 관심 있는 것은 결국 그 이야기의 교훈(혹은 도덕성)이다. 그것은 무엇을 해야 하는지를 제안하는 이야기다. 그 이야기는 세상을 창조적 과정으로 그린다. 계발과 영적 교감을 통해 이러한 과정에 협동적으로 참여하라고 초대하는 것이 여기에서 도출되는 교훈이다. 그의 다음과 같은 이야기를 말하는 것으로 정신적 안내를 대신하자. "이것은 (증명해야 할) 명제가 아니라 제안 혹은 권고다. 길을 떠나 우연히 모든 것이 환히 드러나는 지점에 도달한 여행자의 권고, 그리고 그의 동료들에게 '와서 보라!'는 외침",19) 그 교훈은 단지 입법되기를 기다린다.

Robert Speaight, Robert Wilshine, J. V. Langmead Casserly의 논문들을 보라.
19) Teilhard, *Activation of Energy*, p.376.

3

테야르의 지식의 통일성

토머스 킹

1981년, 테야르 탄생 100주년, 제임스 새먼과 함께 나는 조지타운 대학교에서 "Teilhard and the Unity of Knowledge"라는 제목으로 강연회를 열었다. 우리가 그 제목과 주제를 선택한 이유는 그것들이 테야르에 대한 우리의 평가를 가장 잘 표현했기 때문이었다. 즉 테야르는 우리의 과학에 대한 지식과 인간관계에 대한 우리의 민감성, 그리고 우리의 신에 대한 느낌이 상호 정합적일 수 있는 맥락을 우리에게 제공했다. 테야르는 우리가 알고 있는 것들을 위한 통일성을 제공했다. 우리는 또한 다양한 분야의 수많은 학자들이 테야르에게서 그들 자신의 연구를 자리매김할 수 있는 중요한 맥락을 발견했음을 깨달았다. 우리는 이 수많은 학자들이 발표를 하도록 초대했다.[1] 하지만 비

---

1) 강연회의 논문들은 *Teilhard and the Unity of Knowledge*(ed. Thomas King, S.J., and James Salmon, S.J., New York: Seabury, 1981)로 발간되었다. 여기에는 Frederick Copleston, Ilya Prigogine, Richard Leakey, Kenneth Boulding, Paulo Soleri, Raimundo Panikkar, Monika Hellwig의 대담이 포함되어 있다.

록 내가 강연회를 조직했다 할지라도 나는 이전에 그 문제를 발표할 기회를 갖지 못했다.

모든 지식을 위한 맥락으로서의 진화

유기적인 것으로서의 진화

지식을 통일시키려는 어떠한 사람도 통일적인 주제가 필요하다. 테야르에게 이 통일적 주제는 진화였다. 그는 서른 살 때 진화 아이디어가 자신의 내부에서 싹텄다고 말한다. 그것은 레코드처럼 그의 생각을 맴돌기 시작했다. 그는 "나에게 제시된 약속처럼, 대답되어야 할 요구처럼, 만족되지 않은 허기"[2]로서 진화를 경험했다. 곧 그는 지질학과 오늘날 고생물학으로 알려진 것을 전임으로 연구하게 되었다. 그러한 연구들을 위해서 진화는 확실히 통일적 주제 역할을 했다. 하지만 결국 테야르는 과학을 넘어 진화를 확장시켜, 그것이 "모든 지식의 일반적 조건"[3]임을 확인하곤 했다. 그는 "모든 분야의 지식"이 진화에 의해 변형되었다고 주장하곤 했다. 그것은 단지 이론이나 가설이 아니다.

그것은 모든 이론들, 모든 가설들, 모든 체계들이 복종해야 하는 일반적 조건이며, 또한 그것들이 생각할 수 있고 참이고자 한다면 만족시켜야 하는 일반적 조건이다. 진화는 모든 사실들을 비추는 빛이며, 모든 선들이 따라야 하는 곡선이다.[4]

---

2) Pierre Teilhard de Chardin, *The Heart of Matter*(New York: Harcourt Brace Jovanovich, 1979), p.25.

3) Pierre Teilhard de Chardin, *The Appearance of Man*(New York: Harper & Row, 1965), p.25.

진화는 마침내 모든 것을 침범했다. … 모든 핵물리학, 모든 천체물리학, 모든 화학은 그들의 방식으로 "진화"한다. 모든 문명과 아이디어의 역사도 최소한 그러하다.5)

진화는 다양한 학문분과들을 통합시켰지만, 많은 사람들은 이 사실을 깨닫지 못했다.

만약 우리가 정신 현상의 물리적 실재에 대해 혹은 사회법칙이나 도덕법칙들의 본질적인 생물학적 본성에 대해 말한다면 충격을 받을 사람들이 여전히 많이 있다. 바로 여기에서, 진화 상태의 세상이라는 새로이 열린 비전이 저항할 수 없이 개입해 들어와, 지적으로 사물들을 부분들로 나누는 이러한 단조롭고 불변하는 종류에서부터 우리를 해방시킨다.6)

테야르는 넓은 의미와 좁은 의미 모두에서 진화를 정의하고자 했다. 넓은 의미에서 진화는 "세상의 모든 것은 전체의 기능 속에서 등장하고 존재한다"는 것을 의미한다.7) 진화에 대한 그의 넓은 의미를 통해, 테야르는 우주를 이해하게 해주는 생물학적 모델을 소개하고 있다. 우주는 몸을 형성한다. 그것은 "미립자"다. 그것은 "유기적으로 엮인 요소들과 유기적으로 연결된 층들"로 만들어진다.8) 그 어떤 것의 실

---

4) Pierre Teilhard de Chardin, *The Phenomenon of Man*(New York: Harper & Row, 1969), p.219.

5) Pierre Teilhard de Chardin, *The Vision of the Past*(New York: Harper & Row, 1968), p.246.

6) Pierre Teilhard de Chardin, *Activation of Energy*(New York: Harcourt Brace Jovanovich, 1970), p.213.

7) Pierre Teilhard de Chardin, *The Future of Man*(New York: Harper & Row, 1964), p.222.

8) Teilhard, *The Heart of Matter*, p.48

재든 그 밖의 모든 것과의 관계와 통일된 전체성에서 차지하는 그 자신의 위치를 통해 밝혀질 수 있다.

테야르는 여러 수준의 지식을 통과해서 그 자신의 가장 근본적인 직관으로 내려가려 했던 시도에 대해 말한다. 그것은 "우주의 상호 의존 관계에 대한 생생한 느낌"으로 밝혀졌다.9) 우주는 전체성으로 직관된다. 그것은 "시간과 공간 속에서 끝없이 연결된 체계를 형성"한다. 좀 더 생물학적으로 말하자면, 그것은 "완전히 연결된 몸"이다. 근본적으로 테야르는 이 점에 대해 논쟁할 필요를 느끼지 않는다. 전체성은 "직접적인 증거를 가지고 그 자신을 주장"한다. 그것은 "여지없이 우리가 주목하게"10) 한다. 보고 생각할 수 있는 누구에게나 우주는 그 자신이 "유기적 통일성, 정합성"임을 보여준다.11) 그는 이 경험에 신비로운 성질이 있다는 것을 인정하곤 했다. 그것은 본질적으로 종교적이다. 하지만 그는 또한 모든 심오한 시나 음악 그리고 많은 과학자들의 헌신의 기초에는 직관이 있다고 주장하곤 했다. 이 경험의 의미는 우주가 "사물들"로 이루어진 "앙상블"이 아니라는 것이다. 오히려 그것은 "요소들"로 이루어진 "전체"다.12) 어쨌든 테야르가 전개

---

9) Pierre Teilhard de Chardin, *Christianity and Evolution*(New York: Harcourt Brace Jovanovich, 1971), p.103

10) 같은 책, p.63.

11) 같은 책, p.62.

12) 앙상블 안의 사물들보다는 전체 안의 요소들이라는 이 기본적 직관은 테야르의 많은 글들의 출발점이다. *The Phenomenon of Man*에서 1장의 처음의 두 소제목은 요소 물질과 전체 물질에 대해 말한다. 거기에서 테야르는 다양한 방식으로 "우주의 각 요소가 모든 다른 것들과 엮여 있다"고 주장한다. 아마도 테야르가 인과성에 대해 말하기를 꺼린 이유는 모든 것들의 유기적 연결에 대한 이러한 생각으로 거슬러 추적할 수 있다. 인과적 관계는 따로 떨어져 있는 "사물들" 간에 이루어진다. (따라서 그것은 테야르가 제안하는 유기적 관계보다 덜 본질적일 것이다.) 테야르에게 있어 따로 분리되어 있는 것들은 없다.

하는 지식의 통일성은 우주의 통일성에 대한 근본적인 직관에 근거한다.

테야르는 과거에 사람들이 세상을 매우 다르게 보았다는 점을 진정으로 인정한다. 시간과 공간은 대상들이 마음대로 병렬되고 상호 교환될 수 있는 구획들로 보였다. 한 대상은 그것을 변화시키지 않고 또한 그 과정에서 그 밖의 모든 것을 변화시키지 않고 그것의 맥락으로부터 추상될 수 있다고 믿어졌다. 이것은 비유기적 모델이다. 그것은 우주를 "사물들의 앙상블"로 본다. 유기체에서는 부분들이 마음대로 변경될 수 없다. 유기체에서 한 부분은 전체에서의 그것의 위치와 기능과 분리해서는 이해될 수 없다. 그것은 우주의 경우에도 마찬가지라고 테야르는 말하곤 했다. 이것이 현대과학이 우리에게 보여주는 것이다. 생물학에서는 각각의 생명체가 그것의 정확한 위치를 갖는다는 것을 보여준다. 그것은 "생물권의 연속적인 전체 그물망 안"에 있다. 하지만 테야르는 이러한 생각을 우주로까지 그리고 심지어는 시간을 통한 우주로까지 더 확장하곤 했다. 따라서 테야르가 고생대에 관해 말할 때, 그는 독자에게 그 당시 인간이 그것을 보았던 대로 그가 그것을 그리고자 노력하는 것이 아니라고 경고한다. 왜냐하면 그러한 풍경 속의 인간을 상상하는 것조차 "우주적 모순"일 것이기 때문이다.13) 현대의 발견들을 통해 과학자들은 다음과 같이 보게 되었다.

각 요소의 위치는 전체의 발생과 아주 밀접하게 연결되어 있어서, 그것을 "부정합적인" 것으로 만들지 않으면서는, 혹은 그 분포를 재조정하고 그것을 둘러싼 전체의 역사를 재조정할 필요가 없이는, 무작위적으로 그것을 변경시키는 것은 불가능했다.14)

---

13) Teilhard, *The Phenomenon of Man*, p.35.

한때 어떤 과학 역사가는 다윈이 주로 현장 생물학자라고 생각했지만, 그의 작업의 근본 결과는 다른 생물학자들을 실험실로 보내어, 그들을 수십 년 동안 실험실에서 나오지 못하게 한 것이었다. 유기체를 존재케 하고 어떤 면에서는 그것을 설명해주는 맥락으로부터 실험실은 한 유기체를 분리시킨다. 다윈은 한때 눈에 띨 만큼 긴 부리를 갖고 있는 벌새를 보았다. 그는 정확히 그 부리로부터 그 부리에 알맞은 잎을 갖고 있는 꽃이 있다고 주장했다. 자연에서 새의 위치 이외에도 부리는 정말로 수수께끼다. 유사한 방식으로 만약 한 언어가 발생한 문화에서 그것을 분리한 채 연구하고자 한다면 사람들은 그것을 잘못 판단할 것이다. 테야르는 이것이 인문학 연구자들이 인간을 이해하고자 노력할 때 하는 짓이라고 주장한다. 그들은 사람들이 생겨난 맥락을 제외하고 인간을 연구한다. 이 맥락은 지구의 전 역사다. 그래서 *The Phenomenon of Man* 을 쓸 때, 테야르는 그 책의 전반부에서 인간의 등장 이전에 지구의 진화에 대해 다루었다.

테야르는 인문학 연구자들이 그랬듯이 많은 과학자들도 실수를 범하는 것을 보았다. 그들은 물질에 관한 놀라운 진리, 즉 그것이 인류를 낳았다는 진리를 무시한 채 물질을 연구하고자 노력한다. 인류와 물질 그 자체는 모두 (연구 목적을 위해) 하나를 다른 하나로부터 추상해내는 방법론을 통해 왜곡된다. 그런 다음 그러한 분리가 그들이 도입한 방법론에서 생겨났다는 것을 보지 못한다. 인류는 우주를 이해하는 열쇠이며, 우주는 인류를 이해하는 열쇠다.15) 이 두 가지는 유기적으로 연결되어 있다. 테야르는 심지어 현재의 도덕적 위기가 이러한 인위적인 분리로 거슬러 올라간다고 주장하기도 했다. 인간은

---

14) Teilhard, *The Future of Man*, p.61.

15) Teilhard, *Christianity and Evolution*, p.105; *Human Energy*(New York: Harcourt Brace Jovanovich, 1969), pp.23-24.

그들을 생산한 지구의 방문객이나 외계인이 아니다. 그들의 몸과 피, 그들의 마음과 문화는 이 지구에서 발생한 수천 년의 사건들을 통해 형성되었다. 그리고 이러한 맥락을 떠나서는 인간에 관한 어떠한 것도 이해할 수 없다. 우리는 우리가 "이 세상에 온" 듯이 계속해서 말한다. 하지만 우리는 이 세상 "안으로" 오지 않았다. 우리는 그것"으로부터" 나왔다. 잎들이 나무에서 나오듯이, 우리는 우주에서 나왔다. 잎들이 유기적으로 나무의 일부분인 것처럼, 우리는 유기적으로 우주의 일부분이다.

우리는 이러한 유기적 상호 관계가 모든 분야에 적용될 때 그것에 대해 점점 더 깨닫게 된다. 우리는 물자체로서 산이나 언어나 종교 형식을 연구할 수 없다.16) 각각의 것들은 시간 속에서 일어나는 전체 맥락 내에서만 이해된다. 그것이 바로 테야르가 진화 때문에 "우리의 물리학과 생물학 그리고 윤리학과 심지어는 우리의 종교까지 바꿀 필요가 있게 되었다"고 주장하는 이유다.17)

생물학의 확장

테야르가 생각하기에, 모든 것들의 유기적 상호 관계에 관한 강조는 생명과 생물학에 특별한 의미를 부여한다. 대개 사람들은 생명을 우주의 그다지 중요치 않은 정도의 특징으로 생각할 것이다. 아마도 이것이 물질을 이해함에 있어서 과학자들이 생명을 누락시킬 수 있다고 생각하는 이유일 것이다. 하지만 우주가 유기체로 이해되어야 한다고 주장했던 테야르는 더 나아가 모든 물질에 생명이 있다고 주장한다.18) 더 강한 용어로 그는 우주가 "근본적으로 그리고 대부분 살

---

16) Teilhard, *Christianity and Evolution*, p.62.
17) Teilhard, *The Future of Man*, p.61.

아 있다"고 말하곤 했다.[19] 따라서 우리가 보는 생명은 일반적으로 물질의 움직이지 않는 성질에 예외적인 것이 아니다. 그것은 "모든 물질에 내재하는 근본적인 흐름의 표현"이다. 생명은 "우주의 전반적인 발효"로부터 생겨났다.[20] 개별적인 생명체는 "우주의 어느 곳에나 압력을 받는 힘"의 "보이는 표현"이다.[21] 대부분의 사람들은 생명을 우리 지구의 "특이한 예외"로 간주하고, "우주의 기본 구조를 충분히 이해하는 데 중요치 않은 그저 흥미로운 변칙"으로 간주한다.[22] 테야르는 이것을 부정한다. 전체 우주는 살아 있거나 최소한 앞서 살아 있는 것으로 보아야 한다. 테야르가 생명의 나타남이나 생명의 출현(이것은 생명이 항상 현존하지는 않았다는 것을 가리키는 것으로 보일 수 있는 어구들임)에 대해 정말로 말하고 있는 반면, 그는 여기에서 그가 "공식적으로 지각된 생명"의 나타남을 의미한다고 설명한다.[23] 심지어 이 "공식적으로 지각된 생명"조차도 지구 전체의 기능으로 그리고 궁극적으로는 "우주 전체의 진화"의 기능으로 생겨난 것이다.[24] 생명을 우주 전체와 연결시킴으로써, 테야르는 우주 전체로부터 나오는 빛이나 중력, 운석이나 우주 광선 등이 진화 과정 내내 이 지구에 끊임없이 영향을 미치고 있다는 사실에 호소하고 있다. 그것들은 이 행성의 생명 형식들에 엄청난 영향을 미쳐왔다(공룡의 먹이가 되는 초

---

18) Teilhard, *The Heart of Matter*, p.34.

19) Teilhard, *Human Energy*, p.23.

20) 같은 책, p.23.

21) Teilhard, *The Heart of Matter*, p.34.

22) Pierre Teilhard de Chardin, *Man's Place in Nature*(New York: Harper & Row, 1966), p.18; *The Future of Man*, p.223.

23) Teilhard, *Man's Place in Nature*, p.26.

24) Teilhard, *Human Energy*, p.22; *Writings in Time of War*(New York: Harper & Row, 1968), p.23.

목을 파괴한 운석들에 의해 공룡이 멸종되었다는 최근 주장을 생각해 보라. 공룡의 멸종 결과 포유류가 나타났다). 테야르는 생명이 우주 전체의 기능으로 생겨난다는 자신의 이해를 강조하기 위해서 그의 첫 번째 에세이의 제목을 "Cosmic Life"로 정했다.

우주에 대한 "생물학적" 이해를 옹호하기 위해, 테야르는 우주의 통일성이 이해될 수 있는 다른 방법들을 생각한다. 그것은 한 무더기로 던져진 모래의 통일성이나 수정체를 형성하는 분자들의 통일성을 갖는 것으로 보일 수도 있다. 모래더미는 즉시 분리될 수 있는 부분들로 구성되어 있다. "생물학적으로" 보이는 수정체는 "진정한 화합이나 결합도 없이 외적인 연합"에 의해 분자들이 연결됨을 보여준다.[25] 이 무생명적 모델들 중 어느 것도 요소들의 본질적인 결합(우리가 점점 더 인식하게 되는 통일성)을 보여주지 않는다. 하지만 우리가 중합체를 생각할 때, 그리고 우리가 살아 있는 세포를 생각할 때 더욱더 그러한데, 테야르는 요소들이 좀 더 복잡한 배열을 만들어 "점점 더 크고 더욱더 복잡한 분자"가 되는 것을 관찰한다.[26] 부분들의 본질적인 통일성이 있다. 그는 우리가 이러한 방식으로 우주를 생각하게 한다. 한 세포의 부분들은 단지 전체를 통해서만 의미를 갖는다. 세포의 부분들은 (모래 더미에서처럼) 단순한 앙상블이나 (수정체에서처럼) 단순한 외적인 연결을 형성하지 않으며, 그것들이 형성하는 통일성에 의해 본질적으로 영향을 받는다. 테야르는 그러한 본질적인 관계가 모든 현상들에까지 이르는 것을 보았다. 모든 현상들은 "완전히 연결된 몸"을 형성하도록 결합된다. 따라서 그는 그 어떤 특별한 유기체도 "바로 그 현상의 본질"을 표현하는 것으로 여겼다.[27] 따라서 그는 각

---

25) Teilhard, *The Phenomenon of Man*, p.69.
26) 같은 책, p.70.
27) Teilhard, *Man's Place in Nature*, p.18; *The Future of Man*, p.223.

각의 유기체를 전체 유기체 내의 소우주라 불렀으며, 전체 유기체는 대우주다.28)

테야르는 그의 에세이들 중 하나를 "물리학과 화학 분야의 동료들에게 생물학자가 청하는 일종의 호소"로 소개했다. 그는 자신이 그들의 권한을 침해하고 싶지 않다고 설명한다. 그는 단지 그들에게 그들의 일과 지금 생명의 영역에서 진행되고 있는 같은 방향의 일을 양립시킬 수 있는 견해를 제공하고자 한다.29) 그는 다시금 "생물학자"로서 사회과학자들에게 호소한다. 테야르는 그의 기본 가정들 중 하나가 사회에 대한 "생물학적" 해석이라고 설명하면서 *The Phenomenon of Man* 을 소개한다.30) 그 작업 과정에서 그는 "인류의 유기체적 본성"에 대해 말하고, 미래의 인간성 통일을 "생물학적으로 필연적인" 것으로 본다.31) 그는 만약 사람들이 인간성의 생물학적 본성을 받아들인다면, "경제학 분야에서 전체로서의 인류에게 적용할 수 있는 순환이나 영양 체계의 존재와 그것의 발달에 대해 말하는 것은 적절해진다"고 주장하곤 했다.32) 테야르에게는 그 어떤 사회를 통해 발달된 법칙들도 성장하는 유기체의 법칙들로 간주되며, 현대적인 방법의 의사소통은 "일반적인 신경체계"를 형성하는 것으로 간주된다.33) 사회현상은 "밀접하게 생물학과 연결"되기 때문에 이러한 견해가 가능하다.34) 동시에 그는 생리학이나 해부학의 용어들을 글자 그대로 사회구조들에 옮겨놓는 것에 반대하여 경고하곤 했다.35) 테야르는 어떻게

---

28) Teilhard, *Writings in Time of War*, p.22.
29) Teilhard, *Man's Place in Nature*, p.26.
30) Teilhard, *The Phenomenon of Man*, p.30.
31) 같은 책, p.266.
32) Teilhard, *The Future of Man*, p.167.
33) Teilhard, *Human Energy*, p.137.
34) Teilhard, *The Phenomenon of Man*, p.223.

현대 과학기술이 인류의 일반적인 생물학에 꼭 들어맞는지를 보여주기 위해 에세이 한 편을 썼다.[36] 전자파의 발달은 "놀라운 생물학적 사건"으로 밝혀진다.[37] 그는 역사가들에게 "인간 역사에 대한 그럴듯한 생물학적 해석"을 제안하곤 했다.[38] 그는 경제학자들이 생물학으로부터 1930년대의 실업을 이해하는 방법을 배울 수 있을 것이라 믿으며 다음과 같이 말했다. "경제학자들은 많아지는 게으른 손들로 인해 놀란다. 왜 그들은 지도와 계몽을 위해 생물학을 들여다보지 않는가?"[39]

테야르는 또한 이러한 생물학적 이해를 인간관계들에 적용시키고자 했다. 그는 우리가 단지 사랑을 즐겁거나 감정적인 힘으로 바라보는 것이 아니라, "그것의 완전한 생물학적 실재"[40]에서 바라보아야 한다고 요구했다. 사랑은 한 존재와 다른 존재의 내적 친밀성으로 그리고 궁극적으로는 우주의 모든 요소들의 친밀성으로 확인된다. 사랑은 시초부터 요소들을 함께 묶어온 힘이다. 그것은 유기체를 형성하기 위해 요소들을 함께 묶어주는 힘이다. 이러한 사랑에 대한 우주적 차원이 무시되고 있기 때문에, 테야르는 어떻게 사랑의 힘을 유도할지에 관해 "생물학자들"이 사회에 충고해야 한다고 제안한다.[41] 사랑은 요소들을 함께 끌어당기는 힘이기 때문에, 테야르는 "하나님과 우리 이웃을 사랑하라"는 그리스도의 명령이 우주의 생명에 어떤 외재적인 것으로 그리고 외부로부터 부과된 것으로 보여서는 안 된다고 강조했다. 오히려 "그것은 생명인데, 이 생명은 그것의 고결한 열망 안에 있

35) 같은 책, p.247.
36) Teilhard, *Activation of Energy*, p.153.
37) Teilhard, *The Phenomenon of Man*, p.240.
38) Teilhard, *The Future of Man*, p.161.
39) 같은 책, p.178.
40) Teilhard, *The Phenomenon of Man*, p.264.
41) Teilhard, *Human Energy*, p.34.

다."42) 테야르는 일반적으로 전파되는 기독교 신앙에 대한 외적 이해에 대해 반복적으로 반대했다. 기독교 신앙은 외부로부터 우주에 부가된 낯선 "물자체"인 것으로 보인다. 하지만 테야르에게 그것은 전 우주의 운동의 정점이며, 그리스도는 진화의 주인으로서 그 운동으로부터 출현한다. 기독교 신앙 그 자체는 엄격한 "생물학적 법칙들"43)로 작용하는 "생물학적 진보"44)의 한 형태로 밝혀진다. 비록 다른 사상가들(그는 플라톤, 헤겔, 스피노자가 제안한 세계관을 언급한다)이 그들의 관점에서 기독교 신앙과 경쟁하는 비전들을 제안한다 할지라도, 그들은 "생명을 생기게 함"에 있어서 성공하지 못하기 때문에, 이러한 이데올로기들은 기독교 신앙보다 못하다.45) 교회는 "신비한 유기체",46) "초자연적 유기체"47)로 밝혀진다. 그리고 신의 왕국은 "지독하게 생물학적으로 작동"한다고 한다.48) 심지어 테야르의 신비주의조차 생물학에 근거하고 있다. "나는 나의 영혼 깊이 흐르는 생물학적 흐름 속에서 신을 느끼고, 그를 만지며, 그를 '살아갈' 수 있다."49)

수렴하는 진화

따라서 테야르는 진화라는 주제를 바탕으로 지식을 통일하고자 했다. 넓은 의미의 진화에 대해 말함으로써, 테야르는 모든 분야의 지식

---

42) Teilhard, *The Future of Man*, p.82.
43) Teilhard, *The Phenomenon of Man*, p.295.
44) Teilhard, *Christianity and Evolution*, p.69.
45) Teilhard, *The Phenomenon of Man*, p.295.
46) Teilhard, *The Future of Man*, p.232.
47) Teilhard, *Christianity and Evolution*, p.69.
48) Teilhard, *The Phenomenon of Man*, p.293.
49) Teilhard, *Writings in Time of War*, p.61.

에 생물학적 모델을 제공하고자 했다. 우주 그 자체는 유기체다. 하지만 진화라는 단어는 그 이상을 말하는 것으로 보일 것이다. 엄격한 의미로 테야르의 범-진화주의는 우주의 생물학적 특성이 증가하고 있다는 것을 의미한다. 다시 말해 모든 것들의 전반적인 상호 관련성이 시간이 지나면서 강해지고 있다. 이러한 진보적인 수렴은 또한 "우리의 지식의 일반적 조건"으로 밝혀진다.50) 이러한 수렴은 다음과 같은 수많은 구절들로 표현된다. 예를 들면, "물질은 그 자신을 훨씬 더 조직화된 입자들로 조직하고자 한다."51) "우주는 수렴하는 만곡의 영향을 받는 것으로 보이는데, 모든 것들의 실체는 "구조적으로 수렴하는 우주"52)에서 점진적으로 이 만곡 안으로 강요되고 있다."53) 전반적인 "압축" 때문에, 사물들은 "강제적인 합병"을 겪고 있다.54) 우주가 "그 자체 위에서 접힐" 때, "퇴축 운동", "광대한 소용돌이 운동", "우주적 소용돌이", "기괴한 개화"가 있다.55) 세상이 그 자체 위에서 좀 더 압축되는 "거대한 행성의 수축"이 있다.56)

테야르는 이러한 전반적인 수렴을 보여주기 위해 종종 원뿔의 이미지를 사용한다. 물질 본래의 요소들은 기초에 퍼져 있는 것으로 보인다. 시간이 지나면서 그것들은 정점을 향해 올라가고, 그 과정에서 좀 더 가까이 모인다("올라가는 모든 것은 수렴해야 한다."). 그것이 원뿔이 형성되는 방식이다.57) 요소들은 "그 원뿔을 단단하게 함으로써"

50) Teilhard, *Human Energy*, p.56.
51) Teilhard, *The Future of Man*, p.224.
52) Teilhard, *Human Energy*, p.56.
53) 같은 책, p.73.
54) Teilhard, *The Future of Man*, p.69.
55) Teilhard, *Activation of Energy*, p.167; *The Heart of Matter*, p.37.
56) Teilhard, *The Heart of Matter*, p.37.
57) Teilhard, *Human Energy*, p.28; *Christianity and Evolution*, pp.50, 134, 192.

올라가며, 따라서 "정점을 향해 움직인다."[58] "봉우리를 향한" 진보적
인 통일이 있다.[59] 사람은 수렴하는 우주의 일부 중심이기 때문에, 각
개인은 "정신의 정점"으로 확인된다. 각 사람은 봉우리나 원뿔로 보
이기 때문에, 많은 "정신의 봉우리들"이 있다.[60] 하지만 궁극적으로
이것들은 하나의 정상을 형성하도록 이끌린다. 이것이 과정 전체의
최종적인 신성한 중심이다. "진화의 봉우리에서" 그리스도가 발견된
다.[61] 그는 "모든 것이 함께 모이는 모든 포괄적인 중심의 지배적 위
치에" 있다.[62] 그는 "진화의 정점에서", "세상의 정점에서" 빛나고 있
으며, 또한 "진화의 신"이다.[63]

이러한 전반적인 수렴 때문에, 테야르는 우리 자신들을 분리된 개
인들로 생각하는 것이 점점 더 부정확해진다고 주장하곤 했다. 우리
는 점점 더 공동 조직에 관계되는데, 이것이 우리가 우리 자신을 이해
해야 하는 방식이다. "지구의 사회적 통일은 진화가 우리를 끌어가고
있는 상태다."[64] 사회적, 정치적, 경제적 결속은 세계적이 되고 있다.
국가를 물자체처럼 독자적인 것으로 생각하는 아이디어는 점점 더 부
정확하고 살아남을 수 없는 아이디어가 되고 있다. "국가들의 시대는
지났다. 이제 우리가 멸망하고자 하지 않는다면, 우리는 고대의 편견
들을 물리치고 지구를 건설해야 한다."[65]

---

58) Teilhard, *The Future of Man*, p.98.

59) Teilhard, *Human Energy*, p.44.

60) Teilhard, *The Heart of Matter*, p.52; *Writings in Time of War*, p.168; *Christianity and Evolution*, p.125.

61) Teilhard, *The Heart of Matter*, pp.49, 50, 58; *Christianity and Evolution*, p.128.

62) Teilhard, *The Heart of Matter*, p.56.

63) Teilhard, *Human Energy*, pp.69, 81; *Christianity and Evolution*, pp.138 이하.

64) Teilhard, *Human Energy*, p.80.

65) 같은 책, p.32.

통일성과 근본적인 이원론

외부와 내부

모든 철학자들과 아마도 모든 과학자들은 그의 지식이 통일성을 갖도록 노력해왔다. 어떤 철학자들은 매우 분명한 방식으로 이를 시도했다. 예를 들어, 데카르트는 초기에 자신이 "보편적 지혜"라고 칭한 모든 것을 포용하는 지식체계를 형성하고자 했다(*Rules for the Direction of the Mind* 에서 규칙 1을 보라). 그의 통일적 주제는 수학, 좀 더 정확히 말하자면 기하학이었다. 하지만 지식의 통일을 전개함에 있어서, 데카르트는 그의 우주에서 극단적인 이원론을 발견했다. 사유와 연장 즉 마음과 몸 혹은 주체와 객체가 있다. 데카르트는 이러한 이원론을 발명하진 않았지만, 그의 강력한 표현은 서양 전통에 그것을 깊이 새겨놓았다. 이러한 이원론은 다양한 형태로 우리에게 전해 내려왔다. 그것은 일반적으로 심-신 문제로 알려져 있다. 우리 각자는 "기계 속의 유령"이다. 사르트르는 데카르트의 전통에서 글을 썼으며, 마찬가지로 실재가 극단으로 나뉘어 있는 것으로 보았다. 의식(the pour-soi)과 대상(the en-soi)이 있다. 그것들은 "절대적으로 나뉜 두 영역의 존재"를 형성한다.66)

철학자들은 일반적으로 이원론이 불편하다. 어떤 철학자들은 반대 요소들 중 하나를 제거함으로써 이 특정 이원론을 해결하고자 했다. 그들은 한 요소를 다른 요소들로 환원하고자 한다는 점에서 "환원주의자들"이라 불릴 수 있을 것이다. 마음의 실재성을 부인하는 사람들은 일반적으로 역학으로부터 통일적 주제를 가져왔다. 그들은 유물론

---

66) Jean-Paul Sartre, *Being and Nothingness*(New York: Washington Square Press, 1966), p.lxxvii.

자들일 것이다. 그들은 물리적 입자들의 운동을 통해 모든 실재를 설명하고자 했다. 테야르는 지난 세기에 이러한 접근방식이 일상적이라고 보았는데, 그 당시 물리학자들은 모든 것을 "변함없는 물질들의 계산 가능한 운동"으로 환원하고자 했으며, 그 결과 "마음은 그것의 가치와 심지어는 그것의 실재성마저 잃어버렸다."[67] 테야르는 이제 과학자들이 궁극적인 입자를 발견할 수 없었으므로, 유물론자들의 이해의 토대가 되는 "위대한 고정된 더 낮은 점"은 사라진 것이라고 주장한다. 따라서 그들은 더 이상 가능한 입장이 아닐 것이다.

두 번째 그룹의 환원주의자들은 모든 것을 마음의 관점에서 설명해야 하는 관념론자들일 것이다. 테야르는 그들을 "일종의 외로운 내성 밖으로 나가지 않으려고 고집하는" 사람들로 보았다. 물리적 세계가 없는 그들의 지식은 곧 순전한 사변이 된다. 따라서 한 그룹에게는 오직 외부(외적 관계의 물질)만이 있다. 다른 그룹에게는 오직 내부만이 있다. 테야르는 이 각각의 학파들이 단지 문제의 반쪽만을 본다고 생각했다.[68] 그는 "두 실재들을 위한 하나의 정합적인 설명을 구성하고자 했다. 그는 현상학을 구성하고 싶었다." 거기에서는 세상의 외적 측면뿐 아니라 사물들의 내적인 측면도 고려될 것이다.[69]

테야르는 일상적인 지식의 관점에서, 그리고 현대과학의 관점에서, 이러한 이원론에 반론을 제기하고자 했다. 생각하기 위해 우리가 먹어야 한다는 것은 일반 상식의 문제다. 우리가 갖는 생각이 우리의 신체 건강에 영향을 미칠 수 있다는 것도 분명하다. 따라서 그 두 종류

---

67) Teilhard, *Human Energy*, p.173.

68) Teilhard, *The Phenomenon of Man*, p.53.

69) 테야르는 그의 설명의 일부로서 방사상의 에너지와 접선에 따라 움직이는 에너지라는 복잡한 용어를 제안한다. 나는 여기에서 이 용어가 중요한지 모르겠다. 나는 *Teilhard and the Mysticism of Knowing*(New York: Seabury, 1981), pp.120 이하에서 그것을 상세히 설명했다.

는 분명하게 상호 연관되어 있다. 한때 과학은 이러한 상호 관계를 간과할 수 있는 듯이 보였다. 과학자들은 우리가 "그것들 안에서 혼합되지 않고" "바로 있는 그대로" 사물들을 볼 수 있을 것으로 가정했다. 과학자들은 "본래 그들이 분석하고 있는 체계에 속해 있다는 것에 대해 깨닫지도 못하면서" 우주를 연구했다.[70] 그들은 "신들처럼 외부로부터" 세상을 보았다. 그들은 "아주 높은 곳에서 세상을 변화시키거나 세상에 종속되지 않으면서 의식이 관통할 수 있는 세상을 내려다볼 수 있을 것이라" 생각했다.[71] 하지만 상대성의 도래와 더불어, "물리학자들의 객관성"은 사라지는 것으로 보였다. 그들은 자신들이 연구하는 대상만큼이나 자신들의 이론이 그들 자신을 포함한다는 것을 알게 되었다. 이러한 관찰자 포함은 생물학에서 훨씬 더 분명하다. 생물학자가 처음 진화를 생각했을 때 그는 "진화에서 배우가 아니라 따로 분리된 구경꾼"으로 남아 있었다.[72] 이제 우리는 관찰자의 의식이 그 과정의 일부라는 것을 알게 되었다. 그리고 바로 그 관찰 작용에서 이러한 의식은 계속 진화한다. 즉 우리는 우리가 그 자체에 대해 의식하는 진화라는 것을 알게 되었다. 과학자들은 이제 "그들이 밖으로부터 사물들에 던지는 것으로 생각했던 관계망 안에 잡혀 있는 몸과 마음"이라는 것을 알 수 있다.[73]

바로 진화에 대한 그의 깨달음이 테야르로 하여금 이러한 주관-객관 이원론을 넘어서 볼 수 있게 한 것이었다. 그는 "물질과 마음의 근본적인 이질성"을 그의 교육과 종교로부터 배웠다고 주장한다. 그것들은 두 가지 다른 실체 혹은 두 가지 종류의 존재로 취급되었다. 그

---

70) Teilhard, *Human Energy*, p.113.
71) Teilhard, *The Phenomenon of Man*, p.32.
72) Teilhard, *Human Energy*, p.114.
73) Teilhard, *The Phenomenon of Man*, p.32.

는 "마비"와 "정적인 이원론"의 상태에 남겨졌다.74) 그가 깊은 안도를 경험하게 된 시기는

처음으로 하지만 여전히 주저하듯이 "진화하는" 우주로 발걸음을 옮겨서, 내가 이제껏 갇혀 있었던 이원론이 떠오르는 태양 앞에서 안개처럼 사라지고 있는 것을 보았을 때였다. 물질과 마음, 이것들은 더 이상 두 가지 것들이 아니라 하나이자 똑같은 우주 물질의 두 가지 상태나 두 가지 측면이었다.75)

그가 "외부로부터 사물들의 내부를 분리시키는 것으로 생각되는 장벽의 사라짐"을 보도록 허용한 것은 바로 진화였다.76) 진화의 과정은 외부(물질의 세계)가 점점 더 내부(의식)를 발달시켜 왔다는 것을 보여준다. 우리가 그 의식이며, 이제 우리는 우리를 발생시킨 마음과 물질이 본래적으로 연관되어 있는 것으로 보아야 한다.

진화가 객관적으로 고려될 때, 그것은 점점 더 큰 물리적 종합이 이루어지고 있음을 보여준다. 하지만 우리의 지식의 발달에 있어서, 우리는 점점 더 큰 종합이 인간의 의식에서 형성되고 있음을 발견한다. 테야르는 외적 과정을 내적 과정과 연결시키면서 생명과 사고를 공통된 발달의 두 측면으로 보았다. "생명은 전진하여 사고로 옮겨진다."77) 그래서 그는 "사고의 생물학적 속성들"78)에 대해 말하거나 혹은 사고를 "내면화된 진화"79)로 말하곤 했다. 지구상에 사고의 첫 등장과 더

---

74) Teilhard, *The Heart of Matter*, p.28.
75) 같은 책, p.26.
76) 같은 책, p.27.
77) Teilhard, *The Vision of the Past*, p.169.
78) Teilhard, *The Phenomenon of Man*, p.33.
79) Teilhard, *The Future of Man*, p.221.

불어, 테야르는 신체들의 물리 화학적 조직화를 넘어서 "우주의 인지적 조직화에 대단히 집중하는 새로운 조직력"을 발달시키는 진화를 보고자 했다.80) 물리적 세계에서 활동해온 똑같은 종합력은 이제 정신에서 그 활동을 계속하고 있다. "만약 진화가 정렬 과정으로서 그 자신을 보여준다면, 무슨 권리로 사람들은 원자나 뉴런의 정렬과 시각과 감정 혹은 감각작용의 정렬을 절대적으로 나누는가?"81)

그가 반대하는 절대적인 분할은 우리가 습관적으로 물질과 마음 간에 도입하는 절대적 분할이다. 테야르는 물질의 진화가 끊임없는 과정을 통해 마음의 진화로 진행한다고 주장한다. 따라서 그는 생명의 진화를 아이디어의 진화와 비교하곤 했다.82) 아이디어의 발달은 생명의 진화처럼 일련의 예비적인 시도들과 모음들을 통해 진행된다. 그것은 창조적 과정이다.83) 아이디어들도 "최적자의 생존"을 겪으며, 어떤 사고 노선들은 멸종한다. 진화의 실재는 우리 자신의 내적 과정에 너무나 기본적이어서, 테야르는 과학자들이 정말로 외적 세계에서 진화를 발견했는지 혹은 그들이 단지 그들 자신을 그 이론으로 표현하기만 한 것인지 묻곤 했다.84)

외부 세계에서 내부 세계로 이어지는 진화의 연속성 때문에 테야르는 과학적 발견의 불안과 즐거움을 좀 더 우주적 맥락에서 해석하고자 했다. 발견의 순간에 우리가 느끼는 열정의 파도는 "우리 자신 안에서 형성되지 않았다. 그것은 저 멀리에서 우리에게 온다. 그것은 동시에 첫 번째 별들로부터 나오는 빛으로서 출발한다. 그것은 오는 도

80) Teilhard, *The Phenomenon of Man*, p.249.
81) M. Gignoux에게 1950년 6월 19일 보낸 미발간 편지.
82) Pierre Teilhard de Chardin, *Toward the Future*(New York: Harcourt Brace Jovanovich, 1975), p.165; *The Vision of the Past*, p.102.
83) Teilhard, *Human Energy*, p.171.
84) Teilhard, *The Vision of the Past*, p.69.

중에 모든 것을 창조한 후에 우리에게 도달한다. 탐구와 정복의 정신은 진화의 영구적인 영혼이다.”[85] 이원론적 세계에서는 이러한 열정은 나의 개인적 심리의 감정적 목소리로서 해석될 것이다. 테야르에게 있어 이러한 내적 열정은 우주적 과정의 일부다. 하나의 진화적 충동이 우주를 만들고 있다. 이제 내 심리 내에서 그것은 그 과정을 계속하고 있다. 내가 느끼는 더 깊은 감정들은 사물들의 폭넓은 흐름의 일부다. 나의 내적 세계를 재조정하는 것으로 보이는 사랑은 처음부터 물질을 재조정해온 것과 똑같은 사랑이다. 그리고 본능적으로 이것은 그것이 느껴지는 방식이다. 그것은 우주적 격변으로 보인다. 내가 진정으로 사랑 안에 있는 느낌 즉 우주적 과정에 참여하는 느낌을 잃게 되는 때는 단지 내가 습관적인 (그리고 방어할 수 없는) 심-신 이원론으로 되돌아갈 때뿐이다.

우리는 “다른” 세계를 직면하는 낯선 의식들이 아니다. 우리는 “생각하는 우주의 내용물”이다.[86] 우리 각자에서 “그 자신을 지각하고 그 자신에 관해 반성하는 것이 진화”다.[87] 우리 인간의 반성은 단지 우리의 개인적 심리 작용이 아니다. 오히려 그것은 “물질이 그 자신을 생각하는” 일반적 과정이다.[88] 아마도 데카르트의 용어로, 세상은 나의 생각(cogito)의 대상이자 주체라 할 수 있을 것이다. 테야르는 커다란 바위 더미에 서서, 더 이상 그것이 생각하고 있는 그 자신이 아니라 “행동하는 지구”라는 느낌을 가졌던 것에 대해 말한다.[89] “그것의 근본적인 운동들 중 하나에서, 바로 우주가 우리의 의식에 떠오르곤

---

85) Teilhard, *The Phenomenon of Man*, p.224.

86) 같은 책, p.251.

87) 같은 책, p.221.

88) 테야르의 미발간 노트, 1952년 3월 22일.

89) Pierre Teilhard de Chardin, *Letters to Two Friends*(New York: Meridian Books, 1969), p.73.

하는데, 이 우주는 우리의 의지들 저 깊은 곳에서 투쟁하고 있다."90)
많은 개인들은 사랑으로 함께 모이고, 인간은 함께 모여 사회를 이룬
다. 작용하는 것은 그들 자신이라기보다는 "그 자신을 살아 움직이게
하는" 우주다. "종합 속에서 그 자신을 발휘하는 것은 우주"다.91)

테야르의 에세이 모음집의 제목은 *The Hymn of the Universe* 와
The Prayer of the Universe 로 지어졌다.92) 우리의 기도는 우리 자신
의 개인적 심정을 신에게 돌리는 것 그 이상이다. 우리를 통해 신에게
돌리는 것은 우리의 지식에서 발견되었듯이 우주 그 자체다. 마찬가
지로 우리가 신을 사랑할 때, 그 행동은 우리 개인의 심리에 한정되지
않는다. 오히려 우리는 "모든 하나하나의 통일시키는 우주로" 신을
사랑한다.93) 우리 각자의 의식은 오늘 진화가 발생하는 곳이다. 그래
서 "우주적 진화로부터 신은 우리의 의식에서 출현한다."94) 하지만
여전히 장소에 관해 모호한 점이 있다. "내 위에서인지 아니면 내 존
재 깊숙한 곳에서인지 나는 말할 수가 없다."95) 궁극적으로 어려운
것은 신을 단순히 내부나 외부로 위치시키려 한다는 데 있다. 하나의
신은 우주 위에 존재하거나 사람의 마음 깊은 곳에 존재하는 것으로
동등하게 인정될 수 있다.96)

90) Pierre Teilhard de Chardin, *Science and Christ*(New York: Harper & Row, 1965), p.95.
91) Teilhard, *The Phenomenon of Man*, p.294.
92) Pierre Teilhard de Chardin, *The Hymn of the Universe*(New York: Harper & Row, 1965); *The Prayer of the Universe*(New York: Harper Colophon, 1969).
93) Teilhard, *The Phenomenon of Man*, p.297; *Human Energy*, p.159.
94) Teilhard, *The Heart of Matter*, p.43.
95) 같은 책, p.39.
96) 신에 대한 이러한 두 가지 이해를 다루는 흥미로운 에세이 모음집이 있다. *The Other Side of God*, ed. Peter Berger(New York: Doubleday, 1981). 이

이원론자들과 생물학

테야르가 그의 지식의 통일성을 구성했던 생물학적 주제가 데카르트나 사르트르와 같은 심-신 이원론자들에게는 특히 맹점이라는 것은 관심을 끄는 주목할 만한 점이다. 데카르트는 동물들을 기계로 환원시켰다. 태엽으로 돌아가는 장난감들은 정말로 생명을 갖고 있는 것이 아니다. 기계의 부품들은 순전히 서로서로 외적 관계를 갖는다. 그 기계는 완전히 "외부로부터" 이해될 수 있다. 동시에 데카르트는 관찰자나 생각하는 자를 완전히 (그의 생각 안에 갇힌) 그 자신 내부에 제한시키고자 했다. 외부와 내부는 완전히 분리된다. 하지만 이것이 정확히 테야르의 생물학적 이미지가 부정하고자 하는 것이다. 그것은 물질이 단순히 외부로 이해될 수 없다고 주장하며, 또한 그것은 인간 관찰자가 단순히 내부로 이해될 수 없다고 주장한다.

사르트르는 식생에 대한 그 자신의 혐오에 대해서 말한다. 『구토(Nausea)』에서 그는 "살아 있는 것들, 개들과 인간들, 자발적으로 움직이는 모든 느른한 물질들을 충분히" 보았던 것에 대해 말한다.[97] 그래서 그는 "나무가 없는 도로"로 간다. 그는 "자연에 직면한 두려움"에 대해, "많은 살아 있는 것들" 안에 있음에 놀란 느낌에 대해 말한다. 그는 "거대하고 무정형의 까닭 없는 존재에 갇힌" 느낌이 든다.[98] 그는 "이원론자"로서 추상적 생각으로 그 자신을 깨끗하게 씻

에세이들은 종교적 경험에 대한 두 가지 이해 즉 "대면(confrontation)"과 "내재성(interiority)"을 대조하기 위해 시작된 토론회 과정에서 발전되었다. 편집자는 토론회 과정에서 그 구분을 유지하기가 어렵다는 것이 분명해졌고, 모든 참여자들이 그러한 구분을 기꺼이 포기하고자 한 것 같았다고 말한다. 그들이 겪은 어려움은 데카르트의 이원론을 받아들인 것으로 보일 수 있을 것이다. 그런데 그것은 결국 사실상 타당해 보이지 않았다.

97) Jean-Paul Sartre, *Nausea*(New York: New Directions, 1969), p.24.

어내기 원한다고 말하지만, 그것은 소용없는 일일 것이다.

사르트르가 "많은 살아 있는 것들"에 대해 말할 때, 그는 진화적 세계의 상호 관계를 볼 수 없음을 보여준다. 하지만 그는 또한 그 어떠한 살아 있는 유기체 다시 말해 영혼을 통해 활성화되는 몸(인간, 동물, 혹은 식물)을 받아들이기가 어렵다. 왜냐하면 그 어떠한 몸과 마음의 통일도 데카르트 본래의 이원론에 반대되기 때문이다. 사르트르의 이러한 문구들은 그의 초기 작품들에서 표현된 것이다. 나는 어딘가에서 사르트르가 나중에 그의 이원론을 거부하고 매우 다른 철학을 전개하게 되었다고 주장한 적이 있다.99) 나는 또한 이러한 이원론을 단념한 것이 사르트르의 각본과 소설들의 기본 주제가 되었다고 주장한 적이 있다. 그것은 "자각", "계몽"을 포함하며, 이후에 결단이 등장한다. 이는 떠오르는 태양 앞에서 안개처럼 이원론이 사라지는 것을 보면서, "마비시키는" 이원론에서 "진화하는 우주"로 서툰 걸음을 옮기는 테야르의 설명을 상기시킨다.

지식과 어둠

이 논문은 진화하는 생명이라는 주제를 바탕으로 지식의 통일성을 이해하고자 한 테야르의 견해를 발전시킨 것이다. 하지만 나는 또한 테야르 연구자들 중 가장 존경받는 사람들 중의 한 사람인 앙리 드 뤼박이 테야르의 모든 작품들은 "죽음에 관한 하나의 긴 명상"이라고 말한 것을 알고 있다.100) 테야르의 저서를 읽으면서 시간을 보내지 않

---

98) Jean-Paul Sartre, *Baudelaire*(New York: New Directions, 1967), p.106; *Nausea*, p.128.

99) Thomas King, S.J., *Sartre and the Sacred*(Chicago: University of Chicago Press, 1974).

은 사람들에게는 그 구절은 놀랍지만, 그것은 매우 분명한 낙관주의를 지지하는 놀라운 특성을 가리킨다.

The Phenomenon of Man 의 마지막 부분에서 테야르는 맺음말을 추가했는데, 거기에서 그는 마치 "악과 그와 관련한 문제가 사라졌고, 더 이상 그것이 세계의 구조에서 중요하지 않은 듯이", 자신이 "조야하거나 과장된 낙관주의"를 표방했다는 비난을 받았다고 말하고 있다.101) 테야르는 그러한 비판에 놀랐다. 그는 모든 그의 전신의 골격마다 기어들어오는 악과 죽음, 무질서와 불안을 발견하는 데 대해 말한다. 그는 자신이 단지 "봉우리들 사이의 심연들의 깊이"에 대해서는 말하지 않고 단지 긍정적인 본질만을 표현했음을 인정한다. 하지만 그는 사진을 보여줄 때, 사진을 가능하게 한 부정적인 측면들을 나타낼 필요는 없다고 덧붙인다. 테야르는 놀라운 마지막 구절에서 지적될 때까지 악에 대한 언급을 생략하는 것으로 보이는 다른 에세이들을 썼다.102) 생명의 통일성이 아주 훌륭한 그 어떠한 체계에도 죽음이라는 분산은 커다란 악이며 커다란 부조리다. 다시 말해 그것은 이해될 수 없다. 그것은 지식이 될 수 없다.

테야르에게 지식이란 항상 통일성을 포함한다. 그래서 테야르가 "순전한 집합체"라고 부르는 통일성이 없는 것은 알 수가 없다. 혹은 테야르가 말하듯이, 그것은 "생각의 직접적인 파악"에서 벗어난다.103) "우리의 지능은 집합체에 의해 좌절된다."104) 하지만 집합체는 경험

---

100) Henri de Lubac, *Teilhard: The Man and the Meaning*(New York: Mentor, 1967), p.108.

101) Teilhard, *The Phenomenon of Man*, p.311.

102) Teilhard, *Christianity and Evolution*, p.131.

103) Teilhard, *Human Energy*, p.22; *The Phenomenon of Man*, p.39; *Science and Christ*, p.46.

104) Teilhard, *Christianity and Evolution*, p.57. 물질은 순전한 복합이다. 그래서

의 문제다. 그래서 그것은 죽음과 함께 있다. 죽음은 이해될 수 없는 부조리다. 하지만 생명에 대한 느낌이 있는 어느 곳에서나 죽음에 대한 느낌은 모호하게 나타난다.

테야르는 자신을 탐험가라고 말한다. 그는 거의 알려져 있지 않은 많은 오지들을 여행했다. 하지만 그는 또한 인간 경험의 깊이와 높이를 탐험하는 사람이었다. 그의 비전은 그가 산에 가본 적 있다는 것을 보여주지만 그것은 또한 그가 "봉우리들 사이의 깊은 심연들"을 탐험했음을 우리에게 알려준다. 만약 그가 보았던 빛이 대부분의 사람들이 보는 것보다 더 밝았다면, 그의 어둠은 더 어두웠을 것이다.

테야르의 작품들은 직접 많은 사람들에게 말을 걸었다. 하지만 영향을 받은 많은 사람들은 그의 체계적인 생각을 설명할 수가 없다. 그들은 신학과 지리학, 생물학, 그리고 그가 우리에게 남긴 아이디어들의 통일성을 넘어서는 어떤 것에 감동을 받았다. 왜냐하면 테야르의 작품들은 우리에게 인간 그 자신에 대한 김긱을 주었기 때문이다. 인간은 그의 지식 안에 포함되지 않는다. 그는 그의 믿음에 포함된다(그것이 믿음의 행위를 그렇게 놀라운 것으로 만드는 것이다). 테야르는 그의 믿음을 독자들과 공유했다. 믿음은 그의 모든 지식을 포함해야 하고 또한 그의 아는 능력을 넘어서 뻗어 있는 이상한 어둠도 포함해야 한다. 테야르는 지식의 통일성이라는 놀라운 비전을 표현했지만, 그의 낙관적인 비전 아래에 흐르는 두려움과 떨림을 감지할 수 있는데, 그것은 테야르가 믿음으로 살았다는 것을 우리에게 상기시킨다.

테야르는 그것을 "존재로부터 반대 극"에 위치한 "긍정적인 비-존재"로 인식했다(*Writings in Time of War*, pp.61, 163, 164). 그것은 "합법적인 존재 바깥"이다(*Christianity and Evolution*, pp.57, 105). 유사한 방식으로 엔트로피, 우주에서의 반-진화 운동, 다수성으로의 이동은 반복적으로 인정되지만, "그것이 존재하는 한" 그것 또한 의문의 존재를 갖는다(*Human Energy*, p.53).

4

테야르 드 샤르댕과 루실 스완의 편지들
개인적 해석

어슐러 킹

오랫동안 기다렸던 테야르와 루실 스완의 서신이 이제 출판되었다. 그 편지들은 토머스 킹과 루실의 사촌 메리 우드 길버트가 훌륭하게 편집하고 주석을 달았다. 그 편지들에는 사진과 설명, 그리고 두 서신 왕래자들의 삶의 연대기가 곁들여 있다.1) 테야르와 루실이 깊은 우정을 나누었다는 것은 오래전부터 알려져 있지만, 이전에는 거의 자세한 사항들은 알 수가 없었다. 우리는 이 위대한 두 영혼들 간에 존재했던 강한 사랑의 유대를 발견하기 위해 이 서신을 모두 수록한 완전한 책자를 기다려야만 했다.

테야르 본인은 결코 어떠한 복사본도 보관하지 않았기 때문에, 테야르의 서신들이 여러 권으로 출판되면서 그 수취인이었던 사람들은 그것을 입수하게 되었다. 이전에 발간된 편지들은 우리에게 테야르의

---

1) Thomas M. King, S.J. and Mary Wood Gilbert, eds., *The Letters of Teilhard de Chardin and Lucile Swan*(Washington, D.C.: Georgetown University Press, 1994). 이하에서는 LTLS로 표기함.

개인적 삶과 일하는 방식, 그의 세계 여행, 그리고 다른 배경을 갖고 있는 사람들과의 우정에 대한 많은 통찰을 준다. 테야르는 많은 사람들에게 사랑받는 소중한 친구였다. 그의 가까운 친구들 중 여러 명이 여성이었는데, 그들 중에는 그의 사촌 마르그리트와 몇몇 철학자들(레옹틴느 장타, 솔란지 르메트르, 이다 트레아, 로다 드 테라), 그리고 미국의 조각가 말비나 호프만이 있다. 이 여성들에게 보낸 테야르의 편지들 중 모두는 아니지만 몇 통은 훨씬 더 일찍 출간된 반면, 스완에게 보낸 편지는 이제야 입수할 수 있게 되었다. 그것들은 단지 그의 여성 친구들 중 한 명과의 또 다른 서신을 보여주는 것이 아니다. 그것들은 매우 특별한 편지들을 수집해놓은 것인데, 이 편지들은 사람으로서 테야르에게 새로운 빛을 던지고 또한 그의 아이디어들 특히 자연과 사랑의 힘에 관한 아이디어들을 이제까지 알려져 있지 않은 관점으로 펼치게 한 것들이다.

그것은 비범한 두 사람, 프랑스의 과학자이자 성직자이며 신비주의자인 피에르 테야르 드 샤르댕과 미국의 조각가 루실 스완과의 독특한 서신이다. 그들은 베이징에서 일하는 동안 많은 행복한 시간을 함께 보냈다. 그들은 부재중이거나 여행 중일 때 서로에게 편지를 썼는데, 이 서신은 나중에 두 사람 모두 미국에서 살았을 때에도 계속되었고, 1955년 테야르가 죽을 때까지도 지속되었다. 최근에 단지 몇몇 사람들만이 이 편지들에 대해 알았는데, 이 편지에서 테야르는 아마도 그의 기도나 묵상 노트 그리고 일기에서만 어울릴 수 있는 강한 어조와 깊은 감정으로, 그에게 있어 가장 인간적이고 친밀한 방식으로 말하고 있다. 여기에서 우리는 그의 마음과 영혼, 그의 느낌들의 떨림, 그리고 그의 강력한 감정을 눈치챌 수 있는데, 이러한 것은 다른 곳에서는 거의 표출되지 않는 것이다. 이 편지들은 크고도 특이한 사랑을 표현한다. 이 사랑이 테야르의 생각의 많은 부분을 살찌우고 강화시켰지만, 또한 어려움과 동요가 없었던 것은 아니었다.

그 편지 대부분은 테야르의 것이지만, 그것이 테야르가 편지를 쓴 사람으로부터 온 답장을 포함하고 있다는 점에서 그 서신은 특이하다. 테야르가 그의 편지에 번호를 매긴 반면, 루실은 그녀가 쓴 편지들의 카본 복사지들을 보관하는 습관을 갖고 있었기 때문에, 루실의 편지들은 그 수가 훨씬 적지만 잘 보존되어 있다. 그러나 어떤 편지들은 분실되었다. 그것들은 아마도 우송 중에 사라졌거나, 아니면 1965년 루실이 죽기 전에 편지를 없앴거나 편집했다고 알려져 있기 때문에 보존되지 않았을 수도 있다.

그 서신은 두 부분으로 분류된다. 첫 번째는 테야르가 나중에 그들 삶의 "중국 시기"라고 불렀던 1929년부터 1941년까지 지속되었던 것에 속한다. 테야르와 루실은 모두 그 시기에 베이징에 살았으며, 그들 간에 강한 사랑과 우정의 유대가 형성되었다. 두 번째 부분은 1948년부터 1955년까지 "미국 시기"라 불릴 수 있는데, 이 시기에 그들의 관계는 매우 달라졌다. 그 이전에 1941년부터 1948년까지는 연락이 뜸했으며, 제2차 세계대전과 루실의 미국 귀국 때문에 그들은 서로 전혀 만나지 못했다. 7년 동안 이렇게 떨어져 있음으로 해서 그들의 관계는 소원해졌고, 긴장과 오해를 낳았으며, 이러한 상태는 테야르가 죽을 때까지 지속되었다.2) 이 서신에서는 양쪽의 어려움과 실망뿐 아니라, 생각과 느낌, 꿈과 희망도 솔직하게 표현하고 공유한다. 무엇보다도 이 편지들은 테야르와 루실의 관계를 드러내 보여주지만, 그것들은 또한 우리에게 테야르의 삶과 연구에 관한 많은 세부 사항들을 제공한다. 그것들은 테야르가 1929년과 1941년 사이에 썼던 에세이들

---

2) 편집자들은 그 편지들을 세 기간에 따라 분류했다. 중국 시기의 편지들: 1932 년부터 1941년까지, 오랜 이별 기간의 편지들: 1941년부터 1948년까지, 마지막 시기의 편지들: 1949년부터 1955년까지.

을 이해하고 해석할 수 있게 하는 많은 실마리를 제공하며, 진행 중에 있는 *The Human Phenomenon* 도 살짝 들여다볼 수 있게 한다. 따라서 이 서신은 특히 한 에세이에서 완전히 묘사될 수 없는 테야르 전 생애의 작품 해석을 위한 풍부한 자원이 될 수 있다. 그러나 나는 이 서신을 읽는 다른 독자들이 도움이 될 만하다고 생각할 수 있는 몇 가지 문제와 반성을 공유함으로써 개인적인 해석을 제공하고자 한다.

테야르와 루실 스완의 편지들은 인간의 사랑에 관한 아름답고 매우 감동적인 이야기를 보여준다. 그런데 이 사랑은 또 다른 사랑과 서로 분리될 수 없이 얽혀 있는데, 그것은 사랑과 신에 대한 추구다. 미묘하고 포착하기 어려운 질, 빛나는 아름다움과 빛이 그들의 편지에서 나타나지만, 인간 감정의 불안정함과 깨어지기 쉬움에 관한 슬픔 또한 나타난다. 내가 처음 이 서신을 읽었을 때 나는 매우 흥분했다. 왜냐하면 이 편지들은 테야르의 개인적 삶에 관한 많은 의문들에 답을 주었으며, 테야르의 생각에 관한 완전히 새로운 견해를 열어주었기 때문이다. 그것들은 또한 많은 새로운 문제들을 일으켰다. 나는 이 편지들을 읽고 또 읽었으며 그 의미를 곰곰이 생각해보았다. 비록 다른 독자들이 이 서신들을 많은 다른 방식으로 이해한다 할지라도, 나는 그들이 웃음과 즐거움, 고통, 정신적 통일과 분리, 슬픔과 의심, 그리고 신 안에서의 평화에 대해 말하고 있는 이 편지들에서 감동적으로 표현된 아름다운 정신적 사랑과 우정의 향기를 음미할 수 있기를 바란다.

제1차 세계대전 동안 그의 문학 활동이 처음 시작되었을 때, 테야르는 그의 사촌 마르그리트와 깊은 사랑에 빠져 있었다. 이는 잘 알려져 있는 이야기지만, *The Making of a Mind* 3)에서 발견되는 그가 그

---

3) Pierre Teilhard de Chardin, *The Making of a Mind: Letters from a Soldier-Priest 1914-1919*(London: Collins, 1965).

녀에게 보낸 편지들은 이러한 사랑의 느낌들을 직접 말하고 있지는 않으며, 또한 우리도 그의 사촌에게서 온 어떠한 편지도 갖고 있지 않다. 마르그리트는 테야르와 같은 가정환경과 종교적 믿음을 공유한 독실한 로마 가톨릭 신자였다. 이러한 처지라면, 그리고 특히 그가 성직자로 예정되어 있는 상태에서, 두 사람은 자연히 그들의 감정을 충분히 표현하는 데 제약을 느꼈을 것이다. 테야르가 1929년 루실을 만났을 때, 그 상황은 매우 달랐다. 그는 이제 열 살이나 더 많아졌고, 멀리 여행하면서 베이징에서 국제적인 과학자이자 외교를 위한 인재가 되었다. 그의 훌륭한 독창성과 과학적 이력 때문에 그는 중국 지질조사단에 합류하였으며, 주구점에서의 발굴과 호모 시난트로푸스의 발견4)을 이루었다. 그는 자신의 과학적 연구의 과거 지향적 본성에 대해서뿐 아니라 과거와 그 자신에 대해 점점 더 비판적으로 변했다. 따라서 그는 새로운 지평과 새로운 에너지를 찾았으며 점점 더 미래를 향하고 있었다. 루실은 영국 성공회 교육을 받고 자랐지만, 그녀는 교회와 모든 공식 종교에서 떠났다. 마르그리트와는 달리 그녀는 전통 종교의 신앙과 태도에 묶인 느낌을 갖지 않았으며, 베이징에 오기 전에 아방가르드적 환경에서 살았던 창조적 예술가였다. 그녀의 쾌활한 성격은 테야르에게 신선함과 자연스러움으로 작용했는데, 이것이 분명 그에게는 그녀가 그 무엇보다도 더 매력적이게 했을 것이다. 그녀는 그들 서로간의 매력과 사랑을 표현하는 데 거리낌을 느끼지 않았으며, 테야르도 그 표현들을 계속해서 주고받았다.

루실은 누구였는가? 우리는 그녀에 관해서보다 테야르에 관해 훨씬

---

4) Jia Lanpo and Huang Wiewen, *The Story of Peking Man*(Oxford/New York: Oxford University Press, 1990)에서 이 발굴에 대한 설명을 보라. 이 책에는 "Father Pierre Teilhard de Chardin and I"라는 제목의 Jia Lanpo가 쓴 논문이 수록되어 있는데, 그것은 1981년 테야르의 탄생 100주년을 위해 쓰인 것이다.

더 많은 것을 알고 있다. 테야르 전기 작가들은 우리에게 그와 루실 스완과의 관계를 거의 말한 적이 없었으며, 그리고 이 편지들에 의거하면 그들이 말한 내용들이 항상 정확하지는 않다. 테야르가 그녀에게 전한 깊은 사랑과 우정의 표현들을 읽은 후에, 사람들은 왜 루실이 그녀의 이야기가 알려지길 원했는지 이해하게 된다. 하지만 그녀가 죽을 때 쯤, 그녀는 그 서신의 편집자들 중 하나였던 그녀의 사촌 메리 우드 길버트에게 말한 것을 제외하고는 여전히 그녀의 이야기 대부분을 혼자 간직했다. 베이징의 작업실에서 혹은 그녀의 조그마한 사원에서 조각하고 있는 루실의 사진을 보면, 그녀가 민감하고 사려 깊은 그리고 따뜻하고 매력적인 여성이라는 인상을 받게 된다. 그녀의 얼굴의 행복한 미소는 삶의 커다란 즐거움과 풍요의 느낌 그리고 쾌활함을 나타내는데, 이 특징들은 그 편지의 내용을 통해서도 알 수 있다. 아마도 언젠가는 누군가가 루실과 그의 관계에 비추어 루실의 모습과 새로운 테야르의 삶을 더 충실하게 그려낼 수도 있을 것이다. 나는 단지 내가 그 서신에서 찾아낸 것과, 출판된 서신에서 드러나듯이 테야르와 그녀 간의 사랑을 결코 충분하게 드러내놓진 않지만 암시하고 있는, 루실이 1957년과 1965년에 썼던 두 개의 미발간된 자서전적 스케치들에서 찾아낸 것에 관해 몇 마디 제안할 수 있을 뿐이다.

루실과 테야르는 1929년 베이징에 있는 그라바우 박사의 집에서 열린 저녁 만찬에서 처음 만났다. 거의 30년 후, 루실은 그녀의 글에서 그녀가 회상해볼 때 이 첫 만남이 그녀의 삶을 바꾸어놓았다고 썼다.5) 1887년에 태어난 그녀는 테야르보다 단지 몇 살 아래였다. 예술

---

5) Lucile Swan, "With Teilhard de Chardin in Peking", *The Month* 1/5(1962). 이 글은 출판되지 않은 자서전적 원고에서 그녀가 썼던 것을 요약하고 있다 (이하부터 LMS로 표기). [편집자의 주석: 유감스럽게도 연구자와 학자로서 이 원고를 접할 수 있었던 어슐러 킹은 이 원고에서 인용할 권리가 거절되었다. 할 수 없이 편집자(도날드 존)가 그녀의 직접적 인용을 이해하기 쉽게 설명했

가로서 그녀는 뉴욕의 보헤미안적 환경에 속해 있었다. 1912년 시작한 다른 예술가와의 결혼생활은 1924년 끝이 났다. 1929년에 그녀는 "베티"라고 불리는 친구 엘리자베스 스펜서와 중국에 왔는데, 그녀는 나중에 존 카터 빈센트와 결혼했다. 그 당시 루실은 삶의 의미와 창조적 작품을 위한 방향감각을 찾고 있었다. 비록 전통 종교에서 돌아섰다 할지라도 그녀는 깊은 영적인 동경을 갖고 있었는데, 그녀는 테야르의 말과 비전에서 대답을 발견했다는 느낌이 들었다.

그녀는 테야르의 특별한 영적인 광휘에 감명을 받았고, 자신이 그의 옆에 앉아 있음을 발견했을 때 놀라는 동시에 기쁘기도 했다. 그들은 어느덧 대화에 빠졌으며, 루실은 테야르의 신체적 매력에도 둔감하지 않았다. 그가 그리스도와 신성한 환경에 관해 말할 때, 그녀는 자신의 삶에서 그리고 세상의 일에서 자신이 신의 현존에 대해 새로이 관심을 갖게 됨을 발견했다.6)

그들의 우정은 분명 점진적으로 자라났을 테지만, 우리는 그들의 초기의 만남에 관해 증거가 될 만한 어떠한 글도 갖고 있지 않다. 테야르의 처음 편지는 1932년 8월 30일 그가 고비사막과 신장을 가로지르는 고된 황허 원정 후에 프랑스로 돌아가고 있을 때였다. 이 첫 번째 현존하는 편지는 아주 짧고 간략해서 사람들은 지금은 잃어버린 다른 편지들이 그 이전에 있었을 것이라고 생각할 수도 있다. 두 달 뒤의 두 번째 편지에는 그들의 우정이 언급되어 있는데, 이 우정은 테야르가 베이징으로 돌아갔을 때인 1933년 동안에 더욱 강해졌다. 루실은 그때 그의 첫 번째 흉상을 조각했고, 그가 항상 앉을 때마다 대화가 이루어졌을 것이며, 그들의 우정이 자라났을 것이다. 루실의 집

다. 말할 필요도 없이, 테야르와 스완 본인의 언어에서 발견되는 열정과 감수성이 독사에게 전달되지 않았다.]

6) LMS, pp.13 이하.

은 1932년부터 1941년까지 테야르를 위한 집이 되었다. 그는 베이징에 있을 때 매일 오후 다섯 시에 차를 마시러 거기에 갔다. 그들은 종종 베이징 부근 공원에서 함께 산책을 했다.

테야르의 첫 번째 강력한 사랑 고백은 1934년 3월 9일의 편지에서 발견되는데, 거기에서 그는 그녀로부터 온 "영광스러운 편지"에 답을 했다. 그것을 읽는 것은 그의 인생에서 "가장 소중한 한 순간"이었다. 그는 다음과 같이 답했다. "당신은 이제껏보다도 더 깊이 활동하는 씨앗으로 저의 가장 깊은 곳에 들어왔습니다. 당신은 내 앞에 있는 일을 수행하는 데 필요한 것을 저에게 가져다주었습니다. 생명의 흐름 … 당신과 나, 우리는 대자연의 두 마리 야생 새들입니다. 아마도 여러 해 동안 우리의 길은 서로 가까워지겠지요. 또한 아마도 바람이 우리의 외적인 길을 갈라놓겠지요. … 그러니 (심지어 당신에게조차) 참으시고, 평안하고 행복하세요. 나는 우리 사이에서 태어난 것이 영원히 살아 있으리라는 것을 압니다."[7]

이러한 확인은 그들 사이에 종종 반복되었다. 하지만 그들의 길에 관한 테야르의 언급은 예언적인 것으로 입증이 되었다. 그들은 여러 해 동안 가까이 지냈지만 결국 그들의 외적인 길은 나뉘었다. 루실은 베이징에서 테야르가 머무는 오랜 기간 내내 꾸준히 사랑스러운 모습을 보여주었다. 이 친근함과 따뜻함이 없었더라면, 루실만이 정말로 그를 이해하고 그의 모든 아이디어를 공유하고 심지어 그것들을 발달시키도록 도왔다는 느낌이 없었더라면, 그는 무엇을 했을 것인가? 테야르의 이별과 상실감은 루실이 미국으로 떠났던 1941년 중반 이후의 편지에서 통렬하게 표현된다. "내 가슴에서 그리고 내 마음에서 당신을 그리워합니다. 나는 당신 안에서 그리고 당신을 통해 생각하고 있

---

7) LTLS, p.9.

었습니다. 당신은 그것을 알지요. 그리고 당신이 여기 없기 때문에, 나는 때때로 내가 당신 안에서 나 자신을 찾을 수 있었던 전처럼 똑같은 방식으로 나의 생각이 성숙하지 않는다는 느낌이 듭니다."[8] 그들은 서로에게 가장 사랑스럽고 소중했다. 루실은 테야르 이름의 첫 글자 "PT"를 "precious Teilhard"로 언급했으며, 그를 따뜻한 방식으로 묘사하거나 가리킬 때 자주 "소중한"이라는 단어를 사용했다. 그녀는 이 위대한 남자의 매우 독특한 품성을 특징짓는 데 그 단어가 매우 적합하다고 생각했다.[9]

루실은 단지 정신적 사랑과 우정뿐 아니라 완전한 결합을 위해 그 시간들을 더 충실하게 보내길 바랐다. 하지만 테야르의 충절과 믿음은 더 높은 비전 즉 하나님에 대한 사랑에 속해 있었는데, 루실은 처음에는 이를 이해하지 못했다. 그녀가 그들의 애정에 대한 어떤 신체적 확인을 기대한 반면(그들은 종종 그들의 "중요한 토론거리"가 되는 이 주제로 돌아왔다), 테야르는 처음 편지에서 썼듯이 그의 입장을 분명히 했다. "내 삶의 근본적 취지는, 당신도 알다시피, 다른 사람들에게 그리고 우선은 나에게, 신의 사랑은 그 어떠한 세상의 이해력이나 사랑의 힘도 파괴하지 않고 강화시키고 정화시킨다는 것을 입증하는 것입니다. 저는 세상의 가장 강하고 가장 거친 영들의 압력 하에서도 신께로 나아가기를 꿈꿉니다. … 하지만 루실, 당신의 친구는 그 밖의 어떤 것에 속해 있기 때문에, 그는 단지 순간적으로 당신과 행복하기 위해 당신의 것이 될 수 없습니다(그리고 만약 그가 당신의 것이 되고자 노력한다 할지라도, 당신은 당신을 매혹케 한 그것이 그에게 거의 남겨져 있지 않다는 것을 발견할 것입니다)."[10]

---

8) LTLS, p.156(1942년 5월 31일).
9) LMS, p.1.
10) LTLS, p.7(1933년 11월 14일).

루실은 이를 이해하기 어렵다고 생각했으며, 아마도 아주 정확하게 그의 우정이 그의 아이디어보다 더 훌륭하다고 느꼈을 것이며, 그가 개별적인 사람과 인간의 사랑보다 인간 현상과 사랑 일반에 더 많은 관심을 갖고 있다고 느꼈을 것이다. 그녀는 편지가 아니라 노트에서 테야르의 견해에 대한 자신의 어려움을 표현했다.

당신은 매일매일 나의 삶에서 더 중요해집니다. 그래요, 살아 있는, 신체적인, 진짜 당신, 당신의 모든 것. 저는 정말로 끔찍하게 당신을 원해요. 그리고 저는 생명에 관한 당신의 견해, 당신의 철학을 아주 열심히 이해하고 나의 존재 속으로 편입시키려 노력하고 있어요. 나는 읽고 또 읽고, 내가 이해한다고 생각하지만, 왜 그것들은 내가 그것들을 좀 더 깊이 느끼게 하지 못하는지요. 나는 너무나 당신을 원해요(나 자신의 구원을 위해 그래야만 해요). 하지만 당신을 가질 수 없다니요. 사실은 그렇지 않아요. 그러니 내가 서로를 가질 수 있는 당신의 방식을 배워야겠어요.11)

그는 다음과 같이 솔직하게 인정했다. "제가 당신에게 말했잖아요. 문제는 당신에게 뿐 아니라 나에게 있다고요. 비록 몇 가지 복잡한 문제 때문이긴 하지만, 저는 다소 옛날 방식의 해결책을 써야 한다고 믿습니다. 내 대답은 '신체적 요소'를 배제하는 것이 아닙니다. 왜냐하면 그것은 어떤 추상적인 영이 아니니까요. 하지만 '여성', 그것을 저는 당신에게서 발견합니다."12)

그들의 영적 친밀감은 너무나 깊어서, 그는 그녀가 그의 노트를 읽도록 허락했다. 아마도 그 밖의 누구도 그것을 보지 못했을 것이다. 그녀의 깊은 사랑을 가장 훌륭하게 표현하는 글은 1934년 7월 27일에

---

11) LTLS, p.17(1934년 5월 27일).
12) LTLS, p.19(1934년 7월 18일).

쓰였다. 거기에서 그녀는 그렇게 열정적으로 편지를 쓰지 않겠다는 그녀의 의도를 표현했다. 그녀는 다음과 같이 말한다.

저는 당신의 노트를 읽고 당신이 얼마나 세속적이지 않은지 깨닫습니다. 그리고 당신이 떠나기 직전에 제가 쓴 편지에서 저는 "신체적"인 것에 대해 말했습니다. 비록 그것이 매우 강하다 할지라도, 단지 제가 성적인 것만을 의미하는 것이라 생각하지 말아주세요. 그것은 제가 생각하기에 그 밖의 어떤 것도 줄 수 없는 강한 유대감을 우리에게 줄 것입니다. 그러나 그것은 단지 일부일 뿐입니다. 저는 당신이 건강할 때나 당신이 아플 때나 당신과 함께 있기 바랍니다. 당신과 아름다운 것들을 보러 가고 시골길을 걷고 싶습니다. 다시 말해 저는 항상 당신 곁에 서서 당신과 함께 웃고 놀고 기도하고 싶습니다. 그것이 인생에서 얼마나 큰 부분인지, 그리고 얼마나 그것이 옳으며 정상적이며 신이 주신 것인지 깨닫지 못하시나요? 하지만 더 이상 할 수 없군요. *Ne Puis Pas*.13)

테야르는 루실이 그의 비전을 공유하고 사물들을 더 깊이 바라보도록 가르쳤다. 그는 신과 사랑 그리고 삶에 관한 그들의 많은 이야기들에서 아주 많은 것을 그녀에게 주었다. 그녀는 그에게 최선을 다함으로써 보답했고, 세월이 지나면서 그녀의 노력이 그들의 우정을 더욱 풍요롭게 했다고 확신했다. 신체적으로 거북한 순간들이 발생하곤 했을 때, 그들은 그들 자신을 억제하고 신을 믿었으며, 그러한 훈련이 실제로 그들의 관계를 더 강하게 만들 것이라는 믿음으로 앞으로 나아갔다.14)

---

13) LTLS, p.20. 내가 몇 년 전에 읽었던 그 편지들의 타이핑 버전에서는, 이 노트가 "오, 신이시여, 저에게 계속 진행할 수 있는 힘과 옳은 길을 볼 수 있는 지혜를 주소서."라는 문상으로 끝난다.

14) LMS, pp.46-47.

1933년과 1934년 초에 그들이 서로에 대한 사랑을 아주 솔직하게 표현했을 때, 테야르는 그의 에세이 "The Evolution of Chastity"를 쓰고 있었다.15) 그 밖의 곳에서와 마찬가지로 여기에서도 테야르의 생각의 기반은 경험, 깊은 인간적 경험이다. 이 에세이는 사랑의 힘과 사랑의 변화에 관해 말하는 다른 것들과 함께 우리가 지금 테야르와 루실 간의 관계에 관하여 알고 있는 것에 비추어 재해석되어야 한다. 테야르는 "The Evolution of Chastity"에서 자신이 인간적 사랑과 관련해서 "어떤 어려운 과정들을 지나"왔다는 것을 인정하지만, 그가 그의 길을 잃지는 않았다고 말하고 있다. 그에게 있어 사랑이란 "상태의 변화"를 겪는 것이다. 그는 이 중요한 논문을 종종 다음과 같이 인용하는 말로 마무리한다. "하늘과 바람과 바다와 중력을 매어놓은 뒤에, 우리는 신을 위해 사랑의 에너지를 매어놓는 그날이 도래할 것이다. 그리고 그날, 세상의 역사에서 두 번째로 인간은 불을 발견하게 될 것이다."16) 이 서신에서 사랑의 불에 대한 많은 이야기가 나온다. 루실은 열정적인 사랑과 불이 테야르의 삶을 다 태워버렸으며, 끝까지 그녀가 이 불과 그의 현존감을 연관지어 생각한다는 것을 깨달았다.17)

테야르는 항상 성직자로서 그의 사명과, 신과 세계에 대한 그의 비전, 그리고 순결에 대한 그의 맹세에 충실하고자 했다. 물론 결심이

---

15) 1934년 2월. 이 에세이는 Pierre Teilhard de Chardin, *Toward the Future* (London: Collins, 1975), pp.60-87에 실려 있다.

16) 같은 책, pp.86 이하. 1934년 7월 18일 그의 편지의 구절을 비교해보라. 거기에서는 그들의 사랑을 언급함에 있어서 그는 다음과 같이 쓴다. "우리의 고통은 위대하고 새로운 즉 새로운 '불의 발견'과 같은 어떤 것을 발견하는 일로 보답이 된다고 생각할 때 우리는 어떤 행복을 발견할 수 있습니다."(LTLS, p.19)

17) LMS, p.69.

확고했다 할지라도 의심이 없지는 않았다. 그는 한때 그가 설교자가 아니라 절박하게 구하는 자라고 말한 적이 있다. 그는 루실이 그의 가장 깊은 삶의 일부가 되었다고 반복해서 말하지만, 그녀가 그의 입장을 물었을 때, 그는 다음과 같이 대답했다. "당신은 제가 진심으로 우주의 근본 법칙들 중 하나를 부인하고 있다고 또 한 번 반론을 펴고 있군요. 저의 입장이 세계의 깊은 경향(과 희망)을 간직하고 있다는 희미한 인상을 받기 때문에 여전히 제가 유지하는 입장에서 제가 얼마나 주저하고 있는지를 이미 당신에게 말했잖아요."18) 그는 그녀를 데려갔던 이상한 길, 분명 그들 관계의 "부자연스러운 상황"에 대해 사과하고, 다음과 같이 그녀를 안심시켰다. "더 높은 이유들 때문에 제가 당신에게 줄 수 없는 것들을 가능한 근거에서 보상하기 위해 제가 하지 못할 것은 아무것도 없습니다(그리고 제가 당신에게 주지 않을 수가 없습니다). 때때로 저는 제가 당신에게 부과해야만 하는 이러한 결핍이 저를 열 배나 더 당신에게 헌신하도록 만든다고 생각합니다. 어쨌든 무엇인가가 저에게는 확실해 보입니다. 심지어 제가 물질적으로 잘못되어 있다는 것을 인정하고, 언젠가는 '순결'이 분명히 더 높은 영성과 연결되지 않는 것으로 입증된다 할지라도, 사랑이 위대한 인간의 에너지가 되기 위해서는 현재 깊은 변화가 필요하며, 우리가 이러한 변화를 위해 일하고 기도하고 있다는 사실은 남아 있습니다."19)

1930년대에 테야르는 그의 교회와 수도회와 문제가 있었으며, 이 문제들 중 어떤 것은 그 편지들에 언급되어 있다. 루실은 그를 계속해서 지지해주었지만, 그녀 또한 그의 확고한 충성심이 의문이었다. 그녀의 생각으로는 그의 수도회가 이 시대와 아무런 관련이 없는 반면

---

18) LTLS, p.38(1935년 6월 16일).
19) LTLS, p.83(1937년 4월 24일).

테야르는 줄 것이 아주 많았다. 그녀는 그녀의 일기에서 다음과 같이 말한다. "나는 그의 수도원과 어떤 분명한 분리가 있기를 내가 바랐다는 것을 안다. 하지만 그런 일은 일어나지 않았다. 사실상 나는 잠재의식적으로 내가 깨달은 이상으로 그것에 의존했으며, 있는 그대로 사태들을 깨닫고 받아들이기가 거의 어려웠다. 우리가 서로에게 더 가까워졌다고 나는 확신한다. 하지만 어떻게 살아야 할지 그리고 이 사랑을 어떻게 표현해야 할지는 여전히 어려운 문제다. …"20) 테야르는 전적으로 오로지 어떤 사람에게만 그 자신을 줄 수는 없다고 주장했다. 그의 방법은 조급한 방식으로 관계를 깨지 않도록 하기 위해 필요한 만큼 그의 선임들에게 양보하는 것이었다. 그가 발전시키고 전파하고자 하는 것을 위해서는 그렇게 조급하게 관계를 깨는 것은 재앙이라고 그는 생각했을 것이다.

후에 루실이 아주 즐겁게 언급하는 1938년 8월의 편지에서, 테야르는 아름다운 방식으로 그들 사이에 자라난 것을 다음과 같이 표현했다. "당신은 나에게 빛과 온기를 줌으로써 내가 곧장 앞으로 나아가도록 도울 수 있고 또한 도와야만 합니다. 나를 지상에서 살아 있게 해주세요. 한편 나는 당신을 신께 더 가까이 데려가도록 노력할게요. 이것이 나에게는 우리 서로의 결합의 의미이자 정의로 보입니다. 당신이 최고의 당신 자신에 도달하게 만들고자 내가 꿈꾸듯이, 나를 좀 더 나 자신으로 만들어주세요. … 그리고 나를 위해 당신이 자연스럽게 기대하는, 하지만 더 높은 이유로 내가 당신에게 줄 수 없는 것을 잊은 것에 대해 정말로 감사드립니다. 이 '포기'에 대해 정말로 당신에게 너무나 감사합니다. 그리고 당신에게 보답하기 위해서 내가 당신을 위해 하지 못할 것은 아무것도 없습니다."21)

---

20) LTLS, p.112(1938년 3월 12일).
21) LTLS, p.116(1938년 8월 15일).

일본의 점령 때문에, 테야르와 루실은 1939년에서 1941년까지 베이징에만 머물도록 제한되었다. 그들은 2년을 거의 완전히 그들 자신을 위해 보냈다. 루실이 미국으로 떠날 때 그녀에게 쓴 작별 편지에서 테야르가 말했듯이, "이 소중한 2년 동안, 매일의 만남과 서로간의 신뢰"는 그들의 우정을 확고히 했다. 그녀는 신의 영광으로 빛나는 세계와, 신을 향한 모든 생명체의 진화, 그리고 보편적 그리스도를 향한 그의 깊은 사랑에 대한 그의 견해를 받아들이게 되었다. 그녀가 1941년에 떠났을 때, 그는 그의 작업 테이블 위에 남겨진 유일한 "경건한" 물건, 그리스도의 조그마한 사진을 그녀에게 보냈다. 그는 그것을 "우리가 목표로 하는 우주 인력의 '화로'라는 모호한 표상으로 묘사했다. 이러한 분위기에서 우리는 서로를 항상 더 잘 사랑할 수 있다."[22]

우리에게는 루실의 느낌에 관해 말해줄 어떠한 편지들도 없다. 테야르는 그녀를 매우 그리워했으며, 다음과 같이 썼다. "모든 것을 나누고 이야기할 사랑하는 당신이 없다는 것이 나에게는 너무나 많은 변화를 가져옵니다. 지금은 너무나 많은 것들을 나 혼자 간직해야 합니다. 그리고 나에게 '내적 충동'을 주는 당신이 거기에 없기 때문에, 아마도 아주 많은 것들, 그것들은 내 마음에서 생겨나지 않습니다."[23] 그가 비록 그들의 우정이 이제 모든 것을 이겨낼 만큼 충분히 강하다고 느꼈다 할지라도, 7년간의 이별은 그들의 관계에 크게 영향을 미쳤으며, 따라서 전쟁 후에 그 관계는 상당한 변화를 나타냈다. 테야르가 마침내 1946년 프랑스로 돌아갔을 때, 그는 1948년까지 루실을 다시 만나지 못했다. 그는 그 당시 나이가 많이 들었으며 질병으로 고통을 겪어온 터라 쇠약해 있었다. 또 다른 여자 친구 로다 드 테라는 그가 1937년 후반에 미얀마를 방문했을 때 처음 만났는데, 처음에는 프

---

22) LTLS, p.143(1941년 8월 8일).
23) LTLS, p.148(1941년 9월 27일).

랑스에서 그리고 후에는 뉴욕에서 그녀는 자주 그를 만났다. 이는 루실과 긴장 관계를 갖게 한 원인이 되었는데, 루실은 이제 그녀가 베이징에서처럼 더 이상 그의 작품의 일부가 아니라고 느꼈다. 그녀는 테야르와 로다의 우정을 질투했으며, 1951년 그가 남아프리카를 방문할 때 그녀와 함께 간 것을 못마땅하게 여겼다. 루실은 다음과 같이 썼다. "이제 그녀가 나의 것이었던 모든 것을 가진 것 같아 보이는군요. 매일 방문하는 것, 모든 친밀한 것들과 우정을 공유하는 것, 삶을 달콤하고 가치 있게 하는 모든 것을요."24)

인생의 마지막 몇 해 동안 테야르와 로다의 관계를 평가하기는 어렵다. 그는 오랫동안 그리고 솔직하게 그녀와 편지를 했고, 루실에게 보내는 많은 편지들에서 그녀를 언급한다. 1938년과 1950년 사이에 쓰인 로다에게 보낸 테야르의 편지들은 발간이 되었지만,25) 특히 테야르와 로다가 모두 뉴욕에서 살았던 1951년에서 1955년까지의 편지가 없기 때문에, 그것들은 서로에 대한 그들의 개인적 감정에 관해 어떠한 것도 알려주지 않는다. 그 당시 루실은 워싱턴에 머물렀지만 상당히 많은 여행을 했다. 테야르와 루실은 서로 방문을 하거나 꽤 규칙적으로 편지를 썼으며, 출판된 서신에는 1941년부터 쓴 루실의 편지가 그 이전의 편지보다 두 배나 많이 포함되어 있다.

이 "미국 시기"의 편지들에서, 때때로 테야르와 루실의 관계가 이전과 마찬가지인 것처럼 보이기도 하지만, 또 어떤 때는 아주 문제가 많아서 루실이 그 관계를 모조리 청산할 생각까지 한 것으로 보이는 인상을 준다. 그 편지들은 강한 감정들과 좌절과 불편함을 보여주며, 수차례 자주 만나지 말자고 제안하는 글도 포함하고 있다. 1953년 1

---

24) LTLS, p.272(1951년 4월 3일).

25) Pierre Teilhard de Chardin, *Letters to Two Friends 1926-52*(London: Collins Fontana, 1972), pp.119-227의 "Letters II"를 보라.

월 24일에 테야르는 다음과 같이 썼다. "음, 감정들은 이상합니다. 사실은 우리가 여전히 서로를 당황케 하고 있는 한편, 우리 모두에게는 절대적인 '평화'가 필요합니다."26) 루실은 엄마의 역할을 하는 것에 반대했고, 그들의 관계가 그런 식으로 전개된 것에 깊은 실망감을 표현했다. "우리는 마치 우리 사이에 어떠한 것도 존재한 적이 없는 듯이 만나고 행동합니다."27)

그 어려움은 루실보다는 테야르 편에서 더 심했던 것으로 보인다. 루실은 1948년에 그를 다시 만난 이래로 그녀의 삶을 다시 재정립했으며 진정한 내적 평화를 얻었다고 고백했다. 따라서 그녀는 그에게 편지를 쓸 수가 있었다. "다시금 우리가 함께했던 모든 훌륭하고 행복한 시간들에 대해 당신에게 많이 감사합니다. 그리고 내가 신을 깨닫도록 도와주신 것과 좀 더 영적인 삶의 방식을 나의 욕망이 발견하도록 자극해주신 것에 대해서는 더더욱 감사합니다. 그것은 항상 가장 소중한 것입니다."28)

테야르는 항상 12월 성 루시아 축제일과 5월 그녀의 생일에 루실을 위해 미사를 드리곤 했다. 그가 죽기 전 그녀의 마지막 생일에 그는 다음과 같이 썼다. "5월 9일의 나의 미사는 당신을 위한 것입니다. 매년 그랬던 것처럼 당신을 위해서, 그리고 어떤 면에서는 다소 나를 위해서. 그래서 우리는 마침내! 가능한 방식 중에 가장 훌륭하고 가장 높은 방식으로 '서로'를 발견하게 될 것입니다."29) 그 밖의 곳에서와 마찬가지로 여기에서도 테야르의 말은 침착하고 평온했지만, 그럼에도 여러 편지들은 특히 그가 신경 상태로 고통을 겪고 있을 때 끝까

---

26) LTLS, p.280.
27) LTLS, p.286(1953년 12월 20일).
28) LTLS, p.290(1954년 4월 24일).
29) LTLS, p.290(1954년 5월 7일).

지 감정적으로 고통을 겪었다는 인상을 준다. 죽기 직전에 쓴 그의 마지막 편지에서, 감정적으로 말하자면, 그는 일들이 점차 정리가 됐으면 하는 바람을 표현했지만, 그들이 아마도 겨울 동안 서로 두세너 번 이상을 만나지 않기를 바랐다. 루실은 자신이 그의 권태감의 일부 원인이라고 느꼈다. 하지만 그녀는 자신이 내적 평화를 발견했으며, 그 어떤 것보다도 그녀는 "신의 현존의 진정한 평화"를 갈망하고 있다고 강하게 주장했다.[30] 1965년 그녀가 죽었을 때, "PT"라고 서명이 된 한 기도문이 그녀의 글들 중에서 발견되었다. 거기에는 다음과 같은 내용이 있다. "오 나의 신이시여, 당신이 나와 함께 있기 때문에, 그리고 나는 지금 당신의 명령에 복종하여 이러한 외적인 것들에 나의 마음을 기울여야만 하기 때문에, 바라건대 당신이 저에게 은총을 베푸사 당신의 현존 속에 계속 머물게 하소서. 그리고 이 마지막까지 당신은 나를 도와 번성케 하시고, 나의 모든 일들을 받으시고, 나의 모든 애정을 소유하시나이다."

사람들은 어떤 편지들에서 그녀가 언급하고 있는 인도 사상과의 접촉으로부터 그녀가 인격적으로 통합되고 평화를 얻는 데 얼마나 도움을 받았을지 궁금해한다. 루실은 많은 여행 중 1949년에 인도를 방문한 적이 있었고, 돌아오는 도중에 그녀는 뉴욕에 있는 스와미 니킬라난다의 베단타 그룹에 합류했다. 하지만 1934년 그녀의 초기 편지들 중 하나에서는 이미 인도 사상을 잠깐 내비치고 있다. 1952년 1월 13일, 테야르는 그의 친구 르루아에게 다음과 같이 썼다. "루실은 스와미가 지도하는 그룹에서 평화를 찾는데, 거기의 영성은 나에게는 아주 모호한 것으로 보인다네. 하지만 정통이라는 이름으로 신학자들이 특징짓는 가공할 만한 단단한 껍질을 밖으로부터 통찰할 수 없는 아

---

30) LTLS, p.293.

주 많은 사람들에게는 이것이 유일한 해결책이 아니겠는가?"31)

1951년 루실은 테야르가 읽고 논평하도록 스와미 니킬라난다의 에세이들 중 하나를 보냈다. 테야르는 그것을 주의 깊게 읽었다고 말했다. 여러 중요한 관점에서 그것을 비판하는 한편, 그럼에도 그는 자신이 편견이 있으며 잘못되었을지 모른다고 인정했다. 그러할 경우 그는 사과할 준비가 되어 있었다. 루실은 그의 비평이 불공평하다고 생각했으며, 스와미의 믿음이 자신이 전에 만났던 그 어떤 것보다도 테야르의 것과 더 닮았다는 견해를 표현했다. 테야르는 아마도 그러한 사상의 유사성을 인정하지 않았을 것이다. 그리고 심지어 그것에 분개했을지도 모른다. 루실은 그 밖의 곳에서는 발견되지 않는, 베단타 그룹에서 배웠던 것을 분명하게 다음과 같이 말했다. "우리가 신에게 더 가까이 갈수록, 우리의 노력의 결과는 더 좋을 것입니다. 그리고 그것들은 어떻게 신을 느낄지 그리고 그에게 어떻게 더 가까이 다가갈지를 당신에게 보여주는 데 도움이 됩니다. 저는 명상과 독서, 생각과 자기 훈육의 방법을 의미합니다. 이것들은 기독교의 가르침에서는 발견되지 않습니다. 아니면 그러한 종류의 도움을 줄 수 있는 어떤 책들을 아시는지요? 그리고 사랑에 대해서 말하고자 하는데요, 당신이 그것으로 의미하는 것을 내가 이해할 수 있으면 좋겠습니다. 기독교 국가들과 개인들은 그들이 원하는 것을 취하고 다른 사람들과 함께 지옥으로 가는 것으로 보입니다."32) 같은 편지가 또한 다음과 같이 말한다. "보통의 기독교 신은 충분히 크지 않습니다. … 우리는 그(신)를 위해 더 큰 얼굴을 찾아야 합니다." 이는 그녀가 몇 년 전에 했던 말과 다르지 않다. "하지만 피에르, 당신의 신은 너무나 차갑고 너무

---

31) 이 구절은 Pierre Leroy, *Letters Familieres de Pierre Teilhard de Chardin* (Paris: Le Centurion, 1976), p.130(나의 번역)에서 발견된다.

32) LTLS, p.272(1951년 4월 3일).

나 멀리 떨어져 있는 것으로 보여요. 당신에게 깊고 끊임없는 인간의 사랑을 줌으로써 당신이 신을 좀 더 따뜻하게 느끼도록 제가 도움을 줄 수 있다고 생각하면 제가 잘못일까요?"[33]

1951년 4월에 보낸 그 편지는 테야르가 루실에 대해 취하는 태도에 반항하는 그녀의 강한 반응이었을까? 이것은 거부당한 느낌의 심장이 외치는 깊은 탄성일까? 그녀로부터 아주 많은 것을 받은 후에도 테야르는 그 자신을 충분히 주지 않았는가? 루실의 감정은 또다시 반복적으로 무너졌다. 이 때문에 그녀가 실망하고 우울해졌지만, 비록 그녀의 감정이 때때로 잘못된 방향으로 갔다 할지라도, 그녀는 최소한 그 감정들이 죽지는 않았다고 느꼈다. 그녀는 실수로부터 배웠고 결국은 평정을 찾았다. 만약 베이징에서 테야르와 루실이 친밀했으며, 그녀가 반복적으로 사랑과 우정과 정신적 결합을 확인했음을 기억한다면, 우리는 그들의 미국 시기에 루실의 간헐적인 감정 폭발에도 불구하고 그녀가 훌륭한 평정을 보여주었음을 느낄 것이다. 그 편지들은 테야르가 1932년과 1941년 사이에 쓴 에세이 제작에 루실이 밀접하게 관여했으며, 심지어 나중에 그가 그녀로 하여금 그의 작품을 숙지하게까지 했다는 것을 뒷받침해준다. 그 10년 동안 테야르는 몇 가지를 열거하자면, "Christology and Evolution", "The Evolution of Chastity", "How I Believe", "A Personalistic Universe", "The Phenomenon of Spirituality", "Human Energy", 그리고 "The Mysticism of Science"와 같은 아주 잘 알려진 에세이들을 썼다. 무엇보다도 그 시기에 그는 그의 유명한 책 *The Human Phenomenon* 을 썼다. 이제까지 루실은 "How I Believe"를 번역했다는 명성만을 얻었지만, 이 서신들로부터 그녀가 여러 다른 에세이들도 번역했으며 그것들을 타이핑해서(그녀

---

33) LTLS, p.139(1939년 10월).

는 1935년에 타이핑을 배웠다) 사적인 배포를 위해 그것들을 인쇄할 수 있게 해주었다는 것은 분명하다. 테야르는 루실과 그의 아이디어를 공유했으며 그의 모든 작품을 논의했다. 그녀는 끈기 있게 잘 들어주었으며 도전적으로 비판했다. 그녀가 그의 에세이들을 영어로 번역한 후, 그들은 모든 것이 그가 원한 대로 표현되었는지를 확인하기 위해 번역을 함께 검토하곤 했다. 중국과 미국을 배로 여행할 때, 그녀는 항상 테야르의 글들을 갖고 다녔다. 그녀는 번역하는 일이 그녀의 하루에 방향과 의미를 준다고 생각했다.34)

테야르 사상에 친숙한 독자들은 이 편지들에서 여러 에세이들 특히 "How I Believe"와 "A Personalistic Universe"에 관해 설명해주는 구절들을 발견할 것이다. *The Human Phenomenon* 은 여러 번 언급되었으며, 루실은 그녀의 자서전에 그것에 관해 적었다.35)

루실은 테야르에게 질문하고 도전했다. 비록 테야르가 여전히 교회가 그 뿌리에 있어서 건전하다고 믿었다 할지라도, 그는 정말로 인내의 순간들을 가졌다. 그러한 때에 그는 좀 더 깊이 그리스도의 삶과 지혜를 파고듦으로써 대답하곤 했다.36)

미국 시기의 편지들은 반복적으로 테야르의 책이 발간되지 않는 어려움에 관해 언급했다. 그는 여전히 그의 일부 아이디어들을 루실과 공유했으며, 그녀에게 그의 영적인 자서전인 "The Heart of Matter"라는 에세이를 보냈다.37) 이것을 그는 "일종의 나의 영적 모험의 역사, 즉 '물질을 통한 정신의 탐구'"로 묘사했다. "이 글들은 당신에게 깊

---

34) LMS, p.39.
35) LMS, p.46.
36) LMS, p.11.
37) 1950년 10월 30일. 이것은 같은 제목의 에세이 모음집에서 훨씬 나중에 발간 되었다. Pierre Teilhard de Chardin, *The Heart of Matter*(London: Collins, 1978), pp.15-79를 보라.

이 영향을 받은 내적인 진화를 표현하려는 노력입니다. … 보이는 것을 내가 보지 않는다는 것(그리고 말하지 않는다는 것)은 나에게는 극히 불가능합니다. 그리고 나는 신이 우리의 가장 크고 가장 거친 개념들보다 더 작을 수는 없다고 확신합니다! 물론 나는 출판할 수도 없습니다. 하지만 출판은 본질적이지 않습니다."[38]

"The Heart of Matter"는 그의 고향 오베르뉴에서 썼다. 몇 해 전에 그는 같은 장소에서 루실에게 편지를 보냈는데, 그 편지에는 그의 내적인 발달을 간단하게 스케치한 내용이 들어 있었다. 그는 나중에 그것을 이 에세이에서 아주 아름답게 묘사할 예정이었다. 그는 그의 형제의 시골집에서 다음과 같이 썼다. "아마도 나는 전에는 결코 그렇게 분명하게 나의 내적 삶의 깊은 진화의 의미를 지각한 적이 없었습니다. 진한 자줏빛의 우주 물질, 처음엔 나를 위해 황금의 정신 속을 지나고, 다음엔 인격의 하얀 백열등 속으로, 그리고는 마침내 (그리고 이것이 현재의 단계다) 사랑의 비물질적(아니 초물질적) 열정으로 … 그리고 전에는 결코 또한 그렇게 확실한 방식으로 우리 주변에 있는 얼마나 많은 사람들이 아마도 내가 그들에게 전달할 수 있는 그 똑같은 빛을 갈망하고 있는지를 깨닫지 못했습니다."[39]

루실은 테야르가 "The Heart of Matter"에 관해 그녀에게 편지한 것이 매우 기뻤다. 그것은 그녀에게 그들의 초기의 공동 연구 시절을 생각나게 했다. "내가 당신의 아이디어를 분명하게 하는 데 얼마나 많은 도움이 되었는지를 당신이 말했을 때, 그리고 그것들을 나와 함께 계속 이야기하고 그래서 그것이 우리의 작품이 되었을 때, 내가 얼마나 행복하고 자랑스러웠는지요. 그리고 당신은 이 최근 편지에서 아주 친절하게 '당신에게 깊이 감명을 받은 내적인 진화'를 말씀하시더

---

38) LTLS, pp.265-66(1950년 12월 15일).
39) LTLS, p.95(1937년 6월 27일).

군요. '우리 사이에 태어난 것은 영원입니다'라고 당신이 반복해서 썼을 때 당신이 의미한 것은 바로 이와 같은 어떤 것이었겠죠." 같은 편지에서 그녀는 또한 다시 한 번 읽었던 그의 이전의 *Milieu Divine*을 언급한다. "오! 피에르 … 나는 그것이 왜 그렇게 많은 사람들에게 사랑받았는지 이해하겠습니다. 그리고 그것은 저에게 특히 기쁨을 줍니다. 왜냐하면 어떻게 해서인지 그것이 내가 당신을 처음 알았을 때의 당신을 제 마음에 생생하게 기억나게 하기 때문입니다. 열심히 탐구하는 사람, 세상에 대한 사랑으로 아주 가득 차 있는 신비주의자, 그리고 당신에게 신이 아주 가까이 있어서 신이 당신의 아주 많은 부분인 사람, 당신과 접촉하는 모든 사람들이 신의 현존을 깨닫게 되는 그러한 사람이었죠. 이 그림은 나의 감정과 비전을 넓혀주기 때문에 나는 이 그림을 잊지 않고 싶습니다."40)

　루실은 분명 테야르의 모든 에세이들을 가장 상세하게 알았을 것이다. 그가 죽은 후 1955년 봄과 여름 동안, 그녀는 그녀의 "블루 북" 안에 노트들을 모았다. 그것은 제1차 세계대전 동안 테야르가 쓴 에세이들의 글귀들을 포함하고 있다. 특히 "Christ in Matter — Three Stories in the Style of Benson"의 거의 완벽한 단어 대 단어 번역, 그리고 나중에는 기독교인의 사랑에 관한 반성, 신과 세계에 관한 반성, 그리스도 오메가에 관한 반성, 그리고 죽음에 관한 반성이 그 안에 포함된다. 초록들은 다음의 말로 결론을 내린다. "그리스도 오메가의 영광을 위해 가장 효과적인 방식으로 잘 끝마치는 은총! 은총들 중의 은총. 그리스도와 우주의 종합을 증진코자 하는 독특한 열정이 지배하는 존재. 따라서 그 둘의 사랑(특히 그리스도 교회와 궁극의 축). 죽음을 통한 교감(죽음-교감). 마침내 도래하는 것. 숭배할 만한 것. 나는

---

40) LTLS, p.267(1950년 12월 20일).

도래하는 그를 만나러 간다."41) 이 기도문과 숭배의 글들은 루실이 생애 마지막 10년 동안 지침으로 삼아 의지했던 글들일까?

테야르가 죽은 직후에 그의 여러 우정들과 관련해서 논쟁이 일었다. 특히 그가 알았던 여성 친구들 몇몇이 질투를 표현했다. 테야르나 루실을 알고 있는 사람들은 오늘날 거의 살아 있는 사람이 없으며, 이 편지들이 조명되면서 테야르의 사상과 삶에서 중요한 우정의 의미를 재평가할 때가 왔다. 이전에 발간된 그의 대부분의 편지들은 그의 아이디어나 여행과 관련이 있는 반면, 테야르와 루실 스완의 서신들은 사랑과 친밀한 우정을 위한 테야르의 위대한 능력뿐 아니라 무엇보다도 그 자신이 인간적 사랑의 따뜻함과 친밀함이 필요했다는 것을 보여준다. 따라서 이러한 편지들은 그 밖의 곳에서는 쉽게 얻을 수 없는 많은 통찰을 제공한다. 그것들은 인간의 사랑과 신에 대한 사랑 간의 관계에 빛을 던진다. 그것들은 인간 에너지의 가장 큰 원천으로서의 사랑에 관해 의문을 제기하지만, 또한 순결의 역할과 그것의 영성과의 관계, 그리고 "결합은 차이를 낸다"는 테야르의 가르침에 관해서도 의문을 제기한다.

그러나 우리가 특히 여성의 관점에서 비판적으로 물어보아야 할 테야르와 루실 간의 다양한 측면의 관계가 있다. 그들의 우정이 아무리 특이했든 그것은 여전히 전통적인 남-여 패턴을 따르는 것으로 보인다. 테야르에게 있어서는 그의 비전과 작품이 무엇보다도 우선이다. 그래서 결국 루실은 세계에 대한 그의 해석에 맞춰야 했다. 그가 한때

---

41) 루실의 *Blue Book* 의 출판되지 않은 노트에서 발췌. 그 구절은 테야르의 "Notes de Retraite 1944-55"에 있는 구절과 매우 유사한 구절이다(아마도 그녀 자신의 번역일 것이다). 그중에 예외적으로 출판된 것이 있는데, *Hymn of the Universe*(London: Collins Fount Paperbacks 1970), p.91의 모음집에 "Pensée 26"으로 출판되었다. 원래의 프랑스 판본은 1961년에 나왔는데, 어떻게 루실이 1955년에 이 글을 접했는지가 의문이다.

말했듯이 그는 그녀에게 "여성스러움"을 원했지만, 그녀는 영원히 그에게 그녀의 사랑을 더 많이 주기 위해 마음속 깊이 그 무엇보다도 그가 항상 자신의 곁에 있기를 원했다. 비록 그녀가 자신의 창조적인 작품을 갖고 있고 사회적인 삶을 영위하고 자유롭게 여행한다 할지라도, 이 모든 것은 테야르에 대한 그녀의 사랑과 다정함이라는 경험에 부차적인 것으로 보인다. 그녀는 오로지 그를 원했으며 그는 신을 위한 세계를 원했다.

테야르가 그의 인생을 신께 바쳤다고 한다면, 루실의 요구는 비합리적이었는가? 그가 그녀를 깊이 사랑했기 때문에, 그녀가 그의 입장에 대해 가차 없이 물은 것은 분명 큰 유혹이었을 것이다. 그것은 진정으로 불에 의한 시련이었지만 그는 끝까지 충절을 지켰다. 만약 우리가 잃어버린 것으로 보이는 베이징 시절의 테야르의 일기를 입수한다면, 우리는 얼마나 더 많이 알고 이해할 수 있겠는가. 따라서 우리가 이 편지들에서 읽은 것을 제외하고 그들의 관계에 대한 더 많은 통찰을 얻기는 어렵다.

루실은 테야르에게 빛과 에너지, 따뜻함과 사랑을 주었다. 그녀는 그의 "별"이며, 그의 "공명판"이며, 그의 "점화장치"이며, "생명의 흐름"이고 "원기 회복"이며 "바로 그의 생명의 표현"이었다. 테야르는 그 자신의 목적을 위해 루실을 이용하지 않았는가? 그녀는 그를 위해 그렇게 했다. 그의 에세이를 읽고 번역하고, 그것들에 관해 토론하고, 타이핑하고 인쇄해서 친구들에게 보냈다. 그와 걷고 여행했으며, 그에게 매일 오후에 차를 끓여 주었으며, 그가 그녀를 필요로 하고 원할 때마다 거기 있었다. 그것은 수많은 다른 여성들이 사랑하는 사람을 위해 행하는 전통적인 역할이 아닌가? 공정하게 말하자면, 테야르는 그녀의 작품의 훌륭한 비평가였으며, 끊임없이 그녀가 최고의 것을 성취하도록 고무했다. 그는 그녀의 인생에 방향을 주었으며, 그녀가 신께 다시 돌아가도록 인도했다. 그의 초기 편지에서 표현했듯이, 그녀가 그의 삶을 계몽시킨 반면, 그는 그녀에게 좀 더 그녀 자신이 되도록 새로운 에너지를 주기 원했을 뿐, 그는 그녀의 전 생애의 중심이 되기를 원치 않았다. "중심이 아니라 에너지가 되는 것, 그것은 단지 이상인가?" 그러나 그의 꿈은 그녀를 "영예롭게 행복"하도록 만드는 것이었다.42)

그 편지들은 또한 결혼과는 구별된 독신생활의 본성에 관한 중요한 질문을 제기한다. 독신의 성직자가 그렇게 깊은 감정적 유대를 갖고 많은 결혼생활에서 획득할 수 있는 것보다 더 깊은 정신적 결합을 이루는 것이 타당한가? 비록 순결이 형식적으로 유지되었다 할지라도, 결합 안에서 그 의미와 가치는 무엇이겠는가? 그렇지 않았더라면 마치 그들의 작업이 "하나의 공동 활동으로 이루어졌듯이" 아주 친밀하고 창조적이었을 것이다.43)

테야르는 그의 입장이 일상적이지 않고 그들의 관계의 본성이 좀 이상하다는 것을 충분히 깨닫고 있었다. 그는 그 자신과 다른 사람들에게 변화된 사랑의 힘과 하나의 운동 속에서 결합되는 인간과 신의 사랑의 힘을 입증하기 원했던 것인가? 그는 믿음과 대담함이 결여될 때 사랑이 마비된다고 주장했다. 그 자신의 삶의 매력은 무엇보다도 믿음과 모험, 그의 뿌리와 종교적 입장에 대한 전적인 신뢰와 새로운 영역의 개척을 결합하는 데 있지 않은가? 다양한 측면에서 그는 전통적인 독신생활의 장벽을 뚫고 나아갔지만, 사람들은 그가 자신을 정말로 해방시켰는지 여전히 물어볼 수 있다. 또한 그의 사랑의 힘뿐 아니라 감정의 변화까지 감지될 때, 끝까지 풀리지 않는 상태로 남아 있는 억압감과 긴장감은 없는가? 아니면, 그것은 그가 단지 속세로부터

---

42) LTLS, p.58(1936년 5월 7일).
43) LTLS, p.118(1938년 10월 28일).

완전히 초월하여, 더 높은 지평에서 그리고 그가 그렇게 행동하게 만드는 그의 마음과 영혼의 투명한 순수성 속에서 사는 것이었는가? 그는 그가 해야 할 일들 중 하나가 "세상에서 새로운 의식의 출현"[44]을 위해 일하는 것이라고 생각했기 때문에, 우리의 질문들이 아마도 너무 옛날 사고방식에 제한된 상태로 남아 있는 것은 아닐까?

인생의 마지막을 향해 가면서, 테야르는 루실을 이전처럼 친밀한 동료로서보다는 아마도 상담자와 안내자로 그리고 선생으로 더 생각했을 것이다. 하지만 그녀는 끝까지 그를 사랑하고 존경했다. 그녀는 그가 마지막 몇 해 동안 극도로 외로웠다는 것, 발간되지 않은 상태로 남아 있는 그의 주저들에 관해 그가 매우 실망했다는 것, 그리고 이해와 인식이 매우 부족하다는 것에 대해 알고 있었다. 그녀의 인생의 마지막을 향하면서, 그녀는 그가 자기 연민을 갖지 않았으며, 그리고 비록 몰래 사적으로 써야만 한다 할지라도, 그가 그의 다음 작품에 끊임없이 매진했다고 회상했다. 1954년에 테야르는 또한 자신이 얼마나 분명하고 강하게 그의 정체성을 "슈퍼-그리스도"로 보았는지를 선언하는 한편, 여전히 그리스도에 대한 그의 심오한 애정에 관한 글을 쓰고 있었다.[45]

그녀의 개인적인 반성에서 그녀는 무엇보다도 테야르의 영적인 소양, 그의 빛나는 사랑, 그의 강한 비전과 세상을 위한 그 비전의 중요성, 그리고 테야르가 그녀를 포함해서 아주 많은 사람들에게 주었던 도움을 강조한다. "일반적인 성직자들에게는 접근하지 않았을 얼마나 많은 사람들이 그에게서 도움을 발견했는지! 왜냐하면 그는 그들이 이해하고 그에 의거해서 행동할 수 있는 언어로 그들에게 말했기 때문이다. … '나는 그의 정신적 도움과 정신적 힘이 없었더라면 계속

---

44) LTLS, p.96(1937년 6월 27일).
45) LMS, p.69.

진행할 수 없었을 것이다'라고 누군가가 말하는 것을 나는 얼마나 자주 들었는지! 그는 아주 분명하게 인간을 믿었으며, 진화하고 사랑하는 자신의 능력을 믿었다.”46)

창조와 숭배의 즐거움으로 타오르는 이 정신적 사랑의 불길은 세계를 변화시키고 죽음을 초월할 수 있는, 사람들이 도달할 수 있는 가장 높은 사랑이 아니겠는가? 테야르와 루실이 그러한 사랑을 알고 그러한 사랑의 삶을 살았다는 것은 얼마나 위대하고 소중한 선물인가!47)

---

46) 이것은 1951년에 쓴 루실 스완의 짧은 미발간 전기체 에세이의 인용문이다. p.1.

47) 아마도 사람들은 그들의 관계를 우리 시대의 정신적 우정의 예로 묘사할 수 있다. 이러한 풍부한 편지들은 진지한 연구와 반성을 하게 한다. 아마도 루실 스완의 일대기가 충분히 연구될 것이다. 하지만 분명 “여성”에 관한 테야르의 글들에 대해서는 새로운 해석이 나올 것이다. 세상의 결합력으로서의 사랑에 관한 테야르의 생각에서 여성은 매우 중심적인 역할을 한다.

5

생태학적 시대의 테야르

토머스 베리

　이 세기는 놀라운 과학적 발견과 기술적 발명, 산업적 및 상업적 확장, 인구 증가, 사회적 변화, 새로운 운송 통신 체계, 광대한 교육적 업적과 탐구 업적들, 우주 탐험 등과 더불어 복잡하고 요동치는 시대다. 분명 훌륭한 세기이며, 이 세기의 인간들의 업적은 과거에 빛을 발산하면서 이 세기를 인간의 역사상 가장 찬란한 시기로 만들고 있다.

　하지만 이 세기의 파괴적인 또 다른 측면이 있다. 산맥은 석탄이나 광석을 캐기 위해 유린된다. 강들은 인간과 산업 쓰레기로 인해 오염된다. 공기는 해로운 물질들로 가득 차 있다. 비는 산성으로 바뀐다. 토양은 화학물질들로 불모지가 된다. 더 높은 형태의 생명체는 위험에 처해 있다. 거대한 바다 포유류들은 거의 멸종할 지경이 되도록 포획된다. 열대우림은 무너지고 있다. 그리고 많은 산호초들은 회복할 수 없을 정도로 훼손된다.

　지구의 구조와 그 생명체들은 지질학적, 생물학적 규모로 바뀌어왔다. 그러한 정도의 크기에서 일어나는 변화는 이 세기를 또 다른 역사적 시기나 문화적 변화 이상의 어떤 것으로 만든다. 이것은 수백만 년 심지어는 수십억 년이나 걸려 발생한 생명체들을 파괴하는 것이다. 생물권의 구조 전체가 영향을 받는다. 어떤 수십만 년 된 현존하는 종이 바로 가까운 미래에 사라질 수도 있다. 산업화 이전의 시기보다 공기 중의 이산화탄소량이 세 배나 더 많아질 것이다. 여기 미국의 우리들은 대략 매년 40억 톤의 표토층을 잃어가고 있다.

인간의 영광은 지구의 황폐화가 되었다. 나는 이것이 20세기를 요약하는 적절한 방법이라고 생각한다. 또한 지구의 황폐화가 인간의 운명이 되고 있다는 말을 덧붙일 수 있을 것이다. 정말로 생명체들의 전체 구조는 아주 밀접하게 엮여 있어서, 그 구성요소들 중 어떤 것도 다른 것들을 해치지 않고는 손상을 입을 수 없다.

덧붙여 말하자면, 사람들, 프로그램, 직업, 제도 그리고 활동들을 평기히는 한 가지 방법은, 지구 공동체 즉 모든 살아 있는 지구의 요소들과 살아 있지 않은 요소들의 창조적 기능을 그것들이 어느 정도로 돕거나 방해하는지를 평가하는 것일 것이다.

이러한 인간-지구 관계라는 주제는 새로운 논의 주제가 아니다. 오랜 인간의 반성 과정에서 이제껏 다루어진 가장 오래된 질문들 중 하나인 이 주제는 세계의 다양한 문화권과 다양한 역사적 시기의 중요한 문제였다. 하지만 이전의 지구 역사의 그 어떤 시기에도 수혜자인 인간의 역할을 이렇게 긴급하게 요구한 적은 없었다. 전에는 인간이 결코 하늘과 땅과 바다에 대해 그러한 힘을 갖지 못했기 때문이다. 정말로 이전에는 지구의 과정에 의해 주로 통제를 받았던 인간종이 이제는 처음으로 대규모로 지구의 과정을 통제한다.

이러한 맥락에서 테야르를 논하고, 인간의 영광이 지구 황폐화가 되도록 한 문제를 다루는 그의 방식과 관련하여 조사하고, 또한 지구를 치료하고 지구의 모든 생물적, 무생물적 요소들의 통합적이고 창조적인 교류를 돕기 위해 그가 제공하는 도움과 관련하여 알아보는 것은 적절해 보인다.

테야르는 이 놀라운 인간 발전의 시대에 성취된 인간의 영광을 깊이 깨닫고 있었다. 마침내 그는 인간 문화가 태고의 제약을 벗어나 진정으로 가치 있는 존재 방식으로 접어들었다고 생각한다. 그러한 업적은 서양세계에서 시작되었으나 그 이후로는 인간 공동체에서 인간의 질과 삶의 안내를 위한 새로운 규범을 확립한 것으로 받아들여져야 한다. 이러한 영광은 "진보"로서 지칭되는 자연세계에 대한 인간의 통제력 증가에서 특히 분명했다.

테야르는 17세기부터 서양사회의 지배적 아이디어인 진보의 아이디어를 절대적으로 수용했는데, 그 아이디어는 데카르트와 베이컨의 작품에서 시작되었지만, 맨 처음 베르나르 퐁트넬(1657-1757)의 작품들에서 분명하게 언급되었다. 그때부터 지금까지 진보의 의미는 먼저 서양사회를 지배했고 이제는 인간사회의 대부분을 지배하고 있다. 진보와 관련된 판단 규범들이 매우 차이가 나는 반면, 실재의 진보적 전개에 대한 일반적인 수용은 널리 보급되어 있다.

테야르에게는 우주의 역사적 과정 전체에서 진보가 있다는 것은 분명했다. 이러한 인간 집단에서는 확장된 의식의 양상들에서, 인간사회의 수렴에서, 모든 정치적, 제도적 분열을 넘어선 깊은 통일에서, 그리고 상승적인 정신적 변화에서 진보가 관찰될 수 있을 것이다. 그의 생각에 이 모든 것들은 창발적인 진화적 과정과 동일하며 그것의 지지를 받는 것이었다. 이러한 과정은 몇 십억 년 전에 시작되었지만, 이제야 가장 충실한 표현에 도달하고 있었다.

심지어 그러한 진보가 발생하고 있는 동안에도, 사회적 불만은 회의주의로, 다시 말해 이러한 전체 우주의 지구-인간 시도에 대한 의식

적인 거부로 이어지고 있었다. 1930년대 실존주의자들의 불안(Angst)
이 시작되고 1940년대 후반에 그것이 무르익었음을 목격한 테야르는
인간 공동체의 기본적 가치들과 이 세대들에게 달려 있는 과학적, 사
회적 과제를 훨씬 더 긴급하게 밀고 나갈 필요가 있음을 인간 공동체
에게 확신시키는 데 전념했다. 그 모든 것은 우주론적 의미뿐 아니라
매우 종교적이고 신비주의적인 의미를 지녔다. 정말로 그의 가르침은
지구의 전 과정의 이러한 궁극적인 다른 측면들의 정체성에 관한 것
이었다.

그러나 인간의 영광에 너무나 매료된 테야르는 점점 더 지구가 황
폐화되어 간다는 것을 깨닫지 못했다. 물리적 자원들의 한계에 대해
서는 거의 지나치는 말로만 잠시 언급할 뿐이며, 인간의 천재성이 그
부족함을 채울 방법을 발견할 것이라고 그는 확신한다. 자연세계에
가해지고 있는 피해에 대해서는 더욱더 언급하고 있지 않다. 이것은
그의 관심 밖이었다. 그는 그의 시대에 이미 출발한 보존 운동들을 주
목하지 않았다. 또한 테야르는 초인을 성취하기 위해 그가 호소했던
압력들이 일반적인 경제, 사회 발달을 지지하지만 결국 그것이 그 자
체 인간의 삶의 질의 저하와 생태학적 재앙을 초래한다는 것을 인식
하지 못했다.

테야르의 편지들로부터 우리는 그가 지구의 웅장함에 대한 과학적
이고 신비주의적인 감각뿐 아니라 자연세계에 대한 뛰어난 미적, 감
정적 반응도 지녔음을 알 수 있다. 그가 놓친 것은 지구의 존재를 위
한 기능적 맥락으로서의 자연세계와 인간의 상호 의존적인 생물학적
공동체를 위한 느낌이었다. 지구의 생태지역이 깨어지기 쉽다는 것은
테야르에게 인상을 주지 못했다. 아마도 그것은 그의 초기의 경험대
를 구성한 유럽 지역의 복원력 있는 생태계 때문이었을 것이다. 거기
에서는 자연세계와 도시-산업세계 간에 영원한 균형이 존재하는 것처

럼 보였다. 비록 여러 세기 동안 유럽 전역에서 다양한 자연의 생명체 들이 상당히 피폐해졌다 할지라도, 아직까지는 자연의 생명 공동체들에 심한 영향을 미치지는 않는 것으로 보였다.

그러나 테야르는 널리 여행을 했고 지구-인간 과정이라는 더 큰 문제들에 아주 깊은 관심을 가지고 있었기 때문에, 우리는 분명히 산업화 과정에 피해를 입고 있는 지구에 대한 어떤 우려의 느낌을 기대했을 것이다.

여기에서 우리는 단지 테야르가 이 세기의 역사 어디에 적합한지를 좀 더 충실히 이해하기 위해 한 걸음 뒤로 물러서서 그의 작품을 살필 수도 있을 것이다. 게다가 그는 처음으로 의미 있는 통찰력을 갖고 은하 진화, 지구 진화, 생명 진화, 인간 진화라는 진화 과정의 네 국면들을 상세하게 그려낸 사람이다. 그는 포괄적인 통일성 속에서 이 모든 것을 바라보면서, 연속적으로 펼쳐지는 것들을 지탱해주는 내적 힘들과 외적 과정을 아주 상세하게 묘사한다. 아마도 인간적이거나 정신적인 혹은 도덕적인 수준에서 그 어떤 누구도 테야르만큼 그렇게 강력하게 이러한 진화 과정에 주목한 적은 없을 것이다. 이사야가 역사적 과정에 대한 그의 비전에 사로잡혔듯, 혹은 요한이 그의 계시록적인 비전에 사로잡혔듯, 혹은 단테가 신곡의 비전에 사로잡혔듯, 이러한 변화 국면에 완전히 매료된 그는 그의 비전에 사로잡혔다. 그러한 황홀감이 연구와 상상력과 가르침에, 그리고 시적인 글과 철학적이고 종교적인 에세이들에 영감을 불어넣었다.

테야르의 첫 번째 관심은 진화의 기원과 발달이다. "진화는 이론인가, 체계인가, 아니면 가설인가? 그것은 훨씬 그 이상의 것이다. 그것은 모든 이론들과 모든 가설들 그리고 모든 체계들이 따라야 하는 일반적 조건이며, 만약 그것들이 생각할 수 있고 참되고자 한다면, 이제부터 그것들이 만족시켜야만 하는 그러한 것이다. 진화는 모든 사실들을 밝혀주는 등불이며, 모든 선들이 따라야만 하는 곡선이다."[1]

그가 이러한 비전을 표현한 주요 작품 *The Phenomenon of Man*은 20세기에 광대하게 이룩해놓은 것들을 지적으로 사회적으로 그리고 정신적으로 독특하게 종합한 것이다. 만약 다양한 학문들의 특정 세부사항들로부터 우리에게 가능한 신비로운 양상의 통찰에 도달하는 현대적 방식의 의식에 관한 포괄적인 전집이 있다면, 테야르의 이 작품은 우리가 갖고 있는 가장 근접한 것으로 보일 수 있다. 여기에서 테야르는 미래에 가능한 지배적 신화를 제시했다.

테야르의 두 번째 관심은 우주의 의식 양상으로서의 인간과 진화적 과정의 완성으로서의 인간이었다. 인간은 우주의 침입자도 부가물도 아니다. 인간은 우주의 주요한 실재다. 그의 관점에서, 진화 과정의 전체 활력은 이제 인간 내부에 포함되어 있다. 이제 지배적인 변화는 다른 인간 그룹들의 수렴이다. 초인은 이러한 수렴을 통해 활성화된다. 이러한 특별한 역할 때문에 인간은 필히 전체 진화 과정을 이해하는 열쇠다. 인간은 모든 과학에서 그리고 우주의 다양한 부분들에 대한 모든 설명에서 고려되어야 한다.

처음부터 테야르는 진화 과정의 심적이고 의식적인 측면을 밝혀냄으로써 우주에 대한 유물론적 견해를 극복한다. 특별한 방식으로 테야르는 인간적 측면의 우주론을 주장했다. 인간을 위한 장소가 우주물리학과 지구과학에서 발견되어야 한다. 과학자들에 의한 인간소외는 받아들일 수 없다. 인간의 마음과 그것의 생각은 바위와 강 그리고 지구에 속한 다른 살아 있는 것들과 마찬가지로 지구에 속해 있다.

테야르의 세 번째 관심은 신성한 차원의 우주다. 그는 서양의 종교적 전통의 초점을 구속에서 창조로 옮겨놓았다. 이러한 새로운 방향

---

1) Pierre Teilhard de Chardin, *The Phenomenon of Man*(New York: Harper Torchbooks, 1965), p.217.

은 테야르의 신학적 사상에서 가장 강력한 측면으로 생각될 수도 있을 것이다. 아마도 그것은 16세기 이래 가장 중요한 신학적 변화들 중의 하나로 생각될 수도 있다. 기독교 종교의 문제를 창발적 창조 과정의 맥락 내에 둠으로써, 테야르는 전에는 그렇게 확실한 증거를 가지고 주장된 적이 없었던 한 가지 입장을 주장하고 있었다. 테야르의 관점에서 볼 때, 성 요한, 성 바오로, 그리고 동방정교회들의 우주적 그리스도는 창발적 우주와 일치되며 진화자 그리스도로 지칭될 수 있다. 현대의 진화적 맥락에서 진화하는 그리스도에 관한 이러한 강조가 기독교 신학자들에게 널리 받아들여지지 않은 반면, 그것은 강력한 기독교적 입장의 성명으로 남아 있다. 그것은 기독교인들이 의미 있는 방식으로 그들의 신앙 경험을 현대적인 실재 감각과 연결시킬 수 있게 한다. 기독교의 이야기가 비록 이 이야기에서 세속 과학자들이 보는 것을 훨씬 넘어서 신성한 의미를 본다 할지라도, 그 이야기는 현대 과학이 말하는 우주 이야기와 일치한다. 이것은 우리 시대의 종교와 세속 역사 모두에서 새로운 시대의 시작이 될 수 있다.

테야르의 네 번째 관심은 에너지의 활성화에 있다. 에너지 문제는 그의 최고의 관심사였다. 왜냐하면 이 세기 내내 진화 과정을 유지하는 데 요구되는 노력을 회피하고자 하는 경향이 있어왔기 때문이다. 이는 실존주의 시기에는 가장 중요한 문제였다. 사르트르와 카뮈의 작품들은 1946년 전쟁이 끝나고 베이징에서 돌아온 후에야 테야르가 접했던 반면, 인간의 내적 활력에 대한 그의 관심은 그보다 더 일찍 표현된다. 인간사의 움직임이 그것의 최종 수렴을 향해 최고의 변화 경험에 진입함에 따라 새로운 강도의 심적인 노력이 요구된다.

부조리한 우주라든지 인간 상호간의 폭력 그리고 애정의 결여라는 느낌을 극복할 필요가 있으며, 특히 그렇게 많은 고통의 인내를 정당화하기 위한, 혹은 끊임없는 사회적, 문화적 긴장을 해결하는 데 요구되는 지속적 노력을 불러일으키기 위한, 어떤 가치 있는 목표가 결여되었다는 느낌을 극복할 필요가 있다. 무엇보다도 권태의 느낌은 모든 인간사가 다루어졌다는 시대 느낌, 그리고 더 이상 할 수 있는 어떤 광대한 창조적 모험이 없다는 시대 느낌을 괴롭히고 있다. 오늘날 가장 중요한 변화들 중 하나 안에 진화 과정이 있다는 것은 테야르에게는 현재를 해석하는 유일하게 타당한 방법으로 보였으며 그러한 변화에 필요한 에너지를 불러내는 것으로 보였다.

내 말을 주목하라. 비록 인간이 커다란 밀집 더미나 우라늄과 석탄 더미, 기름 바다 위에 서 있다 할지라도, 만약 그가 우선적으로 그의 안에서 마음의 통일성을 나오게 하는 지식(이는 더 커지고 진화하는 것을 의미한다)과 행위를 위한 열정을 담고 있는 심적 에너지의 원천을 잘 지켜보고 돌보지 않는다면, 그는 그의 통일성을 발달시키지 못하고 사라지게 될 것이다.2)

테야르의 다섯 번째 관심은 과학의 역할이다. 지식에서의 진보는 전체 지구 과정에 절대적으로 필수적이다. 테야르는 이 과정을 거대한 심적 기획으로 보았으며, 인간은 연구와 생각과 반성을 통해 이를 시작한다. 따라서 과학적 노력은 근본적으로 숭고하다.

과학적 노력에 대한 그의 위대한 공헌은 과학 직업에 매우 관심을 갖도록 이끈 것이었다. 이것은 현재 모든 국면의 인간적 노력뿐 아니라 모든 과학과 모든 지식 분야에서 가장 크게 요구되는 것이다. 비록 신세대 사람들, 다시 말해 거시적 문제를 미시적 관점으로 해결하고자 노력함으로써 현재의 난국에 이르렀음을 지각하는 사람들에게 그의 작품을 그렇게 매력적이도록 만드는 것이 바로 이러한 지평의 거

---

2) Pierre Teilhard de Chardin, *Activation of Energy*(New York: Harcourt Brace Jovanovich, 1971), p.172.

대함이라 할지라도, 그의 작업의 이러한 측면 때문에 그는 종교 그룹들뿐 아니라 과학 그룹들에서도 용인되지 못한 상태로 남아 있다. 루이스 토머스의 생물학 저서들이나 데이비드 봄과 같은 물리학자들의 저서가 널리 받아들여진다는 점에서, 다양한 학문들이 이와 관련해서 덜 완고해지고 있음을 알 수 있다. 진화에 관한 토론에서 가장 심각하게 어려운 것은 여전히 생물학자들이 거시국면의 진화를 미시과정의 관점에서 다루려 한다는 것이다.

서양의 기본적인 신비한 학문으로 과학의 역할을 주장함에 있어서, 테야르는 조사와 지적 탐구가 진정으로 가치 있음을 보여주었다. 이 대단히 필요한 학문은 뉴턴 시대 이래 처음으로 심오하게 종교적인 기초 위에서 다시 확립될 수 있을 것이다. 과학과 관련해서 이제껏 쓰인 몇몇 가장 위대한 구절들이 그의 에세이에 포함되어 있다. 전체적으로 이 구절들은 과학적 노력의 내적 본성과 그것의 궁극적인 신비한 특성들, 그것의 계시적 측면, 그리고 지구의 과정에서 그것의 중심적인 역할에 대한 독특한 평가를 구성한다.

이 모든 다섯 가지 문제들에서 테야르의 지배적 관심은 우주의 운명을 실현시키는 데 요구되는 비법을 끌어내는 것인데, 이 우주의 운명은 은하계에서 수십억 년 동안 준비되었던 것이며, 지구의 지질학적, 생물학적 형성기를 통해 발전했으며, 이제 인간의 의식에서 가장 높이 표현되어 활성화되고 있었다.

이 다섯 가지 업적들 중 어떤 하나로도 테야르는 이 세기의 중요한 사상들 중 하나로 기억될 수 있을 것이다. 하지만 21세기의 생각의 삶에서 모든 교정할 것들을 지속적으로 완수해낸 것은 존경할 만한 차원의 업적이다.

[편집자의 주의 : 초본의 이 지점에서, 토머스 베리는 테야르의 입

장을 이해하기 위한 배경으로 서양의 철학적, 문화적 전통을 기계론적이고 자연적인 역사와 신비주의적이고 목가적인 국면에서 조사한다. 현재의 글은 이 배경 논의를 따랐던 자료를 갖고 시작한다.]

테야르와 새로운 생태학

이제 우리가 직면한 문제는 자연에 대한 제국주의적 태도를 가졌던 테야르의 기본적인 업적이 어떻게 인간이 억압적인 파괴자가 아니라 기능적인 일부가 되는 통합적 지구 공동체를 유지하는 방향으로 바뀔 수 있느냐는 것이다. 우리가 이 논문의 앞부분에서 제시했듯이, 이것이 요구되는 이유는 이 시점에서 어떠한 사람이나 프로그램, 어떠한 직업이나 제도나 활동도 그것이 지구 공동체의 통합적인 기능을 돕거나 방해하는 정도에 따라 판단될 수 있기 때문이다.

인간 공동체가 직면하고 있는 모든 문제들 중에서 이것이 가장 긴급한 것이기 때문에, 테야르 사상의 미래는 점차 고갈된 지구에서 인간 생명의 평등성의 문제, 혹은 심지어 받아들일 만한 인간 만족의 수준에서의 생존의 문제에 의존할 것이다. 테야르의 많은 작품들은 동일한 대규모로 재조정될 필요가 있어야 한다고 예상할 수 있다. 아마도 사상가들의 진화 이전의 맥락에서 진화적 맥락의 해석으로의 조정은 대규모의 조정에 있어서 의식에 대한 인간중심주의에서 생명중심주의 입장으로의 조정과 가장 유사할 것이다. 이 후자는 테야르의 비전을 위해 우리가 제시하고 있는 조정이다.

우리는 테야르의 중심 주제들이 이 논문의 이전 부분들에서 명시된 것으로 받아들여야 하며, 테야르가 그것들을 출판한 것보다 우리가 그것들을 더 많이 출판해야 한다고 나는 제안하고자 한다. 이러한 방식으로 우리는 그의 전반적인 관점들 내에서 앞으로 이동할 수 있으며, 아마도 그 자신이 제안했던 것보다 그의 비전을 좀 더 포괄적으로 결론 내릴 수 있을 것이다. 그러나 깨달아야 할 점이 있다. 그것은 출현하는 생태학적 시대에 요구되는 의식 양상이 전에는 결코 존재한 적이 없었던 것이라는 점이다. 수세기 동안 자연세계와 인간의 관계를 이해하기 위한 다양한 접근방법들이 있었다. 그러나 이러한 관계가 꾸준히 변하고 있기 때문에, 어떠한 영속적인 이상도 불러낼 수가 없다. 기능적 관계가 요구된다. 이것은 과거에는 세계의 위대한 종교들을 통해 제공되었다. 하지만 과거의 종교는 우리 시대의 창발적인 진화적 맥락과는 아주 다른 순환적 우주 맥락에서 기능했기 때문에, 어떤 새로운 것이 나타나야만 한다. 이것은 가장 중요한 인간 그 자체의 문제로 남아 있는데, 그러한 방식으로 인간은 더 큰 지구의 과정과 관련해서 기능한다.

현재 인간은 그렇게 많은 세기의 경험과 그렇게 많은 문화 형성의 경험을 갖고도 이전보다 더욱더 그 자신의 자아-정체성 문제로 씨름하고 있다. 이러한 역사적 시대나 이러한 문화 형성의 어떤 것에서도 우리는 우리가 필요로 하는 기준을 발견하지 못한다. 콜럼버스가 미국을 발견하기 이전, 잉카인들은 그들의 땅을 훌륭하게 다루었다. 중국의 유학자들은 위대한 우주론적 통찰을 갖고 있었다. 도학자들은 지상에서 단순하게 사는 것을 옹호했던 독특한 자연주의적 전통을 가졌다. 비록 중국 사람들이 땅과 완전히 만족스러운 관계를 갖고 기능할 수는 없었다 할지라도, 그들은 정말로 수많은 세기 동안 놀라울 정도로 그들의 토양을 비옥하게 하는 데 성공했다.

현대 서양세계에서 이상한 것은 지구와 인간의 관계라는 기본 문제를 다룸에 있어서 기독교 전통에 대해 상대적으로 침묵한다는 것인데, 이러한 상황은 분명 창조된 세계의 기능적 과정들에 대해 상대적으로 관심을 갖지 않고 구속의 경험만을 강하게 강조하기 때문이다. 비록 이것이 필히 종교적, 정신적, 윤리적 문제라 할지라도, 우리의 종교 전통들과 우리의 정신성 그리고 우리의 도덕 법체계들은 일반적으로 이러한 대규모로 기능하지 않는다. 우리는 자살이나 살인과 집단 학살의 도덕적 악을 밝힐 수 있지만, 이제껏 생명적, 지질학적 살상을 다룰 충분한 원리들을 해명하지 못했다. 하지만 이러한 악들은 그 결과나 절대적인 범위에 있어서 도덕법칙들보다 무한히 더 큰 것이다. 서양세계의 정신적 전통도 인본주의적 전통도 그들 자신의 수완으로 이러한 문제를 적절하게 다룰 수 없다는 것은 분명하다.

법조계든 의료계든 사업계든 금융계든, 현재 존재하는 그 어떠한 전문직들도 마찬가지로 다룰 수 없다. 이것들 중 어떤 것도 요구되는 변화를 예견하기 시작하지도 않는다. 교육도 이러한 지구의 상황이 요구하는 것들에 적절한 프로그램을 아직 만들어낼 수 없다. 우리는 기능적으로 참담한 결과들을 가져올 맥락에 사로잡혀 있다. 그리고 우리는 그 상황에 관해 반성할 개념적 맥락이나 어떤 적절한 언어나 종교나 직업이나 기준들도 갖고 있지 않다.

우리가 갖고 있는 것은 지구의 기능과 창조적으로 상호작용하도록 모두 바뀌어야만 하는 복잡한 전통들이다. 필요한 한 가지 것은 지구 그 자체와 그것의 모든 살아 있는 요소들과 무생명적 요소들이 한 사회라는 것, 그리고 인간이 이러한 통합적 사회의 일원이며, 그가 이러한 사회의 행복을 증진시킴에 있어 그 적절한 역할을 발견해야 한다는 것을 인식하는 것이다. 전체 사회의 행복에 효과적으로 관계되지 않는 그 어떠한 공동체의 행복도 지속적일 수 없다. 병들고 분열되고 유독한 지구에는 어떤 건강한 인간 공동체가 있을 수 없다는 것을 우리는 특히 주목할 수 있을 것이다. 이것은 이 논문의 앞부분에서 선포한 규범인데, 거기에서 우리가 지적한 것은, 사람들, 프로그램, 직업, 상황과 활동들이 더 큰 지구 공동체의 창조적 기능을 돕거나 방해하는 정도에 따라 평가된다는 것이었다.

이러한 전체 지구 공동체 원리의 기능과 연관된 상상의 감정적인 질과 더불어 이 원리는 아마도 서양의 문화 전통에서 억압된 측면으로 지각될 수 있을 것이다. 아마도 이것은 전통에 결코 동화되지 않고 무의식 영역에 있었던, 단지 희미하고 부적절한 표현만이 허락되었던 이교적 태도가 넘어온 것일 것이다. 이러한 자연적 힘들에 대한 어떤 두려움이 종교적 전통과 인본주의적 전통 모두에 존재하는 것으로 보이는데, 이 두려움은 기성 신념들이 약화되거나 악의 영역에서 나온 어떤 어두운 힘이 인간의 질서에 침투하지나 않을까 하는 두려움이다. 더 큰 지구 공동체에 가장 민감한 헨리 데이비드 소로나 존 뮤어와 같은 사람들은 성경적 전통으로부터 어떤 소외감을 갖는다. 또한 낭만적인 서양 전통의 또 다른 사람들도 지구와의 이러한 교감에서 이러한 태도들을 일종의 이교적인 충만함과 결합시켰다.

그렇다면 우리는 지구에 대한 깊은 무의식적 느낌뿐 아니라 동화되지 않는 이교주의 측면에서의 이러한 경험의 표현을 자원들로 갖게 되는데, 특히 이것들이 19세기와 20세기의 자연주의적 경향의 학자들과 자연 역사가들을 통해 우리에게 나타날 때 그러하다. 같은 시기의 보존 운동들에서 이것에 더 많은 표현이 주어졌으며, 그것들은 현재 생태학적 운동의 좀 더 신비한 감정적인 요소들로 생각되는 것과 연관되었다. 이러한 태도는 현재 폭발적이고 파괴적인 산업, 상업, 군사 제도와 점점 더 긴장과 갈등 관계에 있다.

국가 정부가 공기나 물과 토양의 많은 해로운 독성으로 인해 점진적으로 생태학적 문제들을 고려할 수밖에 없는 반면, 지구의 다양한 지역들과 진정한 기능적 관계를 확립하기 위해서는 이제껏 적절치 못한 조치만이 취해졌다. 이제 이것은 지구 전역에서 의무가 되었다. 유엔 총회에서 1982년에 채택된 세계자연헌장은 정치계의 놀라운 업적이다. 이 헌장은 지구라는 행성의 통합적 생존을 위한 맥락을 자세히 설명하는 20세기의 가장 중요한 공문서로 생각될 수 있다. 이 문서가 종교적 맥락에서보다는 정치적 맥락에서 출현하게 되었다는 것은 우리가 이 시대에 존재하는 종교에 대해 의심이 만연하다는 것을 생각해볼 때 아마도 가장 잘 이해될 것이다. 현존하는 전통 종교들 중 그 어떤 것도 어떤 비교할 만한 중요도에 대해 말할 수 없다는 것은 현존하는 전통 종교들이 부적절하다는 것을 가리키는 또 하나의 징표라 할 수 있다.

과학적 배경을 갖고 있는 그 시대의 가장 진보한 기독교 사상가가 인간-지구 관계에서 무슨 일이 일어나고 있는지를 그 자신 지각할 수 없다는 것은 서양세계의 정신적 전통들이 부적절하다는 것을 가리키는 것이다. 테야르가 제공하는 맥락은 그것의 중요한 관점들에 있어서 아주 포괄적이며 이전의 기독교적 비전보다 매우 개선된 것이어서, 우리는 그의 비전을 그가 예상치 못했던 지구의 위기에 적용시키는 한편 그의 생각의 기본 맥락에서 밀고 나가야 한다.

테야르의 생각의 힘이 인간-지구 관계를 악화하는 쪽으로 나아갈 수 있는 위험 때문에, 그렇게 하지 않도록 하는 이러한 테야르 각색은 정말로 필수적이다. 왜냐하면 비록 테야르가 지구의 생물학적 복지에 대해 어떠한 적절한 관심도 갖지 않았다 할지라도, 그는 정말로 가장 중요한 우리의 현재 상황을 해석하는 한 가지 방법을 제공하기 때문이다. 지구 공동체의 생물학적 미래와 관련해서 테야르가 아무런 관련이 없다는 비판을 면하기 위해 생태학적 방향이 요구되는 한편, 생태학적 운동이 진부해지는 것을 막기 위해서는 테야르가 제공한 맥락이 긴급히 요구된다. 이러한 상호 이익이 되는 결과를 얻기 위해 우리는 단지 테야르 자신이 그랬던 것보다 그의 주요 관심을 더욱 확장시켜야 한다.

확장할 필요가 있는 테야르의 첫 번째 관심은 진화 과정에 대한 그의 해석이다. 그 자신의 전체성의 원리에서 우리는 진화 과정이 지구 공동체에서 가장 높이 표현된다고 말할 수도 있다. 그러한 지구 공동체는 단순히 지구 공동체의 다른 구성원들을 지배하는 인간 공동체가 아니라 포괄적 차원에서 나타나는 공동체다. 그 똑같은 진화 과정이 지구의 모든 생명체와 무기물들을 산출했다. 인간은 이러한 더 큰 공동체라는 맥락에서가 아니면 이해할 수 없다. 따라서 테야르의 수렴하는 진화 원리는 인간 공동체뿐 아니라 모든 지구의 요소들의 기능적 수렴도 포함해야 한다. 지구를 구성하는 많은 다양한 요소들은 정확히 지구가 "하나의 세포"로서 기능할 수 있게 하는 것이다. 인간 수렴의 독특한 측면들이 있다는 것은 쉽게 이해될 수 있다. 하지만 생명세계 전체에 걸쳐 강화되고 게다가 생명세계 그 자체를 존재하게 하는 모든 그러한 세세한 존재 양상들의 전 영역에 걸쳐 강화되는 수렴의 결합이 있다. 수렴은 단지 인간 과정이 아니다. 지구 수렴을 희생시키는 인간 수렴은 본래적으로 인간 공동체와 지구 공동체 모두에게 파괴적이다. 전체 공동체를 위한 최종의 한 목적지가 있을 수 있다.

이러한 수렴하는 공동체 내의 다양한 친밀한 관계들에서 "충만"이라는 고대의 원리가 성취된다. 이 원리는 고전과 중세의 표현을 빌리자면 창조 과정에서 다양성이 발생한다는 것을 말하는데, 그 이유는 성스러운 실재가 그 자신을 표현하고자 하며 그 존재와 그 기쁨을 가능한 한 가장 충실한 방식으로 전하고자 하기 때문이다. 이러한 그 자체의 표현은 어떤 하나의 존재나 종에서 실현될 수 없기 때문에, 매우 다양한 존재들이 서로에게 아주 친밀한 관계로 존재하게 되었으며, 따라서 다른 존재들의 이러한 광대한 통일성 속에서 신의 이미지는 가장 완벽하게 실현되고 피조물들의 기쁨은 가장 완전해질 것이다.

분석적인 과학자들이 우주에 관한 그러한 사고방식들을 참아내지 못하는 반면, 가장 포괄적인 과학자들은 그들이 이용할 수 있는 자료들로부터 전체가 하나의 과정 즉 우주로 보일 수 있도록, 은하와 태양계와 지구가 모두 복잡한 관계 속에서 기능한다는 것을 인정하기 시작하고 있다. 마찬가지로 지구는 맨 처음 우주가 존재하게 된 이래로 생성 과정 중에 있는 생태계로 보일 수 있다. 이러한 생태계는 점점 더 많아지는 다양성과 통일성 속에서 이 기나긴 진화적 시간 내내 그 발달 방향에 대한 감각을 제공한다. 비록 화이트헤드가 진화 과정에 큰 관심을 갖고 있지는 않았지만, 그는 그의 유기체설에서 우주의 기능적 통일성을 표현했다. 진화 과정의 통일성은 *The Self-Organizing Universe* 3)에 대한 에리히 얀치의 설명을 통해 아주 분명하게 나타난다.

현대적 관점들에서는 인간의 마음이 기계론자들의 하향 환원주의와 정신주의자들의 상향 환원주의 사이에 잡혀 있는 것으로 보인다. 물질과 정신은 풍부하게 제공되는데, 반면에 생명 공동체는 산업 기술 착취로 황폐화되고 정신적 태만으로 시들어간다. 테야르에게 있어서처럼 이 모든 것에 있는 어려움은 많은 다양한 활동들 속에서 자연세계의 통합적 기능을 부적절하게 주목하는 데 있다. 생명세계의 이러한 태만은 또한 뇌의 이중적 측면에 대한 최근의 선입견들에서도 볼 수 있다. 뇌의 한쪽은 합리적이고 분석적인 것을 통제하는 것으로 보이며 반면에 뇌의 다른 쪽은 직관적이고 신비로운 질서로 기능하는 것으로 보인다. 자연의 생명세계는 뇌의 이러한 기능들 중 어떤 것에도 주된 관심사로 나타나지 않는다.

테야르에는 우리가 가리키고 있는 좀 더 포괄적인 진화 과정에 대한 강조의 변화를 정당화할 수 있는 "살아 있는 지구"에 대한 많은

---

3) Erich Jantsch, *The Self-Organizing Universe*(Oxford: Pergamon, 1980).

언급이 있다. 우리는 진화 과정을 포괄적으로 바라봄으로써 테야르가 아주 중요하게 관심을 가졌던 인간의 독특한 측면들을 보존할 수 있다. 그 자신이 이를 더욱 진척시킬 수 없었던 것은 분명 인간의 독특한 질들을 설명하는 것과 관련된 그의 선입견 때문인데, 이는 그의 시대의 종교적 입장들에서 요구되었기 때문이다.

확장할 필요가 있는 테야르의 두 번째 관심은 시초부터 우주의 의식 차원에 대한 그의 관심이다. 이러한 내면성은 특히 그것의 지구 출현에서 표현된다. 우리는 이러한 더 큰 공동체 맥락에서 태어난다. 우리는 이러한 맥락 내부에서 총체적으로 살며, 이러한 맥락과의 결합에서 우리를 실현한다. 생명의 출현이 지구의 잠재력을 드러내는 것처럼, 인간 의식의 출현은 점점 더 깊어지고 점점 더 강해지는 지구의 힘을 드러냈으며, 그 자체에 관해 반성하는 힘을 드러내고, 인간 지성 안에서 그리고 그것을 통해 강하게 그 자신을 통제하는 힘을 드러냈다. 게다가 인간은 그 자신을 단지 지구의 분리되어 있는 존재라기보다는 지구의 존재 양상으로서 더 잘 생각할 수도 있다.

우주는 그 자체와 일치하기 때문에, 우주의 어떤 지점이나 창발적 과정의 어떠한 순간도 공간적 연장과 시간적 표현에서 전체 우주와 일치한다. 전체와 부분은 시공간 모두에서 서로의 차원이다. 그래서 인간적 순간과 인간적 양상의 의식은 우주 그 자체 특히 지구라는 행성에 속하는 질을 표현한다. 그렇지 않다면 인간은 부가물이거나 침입자일 것이다. 그것은 우리에게 알려진바 우주나 지구에 적절하게 속하지 않을 것이다.

이러한 방식으로 보았을 때, 우리는 인간과 그 활동들, 그 생각과 감정과 상상이 지구가 그런 것처럼 물이며 바위며 나무며 새들이며 또한 그들의 활동들이라고 생각할 수 있다. 산소나 탄소나 질소와 같은 요소들이 세포적인 삶에서 그 자신들을 어떻게 표현하는지를 우리가 관찰할 때까지 우리가 그 요소들을 이해할 수 없듯이, 우리는 인간 수준에서 우리가 생각과 감정과 상상력을 산출함에 있어서 그것들의 기능을 관찰할 때까지 이러한 요소들을 이해할 수 없다. 따라서 인간의 통합적 기능은 다양한 요소들의 통합적 기능과 일치하며 또한 지구의 통합적 기능과 일치한다.

테야르의 비전이 인간의 이러한 지구적 질과 지구의 인간적 질에 대한 분명한 깨달음을 가리키는 한편, 이러한 통합적 비전은 그의 작품에서 이러한 함축을 전달하지 못한다. 테야르는 인간을 그의 배타적인 가치 규범으로 확립하는데, 자연으로부터 인간이 창발하고 자연에 의해 인간의 모든 활동들이 유지되는 이러한 자연의 자연성을 인간이 합리적으로 통제할 것을 이 규범은 요구하는 것이다. 따라서 테야르의 작품에는 확장이 요구되는데, 이 확장은 분명 포괄적 맥락의 지구 공동체를 나타낼 것이다. 이러한 더 큰 맥락 내에서는 자연의 자연성과 관련해서 인간 재주의 한계가 더 잘 평가될 것이다. "모든 유기체들은 발명의 결과이기 때문에, 인위적인 것과 자연적인 것 간에 그리고 기술과 생명 간에 어떤 구별이 없다. 만약 어떤 차이가 있다면 그 이점은 인위적인 것의 편이다."4)라는 환원주의적 진술에 대해 우리는 의문을 제기해야 한다. 인간의 지성은 자연세계와 그것의 많은 대부분의 기능들과 밀접한 관계를 가져야 한다는 것은 깊은 자연의 신비가 존중되는 한 받아들여질 수 있다. 현재의 증거는 자연적 기능 대신에 인간의 인공물을 대체함에 있어서 인간의 영특함이 훨씬 도를 지나쳤다는 것이다. 이미 우리는 생물권의 통합적 기능에 치명적인 영향을 미치는 인간중심의 과학기술 영역을 확립함에 있어서 재앙적

---

4) 같은 책, p.159.

인 상황에 있다. 과학자들의 영특함과 기술주의자들의 위대한 관리기술은 도래하는 다음 10년을 "대량학살의 시대"로 가리키는 것을 정당화하는 것으로 보이는 역사적 시기를 산출하고 있다. 아마도 "이 과학적으로 가장 생산적인 세기에 가장 위대한 과학적 업적은 우리가 심오하게 무지하다는 것, 우리가 자연에 관해 거의 알지 못하며, 더욱이 우리가 이해하지 못한다는 것을 발견한 것이다."[5]라는 생물학자 루이스 토머스의 말을 모두가 반성해보는 것이 좋을 것이다. 만약 우리가 같은 논문에 있는 "이 지구의 본성의 통합성에 한계가 없다"는 또 다른 진술을 고려한다면, 자연세계의 기본적 기능 위에 향상으로서 인간의 재주를 부과하기 전에 우리는 주저하면서 깊이 생각하게 될 것이다. 무엇보다 우리는 인간의 기술을 자연세계의 과학기술과 통합시킬 필요성을 느끼게 될 것이다.

인간 지성의 적절한 역할은 자연세계와 그 기능을 착취하는 것이 아니라 강화하는 것일 것이다. 기본 규범은 인간이 아니라 지구 공동체의 복지와 통합적 기능일 것이다. 서양사상의 반자연적 측면들이 테야르의 마음에도 들어 있어서, 그것이 유일한 생명 공동체의 구성원으로서 갖는 생명적 존재들과의 친밀감보다는 자연세계를 정복하고 통제하는 감각을 그의 마음에 불어넣었던 것으로 보인다. 그가 생명적 신비주의로 프랑스 계몽의 합리주의를 대체한 반면, 그는 여전히 인간 지성의 통제력으로 자연의 자연성을 대체하고자 하는 엄청난 욕구를 갖고 있다.

테야르의 접근방식에서 이러한 폭력성을 제거함으로써, 우리는 인간의 생각과 감정과 상상력을 통해 인간의 이익을 위해 지구를 착취함으로써 종들을 구별하기보다는, 살아 있는 종들의 다양성과 확장을

---

5) *New York Times*, 1981년 8월 24일.

활성화시키는 방향으로 움직일 수 있다. 이러한 방식으로 지구와 인간의 유대라는 테야르 자신의 원리들은 충족되고 그의 생각의 한계는 제거될 것이다. 전체 진화 과정과 그것의 더 높은 의미에 대한 그의 강력한 비전은 생태학적 운동을 위한 하나의 맥락을 제공할 것이다. 이것은 환경운동이 단지 열역학의 한 분야가 되는 것을 막는 데 도움을 줄 수 있을 것이다. 차례로 생태학적 운동은 테야르가 인간-지구 관계의 분열을 지지한다는 오해에서 그를 구출해줄 것이다.

확장할 필요가 있는 **테야르의 세 번째 관심**은 서양의 종교적 사상이 구속이라는 지배적 방향에서 창조라는 지배적 방향으로 바뀌어야 한다는 것이다. 테야르는 일찌감치 서양 종교 사상이 인간의 가치들이나 인간 지성의 역할에 대한 현대적 입장에서 점차 소외된다고 보았다. 그는 "The Sense of Man"으로 제목이 붙여진 1929년에 쓰인 그의 에세이에서 드물게 신랄한 목소리로 다음과 같이 표현했다.

근본적으로 교회는 우리가 이해하는 대로 인간의 섬세한 자존심을 이해하지 못했으며 신성한 탐구 열정도 이해하지 못했지만, 그것이 현대사상의 기본적인 두 가지 요소들이다. 아무리 허울 좋은 설명이 첨가된다 할지라도, 피우스 9세의 말은 우리의 현재 희망에서 가장 굳건한 모든 것을 저주하려는 시도였다. … 미래의 기독교인은 비길 데 없는 창조에 대한 열정6)으로 표현해야 한다.

테야르는 우주에 대한 기독교적 비전을 확장하고, 이러한 맥락 내에서 기독교 사상을 재해석할 놀라운 기회가 존재한다고 보았다. 그러나 그가 독특한 효력으로 이 일을 수행한 반면, 그는 결코 인간사회

---

6) Pierre Teilhard de Chardin, *Toward the Future*(New York: Harcourt Brace Jovanovich, 1975), pp.29, 32.

와 자연세계 간의 적합한 기능적 관계를 해결하는 데 성공하지 못했다. 기독교인들이 창조된 세계에 주목하게 함으로써 테야르는 사실상 인간과학과 자연세계에 대한 과학기술적 통제에 그들의 관심을 돌리고 있었다. 그는 정말로 기독교적 사상을 충분한 자연적 광채 속의 창조세계에 돌리고 있지 않았다. 더 높은 상태의 과학적, 정신적 의식을 향한 이러한 과도한 충동 속에서, 생물권을 발달시켜야 하는 인간과 종교의 임무는 사라졌다.

비록 바로 그 기원부터 있었다 할지라도, 서양 종교 사상의 구속 과정에 대한 헌신은 땅과 그것의 매력적인 측면에 대한 어떤 두려움을 통해 길러졌는데, 그것은 흑사병에 대한 충격적 경험을 겪은 후 14세기에 발달했던 것으로 보인다. 중세의 기독교 신앙과 아리스토텔레스의 우주론의 완벽한 통합으로 이러한 소외 현상은 더욱 강화되었다. 창조 과정을 무시하고 구속 과정을 강조한 추가적인 원인은 데카르트와 갈릴레오와 뉴턴 이후에 획득된 우주에 관한 기계론적 과학 사상에 있었다. 마지막 원인은 영국과 프랑스에서 베이컨과 그의 추종자들이 주장했던 과학과 과학기술의 공리주의적 가치에서 발견될 수 있다.

이러한 소외 영향들이 종교 사상에 심각한 문제를 부과한 반면, 데카르트부터 현재까지 물리적, 생물적 세계에 대한 인간의 이해에 놀라운 확장이 있었으며, 이러한 확장은 다윈과 아인슈타인 그리고 20세기 후반의 물리학자들과 천문학자들과 생물학자들의 작품에서 그 절정을 이루었다.

이제 테야르 자신의 원리들 내에서 생물권을 구성하는 대단히 복잡하게 상호작용하는 생명계의 가치들을 재확인할 필요가 있다. 이 가치들을 그 자체로 주장하는 것은 이제 명령으로서, 이 명령은 생명세계에 거스르는 인간의 폭력이라는 거대한 흐름 속에서 테야르가 자연세계에서 도출했던 모든 것이 영원히 쓸려나가지 않게 하기 위한 것이다. 생물권을 돌보는 인간의 임무는 더 높은 상태의 과학적, 종교적 의식을 향한 과도한 충동 속에서 사라지기 쉽다. 생물권과 창조적으로 반응하는 대신에 이러한 양식의 의식이 종교와 시와 과학과 과학기술 그 자체가 출현하고 그것들이 길러지는 그러한 경험을 파괴하는 과학기술에 생명세계를 양보할 때, 인간 주관 그 자체가 희생된다. 그것은 그것이 살고 생각하고 행동하는 맥락을 불태우고 있다.

자연세계의 숭고함에 대한 일반적인 주장과 자연세계를 파괴하는 활동들에 대한 지지라는 그의 충돌하는 두 입장을 화해시키고자 하는 시도가 테야르에게 없다는 점은 이러한 사고 맥락 내에서 자연세계에 대한 종교적 관심을 발달시킴으로써 치료될 수 있다. 그러한 관심이 없다면, 종교적 경험 자체가 피폐해진다. 만약에 백만의 살아 있는 종들이 이 세기말에 사라진다면, 우리는 우리의 가장 빛나는 양식의 성스러운 존재를 잃어버리게 될 것이다. 우리는 우리의 감정적 민감성과 우리의 상상력의 가장 훌륭한 자원들 중 많은 것들을 잃게 될 것이다. 우리의 생각하는 힘도 또한 줄어들게 될 것이며, 우리의 내적 세계는 번창하는 지구보다 쇠퇴한 지구를 반성하게 될 것이다.

확장할 필요가 있는 테야르의 네 번째 관심은 새로운 수준의 강도로 인간 에너지를 활성화하는 데 대한 것이다. 이러한 관심에서 테야르는 요즘 시대의 기본욕구들 중 하나에 특히 민감성을 보여준다. 이 시대에 관찰될 수 있는 정신적 에너지의 감퇴는 이 세기 중반 실존주의 시대에 극에 달했다. 세기말까지 계속되었던 이러한 감퇴는 우주가 근본적으로 부조리하다는 태도에서 시작되고, 또한 이러한 사실을 받아들이고 그 결과에 따라 조정하는 것이 삶을 향해 받아들일 수 있는 유일한 현실적 태도라는 입장에서 시작된다.

이러한 태도의 치명적인 본성을 인식하고, 테야르는 거의 그의 삶의 마지막 10년 동안 이 주제에 관해 쉬지 않고 글을 썼다. 그의 제안은 단지 인간사에서가 아니라 더 크게 펼쳐지는 창발적 진화 과정 자체에서 독특한 대규모의 변화가 일어나야 한다는 것이었다. 이 변화는 단순한 무기물에서 생명으로, 생명에서 의식으로의 커다란 변화와 비교할 수 있는 것이다. 그는 또한 현재를 인간 발달의 신석기 출현 시기와 비교했다. 자연히 그러한 대규모의 변화는 그러한 죽음-재탄생 경험과 연관된 타고난 고통과 더불어 이전 생명체의 해체를 요구했다. 그러한 조직 해체, 그러한 소외, 그러한 방향 상실이 분명해질 것이라는 것도 예상할 수 있는 것이었다. 발생하는 그러한 과정에는 그 이하의 어떤 것도 어울리지 않을 것이다. 그는 1949년에 "The Phenomenon of Courter-Evolution in Human Biology: Or the Existential Fear"라는 단편 에세이에서 이 주제를 다루었다. 여기에서는 반 진화 과정으로서 실존주의적인 삶의 비전의 어두움이 매우 중요하게 다루어진다. 우주의 광대함이나 그것의 불투명함 그리고 그것의 분명한 비개인성에 직면했을 때, 실존주의자의 두려움은 발작적으로 일어난다고 그는 묘사한다. 사실상 조금만 반성해보면 분명해지는데, 우리는 기본적인 노선의 우주 진화 과정으로 지탱해주는 광대한 과정으로서 우주를 경험해야 한다. 그 우주는 우리를 기다리는 최고의 인간 목적지 안에 있는 인격들의 상호 깃듦 속에서 궁극적인 친교로 수렴하는 것으로 보일 수 있다. 통일성을 향한 이러한 수렴 때문에, "우주는 어두웠고 차가웠으며 맹목적이었다. 이제 그것은 불이 켜졌으며 따뜻해지고 움직인다. … 우리는 고통으로부터 도망쳤다. 우리는 자유로워졌다. 그리고 이 모든 것은 세계가 심장을 갖고 있기 때문이다."[7]

---

7) Teilhard, *Activation of Energy*, pp.194-95.

일단 이러한 새로운 비전의 밝음이 현대세계에 끼어든다면, 필요한 에너지들이 홍수처럼 출현할 것이다. 하지만 여기서도 우리는 테야르가 자연세계에서, 우리를 둘러싼 생명의 놀라운 표현들에서, 그리고 지구 전체에서 발생하고 있는 생명 에너지들의 놀라운 상호 소통에서, 만날 수 있는 위로와 영감을 발견하지 못한다는 것을 알 수 있다. 오랜 세월을 지나 인간의 영혼에서 깨어난 자연세계의 이러한 표현들과 성스러운 존재와 그것의 무제한적 힘에 대한 깨달음이 그림 안에 포함될 필요가 있다. 물론 테야르가 밝히는 공식적인 입장은 자연 낭만주의의 그러한 표현들이나 그러한 종교적인 서정주의에 포함될 수는 없다. 그러나 테야르의 에세이들 전체는 그가 생명의 인간적인 질의 발달에서 생명체들의 중요성을 제대로 깨닫지 못했다는 것을 보여준다. 생명에 대한 그의 흥분은 자연적인 종류들과의 깊은 친교 때문이라기보다는 그것들에 대한 정복 때문이었다. 그는 알렉산더 훔볼트와 소로, 뮤어와 레오폴드, 카슨과 베리에 대해 아무런 관심을 갖고 있지 않았다. 게다가 테야르의 관점에서는 이러한 사람들은 모두 진화 과정에서 방해하는 힘에 속할 것이다.

요즘 시대의 황폐함이 자연세계로부터 산업-기술사회가 심각하게 이탈한 결과일 수 있다는 것을 테야르는 깨닫지 못했다. 현대 산업사회의 맥락 내에서, 정신적 감각의 상실은 효과적으로 치료되지 못할 수도 있다. 조작할 수 있는 과학기술의 세계 내에 인간을 가두는 것은 인간의 감정과 인간의 영혼에서 어떤 바람직한 형태의 인간 발달에 필수적인 경험을 빼앗는 것일 것이다. 삶의 기계화, 자연세계의 착취, 거대 관료제의 발생이 모두 숭고한 진화 과정의 일부라고 주장하는 것은 그러한 상황에 충분히 적절하지 않을 수 있다.

따라서 자연세계의 자발성과 접촉하여 인간의 영혼 안으로 흘러들어 가는 동력에 대해 폭넓게 평가하도록 에너지 활성화와 관련한 테야르의 생각이 확장되어야 한다는 것이 여기서의 제안이다. 또한 인간의 신체적 요구뿐 아니라 인간의 정신적 구조, 그것의 감정적 민감성, 그것의 지적 이해, 그것의 사회관계들에서, 그리고 마지막으로 우주 전체에서, 특히 살아 있는 지구 현상들에서 표현된 불가해한 수수께끼들과 그것의 친교에서도, 인간을 존재케 한 자연세계가 인간을 계속적으로 지탱하는 원천이라고 생각하는 것이 상당히 도움이 될 수 있을 것이다.

확장할 필요가 있는 테야르의 다섯 번째 관심은 과학적 노력에 대한 그의 관심이다. 과학적 노력의 신비한 질에 대한 그의 인식은 전적으로 타당하다. 그러나 그는 과학적 노력을 우주의 깊은 신비들과의 신비스러운 교류로 이해할 뿐 아니라 자연세계의 자발성에 대한 정복과 지배로 이해했다. 자연세계와 관련해서, 갈등이나 대면, 공격과 정복이라는 은유어들은 과학과 기술에 대한 테야르의 이해에서 매우 자주 등장한다. 그는 너무나 즉각적으로 착취적인 과학기술을 높은 정신력의 표현으로 받아들인다.

과학의 진정한 신비는 단지 분석적 탐구를 통해 인간 지성이 우주의 신비스러운 기능으로 발전한다는 데 있는 것이 아니다. 과학은 또한 그것이 현대에 와서야 겨우 시작한 역할을 생명세계에서 수행하도록 교육하는 역할을 맡고 있다. 오직 과학과 그와 관련된 기술만이 자연의 자발성을 돕고 따름에 있어서 이렇게 활성화하는 역할을 떠맡을 때에야 비로소 과학은 그의 진정한 정체성을 발견하게 될 것이다.

유전학 분야의 최근 발견들과 유전공학으로 알려진 조작 과정의 발전과 더불어, 생물권에서 과학의 교육적 역할은 중요한 문제가 되었다. 유전공학이 북미 대륙에 한 짓을 우리가 관찰할 때 그러한 기계론적 은유는 위협적인 것이 되었다. 그러나 유전공학은 순차적으로 현재 건설공학에서 전기공학과 화학공학으로 나아가려 하고 있다. 이러한 이전의 공학의 이점이 무엇이든, 그것들은 지구를 측량할 수 없을 만큼 황폐화시켰다. 만약 생물공학의 영역에서 더 큰 지혜가 발휘되지 않는다면, 이전의 공학을 통해 북미 대륙이 겪었던 것보다 더 심한 황폐화가 발생할지도 모른다. 그러한 지식과 힘과 과학적 기술은 서구사회에 커다란 능력을 부여했으며, 이것이 인간의 이익을 위해 사용됨으로써 자연세계의 통합적 기능은 전복되었다. 그 결과 지구는 쓰레기로 가득 찼으며, 토양과 공기와 물은 오염되었다.

과학과 과학기술에 대한 테야르의 견해의 진정한 확장은 우리가 살아 있는 세계를 위한 치료 맥락을 만들어내도록 유도하는 것일 것이다. 모든 다양한 지구 공동체의 복지가 판단 규범이 될 것이다. 이를 이해하고 이러한 규범에 따라 우리의 산업공학의 모든 국면들을 수정하는 것은 테야르의 비전에서 전개되지 않은 측면을 수행하는 것일 것이다. 일단 우리의 이해를 강화하고 자연세계의 자발성에 참여하는 이러한 긍정적인 역할이 과학적 노력의 지배적 측면이 되고 나면, 과학 그 자체의 매력은 증가될 것이다. 새로운 분야의 업적이 기대될 것이다. 종들을 구하고, 환경을 정화하고, 생명의 더 큰 영역과의 정신적, 감정적, 상상적 교류를 증진시키는 기존에 시작된 활동들이 더 충실하게 실행될 것이다. 기계론적인 것에만 오로지 관심을 둠으로써 약화된 삶의 인간적 질뿐 아니라 정신적인 것 또한 다양하고 탁월한 자연적 형식들과 활동들의 친교를 통해 새로워질 것이다. 이 모든 것은 테야르적인 감각의 과학적 노력의 맥락에서 이루어질 수 있다.

결론 : 20세기에 테야르는 충만한 인간사를 이끈 독특한 역할을 수행하고 있다. 그는 진화의 경로에 있는 우주에 대한 포괄적 비전에 진화의 경로에서 나타난 창발적 의식이라는 강력한 감각을 제공한다.

미래로 들어가는 길에 대한 그의 개요는 그의 생각의 기초를 이루고 있는 과학적 탐구와 그의 작품 전체에 나타나는 서양 전통의 종교적, 인간적 유산 모두를 통해 강화된다. 이러한 과학적, 인간적, 종교적 영향은 서정적으로 표현되면서 때때로 『신곡』을 쓰는 단테를 생각나게 하는 깊은 이해와 감정의 순화를 동반한다. 테야르의 글의 이러한 특징은 최근 미국에서 일어난 뉴에이지 운동에 지배적인 영향을 미친다.

하지만 요구되는 더 큰 패턴의 삶의 방향을 이해하는 데 테야르가 필수적인 반면, 그의 생각을 고정적으로 보아서는 안 된다. 그의 생전에 이차적으로 혹은 희미하게 지각되었던 문제들이 이제는 더 절박한 문제가 되었다. 이 문제들 중에서 가장 중요한 문제는 우리가 이 논문에서 생각하고 있는 인간-지구 관계의 문제다. 이 문제는 일찍이 1782년 영국에서 출판된 *Letters from an American Farmer* 라는 제목의 시리즈로 나온 크레브쾨르의 작품들에서 18세기 후반에 분명해지기 시작했다. 분명 미국인들은 그들의 땅을 이미 오용하고 있었다. 이것은 19세기 소로나 뮤어와 같은 자연주의자들에게 좀 더 의식적인 문제가 되었다. 레오폴드의 작품에는 좀 더 정확한 표현이 나타나는데, 레오폴드의 훌륭한 에세이 "A Land Ethic"은 테야르가 그의 가장 영향력 있는 몇몇 작품을 쓰고 있었던 1948년에 쓰였다. 테야르가 죽기 몇 년 전에, 에드워드 하임스는 지구의 생명체들이 자신들의 생존을 위해 의존하는 토양을 잘못 취급함으로써 야기된 지구사와 인간사의 파괴를 묘사하고 있는 *Soil and Civilization* 을 출간했다.[8]

카슨은 석유화학 산업을 통해 서양세계의 상황이 훨씬 더 악화되었다고 보았으며, *Silent Spring*[9]에서 그것을 매우 자세하게 묘사했다.

---

8) Edward Hyams, *Soil and Civilization*(New York: Harper Colophon, 1976).

9) Rachel Carson, *Silent Spring*(Boston: Houghton Mifflin, 1962).

하임스가 인간을 살아 있는 지구에서 재생 불가능한 방식의 삶을 사는 배수구의 기생충과 동일시하는 반면, 카슨은 인간을 그 자체가 의존하는 생명의 원천들에 독을 푸는 행위자로 설명한다.

마침내 우리는 현재 지구의 생명체들을 유린하고 천연자원들을 고갈시키고 심지어는 지구를 생명 그 자체에 부적합하게 만드는 영향들에 관한 방대한 자료가 들어 있는 *The Global 2000 Report to the President*(1980)를 갖게 되었다.

따라서 테야르가 더 높은 생명적 표현의 활성화를 제시하고 있는 반면, 현재 존재하는 생명의 표현이 파괴되어 왔다. 과학 공동체와 신학 공동체의 비판 이외에 생태학 공동체의 비판이 이제 추가되어야 한다. 처음 두 예에서의 비판은 테야르의 작품의 특징을 더욱 깊이 있게 했으며, 그의 기본 통찰이 근본적으로 정확했음을 보여준다. 이제 현대 과학기술의 결과로 인한 지구 기능의 생태학적 교란이라는 문제는 테야르의 생각을 좀 더 깊은 수준으로 자기비판하도록 하는데, 이것은 테야르가 결코 충분히 생각하지 못했던 문제와 직면하게 한다. 과학 공동체와 신학 공동체로부터 제기되는 그의 작품에 대한 다른 반론들은 일반적으로 그의 생전에 발표되었다. 그는 아주 상세하게 그것들을 다룰 기회를 얻었다. 테야르도 그의 반대자들도 그의 작품의 가장 큰 문제가 그 당시 서구사회 전역에 제안되었던 "진보"라는 아이디어의 결과로 발생한 지구의 교란 문제에서 파생하리라곤 깨닫지 못했던 것으로 보인다. 그들은 인간의 영광이 지구의 황폐화가 된다거나 지구의 황폐화가 인간의 운명이 된다는 것을 알 수 없었다.

이제 이것은 어느 정도 분명해 보이므로, 과거의 위대한 비전을 기각할 것이 아니라 현재 그것들을 좀 더 새롭고 충분히 유효하게 만들 필요가 있다. 왜냐하면 생태학적 운동 자체가 열역학 분야로 환원되거나 사소한 것이 됨으로써 위협을 받고 있기 때문이다. 과거의 위대한 사상가들이 생각한 지구 과정의 더 깊은 의미는 좀 더 통합적으로 표현되어야 한다. 현재 상황에 제시된 해결책들이 사소하거나 일시적인 해결책이 아니라, 새로운 인간의 시대를 활성화하는 데 필요한 에너지와 의미를 충분히 제공할 수 있는 깊이 있는 비전이 요구된다. 그로써 지구와의 평화가 확립될 것이며, 우리 앞에 있는 위대한 지구 공동체의 시대에, 창발적인 창조적 과정은 그 다음 완성의 단계를 향해 나아갈 것이다.

제2부

21세기를 위한 생태학

    테야르의 전체론적인 입장은 감싸 들어가는 자연적 생물권과 발달하는 마음의 인지권 내에 인간을 위치시킨다. 그가 예견했던 "지구화"는 이제 충분히 효력을 발휘하고 있지만, 만약 현재의 추세가 계속된다면, 그것은 지속적이기보다는 파괴적인 것으로 보인다. 테야르는 20세기 중반 과학기술적 낙관주의의 산물을 인지권의 긍정적인 잠재력으로 보고 칭찬했던 반면, 1948년에는 발생할 수도 있는 위험으로 주목했다. 2부의 세 가지 연구는 우리의 현대적 문제들을 포함하도록 확장할 때조차도 테야르의 관점이 어떻게 환경적인 관심을 형성하고 강화할 수 있는지를 논증하고 있다.

    토머스 베리의 선구적인 장 "새로운 이야기: 기원과 정체, 그리고 가치 전달에 관한 논평들(The New Story: Comments on the Origin, Identification, and Transmission of Values)"은 25년 전에 테야르 연구 시리즈를 착수했다. 이 독창적인 작품은 베리의 나중 책들 *The Dream of the Earth* 와 *The Universe Story* 의 기초가 되었다. 여기서 베리는

처음으로 창조를 대가로 치르면서 구속을 종교적으로 강조하는 입장의 한계에 대한 그의 독특한 비전을 개진했다. 이러한 종교적 입장은 과학적인 진화 이야기에 필요한 기능적인 우주론을 우리에게 남겨주지 않는다. 베리의 "새로운 이야기"는 테야르의 관점에 의거해서 인간의 가치를 차별화와 주관성과 교감이라는 진화 과정의 동력 내에서 밝혀내고자 한다.

테야르는 그의 고향 오베르뉴의 바위들과 암석 분포에서 물질의 신비한 질을 직접 경험했다. 그는 그의 연구에서 물질의 영역(지질권)과 생명(생물권)과 마음(인지권)의 영역들에 대해 계속해서 지적했다. 거대한 과학기술과 산업에 대한 우리의 현재의 강박관념은 생물권의 한계를 무시한다. 자신의 논문 "교육과 생태학: 지구교양과 과학기술의 황홀감(Education and Ecology: Earth Literacy and the Technological Trance)"에서 메리 에블린 터커는 인간을 지구의 역사와 우주 진화 내에 위치시키는 "지구교양"을 요청하기 위해 테야르와 베리를 짝지었다.

최근 '지속할 수 있는 발전'이라는 문구는 생태학적으로 안정적인 경제와 생활양식을 의미하게 되었다. 그러나 다음의 필자는 이것이 유체 과정에 적절하게 근거해 있지 않으며, 생물권의 능력을 전달하고 있지 않으며, 계속적인 성장을 위한 포장으로 사용될 수 있다고 주장한다. 그의 최근의 "지속가능한 발전과 생태 영역: 개념과 원리(Sustainable Development and the Ecosphere: Concepts and Principles)"라는 새로운 제목의 연구에서, 브리티시컬럼비아 대학교 생태학자 윌리엄 리스는 고려되어야 하는 열역학과 생태계 예산을 구체적으로 말하고 있다.

6

새로운 이야기
기원과 정체, 그리고 가치 전달에 관한 논평들

토머스 베리

그 모든 것은 이야기의 문제다. 우리는 좋은 이야기를 갖고 있지 못하기 때문에 바로 지금 어려움에 처해 있다. 옛날이야기(어떻게 세상이 존재하게 되었는지, 그리고 우리가 어떻게 그것에 적합한지에 대한 설명)는 적절하게 기능하지 못하고 있으며, 또한 우리는 새로운 이야기를 배우지 못했다. 옛날이야기는 오랫동안 우리를 지탱해주었다. 그것은 우리의 감정적 태도를 형성했으며, 우리에게 삶의 목적을 제공했으며, 행위에 에너지를 제공했다. 그것은 고통을 신성화하고, 지식을 통일하고, 교육을 유도했다. 우리는 아침에 깨어 우리가 어디에 있는지를 알았다. 우리는 범죄를 찾아내어 범죄자를 처벌할 수 있었다. 그 이야기가 거기 있었기 때문에 모든 것이 처리되었다. 그것은 인간을 좋은 사람으로 만들지 못했다. 그것은 삶의 고통과 어리석음을 제거하거나 인간 교제의 따뜻함에 기여하지도 못했다. 하지만 그것은 삶이 의미 있는 방식으로 기능할 수 있는 맥락을 제공했다.

그러나 오늘날 어떤 사람들이 우리의 전통적인 이야기를 확고하게 믿고 그 명령에 따라 행한다 할지라도, 그 이야기는 더 큰 사회 차원에서는 기능하지 못한다. 그것은 제한된 궤도에서 작동한다. 그것은 개인으로서의 우리에게 용기를 주는 것이다. 그러나 우리의 제도와 우리 삶의 프로그램들은 계속 해체된다. 우리는 우리의 현 사회의 모든 면에서 이것을 본다. 전통 프로그램의 기능적이지 못한 측면들에 대해 깨달은 어떤 사람들은 다른 현대의 프로그램으로 옮겨갔다. 하지만 이러한 프로그램들은 대부분 빠르게 옆길로 샜다. 대부분 순간적인 것으로, 이 20세기 후반의 삶의 상황을 지탱할 수 없는 것으로 밝혀졌다. 다른 사람들은 이전의 종교적 근본주의로 돌아가고 있다. 하지만 이것 또한 쓸모없는 짓으로 보인다. 거기에는 안전이 없다. 현대세계에서 종교사회의 기본요소들은 사소해졌다. 우리가 우리 사회에 제공한 것은 단지 일시적인 기능으로만 봉사한다. 그것은 단지 우리의 제도들과 우리의 공적인 삶에서 의미의 외양만을 우리가 지킬 수 있게 할 뿐이다.

우리가 전통 신앙 공동체의 밖을 내다볼 때, 우리는 또한 기능장애가 있는 사회를 보게 된다. 진보된 과학과 기술, 뛰어난 제조와 통상 기술, 통신과 컴퓨터가 발달한 우리의 세속적인 사회도 만족할 만한 의미를 갖고 있지 못하며, 그 자신의 구성원들의 폭력을 제한할 수 있는 능력도 갖추지 못하고 있다. 우리의 기적의 기계들은 덧없는 목적에 봉사한다.

그래서 우리는 가치들에 관해 이야기하기 시작한다. 우리는 어디에서 시작할 수 있는가? 내 제안은 인간사의 모든 것이 시작되는 곳에서, 기초적인 이야기로부터, 도대체 어떻게 사물들이 존재하게 되었는지, 어떻게 그것들이 지금의 그것이 되었는지, 그리고 어떻게 인간의 미래의 삶에 어떤 만족스러운 방향이 주어질 수 있는지에 대해 우리가 설명을 시작해야 한다는 것이다. 우리는 인간을 교육하고 그들을 치료하고 인도해줄 이야기가 필요하다.

구속 신앙 공동체

　서양사회에는 14세기쯤까지 잘 작동하는 이야기가 정말로 있었다. 흑사병은 우리 문명의 충격적 순간으로 받아들여질 수 있다. 이 전염병은 1334년 콘스탄티노플에서 시작되어 20년 내에 인구의 3분의 1 내지 반 정도를 죽게 했던 것으로 추정된다. 14-15세기 내내 유럽 전체가 내리막길이었다. 영국에서는 1665년에 그 거대한 전염병이 막을 내렸다. 이 끔찍한 전염병의 경험에 대해 두 가지 기본적인 반응들이 있었다. 이 두 가지 반응으로부터 현재의 두 사회가 형성되었는데, 그것은 신앙적인 종교사회와 세속적인 과학사회다.

　신앙사회는 초자연적 힘과 정신적 세계에 의존하고 심원한 전통들을 갱신했으며, 때때로 기독교의 출현 이래로 그들의 더 깊은 원동력 속에서 무시되었던 그리스도 이전의 믿음과 의식들에 의존했다. 심지어 전통 기독교 내에서조차 믿음 경험을 강화하려는 노력이 있었는데, 지금은 인간의 생명을 위협하는 것으로 보이는 그것은 현상세계에서의 특별한 간섭의 힘을 갖고 초자연적 힘을 활성화하려는 노력이었다. 인간이 부패하는 느낌이 증가했다. 더 높은 신비한 세계로부터의 영향이 쏟아부어질 필요가 강해졌다. 믿음이 정신적 기능을 지배했다. 속죄 신비는 지배적인 형태의 기독교적 경험이 되었다. 창조 교리를 무시하는 속죄에 대한 이러한 과도한 강조는 처음부터 기독교 발달의 가능성 중 하나였다. 그러한 신념 자체가 구속을 지지하는 방향으로 균형을 잃은 것이다. 따라서 그 이야기의 통일성이 영향을 받았다. 기독교 신앙의 주된 교리 즉 개인적인 창조 원리에 대한 믿음은 점점 그것의 기능적 역할에서 덜 중요해졌다. 우주론은 어떤 특별한 의미가 없었다. 이러한 반응은 구속의 정신성 강조와 더불어 16세기 종교적 변혁기까지 계속되어, 17세기 청교도와 얀센주의까지 이어졌다. 이러한 태도는 계몽의 충격과 18, 19세기의 혁명기로 인해 더 강화되었다.

구속 신앙 공동체의 구성원으로 남아 있는 미국의 우리들은 이러한 전통의 가장 현대적인 국면을 대표한다. 우리는 이러한 기독교 이야기를 지키며 그에 따라 우리의 세계를 형성해왔다. 우리는 그에 따라 우리 사회를 갖고 있으며, 우리 자신의 학교와 우리 자신의 병원, 우리 자신의 사회 그룹들과 우리 자신의 예배, 우리 자신의 도덕교육과 우리 자신의 미학, 우리 자신의 직업사회들과 우리 자신의 수준별 모임, 우리 자신의 간행물과 우리 자신의 재정자원들을 갖고 있다.

이러한 미국판 고대 기독교 이야기는 제도적 효력이나 도덕적 효력에 있어 훌륭하게 기능했다. 하지만 그것은 더 이상 지구의 이야기가 아니며, 그것은 또한 통합적인 인류의 이야기도 아니다. 그것은 파벌적인 이야기다. 그 중심에는 구세주의 성품과 내적, 정신적 신앙 과정, 그리고 구원을 가져오는 공동체에 대한 강한 선입관이 들어 있다. 이제 우리의 이야기가 더 큰 문화적, 역사적, 우주적 관점에서 제대로 기능하지 못한다는 것을 발견하는 것은 그다지 놀라운 일이 아니다. 잠시 동안 우리가 이러한 상황을 정상으로 더욱이 바람직한 것으로까지 받아들이게 되었다는 것이 비극이다. 그러나 모든 분리되어 있는 생명계처럼 이 체계는 필히 비활성화를 경험하고 있다. 그 신앙 공동체는 그 존재의 엔트로피 국면에 있다.

과학적 창조 공동체

흑사병에 대한 다른 반응은 결국 우리 시대의 과학적, 세속적 공동체로 이끄는 반응이었다. 이러한 반응은 초자연적이거나 종교적인 힘을 통해서가 아니라 지구의 과정을 이해함으로써 지구의 공포를 치료하고자 했다. 이러한 방식으로 일하는 사람들은 비록 처음에는 어느 정도 신비롭고 플라톤적인 전통에 관련되어 있었다 할지라도, 현상세계와 그것의 표현을 양적인 면에서 경험적으로 조사할 필요가 있음을 강조했다. 과학적 탐구는 무의식 저 깊은 곳 서양인들의 정신에 있는 모호한 힘들로 인해 생겨난 인간의 편견을 통제하게 되었다. 망원경과 현미경이 발명되었다. 새로운 형태의 수학적 표현이 창조되었다. 과학적인 성직자가 우리 사회의 사상사를 지배하게 되었다. 인간은 지구를 그것의 물리적 현실로 보았으며, 그것이 어떻게 기능하는지에 대해 새로운 이론들을 제안했다. 천체들은 좀 더 열심히 검토되었으며, 빛의 현상이 검토되었으며, 에너지를 이해하는 새로운 방법들이 진화했다. 새로운 과학이 출현했다. 베이컨의 *Novum Organum* 이 1620년에 나왔으며, 1687년에는 뉴턴의 *Principia* 가, 그리고 1725년에는 비코의 *Nuova Scienza* 가 나왔다.

이 모든 것은 인간 정신이 진보하고 있다는 깨달음으로 이어졌다. 이것은 차례로 18세기 계몽의 시기로 그리고 인간 탐구의 절대적 진보에 대한 느낌으로 이어졌다. 이러한 진보에 대한 느낌은 콩도르세의 *Historical Survey of the Progress of the Human Mind* 에서 표현되었다. 여기에서 그는 그의 시대까지 인간의 인지가 다양한 발달 시기에 겪었던 열 단계의 변화를 설명했다. 19세기 초에 헤겔은 존재론적, 역사적 맥락에서 실재의 내적인 변증법에 관심을 가졌다. 이때 또한 푸리에와 생 시몽, 콩트와 더불어 사회발전 교리들이 나왔다. 마르크스는 그의 *Manifesto* 에서 이러한 운동을 가장 현실적으로 표현했다.

이 모든 것은 아직 인간의 삶에 미치는 영향과 크기를 측정할 수 없는 새로운 발견에 비하면 단지 준비단계에 불과했다. 인간의 인식 형태와 사회적 구조에서 이러한 변화들이 일어나는 한편, 지질학과 고생물학 분야에서는 지구와 지구상의 모든 생명체들의 바로 그 형성기에 시간 계기가 있었다는 것을 가리키는 증거들이 나타나고 있었다. 마침내 이전의 생명 형식들이 이후의 생명 형식보다 더 단순한 본성을 갖고 있으며, 이후의 형식들은 이전의 형식들에서 나왔다는 것이 서양의 의식에 싹트기 시작했다. 복합적인 생명 표현들은 모든 것들을 제자리에 두는 어떤 외적인 성스러운 창조 활동을 통해 처음부터 존재했던 것이 아니었다. 지구는 그것의 모든 부분들에서, 특히 그것의 생명 형식들에서, 계속적으로 변화하는 상태에 있었다. 이러한 생명의 계기에 대한 발견은 1859년 찰스 다윈의 『종의 기원(*The Origin of Species*)』에서 처음으로 충분히 표현되었다. 다윈 이후, 빛과 방사선을 연구하는 물리학자들은 원자 이하의 세계와 은하계 전체를 거의 동시에 이해하게 되었다. 현상세계의 거시국면과 미시국면 모두에 대한 통찰이 이루어졌으며, 이 우주의 위대한 통일성은 그것의 공간적 확장과 시간적 계기에서 분명해졌다. 우주에 대한 새로운 이야기가 기본적인 윤곽을 드러냈다.

그러나 바로 이 순간에 의식 양상에서 갑작스러운 변화가 발생했다. 과학자-성직자는 갑자기 물질의 불투명성이 해소되었다는 것을 깨닫게 되었다. 그의 과학은 궁극적으로는 그 자신에게 외적인 어떤 실재를 객관적으로 파악하는 것이 아니었다. 그것은 오히려 주관적인 교감의 순간이었는데, 거기에서 인간은 원리를 아는 고독한 올림포스의 신이 아니라 진화 차원의 우주가 그 자체에 대해 의식하게 되는 존재인 것이다.

따라서 그 순서는 성경적 세계의 정신적 발달에 대한 깨달음에서 계몽의 정신적 발달로, 사회학자들의 사회적, 역사적 발달로, 헤겔의 존재론적 발달로, 월리스와 다윈의 생물학적 발달로, 그리고 나중에는 20세기 물리학자들의 우주 발달로 이어진다. 최종 단계는 인간이 이 발달의 독립된 관찰자가 아니라 전 과정에 필수적인 존재라는 것을 보는 것이었다. 정말로 인간은 이제 우주-지구 과정의 최근 표현으로 정의될 수 있으며, 그 존재 안에서 우주-지구-인간 과정이 그 자체에 대해 의식하게 되는 존재로서 정의될 수 있을 것이다.

따라서 새로운 창조 이야기가 세속적인 과학 공동체에서 진화했는데, 이는 고대의 창조 이야기에 상응하는 현대적 이야기인 것이다. 전통 유라시아 창조 이야기들이 서로서로 차이가 나는 것보다도 더 많이 이 창조 이야기는 전통 유라시아 창조 이야기들과 차이가 난다. 그것은 세상 어느 곳에서나 현대적 형태로 공식 교육을 받는 모든 아이들에게 가르치는 보편적 이야기가 될 수밖에 없는 것으로 보인다.

이전의 기독교적 우주론

구속 신앙 공동체는 처음 이 새로운 발달기의 비전에 현혹되었다가, 다음에는 새로운 자료들에 대처할 수 없음으로 인해 좌절하고, 냉담하게 전통적 태도로 빠져들었다. 최근에 그 공동체는 고대의 것이든 현대의 것이든 어떠한 우주론에도 관심을 갖지 않았다. 그 신앙 공동체는 구세주와 인간과 교회에 집중하는 진정한 가치들을 갖고 있기 때문이다.

살아남은 우주론이 있는데, 거기에는 심지어 구속 이야기도 등장하고, 어느 정도 여전히 기독교 이야기에서 역할을 한다. 이 이야기에 따르면, 우주와 우주 속의 모든 존재는 플라톤이 아가톤(신)으로 생각하는, 그리고 플로티노스가 일자로 생각하는, 기독교인들이 신으로 생각하는 성스러운 전형을 반영한다. 모든 것들은 이 아름다움을 통해 아름답다. 아퀴나스가 그렇게 꾸준하게 주장하듯이, 최고의 아름다움은 우주 전체의 질서의 조화와 통일성이다. 이것은 각 부분의 완전함과 서로에 대한 부분들의 적절한 관계, 그리고 전체에 있어 부분들의 종국적인 통합을 요구한다. 따라서 자신에 대한 사랑과 타자들에 대한 사랑, 그리고 전체 우주 복합체에 대한 사랑과 마지막으로 신에 대한 사랑이 있으며, 신은 근본적인 영원한 실재로서, 그 안에서 모든 실재는 그것의 근본적인 영원한 상을 발견한다.

인간의 정신은 산과 바다가 있는 지구의 가장 낮은 형태의 존재를 거쳐, 인간과 의식으로, 영혼으로, 그리고 영혼의 내적 삶으로부터 신으로, 다양한 등급의 존재를 통과해 올라감으로써 신에 대한 명상으로 상승한다. 이러한 계기는 플라톤의 『향연』에서 그리고 아우구스티누스의 『고백록』에서 가장 아름답게 묘사된다. 그래서 보나벤투라는 모든 것이 결국에는 신을 가리키기 때문에, 모든 예술과 과학이 신학으로 환원된다는 글을 쓸 수 있었다. 마찬가지로 다양한 실재를 통해 그 자체 신의 비전까지 나아가는 단테의 여행도 그러하다. 기본적인 인간적 가치와 기독교적 가치를 제안하는 것은 우주론을 제안하는 것이었다. 기독교의 정신성은 이러한 방식으로 이루어졌다. 기독교의 신비는 이러한 우주론에 필수적이었다. 이러한 우주론의 문제는 그것이 신의 이미지로서 그리고 존재론적으로 연관된 존재들의 질서정연한 복합체로서 세계를 표현한다는 것이다. 그것은 각 실재가 이전의 실재로부터 내적이고 유기적으로 결합하여 이어지는 계속적인 창발 과정으로서 세계를 표현하지 않는다.

막다른 골목

지배적인 창조 신비에서 지배적인 구속 신비로 서양 종교 전통이 바뀜으로 말미암아, 이러한 전통 우주론도 새로운 과학적 우주론도 기능적인 역할에 있어서 진지하게 관심을 얻지 못한다. 기독교의 구속 신비는 어떠한 우주론적 질서나 과정과도 관련이 없는데, 그러한 모든 관계를 초월하는 인격적 구세주와의 관계를 통해 세상에서 속죄받는 것이 본질적이기 때문이다. 심지어 창조된 완전함의 영역을 통해 신에게로 상승하는 이전의 신비한 경험들조차도 감소된다. 지구와 지구의 악마 같은 힘의 무시무시한 경험에 대한 지배적인 반응으로서 비우주적, 비역사적, 종교적 분위기가 생겨난다. 하지만 이제 이 과도한 구속에 대한 강조는 끝이 난다. 그것은 시간에 대한 부적절한 이야기이기 때문에, 알맞은 시간에 활동을 효과적으로 활성화할 수 없다. 구속 이야기는 역사적인 이야기뿐 아니라 지구 이야기로부터도 따로 떨어져 자라났다. 결과적으로 엔트로피에 희생되고 있는 분리된 힘이 되었다.

만약 이것이 미국의 구속 신앙 공동체의 편에서 볼 때 막다른 골목이라면, 발달하는 우주를 주장하는 세속 과학 공동체 편에서의 막다른 골목은 창조 물리적 영역에 몰두함으로써 창조 이야기에서 정신을 배제한다는 것이다. 이것은 매우 가혹한 현실주의적 입장으로, 행위 규칙에서 무의미한 것은 고려하지 않는 입장이다. 따라서 다윈의 자연선택이론은 어떠한 정신적, 의식적 과정도 포함하지 않고, 단지 세상에 다양한 형태와 기능을 제공하는 생존을 위한 지상의 맹렬한 투쟁만을 포함한다. 이 이야기는 우주-지구 과정의 물리적, 생물학적 버전 안에서 너무나 배타적으로 되었기 때문에, 이러한 입장이 지지하는 사회는 또한 엔트로피에 희생되며, 의미가 결여된 것으로 표현된다. 그것은 통합적인 이야기가 아니다.

우리는 이제 엔트로피 상태에 있는 이 두 사회들이 서로를 고려하지 않는다고 생각해서는 안 된다. 과도한 호의가 확장되며 과도한 협동이 제공된다. 현대의 가공업과 산업이 추구하는 것에서뿐만 아니라 세속 과학적 직업에서 사람들은 삶의 종교적 차원을 매우 존중해왔다. 하지만 이것은 그들의 직업 외적인 헌신이거나 그들의 종교적 목표에 대한 관심사거나 단순한 형태의 존경이다. 많은 것들이 그 자체로 종교적 신앙에서 신비를 구하느라 애쓰는 종교적인 성격의 것들이다. 그들은 신앙이 번성하도록 추구하는 데 시간과 에너지를 사용한다. 그들은 정신적 수련에 도움을 주고자 하며 자신들에게 이러한 수련을 제공하고자 한다.

종교 공동체의 사람들은 과학기술적, 상업적 활동에 참여하는 사람들의 성실함을 존중한다. 삶의 이러한 국면들은 신성하다. 직업훈련이 종교학교들에서 이루어진다. 그것은 심지어 교과과정을 지배하기도 한다. 그렇다면 무엇 때문에 야단법석인가? 그 대답은 표면적인 동의가 깊은 교감이나 건전한 우주-지구-인간 가치들의 기초가 아니라는 것이다. 대립이 보이는 것보다 더 깊다. 일체화된 이야기가 나타나지 않았으며, 어떠한 공동체도 공동체 이야기가 없이 존재할 수 없다. 이것이 정확히 이 둘 사이의 소통이 그렇게 만족스럽지 못한 이유다. 어떠한 지속적인 가치들도 나타나지 않았다. 인간의 문제는 해결되지 않는다. 인간의 모험은 활성화되지 않는다.

두 전통은 사소해진다. 인간의 모험은 막다른 골목에 처해 있다. 거기에는 신성한 희극도 없다. 플라톤적인 비전은 더 이상 아우구스티누스나 보나벤투라 혹은 단테가 느꼈던 그러한 자극을 갖지 못한다. 심지어 우리가 플라톤이나 아우구스티누스 혹은 보나벤투라나 단테를 읽을 때조차 우리는 더 이상 그들이 가졌던 그러한 경험을 갖지 못한다. 그들의 상상은 우리의 것이 아니다. 학교에 들어가 지구 연구나 생명 연구를 시작하는 아이는 어떠한 초자연적인 존재를 경험하지 않는다. 아이들이 시공간의 세계에서 그들의 위치를 발견할 수 있게 하는 이러한 가르침은 그들의 삶의 모든 사건들 중에서 가장 중요한 것들 중 하나다. 학생들에게는 이를 포함할 이야기가 필요하지만, 학교는 현재 이러한 이야기와 결합될 신비를 제공할 수 없다. 심지어 지구의 현대적 의미를 단지 외적으로만 채택한 종교 성향의 학교조차도 아이에게서 이러한 경험을 불러낼 수 없다.

그 이야기는 완전하지 않다. 그것은 인간적이거나 정신적인 측면이 없다. 이것은 특히 중요한데, 왜냐하면 우리 사회에서 아이들의 공부는 이제 이전 사회에서의 비법 전수식의 역할과 유사한 역할을 수행하기 때문이다. 세속사회는 그 자신의 이야기가 중요하다는 것을 알지 못하며, 반면에 종교사회는 그것이 단지 물리적 측면에서만 표현되기 때문에 그 이야기를 거부한다. 창조 과정은 구속 과정을 통해 순화되었다. 총체적인 신비함은 구속 경험에 포함된다. 모든 진정한 가치들은 구속적 가치들이다. 그러나 우리가 보았듯이 이러한 가치들은 인간 공동체의 더 큰 차원에서는 기능하지 못한다. 그것들은 더 큰 공동체에서 기능하지 못하기 때문에 그것들은 개인에게서도 기능하지 못한다. 따라서 구속 과정이 기능하는 우주-지구 과정의 정신적 동력을 더 깊이 이해할 필요가 있다. 실재에 대한 경험적 탐구로부터 점점 더 분명해진 것은, 은하계 시초로부터 인간 의식의 지구적 표현까지, 우주는 그 자체 내에 물리적 차원뿐 아니라 정신적 차원도 갖고 있다는 것이다. 그렇지 않다면 인간 의식은 아무 곳에서도 출현하지 못하며, 우주 이야기에서 진정한 위치를 발견하지 못한다. 인간은 부가물이거나 지구 외부에서 침략한 것이다.

그러나 이제까지 정신적인 사람들은 이러한 분열이 인간에게 이 세상의 것이 아닌 우월한 질을 제공하기 때문에 만족해한다. 과학자 또한 만족해하는데, 왜냐하면 이것이 인간의 의식 문제를 가지고 양적 측량의 세계를 자유로이 구성하도록 해주기 때문이다. 따라서 과학자와 종교인 모두가 공모하여 자신들의 입장이 지구 과정 자체에 대한 심오한 이해에 참여하지 않도록 한다. 이들 모두 자신들 앞에 있는 실재를 보고 있는 것으로 보이지 않는다. 달리 말해 우주-지구-인간 과정이 처음부터 물리적이고 정신적인 국면을 모두 요구한다는 것은 분명할 것이다. 이것이 인식되고 우주 이야기가 통일적인 형태로 표현되자마자, 과학 공동체와 신앙 공동체 모두를 위한 새로운 세계가 등장한다. 다시 한 번 보편적인 우주론적 신화가 우주에 대한 인간의 이해와 인간사의 방향에서 최고의 위치를 차지한다. 테야르 드 샤르댕의 작품은 통합적인 이야기에 그것이 이제껏 얻은 것 중 가장 완전한 표현을 제공하는 것이었다.

그 이야기

우주 이야기는 각각의 새로운 수준의 존재가 자기 초월의 요구를 통해 출현하는 은하계 출현에 대한 이야기다. 수소는 몇 백만 도의 열이 가해지면 헬륨으로 출현한다. 별들이 하늘에 있는 불의 바다로 모습을 갖춘 후에, 그것들은 연속적인 변화를 겪는다. 어떤 것들은 결국 폭발해서 성진이 되는데, 이로부터 태양계와 지구가 모습을 갖춘다. 지구는 펼쳐지는 우주가 그 자신을 의식하게 되는 순간으로서 인간이 등장할 때까지, 바위와 결정 구조로 그리고 다양하고 화려한 생명 형식들로 자신을 독특하게 표현한다. 인간은 지구뿐 아니라 세계로서 출현한다. 우주가 그 존재 안에 인간을 품듯이, 인간은 그 존재 안에 우주를 품는다. 그 둘은 서로에게 완전한 실재성을 지닌다.

만약 이러한 통합적인 비전이 과학자와 종교인 모두에게 새로운 어떤 것이라면, 그들은 모두 점차적으로 실재에 대한 이러한 견해를 깨닫게 되며 그것이 인간에게 어떤 의미인지를 깨닫게 될 것이다. 그것은 새로운 묵시적 경험으로 생각될 수도 있을 것이다. 우리가 새로운 신화의 세계로 들어가고 있기 때문에, 전체 지구-인간 질서에 일종의 돌연변이가 발생하고 있다 할지라도 놀라운 일이 아니다. 인간이 무엇인지에 대한 새로운 패러다임이 출현한다. 이것은 매우 흥미로운 것이지만 또한 아주 고통스럽고 아주 혼란스러운 것이기도 하다. 이러한 변화의 한 국면은 지구-인간 관계의 변화를 포함하는데, 왜냐하면 한때 남성과 여성을 결정했던 지구 과정을 이제는 상당 부분 인간이 결정하기 때문이다. 좀 더 통일적인 방식으로, 우리는 이전에 직접적으로 그 자체를 통제했던 지구가 이제는 많은 정도로 인간을 통해 그 자체를 통제한다고 말할 수 있을 것이다.

가치 창조

이러한 새로운 맥락에서 가치는 어디에 있는지, 어떻게 그것들이 결정되며 어떻게 전달되는지에 대한 질문이 등장한다. 우선 이전에는 가치들이 고정된 본성을 갖는 세계의 영원한 로고스를 반영하는 지상의 이미지를 완성하는 데 있는 반면, 이제 가치들은 발달하는 세계의 긴급한 창조적 요구에 반응하는 인간의 감수성을 통해 결정된다. 차이를 증가시키고 주관성을 심오하게 하며 전체 현실의 질서 내에서 좀 더 포괄적으로 교감하는 방향으로 변화 계기가 이루어진다. 과학자들은 종종 부지불식간에 출현하는 창조적 과정과의 교감이라는 신비한 끌림에 빠져든다. 이것은 주관 대 주관의 요청이 아니라면 불가능할 것이며, 과학자들 편에서 완전한 자각의 노력이 없다면 또한 불가능할 것이다. 실재에 대한 그들의 취향은 그들의 작품에 존경할 만한 질을 부여하는 것이다. 그들은 만질 수 있는 불투명한 물질적 측면의 실재를 경험하기 바라며, 또한 전체 지구-인간 과정을 발전시킬 세계와의 상호작용을 확립함으로써 이에 반응하기 바란다. 만약 실재의 양적 측면과 객관성에 대한 요구가 과학자로 하여금 주관성과 실재의 질적 측면을 무시하도록 만들었다면, 이것은 지금까지 그들이 이 역사적 과업을 성취하기 위한 조건이 되었다. 그러나 최근 과학에서 가장 눈에 띄는 한 가지 발전은 실재의 통합적인 물리적-심적 차원에 대한 인식이 증가하고 있다는 것이다. 새 이야기의 전체 차원을 받아들임에 있어, 과학 공동체는 종교사회보다 아마도 더 발달한 것 같다. 매혹적이고 인간적으로 이해할 수 있는 우주에 대해 묘사하고 생명의 출현과 인간의 등장을 묘사하는 풍부한 해설적 문헌들이 등장했다.

구속 신앙 공동체는 이 새로이 경쟁하는 이해에 아주 느리게 깨어나고 있다. 지구와 그것의 모든 과정들에 대해 공포와 불신, 심지어는 심한 역겨움까지 느낀다. 아마도 이 나라에서는 어떠한 가톨릭 신학원도 요즘에 경험한 대로 창조에 관한 적합한 수업을 하지 않는 반면, 구속에 관해서는 많은 수업을 한다. 구원론, 그리스도론, 교회론, 성례, 은사, 목회사역, 구속과 관련된 다양한 것들, 그리고 인간이 세상을 초월하도록 돕는 데 구속이 어떻게 기능하는지 등이 이에 속한다. 몇 년 전 *Science*가 발표한 조사에 따르면, 가톨릭 신자들 중에서 과학자들이 산출될 때, 그 나라에서 가장 낮은 종교 전통을 기록한다. 비록 이러한 연구가 특별한 경우에 문제가 될 수 있다 할지라도, 그것은 아마도 일반적인 함축을 유지할 수는 있을 것이다. 그러나 새로운 지구에 대한 감각이 신앙 공동체에서 생겨나고 있기 때문에, 그러한 상황이 오랫동안 지속될 수는 없다. 지구는 무시되지 않을 것이며 오랫동안 경멸과 무시와 학대를 견디지도 않을 것이다. 창조의 동력은 오랜 세기 동안 정통 기독교에는 알려져 있지 않은 방식으로 한 번 더 주목을 요구하고 있다.

가치 확인

이러한 새로운 상황에서 가치를 확인할 때 새로운 유형의 문제가 발생한다. 지구 과정의 내적 동력에 대한 반응이 있을 때조차도, 분명하게 확립된 인간의 이전 패러다임의 방향에서 어떤 혼란이 발생한다. 비록 이러한 패러다임이 가장 기본적인 현재의 문제들을 다룸에 있어 더 이상 효과적이지 않다 할지라도, 그 문제들을 다루는 유일한 방법으로서 패러다임을 바꾸고자 하는 노력보다는 패러다임 내에서 문제를 계속 해결하고자 하는 경향이 나타난다. 새로운 패러다임의 기본 규범들은 계속된 차별화와 주관성 그리고 교감이다. 차별화와 관련해서 말하자면, 지구 과정의 근본적인 의도들 중 하나는, 동물과 식물 형태의 생명세계의 원자구조들로부터 어떤 다른 왕국에서보다 더욱 서로 개체들이 차이가 나는 인간의 등장까지, 모든 것들에서 다양성을 생산하는 것이다. 이것은 개인에게뿐 아니라 사회구조와 인류 발달의 역사적 시기들에도 적용된다. 따라서 차별화의 법칙은 전 지구 과정을 평가하는 데 있어서 우선적으로 중요하다. 그러한 다양한 표현들을 생산하기 위해 어떻게 이러한 차별화가 시간과 공간에서 발생했는지, 이것이 분명 구성되고 있는 새로운 이야기의 가장 중요한 측면일 수 있다. 여기 제일의 근본적인 가치가 있는데, 본래적인 파괴할 수 없는 개인의 가치가 그것이다. 하지만 여기에 또한 인간의 질서에 어려움이 있는데, 왜냐하면 개인을 위한 절대적인 표본이 없기 때문이다. 그러한 개인적인 실현은 개인의 삶에 들어오는 그러한 내적, 외적 힘들 모두에 반응하는 독특한 창조적 노력을 포함한다. 마찬가지로 각각의 역사적 시대와 각각의 문화 형태도 그에 대한 적절한 모델이 없는 실재를 만들어낼 필요가 있다. 이것이 정확히 미국의 어려움인데, 이 어려움에 대해 완벽한 답은 없으며 단지 답을 향한 노력만이 있을 뿐이다. 각각의 순간에 우리는 단지 있는 그대로 우리여야 하며 더 큰 삶에 열려 있어야 한다.

　차별화 다음으로 단연 가장 중요한 가치는 주관성, 내면성이다. 모든 존재는 그 자신의 내면, 그 자신의 자아, 그 자신의 신비, 그 자신의 신성한 측면을 갖고 있다. 어떠한 존재에게서도 이 신성한 질을 빼앗는 것은 우주 전체의 질서를 무너뜨리는 것이다. 존중이 모든 것이며 그렇지 않으면 전혀 아무것도 아닐 것이다. 개인이 존재의 일부로서 우리 앞에 설 수 없듯이 우주도 조각으로 우리에게 다가오지 않는다. 지구와 그 에너지에 대한 지난 2세기 동안의 과학적 분석과 기술적 조작으로 인해, 깊은 실재에 대한 이러한 느낌의 보존은 상당히 뒤집혀졌다. 이 기간 동안 인간의 마음은 그것이 이제껏 경험했던 중에 가장 좁은 유대를 이루며 살았다. 대단히 신화적이고 비전에 찬, 사방으로 넘쳐나는 신비한 질을 가진 상징적 세계는 사라졌다. 이러한 상실 때문에, 더 좋고 더 인간적이고 더 합리적인 세계로 가는 길이라고 확신하면서 인간은 극악무도하고 비합리적으로 지구에 끔찍한 공격을 가했다.

　주관성을 빼앗긴 외적인 물리적 세계에 대한 그러한 취급은 머지않아 인간도 포함하지 않을 수 없었다. 따라서 우리는 모든 것 중에서 가장 엄청난 역설에 봉착했는데, 자유롭고 지적이고 신비한 존재로서의 인간이 그들 자신의 객관적인 추론적 정신을 통해 그리고 자기실현을 조장함으로써 바로 이러한 내적인 질들을 부인한다는 것이다. 마침내 역전이 시작되었으며, 전 우주 질서의 내적이고 주관적이고 신비한 측면의 가치와 실재가 기본 조건으로 받아들여지고 있다. 이로써 그 이야기는 이해될 수 있다. 만약 그 이야기의 첫 번째 주제가 차별화라면, 두 번째 주제는 꾸준히 증가하는 내적 의식의 자각이다.

　세 번째 새로운 이야기의 주제는 그 자체 내에서 우주의 교감이며 전체와 각 부분의 교감이다. 각 원자 입자는 우주의 광대한 망 안에 있는 모든 다른 원자와 교감한다. 우주 전체의 이 관계망은 처음부터 깨어나는 인간의 의식에 영향을 미치는 것이다. 만약 세계 과정에 대한 더 큰 이야기가 차별화와 주관성에 대한 설명이라면, 그것은 또한 모든 수준의 실재에서 깊어가는 교감에 대한 설명이다. 그것은 생명이 출현할 수 있게 한 물질세계 내에서의 좀 더 강한 교감이다. 생명 형식은 좀 더 차별화되고 주관성을 가지면서 그 자신 내에서 그리고 그것의 환경 내에서 더 강하게 교감한다. 이 모든 요소들은 새로운 규모의 의식 영역에서 증가된다. 거기 개인 안에서, 인간 공동체 안에서, 지구-인간 복합체 안에서 최고의 교감이 존재한다. 차별화를 위한 능력의 증가는 교감을 위한 이러한 능력과 분리할 수 없다. 이러한 차이와 이러한 교류가 함께 존재와 삶과 가치의 기본 규범을 이룬다. 이러한 교감 능력을 새롭고 좀 더 포괄적인 수준에서 발달시키는 것이 우리의 현재와 모든 미래 세대들의 운명이다.

가치 전달

이제 가치 확인과 가치 창조에서 가치 전달로 이동하면서, 먼저 우리는 이전 세대의 가치와 비전이 다음 세대로 전달되는 그러한 기능적인 전수 기법들을 더 이상 갖고 있지 않다는 것을 주목해야 한다. 그러나 지구 과정의 계속적인 모험에서 변함없이 다음 세대가 그의 적절한 역할을 하게 할 필요가 있다. 인간 이전의 영역에서 본능이 제공하던 것을 인간 영역에서는 교육이 제공해야 한다. 젊은이들이 포괄적인 시공간 차원에서 자신의 정체성을 발견하도록 돕는 프로그램이 필요하다. 지구가 영원한 로고스의 이미지로 보이는 『티마이오스』의 세계에서는 이러한 과업은 더 쉬웠다. 그러한 세계에서 성 토마스는 『신학대전』을 지었으며, 그것은 문답식으로 요약되고 다음 세대들에게 전수될 수 있었다.

이제 새로운 방법으로 가치를 이해할 필요가 있다. 현재 쓰이고 있는 대전은 지금 의식에 출현하고 있는 우주-지구-인간 국면의 우주 이야기다. 이 이야기에서 인간 발달은 그 부족의 특성이 지배하는 원시적 국면과, 좀 더 대중적인 사회의 문명화 국면, 그리고 새로운 발견이 이루어지는 과학기술적 국면을 지내왔다. 이제 지구 과정의 신비한 통합 국면이 생겨나고 있다.

다음 세대가 여기에서 대략 그려진 이 좀 더 큰 이야기를 인식하고, 이러한 전체 시간 규모 동안 세계 존재의 확장 계기에서 나타난 신성한 가치들을 깨닫게 되는 것이 극히 중요하다. 이러한 맥락 내에서 모든 인간사와 모든 직업과 인간의 창조가 그 의미를 갖게 되는 것은, 정확히 그것들이 실재의 전체 범위 내에서 주관적으로 상호 교감하는 이러한 창발하는 세계를 강화하는 한에서다. 이러한 맥락 내에서 과학 공동체와 종교 공동체는 공통의 기초를 갖는다. 구속의 언어와 과학의 언어 모두의 한계가 보일 수 있으며, 존재와 가치에 대한 좀 더 새롭고 통합적인 언어가 출현할 수 있다.

결론

나는 결론으로 몇 가지 관찰한 것들을 제시하고자 한다. 이 이야기 내에서, 우주 물리학과 화학으로부터, 지질학과 생물학 그리고 인류학 등으로부터, 언어와 문학과 예술과 역사와 종교로부터, 인간의 노력 전 범위에 대한 이해로, 의학과 법으로, 심리학과 사회학으로, 경제학과 통상 무역으로, 그리고 인간이 지구 과정에서 그들의 역할을 수행할 수 있게 하는 그러한 연구들에까지, 지식의 구조가 그것의 인간적 의미를 갖고 확립될 수 있다. 이 모든 연구에서 그리고 이 모든 기능들에서, 기본적인 가치들은 지구 과정과의 조화에 의존한다. 지구에 해를 끼치는 것은 인간에 해를 끼치는 것이다. 지구를 황폐하게 하는 것은 인류를 파괴하는 것이다.

둘째, 우주-지구 과정의 기능적 이야기를 발견하지 않고는 미국 사회나 인간 공동체를 위한 기능적 이야기를 발견할 가능성은 없다. 만약 서양 문화와 서양 종교의 방식이 한때 선택의 방식이고 서로로부터 그리고 지구로부터 차별화의 방식이었다면, 이제 그 방식은 더 큰 인간사회와 그리고 우주-지구 과정과의 친밀한 교감의 방식이다.

셋째, 미래의 기본적인 분위기는 지구 안에서 그리고 지구를 통해 발생하는 계속적인 계시에 대한 확신의 하나일 것이다. 만약 처음부터 우주의 동력이 하늘의 과정을 형성하고, 태양에 불을 밝히고, 지구를 형성했다면(만약 이 똑같은 동력이 대륙과 바다와 공기를 내놓았다면, 만약 그것이 원시세포에 있는 생명을 깨운 다음, 셀 수 없는 다양한 생명체를 탄생시키고, 마침내 인간을 존재케 하고, 그런 다음 요동치는 시대를 뚫고 안전하게 그들을 안내했다면), 정확히 인간에서 우리 자신과 이 불가사의한 과정에 대한 우리의 관계에 관한 현재의 이해를 일깨운 것도 이 똑같은 안내 과정이라고 믿을 이유가 있다. 이러한 안내에 민감해질 때, 우리는 인간의 모험적 시도를 기다리는 미래에 대해 확신을 얻을 수 있다.

넷째, 이 이야기를 통해 인간의 새로운 패러다임이 확립된다. 이것의 도움으로, 우리는 아침에 깨어나 우리가 어디에 있는지를 알 수 있다. 우리는 우리 아이들의 질문에 대답할 수 있다. 우리는 고통을 해석하고 지식을 통합하고 교육을 인도할 수 있다. 우리는 의미 있는 방식으로 삶이 기능할 수 있는 맥락을 가질 수 있다.

7

교육과 생태학
지구교양과 과학기술의 황홀감

메리 에블린 터커

세상을 이해하기 위해서는 지식으로 충분한 것이 아니라,
그것을 보아야만 하며, 그것을 만져야만 하고, 그것의
실재 안에서 살아야 하며, 실재의 바로 그 중심에서
존재의 치명적인 열기를 마셔야만 한다.
_ 피에르 테야르 드 샤르댕(*The Heart of Matter*, p.70)

2002년 9월 요하네스버그에서 있었던 환경을 파괴하지 않는 지속적 성장에 관한 유엔 세계정상회의의 초점은 엄청난 정도로 점점 커지고 있는 환경적 위기 현실이었다. 범위에 있어서는 세계적이지만 충격에 있어서는 지엽적인 이 위기는 이 새 천년에 혁신적인 정치, 경제, 사회, 교육 프로그램들로 채워져야 하는 긴급한 의제를 만들어냈다. 이제 새로운 형태의 세계적 정부, 생태학적 경제, 사회적 평등, 그리고 빈곤 퇴치에 대한 요청들이 있다. 이 모든 것은 지속가능한 미래를 위한 교육에 창조적으로 접근할 것을 요구한다.

교육과 테야르 드 샤르댕의 작품, 그리고 토머스 베리의 작품에 관심 있는 우리는 특히 21세기의 생명권을 치료할 수 있는 조건들을 만들어내라는 요구를 받는다. "미래를 건설하라"는, 그리고 그러한 미래를 위한 에너지에 영감을 불어넣으라는 테야르의 요청은 우리 시대에 요구되는 교육적 비전의 필수적인 부분이다. 베리가 주목했듯이, 인류 공동체가 직면한 세계적인 문제에 대한 분명한 분석이 없다면, 그리

고 충분히 포괄적인 역사적, 지질학적 맥락, 다시 말해 지구의 관점[1]이 없다면, 우리는 필요한 변화를 이룰 수 없을 것이다. 교육자들로서 우리는 다음 세대의 학생들에게 소비사회의 과학기술적 황홀감을 넘어서 상호 이익이 되는 인간-지구 관계를 창조하는 방향으로 나아가라고 자극해야 하는 요구를 받는다. 이것은 우주 이야기의 맥락 내에서 지구의 진화를 이해할 것을 요구한다. 그것은 우리가 역사상 중요한 순간에 진화 그 자체의 미래 과정의 결정요소로서 우리의 역할을 보라고 요구한다. 우리는 미래 세대를 위해 생명을 강화하는 쪽으로 혹은 그것을 급격히 감소시키는 쪽으로 움직일 수 있는 지구의 종들이다.

따라서 이 연구는 우리가 군에 기초한 경제체제를 넘어서 자연과 지속적으로 상호작용하면서 자연자원들을 적합하게 사용하는 경제를 향하여 이동하고자 할 때 우리가 직면하게 되는 어떤 문제들을 조사하는 것으로 시작된다. 다음으로 진보 신화에 대해 그리고 환경문제들을 과학기술로 빠르게 치료할 수 있다는 유혹에 대해 재평가가 이루어진다. 현재 부적절한 몇몇 교육을 살펴본 후, 우리는 출현하고 있는 우주 이야기의 평가를 통해 확장된 시공간에 대한 관점을 대략 그려볼 것이다. 여기에서는 테야르와 베리 그리고 브라이언 스윔의 진화 우주론이 필수다.[2] 결론적으로, 이 연구는 우리가 전 지구 공동체의 목소리에 민감한 지구교양을 발달시켜야 한다는 것을 제안할 것이다. 이러한 종류의 교육을 시도하는 여러 혁신적인 사람들과 프로그램들이 주목된다.

---

1) 이것은 토머스 베리의 책 *The Dream of the Earth*(San Francisco: Sierra Club Books, 1988)의 논제다.

2) Pierre Teilhard de Chardin, *The Human Phenomenon*(Brighton: Sussex Academic Press, 1999)(Sarah Appleton Weber가 영어로 새로 번역함)을 보라. 또한 Brian Swimme and Thomas Berry, *The Universe Story*(San Francisco: HarperSanFrancisco, 1992)를 보라.

군사산업사회에서 지속가능한 경제발전으로의 변화

군비 경쟁에 대한 지루한 이야기는 너무나 친숙하다. 세계평화의 해로 지정된 1986년 동안, 세계적인 군비 지출은 9천억 달러에 달했다.3) 이는 어려움에 처한 나라들의 개발보조금으로 쓰이는 액수의 25배가 넘는 것이었다.4) 이전의 소비에트연방이 붕괴될 때까지 미국과 소비에트연방은 함께 하루에 15억 달러를 국방비로 쓰고 있었다. 미국의 국방 예산은 이제 하루에 10억 달러가 넘는다. 3,960억 달러의 국방 예산으로, 미국은 G8 나머지 나라들을 합친 것보다 더 많이 쓰고 있으며, 두 번째로 가장 많이 쓰는 러시아의 6배를 쓴다.5) 현재 핵 군수품은 제2차 세계대전에서 사용된 모든 폭발물 장비들의 2만 6천 배가 넘는다. 최소한 개발도상국의 다섯 명 중 한 명이 영양실조가 걸릴 때에도 이것은 계속되고 있다.6) 인간의 역사상 결코 그러한 빈곤과 그러한 대량 살상이 나란히 기록된 적이 없다. 탐욕스러운 군수산업 모델을 따르는 현대 경제에서 선진국과 제3세계 사람들 모두에게 자원을 동등하게 배분할 것을 약속하는 모델로 어떻게 바꿀 것인지가 절박한 문제다. 또 다른 요구는 동유럽과 러시아뿐 아니라 아프리카와 아시아와 라틴아메리카를 포함하는 세계의 다양한 부분들의 생태학적 파괴에 대답하는 것이다. 전 세계적으로 핵무기와 화학무기를 생산하고 사용한 결과 발생하는 오염의 유산은 단지 이러한 문제의 한 가지 예일 뿐이다.7)

---

3) Ruth Leger Sivard, *World Military and Social Expenditures*(Washington, D.C.: World Priorities, Inc., 1987), p.5.

4) American Friends Service Committee의 뉴 맨해튼 프로젝트의 "Disarmament and Development"에 관한 성명서에서.

5) 방위비 정보 센터(www.globalissues.org).

6) Sivard, *World Military and Social Expenditures*.

환경의 상태와 자연자원의 사용

군사 폐기물이나 산업적인 추출 과정 등 지구에 피해를 입히는 방식은 다양하다. 세계 농경지의 3분의 1은 침식으로 사라지고 있다. 산업오염으로 인한 산성비는 미국과 캐나다와 이전의 소비에트연방과 유럽의 숲과 호수들의 죽음을 야기한다. 미국 남부와 중부 그리고 동남아에서는 열대우림지역이 하루에 수백 에이커씩 파괴되고 있다. 최소한 하루에 100가지 종이 현재 제거되고 있는 것으로 추정된다. 7,500만 년 전 백악기 이래로 이러한 속도로 종이 멸종한 적이 없었다. 오존층 감소의 영향은 이미 피부암의 폭넓은 증가로 감지되고 있다. 온실효과로 인한 지구온난화는 폭풍우와 홍수뿐 아니라 극심한 가뭄에 기여하고 있다.

물은 이제 미국 전역과 전 세계에서 소중한 일용품이 되고 있다. 많은 지역에서 오염된 식수 때문에 장염이 발생한다. 미국에서 수질오염의 손쉬운 기술적 해결책은 병에 든 물을 사먹거나 수도꼭지에 필터를 부착시키는 것이다. 더 깊은 오염의 원인은 언급되지 않는다. 간단한 기술적인 해결책이 가능하기 때문에 우리가 너무나 즉각적으로 적응한다는 것은 위험한 일이다. 지속가능한 성장에 관해 세계정상이 지적했듯이, 분명 모든 생명체들은 물에 의존하기 때문에, 물의 이용가능성과 그것의 사용은 점점 더 중요한 문제가 되고 있다.

게다가 환경에 미치는 또 다른 영향이 과학기술적이고 화학적인 "발전"에서 나온다. 생태학자 배리 코모너는 다음과 같이 말한다.

새로운 제작기술들이 이전의 기술들을 대체했다. 비누가루는 합성세

---

7) Michael Rennet, "Assessing the Military's War on the Environment", in *State of the World*, ed. Lester Brown et al.(New York: Norton, 1991), pp.132-52.

제에 대체되었다. 천연섬유들(면과 모)은 합성섬유들에 대체되었다. 강철과 목재는 알루미늄과 플라스틱과 콘크리트로 대체되었으며, 재활용할 수 있는 병들은 재활용할 수 없는 것들로 대체되었다. 농장에서는 추수할 농경지 양이 줄었다. (거의 합성인) 비료가 땅을 대체했다. 옛날 방식의 곤충 퇴치법은 합성살충제로 대체되었다. 그리고 잡초를 통제하기 위해 경작자는 제초제 분무기에 대체되었다. 가축 방목은 비육장에 대체되었다.8)

우리의 합성플라스틱 일회용 세상은 당연한 것으로 여겨지며 진보로서 환영을 받지만, 우리는 그것이 대가가 있는 진보라는 것을 깨닫기 시작하고 있다. 부적절한 과학기술적 능력의 증가가 생태계를 바꾸거나 파괴시키면서, 경제발달과 성장에 대해 좀 더 절박하게 다시 생각할 필요가 생겼다. 기계톱과 같은 간단한 과학기술조차도 열대와 온대의 숲을 빠르게 고갈시킨다는 의미를 갖는다. 과학기술은 분명 혼합된 축복이며, 그 자취에 진보와 파괴를 모두 가져다주었다.

진보 신화

지속가능한 발전에 관한 세계정상회의의 참여자들이 지적했듯이, 전체 인간사회가 직면한 문제는 심각하다. 부유한 사회들은 불가피하게 터져버릴 지속가능하지 않은 산업적인 거품 안에서 살며, 제3세계 사회들은 당연히 물질적인 이익을 얻기 원하지만, 그것을 지탱하고 있는 진보 신화에 대해서 의문을 제기하는 사람은 거의 없다. 재활용할 수 없는 자원 소비를 통한 무제한적 진보와 경제발전은 어쩔 수 없으며 바람직한 것으로 보인다. 그러한 진보나 계속적인 성장에 의

---

8) Barry Commoner, *The Closing Circle*(New York: Alfred A. Knopf, 1972), pp.143-54.

문을 제기하는 사람은 낭만적이거나 실천적이지 않은 사람들로 생각되거나 더 나쁜 경우에는 매국노나 반자본주의자로 생각된다.

소비 쾌감은 너무나 맹목적이고 무제약적이어서, 우리는 모두 진보라는 이름으로 우리의 강을 오염시키고 공기를 더럽히며 숲을 파괴하고 토양을 못 쓰게 만들고 종들을 제거한다. 오늘날 궁극적인 위험은 생명을 유지해주는 생물권을 경솔하고 돌이킬 수 없이 파괴하는 것이다. 우리는 서로서로에 대한 폭력 행위뿐 아니라 지구 그 자체에 대한 폭력을 두려워할 필요가 있다.

고삐 풀린 소비 유혹과 웅변술은 미국의 매디슨 가에서 할리우드까지 아주 흡사하다. 우리의 교육체계는 대체로 노동과 소비자를 제공하는 도구가 되었으며, 이러한 반복을 영구화한다. 서비스 산업이나 비영리 그룹들의 가치 있는 직업은 수지가 맞지 않으며 따라서 젊은 이들에게 덜 매력적이다. 종교단체들이 용감하게 개인적 구원의 문제와 자비로운 행위에 집중하는 한편, 개인들은 현대세계에서 더 큰 의미와 가치에 대한 감각을 발견할 수 없다. 따라서 우리의 위기는 경제적, 환경적일 뿐 아니라 교육적, 종교적이기도 하다.

이것이 너무 극적인 시나리오인가? 월드워치 재단의 *State of the World* 리포트나 제럴드 바니의 *Global 2000 Report to the President of the U.S.*, 혹은 리우 지구정상회의 이후의 유엔 환경 프로그램이 발간한 *Agenda 21*에 따르면 이것은 극적인 시나리오가 아니다.9) 월드워치 재단은 대기 중의 화학물질과 지구의 온도 변화, 그리고 많은 생명 종들을 바꾸면서 인간이 야기한 급격한 변화들이 "계속 많아지고 있는 인간 개체군을 지탱하는 지구의 능력에 손상을 입힐 수도 있는

---

9) *State of the World* 리포트는 1984년 이래로 매년 Norton에 의해 발간되어 왔다. 또한 Gerald Barncy, *Global 2000 Report*(New York: Pergamon Press, 1980)을 보라.

역효과를 가져온다고 보았다. 실망스러운 역설이 발생하고 있다. 생활 수준을 개선하고자 하는 노력들이 그 자체로 세계경제의 건강을 위협하기 시작한다. 진보라는 바로 그 개념이 그것을 추구한 결과 펼쳐지고 있는 참을 수 없는 결과에 비추어 재정의를 요청한다." 지속가능한 사회로의 변화를 요청함에 있어 월드워치 재단의 연구는 다음과 같이 말한다.

지속가능한 사회는 다음 세대의 가능성을 감소시키지 않으면서 그것이 필요로 하는 것들을 만족시킨다. 현대사회는 이러한 기준을 충족시키지 못한다. 생태학적인 지속가능성 문제들이 모든 대륙에서 발생하고 있다. 인간의 활동 규모가 지구 그 자체의 생존을 위협하기 시작했다. 인구와 에너지 정책에서 근본적으로 조정이 잘 이루어지지 않는다면, 인간 조건을 향상시키고자 하는 우리의 장기간의 노력을 압도할 수 있는, 지금 펼쳐지고 있는 많은 값비싼 변화들을 막지 못할 것이다.10)

레스터 브라운은 우리가 진보의 환상에서 깨어날 필요가 있음을 지적하고, 다양한 경제활동이 환경에 미치는 결과들을 고려하는 새로운 방식의 비용 계산법을 사용하자고 제안한다.11) 그는 "성장", "발달", "진보"에 관해 낙관적인 전통적인 경제적 입장과 오염과 자원고갈이 요인이 될 때 훨씬 덜 낙관적인 환경적 입장 사이에 모순된 관점이 출현하고 있음을 본다.12) 그는 다음과 같이 말한다. "성장만을 오로지 추구하게 되면 결국 경제적 붕괴로 이어질 것이라고 생태학적 견해는 주장한다."13)

---

10) *State of the World*(1987), pp.4-5.

11) *State of the World*(1987), pp.4-5.

12) *State of the World*(1990), pp.7-9; (1991), pp.5-11.

13) *State of the World*(1991), p.6.

유사한 맥락에서 *Global 2000 Report* 는 다가오는 10년 내에 더 악화될 치명적인 결함을 다음과 같이 인용한다.

환경은 생명을 지탱하는 중요한 능력을 잃게 될 것이다. 2000년쯤이면, 1978년에 여전히 덜 개발된 나라들에 남아 있는 40퍼센트의 숲이 파괴되어 있을 것이다. 이산화탄소의 대기 중 농도는 거의 산업화 이전 수준보다 3분의 1 정도 더 높아질 것이다. 전 세계적인 토양 침식으로 농경지에서는 많은 토양이 제거될 것이다. (염류화 작용을 포함해서) 사막화가 세계의 목축지와 농경지의 많은 부분을 빼앗을 것이다. 20년 이내로 15-20퍼센트의 지구의 전체 생물과 동물 종들이 멸종하게 될 것이다. 최소한 50만 종이 멸종할 것이다.[14]

그 리포트는 계속해서 다음과 같이 지적한다. "일단 그러한 전 세계적인 환경문제가 가동되고 나면, 그것들은 고치기가 매우 어렵다. 사실상 Global 2000 연구에서 제시된 문제들 중 어떤 것도 거의 기술적이거나 정치적인 재빠른 '해결책들'에 기꺼이 따르지는 않을 것이다. 오히려 그것들은 세계의 가장 당혹스러운 사회 경제 문제들과 엉켜 있다."[15]

환경론자 빌 매키벤은 그의 책 *The End of Nature* 에서 자연에 대한 우리의 기술적 각인이 돌이킬 수 없는 것이기 때문에 자연과 우리의 관계는 이제 영원히 바뀌었다고 본다.[16] 미주리 식물원의 감독 피터 레이븐은 "우리가 우리의 세상을 죽이고 있다"는 제목으로 미국 과학진흥회의 기조연설에서 단호하게 이를 말하고 있다. 그는 처음부

---

14) Barney, *Global 2000 Report*, p.39.

15) 같은 책, p.40.

16) Bill McKibben, *The End of Nature*(New York: Random House, 1989; rpt., 1999).

터 다음과 같이 말한다. "우리의 진화적, 생태적 맥락을 제공하는 세계가 심각한 어려움에 처해 있는데, 이러한 종류의 어려움은 우리가 긴급하게 주목할 필요가 있다. 이러한 거대한 규모의 문제들을 다룰 수 있는 적절한 계획을 수립함으로써, 우리는 미래의 평화와 번영을 위한 기초를 닦게 될 것이다. 그것들을 무시하고, 더 긴급해 보이는, 개인적으로 우선적인 것으로 보이는 것을 주목하는 동안 수동적으로 표류한다면, 우리는 재앙을 초래할 것이다."

지구교양교육을 통한 반응

생태계 변화의 관점에서, 그리고 지구에 있는 인간과 다른 종들에 미치는 영향이라는 관점에서, 우리가 직면한 환경위기는 주요 지질학적 시기의 규모로 발생하고 있다. 이전의 지질학적 시기나 멸종이 자연적으로 발생했던 반면, 이 시대는 주로 인간의 맹목성과 탐욕으로 인해 추진되고 있다. 우리가 여섯 번째 멸종 시기 가운데 있다는 사실은 과학 공동체에게도 받아들여지고 있다. IPCC(기후 변화에 관한 정부간 협의체)에 따르면, 종의 멸종과 마찬가지로 지구온난화는 대부분 인간에 의해 야기된 것으로 보인다.

엄청난 우리의 어려움들은 어떤 사람들에게는 필요한 변화를 일으키고자 하지도 않는 무능함을 초래한다. 미래 세대들에 관심을 갖지 않는 소비생활을 계속하는 것이 더 쉽다. 많은 사람들이 미국 사회를 지배하고 있는 중독 패턴에 사로잡혀 있다. 마약과 술은 단지 부와 무절제라는 더 큰 중독의 표면적 모습일 뿐이다. 이러한 강박현상은 변화된 상태, 즉 우리의 문제를 해결할 것이라고 생각되는 과학기술에 매료되는 것과 같은 일종의 신들림을 생산한다. 토머스 베리는 이러한 중독과 이에 수반한 진보 신화에 대한 믿음을 "과학기술적 신들

림"이라 불렀다.17)

교육자들에게는 이러한 신들림을 깨는 방법이 중요한 문제가 되었다. 지속가능한 발전, 적합한 과학기술들, 대안적인 에너지 자원, 그리고 생활양식의 변화에 대한 요구를 인식할 수 있는 대단히 새로운 가치들을 다음 세대에게 어떻게 고취시킬 수 있는지가 우리의 특정 관심거리다. 이것은 "지속가능한 발전"의 개념뿐 아니라 미래 세대를 위한 지속가능한 삶의 개념에 대한 더 깊은 이해를 요구할 것이다. 자연세계에 대한 과학적인 이해와 생태정의의 원리(principles of ecojustice)에 기초한 포괄적인 환경윤리 모두를 촉진하기 위해 지구교양과목을 가르치는 것이 중요한 목표여야 한다. 빈곤과 환경문제는 나란히 해결될 필요가 있다. 레스터 브라운은 설득력 있게 다음과 같이 말한다. "냉전의 목표는 다른 쪽들이 그들의 가치와 행동을 바꾸게 하는 것이었지만, 지구를 구하는 전투에서 이기는 것은 우리 자신의 가치와 행동을 바꾸는 데 달려 있다."18)

과학과 인문학이 둘로 나뉘어 종종 무관한 것들처럼 다루어지는 부적절한 교육체계가 효과적이고 포괄적인 세계 환경윤리를 성취하는 데 주된 장애다. 지구의 생존문제와 관련해서, 과학자들과 대학의 인문학자들의 소통이 대단히 부족하다. 많은 대학들에서 이러한 분과들 간의 불신과 오해 분위기가 만연하다. 따라서 과학적 탐구와 도덕적 문제의 보완적 관점은 대화에서 거의 발견되지 않으며, 결실 있는 공동 연구는 더욱더 드물다. 지식은 결과적으로 매우 파편화되고 전문화되었으며, 지구 공동체가 직면한 다양한 세계적 위기들과 관련해서 효과적이지 못해졌다. 마찬가지로, 대학 내부와 외부 모두에서, 종교

---

17) Thomas Berry, "Technology and the Healing of the Earth", in *The Dream of the Earth* 를 보라.

18) Lester Brown, *State of the World*(1991), p.4.

와 과학은 대체로 양립할 수 없는 것으로 보인다. 각각은 실질적인 대화를 위한 여지를 거의 허용하지 않는 배타적인 진리를 주장하는 경향이 있다. 우리의 교육체계가 지식의 전선을 향하여 밀고 나가는 반면, 많은 종교제도들이 구원에 이르는 지혜를 점점 더 배타적으로 주장한다는 것은 정말로 어처구니없다.

따라서 학생들은 부지불식간에 두 가지 올무에 갇힌다. 하나는 구분된 분과들의 미궁이다. 다른 하나는 시장성과 직업기술들에 대한 절망적인 강박현상이다. 고등학교나 대학교에서 그들이 얻은 지식을 종합할 기회가 거의 없다. 현재 교과과정에서는 "비판적 사고"를 매우 강조하고 있기 때문에 그들의 추리력은 많은 훈련을 받는다. 하지만 지적인 통일이라든지 혹은 그들이 배운 것을 자기화하는 일은 거의 이루어지지 않는다. 양적인 분석과 평가가 종종 질적이고 창조적이거나 전체론적인 학습과정보다 강조된다. 우리는 단순히 비판적인 사고가 아니라 평가적인 학습을 육성할 필요가 있다. 우리는 단지 학문분과의 전문화가 아니라 다양한 분과들을 종합할 필요가 있다.

직업과 컴퓨터 과학과 공학 과정의 인기는 학생들의 실용주의적 태도와 우리 사회의 물질주의적 편향성을 반영한다. 이러한 분야들의 연구는 단기간의 "진보"와 순이익을 촉진하는 사고방식을 주입한다. 사람들은 장기적인 효과들에 주목하지 않으면서 자연의 과정을 조작하는 법을 배운다. 따라서 우리 대학들은 무제한적 성장 결과에 대한 관심이나 대안적인 고용수단을 고무하는 데 대한 관심을 거의 갖지 않으면서, 과학기술적 신들림과 산업적 거품에 공헌한다. 자신들의 미래가 정부와 기업으로부터 받는 도움에 의존하기 때문에, 교육기관들이 이 문제를 다루고자 하지 않는다는 것은 가공할 만한 딜레마다.

분명 이러한 것들은 흑백의 문제가 아니다. 과학기술은 실질적으로 인간 삶의 개선에 공헌해왔다. 하지만 그것은 또한 특히 환경과 관련해서 대가를 요구한다. 예를 들어, 석면은 처음에는 열 차단을 위해 성공적으로 사용되었으며, 단지 나중에서야 건강에 해로운 문제를 일으키는 것으로 발견되었다. 한 가지 고통을 치료하는 약들은 부작용을 예측하지 못했을 것이다. 살충제는 어떤 곤충들을 죽이지만, 동시에 전체 생태계를 교란시킨다. 우리의 과학기술의 매력 때문에, 우리는 다양한 종류의 과학기술이나 화학물질을 사용하기 전에 기꺼이 조심스럽게 접근하고자 하지 않는다.

이것은 우리가 과학기술적이지 않은 태고의 낙원을 옹호하고 있음을 의미하는 것이 아니다. 좀 더 현실적으로 말하자면, 우리는 미래 세대들의 교육을 위해 자연적 맥락에 관한 새로운 관점이 필요하다. 이것은 전체 지구에 대한 우리의 진화적 관계를 우리가 좀 더 통합적이고 포괄적으로 이해해야 한다는 것을 함축한다. 이제 우리는 기본적인 생명과정의 전개를 파괴하거나 도울 수 있는 능력을 갖고 있다. 우리는 자연에 거슬러서가 아니라 자연과 더불어 작업하는 방법과, 또한 자연을 교란한 후가 아니라 그 이전에 생태학적인 상호 연관성을 이해하는 방법을 평가할 필요가 있다. 배리 코모너가 제안했듯이, 오염을 통제하는 가장 좋은 방법은 그 일이 일어나고 나중에 그것을 치우려고 하는 것이 아니라 그 일이 일어나기 전에 막는 것이다.[19] 이것이 예방원리의 기초다.

그러한 의제는 지구교양에 대한 자세한 설명을 요구한다. 많은 선생들과 학생들은 사실상 생태계의 복잡함을 이해하지 못하며, 따라서 매개적 과학기술과 대안적인 에너지 자원, 유기농법과 재활용 과정과 같은 환경을 보호하는 효과적인 방법을 잘 알지 못한다. 아모리와 헌터 로빈스의 보존과 대안 에너지에 관한 연구와 마찬가지로,[20] 존과

---

19) Barry Commoner, *Making Peace with the Planet*(New York: New Press, 1992).

낸시 토드의 대안 기술에 관한 작업이 여기서 중요하다. 웨스 잭슨, 웬델 베리, 미리엄 맥길리스 그리고 수많은 다른 사람들의 작품은 지속가능한 농업 분야에서 매우 소중하다.[21]

지구와의 새로운 관계

군비와 지속가능한 발전, 경제성장과 관련한 환경보호, 자연자원과 적정 기술, 그리고 이러한 문제들이 교육에 부과한 문제들과 관련해서 우리가 직면하고 있는 몇 가지 문제를 찾아냈으므로, 미래의 효과적 교육이라는 최우선적인 전제는 지구와 우리의 밀접한 관계에 대한 평가임에 틀림없다고 할 수 있다. 이것이 지구교양의 기초인데, 왜냐하면 이것이 생존과 생명의 지속가능성 모두를 위한 궁극적인 모체이기 때문이다. 지구에 대한 공격은 특히 산업혁명이 시작된 이래로 여러 세기 동안 진행되어 왔다. 최근에 그것은 과학기술적인 무절제와 무제한적 성장으로 인해 확대되었다. 하지만 더 이상 지구는 수동적으로 우리의 쓰레기장으로 혹은 끝없는 자원 추출 장소로 봉사할 수는 없다. 그것은 더 이상 토머스 베리가 말하듯이 단지 우리를 위해 사용되는 어떤 것으로 보일 수도 없다. 그것은 편리한 자원이 아니라 생명의 공동체다. 교육자로서의 우리의 역할이 이러한 새로운 깨달음에 중요하다. 게다가 그것은 지구와의 평화를 통해 사람들 중에서 평화 가능성을 창조하는 과정에 필수적이다. 그것은 **프로그램**과 **실용성**

---

20) Amory Lovins, *Soft Energy Paths*(New York: Harper & Row, 1979).

21) Wes Jackson은 캔사스의 살리나(Salina)에서 토지제도(Land Institute)를 조직했다. Wendel Berry는 켄터키의 포트 로열(Port Royal)에서 시인이자 농부로 살았다. 그리고 Miriam MacGillis는 20년 이상 뉴저지의 블레어스타운(Blairstown)에서 Genesis Farm을 경영했다.

뿐 아니라 **상상력과 환기작용**을 요구할 것이다. 우리는 이러한 네 가지 요점을 간단히 논의할 것이다.

우리는 먼저 자연에 대한 상상력 있는 평가와 과학적인 이해를 학생들뿐 아니라 교육자인 우리 자신들에서도 연마할 필요가 있다. 문제는 과학적 방법이 상상적인 창조적 예술보다 앞선 것으로 보인다는 점이다. 지구교양을 위한 교육의 다음 국면은 과학과 사회과학, 그리고 인문학의 창조적인 종합을 요구할 것이다. 선생으로서 우리는 자연과 그것의 복잡한 자기 조직적 동력을 이해하기 위한 학제 간의 연구방법을 다시 배우는 학생이 되어야 한다.

분리되어 테스트할 수 있는 과정으로서가 아니라 전체론적인 통찰의 방법으로서 상상하고 생각하고 추론하고 관계 짓고 가치 평가하고 판단하는 새로운 방법들이 생겨날 필요가 있다. 테야르는 다음의 말로 *The Human Phenomenon* 을 시작한다.

> 바라봄. 사람들은 삶 전체가 보기 나름이라고 말할 것이다. … 생명세계의 역사가 항상 좀 더 많은 것을 인식할 수 있는 우주 중심의 훨씬 더 완벽한 눈들의 정교함으로 환원될 수 있는 이유가 아마도 그것일 것이다. … 보지 않으면 멸망할 것이다. 이것은 존재라는 신비로운 선물이 우주의 모든 요소들에 부여한 상황이다.22)

진화에 대한 새로운 이해와 달에서 본 지구의 모습은 학생들에게서 그러한 비전을 촉진할 수 있는 두 가지 관점들이다. 둘 다 자연에서의 우리의 위치와 더 큰 우주의 인간으로서의 우리의 역할을 환기시킨다. 인간이 자연을 지배하고 경영하는 **인간중심적** 견해에서 지구의 모든 생명 형식들과 서로 돕고 존중하는 **인간우주적** 견해로 이동하도록 학

---

22) Teilhard, *The Human Phenomenon*, p.3.

생들을 고무하는 것이 중요할 것이다.23) 인간우주적 견해는 인간이 자연에 깊이 새겨져 있으며 더 큰 우주로부터 자신들이 진화했음을 인간이 인식한다는 것을 함축한다.

다윈의 진화이론이 약 100년 정도밖에 되지 않았다는 것, 그리고 이는 지구 역사와 관련해서 매우 짧은 시간이라는 것, 게다가 그것이 인간 의식에 아직도 충분히 동화되지 않았다는 것을 기억하는 것이 중요하다. 진화적 견해는 시간에 대해 근본적으로 다시 생각할 것을 요구하지만, 많은 종교적 근본주의자들은 이를 완강하게 거부한다. 그럼에도 새로운 우주론적 패러다임이 우리 중에서 출현하고 있다. 테야르와 토머스 베리, 브라이언 스웜과 기타 사람들의 생각은 그것을 발전시키는 데 매우 중요했다. 게다가 테야르는 진화라는 아이디어가 우리의 관점을 얼마나 변화시키는지를 다음과 같이 지적한다. "이것은 결단코 우리가 충분하게 이해해야 하는 어떤 것이다. 따라서 우리와 우리의 후손들에게는, 완진히 변화된 심리적인 시간-관계들과 차원들이 있다."24) 그는 다음과 같은 사실 때문에 이것이 참이라고 생각한다. "우리 시대에, 진화를 의식하게 되었다는 것은 한 가지 사실을 더 발견한 것과는 다르며, 그 이상의 것을 의미한다. … 그것은 (어린 아이가 관점에 대한 감각을 획득할 때 그에게 일어난 일과 같이) 우리가 새로운 차원으로 살아 있다는 것을 의미한다."25)

---

23) 이 용어는 종교 역사가 Mircea Eliade가 사용했으며, 좀 더 최근에는 유교학자 Tu Weiming이 유교에서 하늘과 지구와 인간의 상호작용을 묘사하기 위해 사용했다. Tu Weiming, *Confucian Thought: Selfhood as Creative Transformation*(Albany: State University of New York Press, 1985)를 보라. 또한 Mary Evelyn Tucker and John Berthrong, eds., *Confucianism and Ecology* (Cambridge, Mass.: Center for the Study of World Religions and Harvard University Press, 1998)를 보라.

24) Pierre Teilhard de Chardin, *Activation of Energy*(New York: Harcourt Brace Jovanovich, 1970), p.256.

우주론: 시간과 공간에 대한 새로운 견해들

지구교양교육에 필요한 의식 변화에는 우주론 즉 우주적 진화 과정에 대한 확장된 이해가 핵심이다. 토머스 베리가 말했듯이, 우리는 우주가 137억 년 전에 출현했다는 우주에 관한 포괄적인 "새로운 이야기"에 친숙해져야 한다.26) 테야르가 전달하고자 했던 중요한 메시지는 우리가 정적인 우주가 아니라 창조적인 발생적 우주 내에서 살아야 한다는 것이다. 그는 다음과 같이 말한다. "현상적으로 말해서, 우리는 단순히 움직이는 체계로서가 아니라 발생 상태에 있는 체계로서 세계를 바라본다."27)

수천 년간의 예수-기독교 역사는 우리가 직면하고 있는 환경의 복잡성과 그 범위와 관련되어야 할 필요가 있다. 테야르가 지적했듯이, 우리 자신을 이러한 역동적인 진화 이야기에 필수적인 인간 현상으로 보는 것이 중요하다. 그때에서야 비로소 우리는 인간의 요구와 지구를 공유하는 다른 수많은 형태의 생명체들의 요구를 서로 균형 맞춤에 있어서 우리가 하는 역할을 평가하기 시작할 수 있다. 테야르는 다음과 같이 진화적 관점으로부터 이러한 상호 연관에 대한 감각이 얼마나 강력한지를 분명하게 보았다.

우리는 우선 세계의 모든 구성요소들이 필연적으로 그것에 앞선 것으로부터 출현한다는 것을 깨달았다. 그래서 우리가 "그것 옆의 어떤

---

25) Pierre Teilhard de Chardin, *Science and Christ*(New York: Harper & Row, 1968), p.193.

26) 토머스 베리의 에세이, *The Dream of the Earth* 의 10장 "The New Story"와 이 책의 6장을 보라. 원래 *Teilhard Studies* no. 1(winter 1978)로 발간된 것임.

27) Pierre Teilhard de Chardin, *The Heart of Matter*(New York: Harcourt Brace Jovanovich, 1978), p.85.

것"이 없는 공간에서 어떤 것을 상상하는 것이 물리적으로 불가능한 것과 같이, "그것 이전의 어떤 것"이 없는 시간 안에서 어떤 것을 생각하는 것은 물리적으로 불가능하다. 이러한 의미로 모든 실재의 입자들은 그 자체로 근접 점을 구성하는 대신에 무한으로 되돌아가는 나눌 수 없는 실타래의 이전의 단편에서 다음의 단편으로 연장된다.28)

여기에는 약 137억 년 전 우주가 발생한 후 지구의 자연적 역사를 보여주는 먼 옛날의 모습들이 나타난다. 우리의 태양계 자체는 약 50억 년 전에 형성된 한편, 지구는 46억 년 전에 형성되기 시작했으며, 태양은 45억 년 전에 태어났다. 공룡 이전에 네 번의 주요한 멸종을 통해 생명이 번성했다. 그 직후에 대양들이 모습을 갖추었다. 자기 복제하는 분자들의 화석 세포들은 36억 년 전으로 거슬러 올라간다. 활성산소가 20억 년 전에 축적되기 시작했으며, 핵이 있는 복잡한 세포들은 15억 년 전에 형성되었다. 그런 다음 오존층의 보호막이 형성되었으며, 육지에 생명이 나타나기 시작했다. 공룡은 6,500만 년 전 멸종하기 전에 1억 6천만 년 동안 지구를 지배했다. 마지막 1억 3,500만 년 동안 꽃피는 식물이 퍼졌다. 호모사피엔스는 약 20만 년 전에 나타났으며, 위대한 전통 문명들은 약 4,500년 전에 나타났다. 지난 반세기 동안 우리는 원자를 분리하고 유전자 암호를 쪼개었으며, 우주로 날아가고 지구의 표면을 변화시켰다. 이것이 지구교양에 적합한 맥락을 제공할 수 있는 발생하는 우주의 우주론적 이야기다.29)

방금 제시된 시간에 관한 확장적인 견해는 달에서 본 지구의 통합

---

28) Pierre Teilhard de Chardin, *The Future of Man*(New York: Harper & Row, 1964), p.87.

29) 이러한 관점은 학생들에게 달력이나 시계나 시간표로 그려질 수도 있다. Sidney Liebes, Brian Swimme, and Elisaber Sahtouris, *A Walk Through Time*(New York: Wiley, 1998)을 보라.

적 이미지를 통해 보완된다. 가이아 가설에서 제임스 러브락이 설명했듯이, 지구는 우리의 얇은 대기 껍질의 보호를 받는 자기 규제적인 살아 있는 유기체다. 그는 다음과 같이 말한다.

우주에서 지구를 보기 위해 앞으로 나아가 되돌아봄으로써 새로운 이해가 생겨났다. 하얀 반점이 있는 그 휘황찬란한 푸른 공의 모습은 이제는 거의 시각적으로 진부한 것이지만 그 당시의 우리 모두를 휘저어놓았다. 그것은 마음의 눈까지 열어주는데, 이는 마치 고향을 떠나 항해하는 것이 남아 있는 사람들에 대한 우리의 사랑의 관점을 확장시켜 주는 것과 같다.

그러한 항해의 첫 번째 충격은, 우주 비행사들이 느끼는, 그리고 우리가 대신해서 그들의 경험을 공유할 때 우리가 느끼는 경이감이었다. …

우리는 이제 하늘과 바다와 땅이 단순히 생명을 위한 환경 그 이상의 것이라고 본다. 그것들은 생명 그 자체의 일부다. 따라서 공기와 생명의 관계는 털과 고양이 혹은 새와 둥지의 관계와 같다. 살아 있지는 않지만, 적대적일 수도 있는 세상에 대항해, 살아 있는 것들이 보호하게 하는 어떤 것. 지구의 생명에게 있어서 공기는 차가운 심해와 우주의 맹렬한 방사선에서 우리를 보호해주는 것이다.

하늘과 바다와 바위들과 상호작용하는 지구의 생명이라는 아이디어에 특이한 것은 아무것도 없지만, 그것은 외부로부터의 관점을 취함으로써, 이러한 결합이 하나의 거대한 생명계를 구성할 수도 있다는 가능성을 보았으며, 또한 지구 위에 있는 생명체들에게 항상 가장 호의적인 상태의 지구로 남아 있게 할 수 있는 그러한 생명계를 구성할 수도 있는 가능성을 보았다.30)

그러한 공간과 시간 매개변수들의 확장은 인간의 상상력에서 새로

---

30) James Lovelock, *Gaia: A New Look at Life on Earth*(New York: Oxford University Press, 1979).

운 시대를 열어준다. 약 46억 년 된 진화하는 생명 형식들의 복잡한 체계에서 생겨난 것으로서, 그리고 우주에 떠 있는 푸른 초록색의 행성의 일부로서, 우리 자신들을 어떻게 시각화할 것인지가 지금 인류가 부딪치기 시작한 난제다. 그러한 도전에 응하려면 상상적인 이야기와 명상들, 시와 그림과 춤들, 그리고 우리가 이전에 생각했던 것보다도 훨씬 더 크고 복잡하고 더 신비스러운 우주로 우리를 향하게 하는 각본들이 필요할 것이다. 이것은 더 큰 지구 공동체의 번영을 방해하는 것이 아니라 강화하는 지구의 종들이 되도록 우리의 여행에서 우리를 인도할 것이다.

우리가 옛이야기와 새로운 이야기 사이에 놓여 있기는 하지만, 다른 종들과 관련해서 인간의 위치가 사회생태학자들과 심층생태학자들의 논쟁의 주제다.31) 사회생태학자들은 인간의 중요성을 강조하는 반면, 심층생태학자들은 우리가 수천 가지 종들 중의 하나임을 지적하고, 인간중심의 오만이 우리의 세계적 환경위기에 기여했다고 지적한다. 훼손된 생물권에서의 종들의 멸종과 인간의 생존 중 무엇이 우선인지를 고려하기 위해서는 이러한 논쟁을 해결하는 것이 중요할 것이다. 지구에서 생명이 장기간 생존할 수 있도록 하기 위해서는 지구교양을 통해 지지되는 인간우주적 관점이 가장 포괄적인 교육의 토대가 될 수 있을 것이다.

---

31) 사회생태운동의 한 가지 예는 Murray Bookchin의 작품 *The Ecology of Freedom: The Emergence and Dissolution of Hierarchy*(Palo Alto: Cheshire Books, 1982)이다. "심층 생태학"이라는 용어는 Arne Naess에 의해 생겨났고 Bill Duvall과 George Sessions의 *Deep Ecology*(Layton, Utah: Peregrine Smith, 1985)에서 발전되었다.

혁신적 프로그램을 위한 제안들

21세기 교육과정의 핵심적 특징은 어떤 근본적인 면에서 지구가 기본적인 교육과정이라는 것을 인정하는 것이다. 여기에는 교사들을 훈련하기 위한 대부분의 대학교와 대학원의 프로그램을 훨씬 넘어서는 개념적인 확장이 있다. 하지만 몇 년 전 토머스 베리는 지구가 기초적인 교육자라는 것을 깨달았다. 그것은 단순하기도 하고 복잡하기도 하다. 지구는 기초적인 치료사이고 입법가이며 생명의 생산자다.32)

"세계적으로 생각하고, 국지적으로 행동하라"라는 구절이나 "우주적으로 생각하고, 생물권역적으로 행동하라"와 같은 구절에서 그것을 성취하는 믿을 만한 지침이 발견될 수도 있다. 거시규모와 미시규모의 그러한 통합과 더불어, 우리는 우리 자신과 우리 학생들 모두가 이러한 광대한 우주 발생의 시공간 차원들을 받아들일 수 있게 하는 방법을 갖게 된다. 진화에 대한 설화체 이야기는 그 어떤 교과과정에도 가장 포괄적인 맥락을 제공하지만, 특히 세계 역사와 문학과 종교에 대한 이해를 위해서도 그러하다. 그것은 자연과학과 환경연구를 가르치고 특정 생물권역들을 탐구하기 위한 실천적 모체다. 만약 우리가 효과적인 교사들이고자 한다면, 게다가 이 새 천년에 전체론적인 우주론적 패러다임의 출현을 위한 산파들이고자 한다면, 보편적인 것과 특수한 것의 상보성은 매우 중요하다.

지구교양에 관한 가장 유익한 작품들 중 하나는 데이비드 오어의 *Ecological Literacy: Education and the Transition to a Postmodern World* 이다. 또한 교과과정의 잠재적인 변화를 위하여 매우 중요한

---

32) 토머스 베리의 "The American College in the Ecological Age"는 대학교 교과과정을 위해 이 점에 관해 사세히 다루며 *The Dream of the Earth* 에 수록 출판되었다.

것들 중에는 메리 클락의 *Ariadne's Thread: The Search for New Modes of Thinking*이 있다. 게다가 로버트 코스탄자의 *Ecological Economics: The Science and Management of Sustainability*에 관해 편집한 책이 있다.33) 챗 바워스 또한 그의 많은 출판물들을 통해 생태학적 교육에 지대한 공헌을 해왔다. 미첼 토마셔의 책 *Bring the Biosphere Home*도 생태학적 교육에 중요한 공헌을 한다. 후기 산업 사회에 자연과 조화를 이루는 삶을 사는 법을 배우고자 하는 점점 더 많은 요구를 충족시키기 위해 다양한 지구교양센터들이 출현했다.34) 워싱턴의 생명환경존중센터에는 ULSF(지속가능한 미래를 위한 대학 지도자들)이 있다. 게다가 지구헌장 또한 지속가능한 미래를 위한 교육의 주요 매개체가 되었다. 하버드나 컬럼비아와 같은 대학들은 포괄적인 학제적 환경 프로그램들을 개발하는 한편, 플로리다 해안에 있는 대학들은 환경적 지속가능성을 위한 교과과정을 조직했다. 버펄로 대학교, 콜로라도 대학교, 그리고 남부의 대학연합은 환경교육에서 주도적인 기관이 되었다. 미들베리, 브라운, 콜로라도 칼리지, 윌리엄스, 프레스콧, 워런 윌슨, 오벌린, 앤티오크, 켄터키의 베레아, 마이애미의 세인트 토마스, 미네소타의 세인트 존스는 환경교육 분야의 모

---

33) David Orr, *Ecological Literacy: Education and the Transition to a Postmodern World*(Albany: State University of New York Press, 1992); Mary Clark, *Ariadne's Thread: The Search for New Modes of Thinking* (New York: St. Martin's Press, 1989); Robert Costanza, *Ecological Economics: The Science and Management of Sustainability*(New York: Columbia University Press, 1991).

34) 이것들은 뉴저지의 블레어스타운에 있는 Genesis Farm, 마이애미 데이드 커뮤니티 칼리지에 있는 Earth Ethics Institute, 인디애나 산 메리 우드의 The Earth Literacy 프로그램, 오클랜드의 University of Creation Spirituality, 오클랜드의 Sophia 재단, 캘리포니아 통합 연구 재단의 철학, 우주론, 의식의 프로그램과 같은 센터들을 포함한다. 또한 http://www.Earthliteracy.com을 보라.

델들이 되는 교과과정을 발전시켰으며 센터와 빌딩들을 세웠다.

물론 지구교양감각을 강화하기 위해 학교에서 아이들이 할 수 있는 수많은 활동들이 이루어지고 있으며, 많은 몬테소리 학교들은 우주 이야기 맥락 내에서 바로 그러한 것을 한다. 목표는 현재뿐 아니라 미래 세대를 위해서도 지구에 대한 관심을 심어주는 것일 것이다. 만약 아이들에게 생명을 떠받치는 지구 그 자체에 대한 존경을 고무하도록 지구교양활동이 이루어진다면, 윤리를 위한 새로운 맥락이 출현할 수 있다. 알도 레오폴드는 40년 전보다 더 이전에 처음으로 그러한 "지구윤리"를 썼으며, 그것은 로더릭 내시의 책 *The Rights of Nature*에서 더 발전된다.35) 베어드 캘리코트, 홈스 롤스톤, 기란 노턴, 로라 웨스트라, 그리고 몇몇 다른 사람들은 효과적인 환경윤리를 자세히 설명함에 있어서 크게 진보했다. 지구와 동물 그리고 식물 종들을 향한 도덕감은 우리가 생명을 착취하기보다는 그것을 가꾸고자 하는 영감을 불러일으킬 것이다. 지구와 그것의 모든 생명 형식들에 거스르는 폭력은 인간에 거스르는 폭력과 마찬가지로 받아들일 수 없을 것이다. 지구교양은 학생들이 생물권에 손상을 입히는 결과를 깨닫도록 만드는 한편, 그들이 자연과 하나라는 비전을 줄 것이다.

지구의 목소리를 듣는 것에 관한 반성

진화 과정에 관한 세계적 방식의 반성과 실행 가능한 지구교양의

---

35) Roderick Nash, *The Rights of Nature: A History of the Environmental Movement*(Madison: University of Wisconsin Press, 1989), Aldo Leopold의 에세이는 *A Sand County Almanac*(New York: Oxford University Press, 1966)에 있다. 또한 Holmes Rolston, *Environmental Ethics: Duties to and Values in the Natural World*(Philadelphia: Temple University Press, 1989)를 보라.

상보적 측면으로서 특정 삶의 형태들과 관계하는 국지적 방식 두 가지의 예들로 이야기를 끝내자. 각각의 선택에서 "줄거리"를 말하는 것이 중요하다. 처음 두 구절들은 로렌 아이슬리의 책 *The Immense Journey* 의 구절이다.36) 하나는 꽃들의 진화를 묘사한다. 다른 하나는 눈송이에서 드러난 대로 자연의 본질적인 모형들에 관한 명상이다. 보편적인 것들과 특수한 것들, 발달적인 시간과 즉각적인 시간이 아이슬리의 경험과 상상에서 상호작용한다. 그는 우리를 위해서 삶의 복잡성과 풍부한 다양성의 경이로움을 불러낸다. "How Flowers Changed the World"라는 제목의 장에서 아이슬리는 다음과 같이 말한다.

옛날에는 꽃이 전혀 없었다. 얼마 전(지질학자들이 40억 년의 지구의 역사에서 시간을 추정할 때, 약 1억 년 전) 꽃들은 다섯 대륙 어느 곳에서도 발견될 수 없었다. 극지방에서 적도까지 사람들이 볼 수 있는 어느 곳에서든, 사람들은 세상의 차갑고 어두운 단조로운 초록색만을 보았을 것이다.

파충류 시대에 가까워지기 바로 직전 어느 곳에선가 소리 없는 거친 폭발이 발생했다. 그것은 수백만 년 지속되었지만, 그럼에도 그것은 폭발이었다. 그것은 속씨식물 즉 꽃피는 식물의 출현을 나타냈다. 위대한 진화론자 찰스 다윈조차 그것들이 너무 갑작스럽게 나타나서 아주 빠르게 퍼졌기 때문에 그것들을 "지독한 수수께끼"라고 불렀다.

꽃들은 지구의 표면을 변화시켰다. 그것들이 없다면 우리가 알고 있는 세상은 결코 존재하지 못했을 것이다. 영국의 시인 프랜시스 톰슨은 한때 꽃을 뽑을 때마다 별을 괴롭힐 것이라고 썼다. 그는 자연주의자처럼 서로 연결된 엄청난 삶의 복잡성을 직관적으로 느꼈다. 오늘날 우리는 꽃의 출현이 또한 마찬가지로 신비로운 인간의 출현을 포함하고 있음을 알고 있다.37)

---

36) Loren Eiseley, *The Immense Journey*(New York: Random House, 1960).

아이슬리는 "The Flow of the River"라는 제목의 장에서 자연의 동력과 그 자신의 유사성을 묘사한다. 그는 삶을 주조하고 형성했던 본래적인 자기 조직 원리에 관한 반성으로 그 장을 끝마친다. 다음과 같이 물의 독특한 성질과 눈송이의 복잡한 신비는 생명 형식 진화에 대한 이러한 특별한 직관을 생각나게 한다.

바람이 곧장 불모의 늪지대를 가로질러 불고 눈이 그 나그네를 향해 끝없는 파장을 일으키며 오르내리는 바로 그때, 어떤 상상의 마술처럼 나는 그 강에서 있었던 나의 여름 항해가 가장 기억에 남는다. 나의 끝없이 펼쳐진 푸르름, 나의 메기들의 몸짓, 작은 잉어들의 꿈틀거림, 생명의 웅덩이에서 나오는 끈적끈적한 물질이 기억난다. 자욱한 먼지를 뚫고 걸어갈 때, 물의 마술은 나에게 마지막 표시를 남긴다.

남자들은 생명의 형태를 주조하는 존재를 위한 투쟁에 대해 그리고 물질과 에너지에 대해 많은 이야기를 한다. 이것들은 존재하며 또한 그것은 옳은 말이다. 하지만 물속의 지느러미보다 더 빠르고 더 섬세하고 파악하기 어려운 것은 "조직화"로서 알려진 그 신비한 원리인데, 그것은 생명과 관련된 모든 다른 신비들을 비교적 덜 중요하고 진부한 것으로 만든다. 조직화가 없이는 생명이 존속하지 못한다는 것은 분명하기 때문이다. 그러나 이러한 조직화 자체는 엄격하게 생명의 산물이 아니며 또한 선택의 산물도 아니다. 물질 내부의 어떤 어두운 지나가는 그림자처럼, 그것은 눈의 작은 창을 내거나 얼룩진 알의 내부에 초원의 종달새 노래의 곡조를 그린다. (내가 의아해하기 시작하는) 그 원리는 물속 깊은 곳에 살기 전에 거기에 있었다.

온도가 올라갔다. 작은 날카로운 바늘들이 공중의 어떤 커다란 나무에서 불려 떨어지는 하얀 잎들처럼 떠 있는 거대한 얇은 조각들에 길을 내주었다. 차 안에서 불을 켜고, 나는 그것이 녹기 전에 소매 위에 있는 하나의 복잡한 수정체를 들여다본다. 어떠한 공리주의 철학자도

---

37) 같은 책, pp.63-64.

눈 결정체를 설명할 수 없다. 물은 단지 밤하늘의 희미한 허공과 기체에서 뛰어나와 그 자신의 모습을 드러낸다. 진화에 어떠한 논리적인 이유도 없듯이 눈송이의 존재에 어떠한 논리적 이유도 없다. 그것은 인간과 물고기 그리고 초록 잎들에 대한 설명을 포함하는 최종 세계, 자연을 넘어서는 신비한 그림자의 세계에서 온 허깨비다.38)

마지막으로 우리는 켄터키의 농부이자 시인인 웬델 베리의 작품을 본다. 그는 토착 생물권과 그 장소에 대해서 잘 아는 특별한 재능을 갖고 있었다. 그는 동물과 새들의 삶에서 나타나는 폭력과 평화와 즐거움을 반성하면서, 다음과 같이 자연 그 자체의 통일성과 자연에 대한 찬사를 언급한다.

생존투쟁과 독니의 법칙에 관한 모든 이야기에도 불구하고, 동물과 새의 삶에는 커다란 평화가 있다. 거기에는 공포와 도망, 추적과 살해만이 있는 것이 아니다. 물론 그것은 그 삶의 일부다. 그리고 추위와 굶주림이 있으며, 죽음이 맹위를 떨칠 가능성도 있다. 하지만 평화 또한 있으며, 나는 평화의 기간들이 자주 있으며 또한 오래 지속된다고 생각한다. 이것은 생명체들이 쉬면서 혼자 교감하거나 그의 종들과 교감하면서 살아 있는 것에 즐거워하는 때다. …
하지만 단지 평화로움이 있는 것이 아니라 즐거움이 있다. 그리고 평화로움보다 그 증거에 있어서 더 부정할 수 없는 이 즐거움은 그것에 대한 증거다. 나는 어느 여름날 저녁에 앉아서 거대한 푸른 왜가리가 언덕 꼭대기에서 계곡으로 하강하는 것을 지켜보았다. 그는 고위 성직자가 계단을 내려오듯이 평소와 마찬가지로 위풍당당하게 천천히 내려왔다. 그런 다음 내가 강의 중간쯤이라고 판단했던 지점에서, 그는 전혀 날갯짓도 바꾸지 않은 채, 공중제비를 돌아서 하늘로 날아갔다. 그것은 단지 저녁에 대한 그의 느낌, 하루의 충만함, 그의 집으로의 하강

38) 같은 책, pp.26-27.

에 대해 말하는 순전히 충만한 기쁨의 몸짓일 수 있었다. 그는 단지 한 번 천천히 돈 다음 저 아래 늪지대 방향으로 사라졌다. 그 순간은 믿을 수 없을 만큼 아름답고 한편으로는 저녁의 환회에 찬 장엄한 축복의 기도였으며, 강에게 그리고 나에게도 축복의 기도였다. 그것은 이 세상에 신성한 자유로운 기쁨이 있음을 아주 완벽하게 입증하는 것처럼 보였다. 이 기쁨은 내가 정말로 믿을 필요가 있다고 느끼는 것이지만, 나는 내가 정말 그것을 보았을까 하는 회의적인 충동을 느꼈다. 만약 내가 그것을 보았다면, 그것은 천국의 어떤 것이 지상에 있다는 표시일 것이라고 나는 생각했다. 그런 다음 일 년 후 어느 날 저녁에 나는 그것을 다시 보았다.[39]

그러한 자연세계의 생명력들과의 절묘한 공명은 우리가 이와 같은 민감성을 기르도록 자극한다. 일상적인 리듬과 자연의 신비에 관한 이와 같은 그러한 특이한 명상들은 모든 다양한 형태의 생명과 우리의 밀접한 관련성에 대한 느낌을 다시 일깨운다. 지구의 수많은 양태의 생명을 깊이 들여다보는 것은 우리와 우리 아이들과 우리 학생들에게 다시 살아난 생물권과의 교감과 우주 이야기에서 펼쳐지는 더 큰 과정들과의 교감을 줄 것이다. 지구의 목소리는 우리에게 손짓하고 있다. 우리가 다시 한 번 듣기 시작해야 한다.

---

39) Wendell Berry, *Recollected Essays*(Berkeley: North Point Press, 1981), pp. 110-12.

8

지속가능한 발전과 생태 영역
개념과 원리

월리엄 리스

서문, 목적, 범위

환경과 개발에 관한 세계위원회[1]의 리포트 *Our Common Future*를 통해 대중화된 이래로, "지속가능한 발전"이라는 존경할 만한 개념은 모든 측면의 경제-환경 논쟁에서 사람들의 열정을 불러일으켰다. 세계 생태계의 추세를 악화시키는 것에 비추어보자면, 우리가 발달과 환경을 둘 다 성취할 수 있다는 것을 함축하는 그 어떤 개념도 어떤 매력을 가질 수밖에 없다. 하지만 미래 발전의 본성에 관해 동의가 거의 이루어지지 않는다. 어떤 사람들에게는 지속가능한 발전은 아주 오랫동안 환경적 부패에 대한 정치적 인식을 요청하는 것이며, 경제적 정의와 물질적 성장의 한계를 요청하는 것이다. 따라서 그것은 인류가 역사적 실수를 수정할 수 있는 기회를 나타내며, 또한 자연세계

---

1) The Brundtland Commission, World Commission on Environment and Development(이하에서 WCED로 표기), 1987.

와의 좀 더 유순하고 균형 잡히고 안정적인 관계를 시작할 수 있는 기회를 나타낸다.2) 이러한 지속가능한 발전이라는 견해는 또한 자연의 풍부함을 함께 나누고 보존하기 위해 유한한 세계에서의 요구를 어떻게 다루어야 하는지와 같은 도덕적인 문제를 제기한다.3)

다른 사람들은 *Our Common Future*에서 다른 메시지를 읽어냈다. "경제성장과 다양화가 개발도상국들이 시골 환경에 미치는 부담을 경감시키는 데 도움을 줄 것이며, 생산성과 소비수준을 올릴 것이며, 국가들이 그들의 수출소득을 올리기 위해 한 가지나 두 가지 주산물에 의존하는 것을 넘어서도록 허용할 것"이라는 근거에서, 세계위원회 자체도 지속가능한 발전과 "산업국과 개발도상국 모두에서의 좀 더 빠른 경제적 성장"을 동일시했다.4) 따라서 그 위원회는 "세계 인구가 다음 세기 언젠가 안정화될 때 쯤, 세계 산업의 산출물이 다섯 배 내지 열 배가 될 것이라 예측할 수 있다"고 지적한다.5)

현재의 산업 활동 수준을 생물권에 미치는 손상 원인으로 보는 사람들에게, 위원회가 주장하는 경제 확장의 "재활성화"는 역설적인 것으로밖에 보이지 않는다. 그럼에도 성장 패러다임의 힘은 평가절하되지 않는다. 지속가능한 발전이 점차 정치적 주류에 포함됨에 따라 그 의미는 실현 가능한 환경의 이상에서 떠나 저 멀리 지속된 물질적 성장의 유혹을 향하여 표류한다.

이 논문에서 나는 지속가능한 발전에 적합한 환경-경제 통합에 도달하기 위해 어떤 생태학적 원리들과 열역학 원리 그리고 그와 관련

---

2) 예를 들어 James Robertson, *The Sane Alternative*(St. Paul: River Basin Publishing, 1978)를 보라.

3) B. Keen, "The Contradiction of Sustainable Development", *Canadian Dimension* 23/1(1989), pp.12-15.

4) WCED 1987, p.89.

5) WCED 1987, p.213.

된 문제들을 고려할 것이다. 우리의 현재 환경적 딜레마는 부분적으로 실재에 대한 아주 왜곡된 지각 때문이라는 것이 나의 전제다. 현대 경제사회는 지구의 자연적 동력에 대한 낡은 기계론적 지각으로부터 작동한다. 만약 이러한 전제가 정확하다면, 환경적 위기에 대한 우리의 이해는 위험할 정도로 피상적이며, 신고전주의 경제학이 지지하는 성장 위주의 가정들에 근거한 지속가능한 발전의 가능성은 환상이다. 어떠한 윤리적 가치철학이나 법, 정치와 과학기술적 공학도 잘못 이해된 문제들을 해결하지 못할 것이다.6) 따라서 지속가능한 발전이 어떤 실질적인 의미를 획득할 수 있으려면 먼저 사회문화적 신념과 태도와 행동에서 커다란 변화들이 필요할 것이다.

실재의 문화적 뿌리들

한 사회가 세계와 관계하는 방식은 분명한 사실들, 여지없는 가정들, 그리고 견고한 믿음들의 정교한 세트들에 깊이 영향을 받는다. 이것들은 사회발전과정에서 사람들이 공유하고 있는 경험들로부터 도출된다. 그러한 상식적인 철학이나 세계관은 모든 문화의 사회적 관계와 그 정치적 제도 그리고 그 경제 기획의 본성을 형성한다.

사회적 신화로서의 세계관

문화가 있는 만큼 많은 세계관이 있을 수 있다는 것, 그리고 각 세계관은 단지 다소간만 실재와 일치한다는 것을 깨닫는 것이 중요하다.

---

6) Alan Drengson, "Protecting the Environment, Protecting Ourselves: Reflections on the Philosophical Dimension", in *Environmental Ethics*, vol. 2, ed. R. Bradley and S. Duguid(Vancouver: Simon Fraser University, 1989).

우리의 가장 신성한 믿음은 오늘날까지 아무리 증거에 잘 기초해 있다 할지라도 또한 틀릴 수도 있다. 우리가 사실적 지식으로 행동한다고 생각하지만, 많은 개별적 행동과 정부 정책은 확증이 없는 믿음에 기초해 있다. 체계 과학자 스태퍼드 비어가 *Teilhard Review*에서 썼듯이, 우리의 많은 세계관이 사회적 신화 즉 "공유하고 있는 환상들"의 집합체에 지나지 않을 수도 있다.[7]

지난 세기, 무한한 지구에 대한 믿음과 같은 그러한 문화적 믿음들이 외적인 실재로부터 벗어났을 때, 그것은 어떤 커다란 결과도 없었다. 그러나 만약 축적된 효과가 이전에 알려져 있지 않은 제약들과 갈등을 일으킨다면, 지배적인 세계관과 오랫동안 일관적이었던 어떤 활동들은 위기를 낳을 수도 있다. 이러한 상황에서 한 사회는 새로운 지식과 실재에 따르도록 그의 세계관을 수정할 준비가 되어 있어야 한다. 불리한 유전적 돌연변이처럼, 적응하지 못한 세계관이 환경에 의해 "선택"될 수도 있다. 나는 산업문명이 세계 환경과의 관계에서 그러한 중대한 위기에 달했으며, 지속가능한 발달 개념에 새로운 정보를 주기 위해서는 근본적으로 새로운 가정들이 요구된다고 주장한다.

소외된 자연: 시계장치 우주

현재 서양사회를 지배하는 과학적 세계관은 우주에 대한 기계론적 모델로 특징지어지는데, 이 우주는 "두 가지 기본적인 특성 즉 물질과 운동으로 구성되어 있는, 신이 영원히 똑딱거리도록 감아놓은 거대한 기계다."[8] 비록 그것이 깊은 뿌리를 갖고 있다 할지라도, 이러한 견해

---

7) Stafford Beer, *Teilhard Review* 15/3(1981), pp.1-33.

8) Morris Berman, *The Reenchantment of the World*(New York: Bantam Books, 1984), p.21.

는 17세기에 꽃피었고, 데카르트와 베이컨, 뉴턴과 가장 밀접하게 연관되어 있다.

데카르트는 실재를 마음과 물질이라는 독립적 영역으로 나누고, 외부 세계를 측량하고 질서 짓기 위해 보편수학을 제안함으로써 무대를 마련했다.9) 극도의 합리주의자인 데카르트는 심지어 생각하는 존재인 사람의 활동조차도 순전히 기계적인 것으로 보았다. 마음은 어떤 방식을 갖고 있으면서 분리된 대상으로서 세계를 대면한다. "다시 또다시 계속 반복해서 그것은 이 방법을 대상에 적용시킨다. 그러면 결국 그것은 알 수 있는 모든 것을 알게 될 것이다."10) 관찰된 것으로부터 관찰자를 분리시킴으로써, 데카르트는 객관적 지식 개념을 형식화하는 데 도움을 주었다. 그의 환원주의적 접근방식은 그 이후의 과학적 탐구에 방법론적 틀을 제공했다.

베이컨은 경험주의의 극단을 보여준다. 그는 자연을 알기 위해서는 자연을 "괴롭혀야"만 하고 "그로부터 자연의 비밀을 비틀어 짜내야"만 하며, 그리하여 모호하지 않은 답을 얻어내야만 한다고 추론했다.11) 실험적 방법의 이러한 본질에 덧붙여, 베이컨은 새로운 과학에 그것의 존재 이유를 주었다. 그는 자연세계와 그 대상들 그리고 그것의 기계적 힘에 대해 인류가 명령하도록 허용하면서 지식이 작동되어야 한다고 주장했다. "이러한 관점으로부터, 과학기술에서 적용되고 표현되는 지식은 목적이 아니라 수단으로 간주되며, 이를 통해 인간은 물질세계에 대한 힘을 지닌다."12)

---

9) 이것은 실재를 (측량할 수 없고 따라서 실재적이지 않은) 주관과 (측량과 수학적 분석을 통해 과학에 접근할 수 있는) 객관으로 나눈 갈릴레오의 구분에서 나온다.

10) Berman, *The Reenchantment of the World*, p.20.

11) Fritjof Capra, *The Turning Point*(New York: Simon & Schuster, 1982), p.56.

12) A Jones, "From Fragmentation to Wholeness: A Green Approach to Science

그러나 우주에 대한 데카르트적 견해를 가장 성공적으로 공인한 사람은 뉴턴이었다. 그의 *Principia*(1686)는 물질과 운동의 법칙을 보여주었는데, 그것은 엄격한 수학적 규칙에 따라 행동하는 무한한 차원의 역학기계로서 우주를 묘사하는 것 같다. 17세기 말쯤, 과학적 세계관의 창시자들은 유기적인 살아 있는 실재로서의 지구에 대한 고대의 인식을 폐기했다. "모든 생명의 일부가 되는 양에서 그것의 질들을 분리시킨 다음 제거함으로써, 기계 패러다임의 건축사들은 우리에게 완전히 죽은 물질로 구성된 차갑고 비활성의 우주를 남겨주었다."13)

물질적 인간

두 명의 사상가들은 계속해서 기계적인 틀을 직접 인간의 제도들에 적용시켰다. 로크는 사회의 "자연적" 기초를 결정하고자 했다. 자연에서 신이 소외되면서, 로크는 종교가 더 이상 정부를 위한 합리적인 기초를 제공할 수 없을 것이라 추론했다. 사람들은 그들 자신의 의미를 창조해야 했으며, 사회의 목적은 그 구성원들의 재산 증가를 용이하게 하고 보호하는 것으로 환원되었다. 로크는 재산의 소유권이 권리뿐 아니라 부를 창출할 의무도 부여한다고 주장했다. "노동을 통해 땅을 사용하는 사람은 인류 공동의 저장고를 감소시키는 것이 아니라 증가시키는 것이며",14) "전적으로 자연에 남겨져 있는 땅은 정말로 쓰레기라 불린다."15)

---

and Society", *The Ecologist* 17/6(1987), pp.236-40.

13) Jeremy Rifkin, *Entropy: A New World View*(New York: Bantam Books, 1981), p.22.

14) John Locke, "Second Treatise", in *Two Treatises of Government*, ed. P. Laslett(Cambridge. Cambridge University Press, 1967), p.312.

15) 같은 책, p.315.

유사한 논리가 아담 스미스의 "보이지 않는 손"을 지지했다. 지구가 자연법칙을 따르듯이, 경제 행태도 미묘한 힘에 복종해야 한다. 로크처럼 스미스도 모든 인간 활동의 기초가 물질적인 자기 이익이라고 믿었지만, "[사람] 자신의 이익에 대한 연구가 자연스럽게 혹은 필연적으로 사회에 가장 이익이 되는 그러한 고용을 그가 선호하도록 이끈다."16) 이러한 추론에서 본다면, "사회를 통해 '자연적인' 경제적 힘들을 통제하려는 어떠한 노력도 비효율적일 것이다." 그 어떠한 숭고한 목적이든 "보이지 않는 손"의 작동에 대한 간섭은 경제성장을 억제할 뿐이다. 이것은 정치적인 경제 영역에서 도덕성을 효과적으로 배제시켰다. "윤리적 선택이 이루어질 수 없으며, 오직 자기 이익을 추구하는 각 개체들에 의한 공리주의적 판단만이 있다."17)

따라서 데카르트적인 패러다임에 뿌리를 내리고 있는 로크와 스미스의 공리주의적 사회역학은 끝없는 물질적 풍요를 추구하면서 주로 경제적인 생산과 소비에 주목하는 자기중심적 이기주의자로 인간을 환원시키는 데 성공했다.

현대의 신화: 기계적 경제

현대 경제는 여전히 이러한 세계관에 기초해 있다. 신고전학파의 창시자들은 뉴턴 물리학의 성공에 감동하여 경제를 자매과학 즉 "효용성과 자기 이익의 역학"으로 만들고자 노력했다.18) 기계론적 모델

16) Adam Smith, *An Inquiry into the Nature and Causes of the Wealth of Nations*(London: Methuen, 1961), vol. 1, p.475.

17) Rifkin, *Entropy: A New World View*, pp.26-27.

18) W. Jevons, *The Theory of Political Economy*(London: Macmillan, 1879), N. Georgescu-Roegen, "Energy and Economic Myths", *Southern Economic Journal* 41/3(1975), pp.347-81에서 인용.

은 경제과정을 "생산과 소비 간의 자기 지지하는 순환적 흐름"으로 보는 견고한 견해를 불러왔다. 이러한 인식을 통해, 공급과 수요는 끊임없이 서로를 재조정하는 기능을 한다. "모든 것은 바로 진자운동으로 판명된다. 한 사업 '주기'는 또 다른 것을 따른다. ⋯ 만약 사건들이 공급과 수요 경향을 바꾼다면, 경제세계는 이러한 사건들이 사라지자마자 이전의 위치로 돌아온다." 간단히 말해, "역학에서와 마찬가지로 완전한 가역성이 일반적인 규칙이다."[19]

성장에 대한 숭배

칙칙폭폭 소리를 내며 떠나가는 무한한 우주의 기계 같은 경제는 잠재적으로 무한한 성장을 가정한다. 심지어 오늘날까지도 어떤 경제 기획자들은 "끊임없는 물질적 성장의 가능성뿐 아니라 그것의 자명한 필연성" 또한 믿는다.[20] "다른 통치 기간 동안 성스러운 왕정이나 교리적인 정통파에 대한 유사한 숭배가 그러했듯이, 대체로 무비판적인 경제성장에 대한 우리의 숭배는 [자본주의의] 본성에 중심적인 것이다."[21] 국민총생산(GNP)이 매년 증가한다는 것은 국가적 건강의 주된 지표로 받아들여진다. 3퍼센트 이하의 수치는 부진하다고 생각되지만, 3퍼센트조차도 바로 23년 후에는 두 배의 경제활동을 함축한다!

---

19) 같은 책, p.348.

20) N. Georgescu-Roegen, "The Steady State and Ecological Salvation: A Thermodynamic Analysis", *BioScience* 27/4(1977), pp.266-70. 또한 이러한 관점 표현을 위해서는 Julian Simon and Herman Kahn, eds., *The Resourceful Earth: A Response to Global 2000*(Oxford: Oxford University Press, 1984)을 보라.

21) Robert Heilbroner, "The Triumph of Capitalism", *New Yorker*, January 23, 1989, p.102.

지속가능한 발전의 맥락에서 우리가 주목해야만 할 것이 있다. 즉 자본주의 국가들이 점점 더 크게 증가하는 경제 파이에 의존해서, 가난한 사람들이 살아남는 데 필요한 충분한 수입을 국가로부터 받도록 보장한다는 것이다. 게다가 경제성장은 사회정책의 주요도구다. 개선에 대한 희망을 내보임으로써, 그것은 좀 더 균등한 부의 분배를 목표로 하는 정책들을 위한 압력을 누그러뜨린다. 게다가 흠이 많은 지표인 GNP는 경제복지의 척도로 받아들여지는 한편, 우리는 환경의 상태나 삶의 평등성을 위한 보편적인 기준을 갖고 있지 못하다. 이것은 사회적 인식과 우선성 그리고 물질주의 패러다임의 내구력을 잘 드러내주는 설명이다.

생태학적 실재

출현하고 있는 생태학적 위기는 지배적인 세계관의 근본적으로 잘못된 여러 가지 오해들을 드러내준다. 우리가 지속가능한 발전의 정책적 함축들을 평가하고자 할 때, 경제-환경 관계에는 분명하게 인식할 수 있는 치명적인 불협화음이 존재한다.

환경에서 생태권으로

첫 번째 단계는 자연세계의 대상화가 데카르트의 주관-객관 이원론 때문이라는 것을 인식하는 것이다. 사실 분리된-실재로서의-환경은 인간의 발명품이다. 이러한 분리의 심리학적 결과들은 매우 심오하다. 분명, "환경"은 더 큰 관심이나 가치가 있는 어떤 다른 것들을 둘러싸고 있는 그 무엇이든지 그것을 암시하는 경멸적인 뜻을 지닌다. 그것은 "소심하게 그 자신이 주변적이고 중요치 않아서 심각하게 받아들여지지 않아도 된다고 선언한다."22) 우리는 환경을 자원들의 원천으로 그리고 쓰레기 처리장으로 인식할지도 모르지만, 그러한 것을 넘어서 그것은 단지 인간사의 정적인 배경으로 지각된다. 이러한 인식으로, 강제적으로 자연을 사랑하고 소중히 여기고 심지어 소중히 돌볼 필요는 없으며, 우리 자신의 이익을 위해 그것의 풍요로움을 착취하는 것을 넘어서는 그 어떤 것을 강제적으로 할 필요도 없다. 추론 결과, 자연적인 지구 과정에 미치는 경제활동의 영향들은 장기적인 영향을 별로 미치지 않는 것으로 지각된다. 무엇인가 잘못되기라도 한다면, 간단한 철회나 기술적인 수정이 사태들을 바로잡을 것이다.

경제가 독립적인 생명을 갖고 있다는 것은 문화적 신화이며, 우리가 가장 소중하게 여기는 환상들 중 하나다. 사실상, 경제와 환경은 데카르트적인 마음을 제외한 어느 곳에서나 항상 충분하고 단단하게 통합되어 있다. 그 모든 정치적, 제도적 정교화에도 불구하고, 인간의 경제는 "근본적으로 모든 다른 종들이 직면하는 문제, 즉 생명체들이 그 밖의 생물권의 어느 곳에서나 물질에 의존한다는 문제와 관련된다."23) 사실은 단지 하나의 기능적 기반 즉 생물권만이 있다는 것, 그리고 인류는 항상 그것의 일부였다는 것이다. 우리는 다음에 이러한 전체 지구 체계의 함축들을 탐구할 것이다.

블랙홀로서의 경제: 성장은 열역학적 과정이다

기계적 은유는 경제이론이 열역학 제2법칙을 인정하지 못하게 했

---

22) S. Rowe, "Implicaions of the Brundtland Commission Report for Canadian Forest Management", *The Forestry Chronicle*, February 5-7, 1989.

23) D Rapport, "The Interface of Economics and Ecology", in A.-M. Jansson, ed., *Integration of Economy and Ecology —An Outlook for the Eighties*, 1984.

다. 이러한 실수가 생태학적 위기의 중심에 있다. 두 번째 법칙에 따르면, 에너지나 물질을 그것의 "환경과 교환할 수 없는 분리된 체계에서는, 그 어떠한 변화도 이용 가능한 에너지와 물질이 이용 불가능한 상태로 감소된다는 것, 그리고 그 체계가 점차 무질서하게 된다는 것을 포함한다."24) 간단히 말해, 엔트로피가 증가한다. 하지만 분리되어 있든 그렇지 않든, 엔트로피 감소와 똑같은 힘이 모든 복잡한 진화하는 체계들에서 작동한다. 경제는 그러한 체계인데, 왜 경제는 분리된 체계처럼 풀리고 쇠퇴하지 않는가? 그 대답은 경제가 이용 가능한 에너지와 물질을 생태권으로부터 들여옴으로써(negentropy), 그리고 그 자신을 유지하고 성장시키기 위해 그것을 사용함으로써, 엔트로피 법칙을 극복하는 열린 체계이기 때문이다. 그것은 또한 그 결과로 생긴 쓰레기(entropy)를 그 생태권으로 다시 내보낸다. 그렇다면 사실상 경제는 잠재적으로 생태권에 기생하는 엔트로피 기생체다. 그것은 **성장하지 않는** 생태권 내에 끼워 넣어진 **성장하는** 하부 체계다. 그것은 생태권을 생계의 자원으로 그리고 쓰레기를 위한 처리장으로 취급한다.

　이것은 정신이 번쩍 들게 하는 관점이다. 우리는 경제를 역동적이고 생산적인 체계로 생각하는 데 익숙해 있다. 상품과 서비스를 끊임없이 확장해 쏟아내는 것을 보아라. 그러나 사실 현재의 모든 경제활동은 재고가 줄어들고 있는 재생할 수 없는 에너지와 물적 자원에 의존하고 생태권이 생산한 다양한 재생할 수 있는 자원들에 의존한다. 게다가 경제는 결국 그것이 사용하는 모든 자원들을 쓸모없는 쓰레기로 생태권에 되돌려준다. 이것은 생산과정의 직접적인 쓰레기 부산물뿐 아니라 일반적으로 사용된 후에 버려지는 소비재들에 들어 있는 물질을 포함한다.25) 따라서 제2법칙에 비추어보자면, 경제는 "소산적

---

24) Georgescu-Roegen, "Energy and Economic Myths"; "Steady State and Ecological Salvation".

구조"로 보이며, 모든 물질적, 경제적 생산은 소비로 밝혀진다. 따라서 꾸준히 성장하는 물질경제는 필히 궁극적으로 그것을 유지해주는 바로 그 자원 토대를 소비하고 감소시킨다. 경제의 현실적인 모델은 순환적 흐름을 갖는 교환가치라기보다는, 유용한 에너지와 물질의 일방적 원료 처리량에 기초될 수 있을 것이다.

제2법칙에 예외는 없다. 모든 형태의 경제활동은 에너지와 물질의 소산을 통해 세계적인 엔트로피에 공헌한다. 완성된 자동차나 컴퓨터는 영구적으로 제작과정에서 감소되거나 소산된 물질과 에너지 조각을 나타낼 뿐이다. 현대의 에너지장려금 보조를 받는 농업은 생산된 식량 에너지의 매 칼로리마다 많은 칼로리의 화석 에너지를 소비한다 (고-투입 농업은 휘발유를 식량으로 전환하기 위해 농지를 사용한다고 한다). 심지어 서비스와 지식기반 분야들도 많은 물질 에너지와 전기 에너지를 사용한다. 신고전주의 이론의 가정과는 달리 열역학법칙으로부터 다음과 같은 결론이 도출된다.

- 열려 있는 성장하는 산업경제와 물질적으로 닫혀 있는 성장하지 않는 생태권 간의 에너지와 물질의 관계에는 평형이 있을 수 없다.

- 지배적인 성장기반의 발달 가정과 현재 존재하는 자원 사용 패턴들에 기초한 지속가능한 발전은 심지어 이론적으로도 생각할 수

---

25) 경제에 사용되는 자기 생산하는(재생할 수 있는) 자원들도 재생할 수 없는 자원들처럼 쇠퇴하고 생태권으로 흩어진다. 하지만 이 "쓰레기"는 지구 밖의 에너지 자원을 사용해서 광합성을 함으로써 재생되고 순환될 수 있다(다음 생태계의 특별한 경우를 보라). 반대로 그것이 총 자원을 감소시키는 반면, 경제에 의해 다시 사용되고 다시 제조되는 것은 생태권으로부터 들여온 추가적인 물질과 에너지를 소비한다.

없다.

- 계속적인 물질적 성장(21세기의 처음 50년 동안 세계경제의 다섯 배 확장 예상)과 세계 생태학적 완전성 유지의 필요성 간에 근본적인 모순이 있다.

- 제2법칙의 이러한 추론 결과는 후자가 경제활동을 궁극적으로 규제해야 하며, 성장의 가장 중요한 한계는 열역학적 한계라고 제안한다. 그것은 또한 지속가능한 세계 발전을 위한 새로운 기준을 제안한다. 지속가능한 발전은 경제의 자원 소비 비율이 생태권의 생산 비율과 양립할 수 있는 발전이다. 즉 지속가능한 발전은 장기간에 걸쳐 생태권의 무질서나 소산에 기여하지 않는 열역학적으로 균형 잡힌 제한된 발전이다.

생태계의 특별한 경우

생태계는 경제체계들처럼 고정된 재고의 물질자원들에 의존한다. 그러나 지역 수준에서 그리고 생물지질화학 순환에서 먹이사슬을 통해 생태계의 자원은 지구적 규모로 그 체계 전체에서 끝없이 변형되고 재활용된다. 게다가 자연적인 공동체들의 진화와 계승은 더 큰 질서와 회복력을 향하는 경향이 있다. 따라서 마찬가지로 경제처럼, 생태계도 첫눈에는 엔트로피 법칙을 무시하는 것으로 보인다. 생태계는 본래 자기 조직적이며 자기 지속적이며 그 내적 엔트로피를 줄이기 위해 꾸준히 작동한다. 게다가 전체로서의 생태권은 생태계 역학의 중요한 속성을 보여준다. 수많은 긍정적, 부정적 피드백 기제를 통해 "[그 체계]는 여러 면에서 (그것의 생산성과 안정성이 주로 그것의 내적 상호작용을 통해 결정되는) 자기 발생적이다."26)

생태계와 다른 생명계들이 자신을 생산하고 유지하게 하는 조직적 속성은 자기 생성(Autopoiesis)으로 알려져 있다.27) 자기 생성은 그 체계의 주요 요소들을 연결하는 복잡한 상호 의존적 관계들(에너지, 물질, 정보의 흐름)의 산물이다. 중요한 점은 이러한 관계의 구조적 통일성이 그 체계의 기능에 필수적일 뿐 아니라 참여하는 요소들 자체의 생산과 유지에도 필수적이라는 것이다.

자기 생성은 생태권의 항상적이고 자기 규제적인 행동에 반영된다. 지질학적 시대에 걸쳐, 생명의 과정들은 생명이 지속할 수 있을 만큼 충분히 좁은 한계 내에서 지구의 물리적 환경을 유지해왔다.28) 따라서 심지어 지구의 중간온도와 대기의 가스들의 상대적 구성과 같은 그러한 생명을 위한 물리적 조건들조차 자기 생성과 생물권의 항상적 속성들에 의존한다.29)

---

26) D. Perry et al., "Bootstrapping in Ecosystems", *BioScience* 39/4(1989), pp. 230-37.

27) Humbert Maturana and Francisco Varela, *The Tree of Knowledge*(Boston: New Science Library, 1988), p.43.

28) 이것은 원래 "지구의 물리화학적 조건은 … 사실상 생명 그 자체의 출현으로 적합해지고 편안해졌으며 또한 그러하다. …"고 하는 James Lovelock이 제안한 가이아 가설(*Gaia: A New Lock at Life on Earth*[Oxford: Oxford University Press, 1979])의 약한 형태다. 오랫동안 과학자들에게 회의적으로 보였던 항상적 가이아라는 아이디어는 주류에서 더 많은 추종자들을 끌기 시작했는데, 그 이유는 그것이 생산해내기 시작한 세계적인 피드백 메커니즘에서 테스트할 수 있는 가설들이라는 장점 때문이었다. 이와 관련해서 O. Sattaur, "Cuckoo in the Nest", *New Scientist*, December 24/31, 1987을 보라. 또한 R. Kerr, "No Longer Willful, Gaia Becomes Respectable", *Science* 240(1988), pp.393-95를 보라.

29) James Lovelock, "Man and Gaia", in *The Earth Report*, ed. Edward Goldsmith and Nicholas Hildyard(London. Mitchell Beazsley, 1988); William E. Rees, "Atmospheric Change: Human Ecology in Disequilibrium", *Inter-*

생태권에 의한 자기 생성은 경제에 의한 자기 생성과는 중요한 면에서 다르다. 위에서 기술했듯이, 경제는 생태권을 소산시키고 오염시킴으로써 성장 발달한다. 반대로 생태권은 공짜 에너지나 태양광선이라는 지구 이외의 원천을 사용함으로써 그 자신을 유지하고 진화시키며, 엔트로피 쓰레기(낮은 등급의 열)는 다시 우주로 방사한다. 꾸준한 흐름의 태양 에너지는 필히 모든 생물학적 활동을 유지시키고 지구상의 생명의 다양성을 가능하게 한다. 광합성을 통해 생명계들은 물과 이산화탄소와 같은 분산된 단순한 화학물질을 농축시키고, 지방, 탄수화물, 단백질, 핵산으로 알려진 가장 복잡한 물질들을 합성하는 데 그것들을 사용한다. 따라서 경제체계와는 반대로, 생태계는 꾸준히 농축된 에너지와 물질의 축적과 생태권 내의 질서에 기여한다. 열역학적으로 말하자면, 광합성은 지구에서 가장 중요하고 생산적인 과정이며, 인간 경제에 사용되는 가장 잘 재생할 수 있는 자원들의 원천이다. 게다가 태양광선의 흐름은 꾸준하고 신뢰할 만하기 때문에, 생태권의 자원 생산은 인류와 관련한 그 어떠한 시간 규모에서도 잠재적으로 지속가능하다.

하지만 단지 잠재적으로 그러할 뿐이다. 생태학적 생산성은 영양분과 광합성 효율, 그리고 궁극적으로는 에너지 투입 비율("태양의 유량") 그 자체의 이용 가능성에 제한된다. 따라서 생태계는 무한하게 성장하지는 못한다. 자원 전환과 긍정적인 피드백을 통해 확장하는 경제와는 달리, 생태계는 요소들과 부정적인 피드백을 제한함으로써 "안정적인 상태"로 혹은 역동적인 평형으로 유지된다.[30]

---

national Journal of Environmental Studies 36(1990), pp.103-24.
30) 예를 들어, Rees의 "Atmospheric Change"를 보라.

현대 경제와 환경 통합에 대한 병리학

인간과 그들의 경제는 이제 세계의 모든 주요한 생태계의 지배적 요소이기 때문에, 이러한 차이점은 중요하다. 우리의 경제는 성장하고 있고 그것들이 포함되어 있는 생태계들은 그렇지 않기 때문에, 모든 곳의 생태학적 자원의 소비는 지속가능한 비율의 생물학적 생산을 초과하기 시작했다. 1980년대 후반에 지구상의 주된 순 생산성(광합성)의 거의 40퍼센트가 이미 수백만 종의 하나인 인간들에 의해 사용되었거나 제멋대로 쓰였으며, 그 비율은 조금씩 꾸준히 증가하고 있다.[31)]

만약 이러한 추세가 계속된다면, 과도하게 수확하는 것은 종의 멸종과 전체 생태계의 철저한 파괴를 포함해서 결국 생태권의 자기 생성적 조직화를 훼손하고, 인간을 유지하는 데 필요한 "환경" 유형을 생산하는 그것의 능력을 훼손시킬 수도 있다. 게다가 과다한 착취가 가져오는 불안정 효과는 생태계의 남아 있는 생산성을 훼손하는 오염으로 악화된다. 유럽과 미 동북부의 산성비에 기인한 호수의 죽음과 숲의 고사는 그 친숙한 예다.

불행히도 신자유경제학은 자기 생성을 알지 못하며, 관련 생태학적 개념들을 알지 못한다(정말 역설적이게도 그러하다. 왜냐하면 경제는 그 자체로 자기 생성 체계이기 때문이다!). 역사적으로 우리는 오염의 주요한 "흘러내림"의 결과를 거의 무시했으며,[32)] 대부분의 경제학자

---

31) P. Vitousek et al., "Human Appropriation of the Products of Photosynthesis" *BioScience* 36(1986), pp.368-74.

32) 환경경제 분야는 예외적이지만 오염 피해를 "내면화"하고 오염 회피 비용(이것은 "오염시키는 자가 지불해야 한다"는 원리를 반영한다)을 내면화할 수 있는 정치와 법적인 도구들에만 거의 초점을 맞추었다. 간단히 말해, 환경경제학은 주로 시장경제의 연장으로 생각되었으며, 생물물리학적 과정과 제2법칙

들은 자원 부족에 대한 걱정("맬서스의 망령")이 사라지게 되었다고 주장한다.33) 이러한 경제학자들에 따르면, 천연자원이 부족해질 때 과학기술과 시장의 마술이 천연자원을 보존하고 그것을 대체하기 쉽게 만들 것이다.

이것은 위험한 추론이다. 시장의 신호들이 구리나 석유와 같은 재생할 수 없는 어떤 자원들의 고갈에 대한 과학기술적 해결을 자극하는 데 적합할 수 있는 반면, 그것들은 최소한 다음의 근거에서 생물물리학적 자원들과 과정들의 고갈에 대해서는 믿을 만한 해결책이 못 된다.

1. 복잡한 역동적 체계들에 특징적인 지연효과와 문턱효과 때문에, 가격이나 부족함에 기인한 보존이나 대체가 너무 늦게 발생해서, 과도하게 착취되어 온 생물물리학적 자원들의 멸종을 피하지 못할 수도 있다.

2. 효율적인 시장은 모든 참여자들이 모든 현재와 미래 시장에 관한 완벽한 지식을 갖고 있다고 가정한다. 이러한 조건은 자연자본의 경우 심지어 이론적으로도 충족될 수 없는데, 그 이유는 생물물리학적 체계들이 본래적으로 예측할 수 없는 무질서한 행동을 특

을 주목하지 않는다. 이러한 접근방법 하에서, 경제 법규들은 "환경정책"을 주로 관할구역 중에서의 다양한 "환경 조건들과 지역의 입맛"에 종속되는 오염 통제의 문제로서 간주했다(W. Baumol and W. Oates, *The Theory of Environmental Policy*[New York: Cambridge University Press, 1988]). (1990년대에 새로운 분과 즉 생태경제학의 출현과 더불어 우리는 경제 모델들과 분석이 결국은 생물물리학적 실재를 더 잘 반영하게 될 것으로 희망할 수 있다.)

33) Julian Simon, Heman Kahn eds., *The Resourceful Earth: A Response to Global 2000*을 보라.

징적으로 갖기 때문이다.

3. 자연에서 추출된 자원들과 그것들의 시장가격은 그것들을 생산한 체계들의 중요한 질과 가치들을 반영하지 못한다. 예를 들어, 시장의 통나무 가격은 기능적인 숲의 홍수와 기후 통제 가치들, 탄소 흡수 가치, 야생 어장과 다른 오락적 가치, 미적인 가치와 존재가치 등을 반영하지 않는다. 따라서 통나무는 그것의 시장가격으로 평가절하된다.

4. 시장과 가격표가 있는 어떤 자원들(예를 들면 농업과 임업 제품들)은 다른 가격표 없는 물질이나 과정 자원들(예를 들면 흙과 흙을 북돋우는 과정들)에 의존할 수도 있다.

5. 경제와 시장은 어떤 잘 알려진 생물물리학적 실재들(예를 들면 오존층)과 과정들(예를 들면 기후 조절)을 자원들로 인식조차 하지 않는다. 그래서 너무 늦어버릴 때까지 그것들의 결핍가치는 주목되지 않을 수도 있다.

6. 종과 전체 생태계의 주요한 생물물리학적 기능은 즉각적으로 분명하지 않을 수 있으며, 문제의 실재가 파괴될 때까지 알려지지 않은 상태로 남아 있을 수 있다. 다시 말하자면, 시장이 없을 때, 절박한 결핍에 대한 어떠한 가격표도 없을 수 있다.

시장들이 직접적인 물질적 투입액을 가격으로 정할 수 있는 반면, 그것들은 생태계가 제공하는 생명유지기능과 중요한 자원들의 긍정적인 경제적 가치에 관해 침묵한다는 것을 이러한 요소들은 강조한다.

결과적으로 사회는 시장으로부터 우리의 부(그리고 생명 그 자체)의 생물물리학적 기초가 영구적으로 침식되고 있다는 어떠한 신호도 받지 못한다. 다양한 가격이 안 붙여진(그리고 종종 가격을 붙일 수 없는) 우리의 자연자본의 요소들은 사라지고 있으며 대체하지 못할 수도 있다. 대부분의 경우 이러한 문제에 대한 분명한 해결책이 없다.

우리는 경제가 주로 상대적으로 부족한 자원들을 효과적으로 할당하는 데 관심을 갖는다는 것, 그리고 많은 생태학적 자원들이 단지 외면상으로만 무한정하게 풍부해 보이기 때문에, 이제까지 그것들이 무시되어 왔다는 것("공짜 상품"으로 생각되어 왔다는 것)을 인정해야만 한다. 따라서 자원들이 부족해질 때, 이러한 자원들에서 재산권을 확립하는 것이 우리의 문제를 누그러뜨릴 것이라고 주장할 수도 있다. 이것은 자연환경을 사영화하고 자유시장이 오염권과 같은 것들의 "적절한" 가격을 결정하도록 허용하려는 경제학자들의 최근의 일시적인 관심들을 설명해준다.34)

그러나 위에 열거된 한계들 이외에도, 시장을 확장하라는 제안들은 여러 가지 새로운 반론을 불러일으킨다. 가장 직접적인 것은 많은 "개방 이용" 자원들과 과정들에 대한 재산권을 확립하는 데 있어서의 어려움이다.35) 우리는 어떻게 오존층을 사영화해야 하는가? 생태학적 자원들을 보호하기는커녕, 개별 주인들의 이익 최대화와 경제적으로 유사한 합리적 행위가 실제로 자원 멸종으로 이끌 수도 있는 충분한

---

34) *Economics and the Environment: A Reconciliation*, ed. W. Block(Vancouver: Fraser Institute, 1990); *Blueprint for a Green Economy*, ed. D. Pearce et al. (London: Earthscan Publications, 1989).

35) J. Gosselink et al., *The Value of the Tidal Marsh*, Publication LSU-SG-74-03 (Baton Rouge: Center for Wetland Resources, Louisiana State University, 1974); W. Westman, "How Much Are Nature Services Worth?", *Science* 197 (1977), pp.960-64.

가능성이 있다.36) 아마도 장기적으로 가장 중요한 것은 시장접근방식에 반대하는 철학적 논변이다.37) 생태권을 "상품화"하는 것은 사회의 근본적인 가치와 전제들을 묻지도 않고 단지 물질주의 세계관만을 확장하는 기술적인 해결책이다.

자본 소비

우세한 힘을 통해 자신들을 땅의 주인으로 내세운 [정부나 개인들]은 대체로 크든 작든 잉여 농산물을 생산자들로부터 낚아챈다.38)

만약 인간적 활동이 생태권의 연간 생산물을 소비할 뿐 아니라("자연적 이익") 상설 비축량("자연적 자본")을 줄인다면, 분명 생물물리학적 자원들(임업, 어업, 농업, 쓰레기 처리, 농경지로의 도시 확산)의 소비적 사용에 의존하는 그 어떠한 인간적 활동도 무한정 유지될 수는 없다. 여기에 우리의 환경 위기의 본질이 놓여 있다. 주요한 생태학적 변수들의 지속적인 추세들은 우리가 그러한 이익에 의존해서 살아왔을 뿐 아니라 우리의 생물물리학적 자본을 소비해왔다는 것을 가리킨다. 이것은 유한한 환경에서 어쩔 수 없는 기하급수적인 물질적 성장의 결과다.

가장 친숙한 추세들 중에는 사막 잠식(연간 6백만 헥타르), 해수면 상승(2100년까지 1.2-2.2미터), 산림 벌채(연간 1,100만 헥타르), 산성

---

36) C. Clarke, "The Economics of Overexploitation", *Science* 181(1973), pp.630-34.

37) 예를 들어 David Ehrenfeld, "The Conservation Dilemma", in *The Arrogance of Humanism*(New York: Oxford University Press, 1978)을 보라.

38) John Stuart Mill, *Principles of Political Economy*(Toronto: University of Toronto Press, 1965).

비, 그로 인한 수목 피해(3,100만 헥타르), 독으로 오염된 식량 공급, 토양 산성화, 침식(연간 260억 톤 이상), 해양오염, 종의 멸종(연간 1천 종), 어장 붕괴, 모든 곳의 지하수면 오염과 고갈, 오존층 감소, 온실가스 증가, 기후 변화가 있다.

일인당 소비가 증가하면서 생태권이 쇠퇴하는 것을 보게 되면, 최소한 한 가지 우리의 전례 없는 부의 원천에 관한 새로운 관점을 갖게 된다. 교차하는 곡선들은 산업혁명 내내 우리가 바쁘게 생물물리학적 자본을 경제자본으로 전환시켜 왔다는 것을 보여준다. 간단히 말해, 성장하는 세계경제는 유한한 생물권을 잡아먹고 있다! 우리의 거대한 부는 환상이다. 우리는 단지 한 계좌(생물권)를 다른 계좌(물질적 부)로 끌어다 놓은 것이다. 심지어 우리가 그 과정에서 집합적으로 빈곤해졌다고 주장할 수도 있을 것이다. 잠재적으로 재생할 수 있는 많은 생태학적 자본은 기계와 공장 그리고 결국에는 낡아버릴 그리고 추가적인 자연자본을 대가로 치르고서야 대체될 수 있는 소유물들로 영원히 전환되었다.39)

경제학자 로버트 하일브로너는 산업자본주의 시대의 잉여의 기원이 "점차 직접적인 임금 노동 착취를 통한 교역에서 과학기술적 수익으로 이동했으며, 현대의 이익들은 이 세 가지 모두의 결합으로 이루어진다고 지적한다."40) 우리는 이제 네 번째 이익의 원천을 하일브로너의 목록에 덧붙일 수 있다. 자본주의 사회는 생물학적 자원들의 비가

---

39) 국가의 입금 계좌에 있는 생태학적 자본의 감소를 반성할 필요가 점점 인식되고 있다. D. Pearce et al., "Blueprint for a Green Economy", UNEP/World Bank, *Report of the joint UNEP/World Bank Expert Meeting on Environmental Accounting and the System of National Accounts*, Paris, November 21-22, 1988.

40) Robert Heilbroner, *The Nature and Logic of Capitalism*(New York: Norton, 1976), p.75.

역적 전환으로부터 그 잉여의 많은 부분을 얻는다. (우리는 사회주의 국가들에서 행해졌던 국가자본주의 형태가 서양의 시장경제의 산업자본주의와 그 생태학적 효과에 있어서 약간 차이가 있다는 것을 주목해야 한다.)

다시 말하자면, 우리는 오랫동안 공짜를 즐겼는데, 이제 그에 대해 지불하는 것은 정당한 것이 되었다. 우리가 지불하는 가격이 자연자본의 유지비용을 포함하지 않는 만큼, 임산물, 음식, 제조품들은 시장에서 과소평가된다. 회사의 이윤은 과도해서 그것을 생산한 자원기반이 소진되는 정도에까지 이른다. 한 집의 두 번째 차는 숲의 재생과 토양 관리와 쓰레기 통제로 다시 투자되지 않는 자본을 나타낼 수도 있다. 간단히 말해, 어떤 사람들에게 "좋은 삶"은 미래 세대들을 포함해서 지구의 다른 삶을 대가로 매수된 것이다.

인간의 환경수용력

대부분의 종들에게 환경수용력이란 생태계를 영구적으로 손상시키지 않으면서 주어진 서식지에서 무한히 유지될 수 있는 최대의 인구를 가리킨다. 인간사회에서 환경수용력은 생태학적 생산성과 통일성을 손상시키지 않는, 특별한 계획구역 혹은 전체 지구에서 무한히 유지될 수 있는, 최대 비율의 자원 소비와 쓰레기 처리로 정의될 수 있다.[41] 따라서 상응하는 최대한의 인간인구는 일인당 자원 소비와 쓰레기 생산비율의 함수다.

---

41) 이러한 개념의 유용성에 대해 반대하는 견해를 위해서는 World Bank, *Rapid Population Growth and Human Carrying Capacity*, Staff Working Papers 690(Population and Development Series 15)(Washington, D.C.: World Bank, 1985)를 보라.

세계의 한계에 얼마나 가까운가?

악화되고 있는 생물권이란 인간인구와 현재 규모의 경제활동이 세계 환경수용력을 이미 초과했음을 나타낸다. 많은 생태학적 과정들은 과부하되었으며, 어떤 중요한 생명유지기능을 장기적으로 의존할 수 있는 가능성은 위험에 처해 있다. 게다가 우리는 그 절대적 한계에서 멀지 않을 수도 있다.

레이드 브라이슨은 1986년에 식량 생산에 대한 열역학적 분석을 통해 이 문제에 접근한다. 그는 우리가 일 년 내내 수확하는 것을 가정해서, 평균 한 사람 당 음식 에너지 요구량을 생산하기 위해서는 약 900제곱미터의 농지가 필요하다는 것을 보여주었다. 평균적으로 약 180일간의 경작기간을 고려한다면, 각 헥타르의 농지는 이론적으로 5.5인을 부양할 것이다. 세계 인구밀도는 경작할 수 있는 헥타르 당 약 세 사람이었으며, 성장하기 위해 "일조량 한계"를 두 배로 하면 한 사람 이하였다. 브라이슨은 그 한계가 35년 이내에 도달할 것이라고 느꼈다.[42]

이러한 계산은 자원 감소나 과학기술적 진보를 허용하지 않는다. 그러한 불확실성이 식량 한계에 관한 예측을 위험한 것으로 만드는 한편, 레스터 브라운은 1988년에 일인당 곡물 생산이 1984년 이래로 감소해서 "지난 4년 동안 14퍼센트 떨어졌으며", 지하수의 감소와 침식은 "지속가능한 세계 식량 생산이 이제 소비보다 훨씬 적다"는 것

---

42) Reid Bryson, "Environmental Opportunities and Limits for Development", (Leopold Centennial Lecture, June 1986)(Madison: Center for Climate Research, University of Wisconsin, 1986). (그리고 만약 매일 두 배가 되는 백합이 연못에 있고 100일 만에 그 연못이 완전히 덮인다면, 그 연못은 99일째는 반만 덮일 것이라는 은유를 기억해보라. 문제는, 우리가 지구상의 인류를 위한 100일째가 되는 날의 새벽을 본 적 있는가?)

을 보여주며, "어떤 나라들의 농부들이 의존할 수도 있는 아직 사용이 안 된 농업기술의 축적이 줄어들고 있다"고 보았다.43) 이러한 자료들은 2000년에도 여전히 인구가 연간 7,800만 명씩 늘어나고 있는 세계의 절대적인 한계를 충분히 생각해볼 이유를 준다.

세계의 안정성과 관련된 또 다른 요소는, 우리가 생태권을 그 한계에까지 더 가까이 밀고 나갈수록, 예측할 수 없는 아마도 비가역적인 체계 행태의 중요한 문턱에 도달하게 될 것이라는 것이다.44) 축적적인 과정의 어떤 지점에서, 추가적으로 증가하는 변화와 개별적 행위들은 큰 의미를 획득할 수도 있다. 그 결과로 항상적인 붕괴 가능성이 증가하고, 사람들은 더욱 생태권을 과도하게 착취하고 단순화시킨다. 인류는 절대로 단기간에 회복될 수 없는 주요 생물물리학적 체계들을 불안정하게 만드는 위험을 초래할 수는 없다(예를 들면, 기후의 역사적 패턴들에서의 커다란 변화). 환경수용력의 관점에서 보자면, 지속적이고 부정적인 생태학적 경향들은 인간인구와 그것의 경제활동들이 이미 우리를 지탱해주는 바로 그 관계들과 과정들을 방해한다는 분명한 신호들이다.

인간사회가 많은 생태학적 자원들과 생존을 위한 기능들에 의존하는 한편, 환경수용력은 궁극적으로는 가장 적게 공급되는 한 가지 중요한 자원이나 기능에 의해 결정된다. 지구적 규모에서 보자면, 오존층이 사라지는 것이나 이산화탄소나 다른 온실가스가 축적됨으로써 나타나는 온실효과의 실질적인 증가는 엄청난 재앙일 수 있다.45)

---

43) Lester Brown, *The Changing World Food Prospect: The Nineties and Beyond*, Worldwatch Paper 85(Washing D.C. : Worldwatch Institute, 1988).

44) Ilya Prigogine and Isabelle Stengers, *Order out of Chaos: Man's New Dialogue with Nature*(Toronto: Bantam Books, 1984); James Crutchfield et al., "Chaos", *Scientific American* 255(1989), pp.46-57; T. Palmer, "A Weather Eye on Unpredictability", *New Scientist* 124/1690(1989), pp.56-59.

그러한 숙고사항들은 산업 활동을 다섯 배 내지 열 배 증가시킴으로써 지속가능한 발전의 길로 나아가고자 하는 브룬틀란트 위원회의 제안을 심각하게 의심케 한다. 정말로 그것은 산업자본주의의 중요한 기둥인 성장윤리를 재평가하게 한다.

축적효과와 지역적 한계들[46]

모든 우주적 규모로 인간 활동이 미치는 환경적, 사회적 축적효과에 관해 관심을 갖는 것이 지속가능한 발전을 요청하는 주요한 힘이다. 축적효과들은 환경평가와 같은 그러한 도구를 통해 규제하기에는 너무나 작다. 이것은 보통 개별적인 것으로 무시되는 수많은 행위들의 추가적 혹은 상호 의존적인 효과에서 나온다. 때로는 다양한 유사한 원천들에서 나온 하나의 변수들에서의 축적변화들에 대한 관심이 있다. 때로는 관련되지 않은 활동에서 나온 수많은 변수들에 미치는 영향들에 대한 관심이 있다. 오늘날 우리가 직면하고 있는 대부분의 잘 알려진 세계적인 생태학적 문제들은 수많은 개별 행위들과 경제과정의 최종결과다.

효과적인 완화조치를 취하기에는 너무 늦어버릴 때까지, 사회는 환경 매개변수들에서의 점진적인 변화들을 거의 알아채지 못한다. 종종 생태계의 항상성(부정적인 피드백)은 분명한 나쁜 영향도 없이 오랜 기간 동안 증가하는 영향들을 "흡수"한다. 이것은 잘못된 안정감을 생산하는데, 사실상 그때가 우리들이 생태학적 올가미 안으로 이끌려

---

45) Rees, "Atmospheric Change".

46) 나는 원래 이 개념들을 "A Role for Sustainable Development in Achieving Sustainable Development", *Environmental Impact Assessment Review* 8 (1988), pp.273-91에서 환경평가에 적용시켰다.

들어가는 때다. 그 결과 아무런 조치도 취하지 않는 것은 우리가 환경적으로 견딜 수 없는 짐을 경제적으로 추가하는 것을 의미한다. 소중한 어업과 전체 생태계 혹은 심지어 역사적인 기후 패턴들조차 갑자기 무너져서, 이에 의존하는 사람들을 혼란에 빠뜨릴 수도 있다.

진정으로 지속가능한 발전을 위한 계획이라면, 중요한 환경적 변수들에서의 점진적인 부정적 추세들을 체계적으로 밝혀내고 감독하는 것을 요구할 것이다. 이러한 추세들이 전적으로 지역적 활동으로 인한 것이든 혹은 좀 더 세계적인 요인들의 결과이든, 필요한 수정 조치는 종종 지역적으로 이행될 것이다. 이것은 축적효과들에 대한 관리가 이러한 목적에 알맞은 생태학적 계획구역들 내에서 가장 잘 실행될 수 있을 것이라는 것을 암시한다.

지역적 환경수용력 — 이상화된 개념

계획관리지역 내에서 인식되는 생태적, 사회적 영향과 연관되지 않는다면, 이러한 축적효과들을 감독하는 것은 실질적으로 아무런 소용이 없다. 지역적인 환경수용력 내에서 작동한다는 것은 발전과정의 어떤 환경적 손상을 배제하지는 않는다(빌딩과 길은 어떤 공간을 점유해야 한다). 그것은 또한 수용력을 높여주는 자연의 봉사(예를 들면 유기물 쓰레기 처리와 재활용)를 배제하지도 않는다. 중요한 것은, 받아들일 만한 생활수준으로 예상되는 의존인구를 무한히 유지하도록, 충분하고 안정적인 생태학적 자본이 남아 있게 하는 것이다. 교역이 문제를 복잡하게 한다. 예를 들면 "의존인구"들 중 어떤 사람들은 그 지역 밖에서 살 수도 있다.

지속가능한 수준의 경제활동을 유지하려면, 현재보다도 더욱 환경적으로 엄격하게 지역계획에 접근해야 한다는 것을 나는 강조하고자 한다. 단기적인 시장의 영향력보다 장기적인 생태학적 요소들이 토지 사용과 자원 관리 결정의 주된 결정요인들일 것이다.

주요한 생태학적 변수들에서의 지속적인 악화가 용인될 수는 없다. 따라서 각각의 계획구역은 땅과 물과 관련 자원들에 대해 포괄적으로 조사하고, 필수적인 자연자본의 재고를 확실하게 유지하기 위해 자원 체계 감독 프로그램을 제공해야 한다. 그렇게 포괄적으로 지역을 감독하게 될 때, 제대로 기능을 하는 형태의 축적적인 환경평가가 이루어질 것이며, 그 지역이 자신의 생물물리학적 자원기반을 파괴하지 못하도록 하는 수단을 제공할 것이다.

지역적 접근방법은 또한 특정기획 환경평가에서 오랫동안 사라진 맥락으로 인식되어 왔던 것을 제공한다. 지역적인 환경수용력을 알게 되면, 기존의 발전과 기회비용 그리고 스트레스에 대처하는 생물물리학적 체계들과 사회체계들의 남아 있는 수용력에 비추어, 새로이 제안된 발전 안건들을 평가할 수 있다. 특정기획 평가는 차례로 진행 중인 축적평가 프로그램을 위한 자료들을 제공할 것이며, 또한 환경-발전 관계에 관한 특정 가설을 테스트할 기회를 제공할 것이다.

지역 상호간 교역의 문제

지역적인 환경수용력 개념이 개념적으로는 간단한 반면, 다양한 요소들이 실천을 어렵게 한다. 예를 들어, 지역 상호간의 흐름과 생물물리학적 상품과 서비스의 상업적 거래는 현재 직접적인 사람-땅 관계를 모호하게 한다. 이러한 흐름은 생태계 전반에서 자연적으로 순환하는 공기와 물의 흐름을 포함하며 또한 수산물과 임산물 그리고 농산물의 거래를 포함한다. 자연 산물들은 수입될 수 있기 때문에, 많은 지역의 사람들은 오늘날 알지도 못한 채 처벌을 받지 않으면서 그들

지역의 환경수용력을 초과한다. 그들의 생활양식이나 경제에 미치는 땅으로부터 오는 피드백이 없을 때, 그러한 사람들은 지역자원에 대한 지속가능한 관리를 하고자 하는 직접적인 동기를 갖지 못한다. 이러한 심리적 효과는 사람들이 자연환경에 대한 그들의 필수적인 의존성을 잊는다는 것이다. 갑 지역의 시민들이 을 지역에서 식량을 항상 수입할 수 있을 때, 왜 그들은 그들의 한정된 농지를 도시화하는 것에 관해 걱정해야 하겠는가?

문제는 한 지역의 주민들이 그 자신의 환경을 훼손함에 따라, 자신이 직접 관리하거나 통제할 수 없는 다른 지역으로부터 "수입된" 초과 환경수용력에 의존하게 된다는 것이다. 이러한 상황에서, 수출지역의 환경수용력 수준이 적정 상태로 돌아가게 되면, 수출지역의 주민들은 수입에 의존하는 지역 사람들을 위태롭게 할 것이다. 우리는 또한 세계의 부의 분배가 불평등한 데서 발생하는 생태학적 불평등을 인식해야만 한다. 발전과 외국 거래가 필요하다고 지각한 많은 가난한 개발도상국들은 돈을 빌리고 세계은행이 부과한 구조조정 프로그램을 받아들일 수밖에 없다. 그리고 세계은행은 부유한 산업국들에게 환금작물 형태로 환경수용력을 수출하라고 그들에게 요구한다. 이것은 국내소비를 위한 주요 산물의 생산을 위협하며 따라서 그들 자신의 주민들에게 해를 끼친다. 그러한 상황들은 지속가능하지 않다.[47]

우리가 다음과 같은 점을 깨달을 때 이러한 점들은 정책 발전에 중요하다. (a) 일반적으로 의존지역들에 대한 수출지역의 영구적인 헌신은 없다. (b) (대출을 갚으라는 압력을 받는) 수출지역에서의 "관리" 행위는 중요한 생태계를 훼손할 수도 있다. 지속가능한 발전에 대한 환경수용력 접근방식 하에서는, 중요한 거래지역들에 사는 사람들은

---

47) 생태석 거래는 물균형을 경감시킬 수 있지만 전반적인 부족을 경감시킬 수는 없는 제로섬 게임이다.

공정한 거래와 요구되는 경영원리에 따를 것을 보증하기 위해 공식적인 계약관계에 들어갈 것이다. 사실상 거래가 요구하는 것은 환경수용력이 총 생태용량과 총 수요에 의존해야 한다는 것이다.

도덕적으로 정치적으로 받아들일 만한 교역기반을 만들어내는 쪽으로 필요한 타협이 이루어질 것이며, 그러한 타협은 소중한 교육적 기능에 봉사할 것이다. 지역이 서로 의존한다는 것을 보여주는 기록은 생태학적 한계에 대한 공적인 인식을 증가시키고 지역 상호간의 평등에 기여할 것이다. 예를 들어, 수입업자들은 치외법권을 누리는 환경수용력을 마련하고 유지하는 데 대해 추징금을 지불해야만 할 것이다. 현재 선진국의 거주자들은 그들의 사치스러운 곡물 수입이 수출하는 개발도상국들의 지역 식량 생산이나 토지 사용 그리고 소유 패턴과 생태학적 조건들과 같은 그러한 요소들에 미치는 영향에 대해서 깨닫지도 못한다.

비록 시역 상호간의 거래가 지역 생대계를 소중하게 아끼고자 하는 동기를 감소시키고, 환경수용력 접근방식을 정치적으로 더 이해하기 어렵게 만든다 할지라도, 거래 그 자체는 잘못이 아니다. 만약 생태-발전 패러다임을 채택함으로써 각 계획지역의 사람들이 거래균형과는 상관없이 지역 상호간의 생태안정성(즉 점진적인 환경적 퇴보가 없는 것)을 성취하고자 한다면, 그것의 총 효과는 세계 환경수용력 내에서 지속가능한 수준의 발전일 것이다. (이러한 이상을 성취하기 위해서는 합리적인 정도의 지역 상호간의 평등성이 요구되며, 세계의 환경수용력이 벌써 파손되어 있지는 않아야 한다.)

실재 세계에서의 지속가능성: 이자에 의거해서 살아가기

환경과 경제의 비정상적인 관계에 대한 분석과 미래 발전을 위한 환경수용력의 의미에 대한 이러한 분석을 통해, 우리는 우리의 경제와 우리의 생활방식에 대한 주요 가정들이 문제가 있다는 것을 알 수 있다. 본질적으로, 양립 가능한 경제-환경 통합이 요구하는 것은 우리가 물질적 성장에 대한 생태학적 한계를 인식하고, 우리의 남아 있는 생태자본의 이자에 의거해서 살 필요가 있다는 것이다. 전반적인 논변과 일관적으로, 나는 실제로 지속가능한 지구 발전으로 인도할 수 있는 것으로서 다음의 원리를 제안한다.

- 경제는 생태권의 통합적이고 의존적인 하부 체계다. 따라서 사회의 미래는 자기 생성 구조를 유지하고 회복하는 우리의 능력과 생태권의 기능적 관계들에 달려 있다(자기 생성).

- 최대한으로 지속가능한 수준의 세계경제활동은 생태권의 건강과 생산성에 제한된다. 현재의 한계를 초과하는 것은 자연자본의 하락에 비례하여 미래의 생산 잠재력을 감소시킬 것이다(즉, 종의 다양성과 총 생물자원의 손실).

- 우리는 소수의 인위적인 욕구들만을 만족시키는 방향의 사회에서 모두의 기본욕구를 만족시키는 데 전념하는 사회로 이동해야 한다. 우리의 현재 경제체계는 끊임없는 물질적 성장을 고무한다(소비). 반대로 지속가능한 발전은 우리가 자원 착취를 제한하고 엔트로피 붕괴를 최소화할 것을 요구한다.

- 재생할 수 있는 자원 분야에서의 수확률은 평균생산율로 유지되어야 하며, 계속 증가하는 시장수요에 반응해서는 안 된다. 실리적인 경제는 종종 생태학적 자본의 재고(물고기, 숲, 토양 등)를

소진하라고 고무한다.48) 반대로, 지속가능한 발전은 사회가 생태
학적으로 주어진 것의 "이자"에 의존해서 살라고 요구한다. 이것
은 지속가능한 미래를 위해서는 선택이 아니라 절대적인 것이다.

- (살충제 사용을 포함해서) 쓰레기 처리속도는 생태계가 쓰레기를
흡수해서 변성시킬 수 있는 속도로 제한되어야 한다. 단지 생태
학적으로 적당한 유기 쓰레기와 영양분을 위해서만 일반적으로
상당한 처리능력이 존재한다.

- 방사능 물질, 발암물질, 그리고 유사하게 위험한 화합물의 경우,
무관용 원칙이 보장된다.

- 사회는 일반적으로 상품 "생산"의 진정한 비용을 지불해야만 할
것이다. 일반적으로 시장가격은 생태계 유지를 위한 생산자들의
비용(예를 들면 토양 관리나 산에 나무를 다시 심는 것)을 반영
해야 한다. 어떤 경우, 공동재산체제 유지를 위한 공적 자금을 제
공하기 위해서 엔트로피 세금이 부과되어야 한다. (화석연료들에
부과되는 엔트로피 세금은 대기 중의 일산화탄소 수준을 안정화
하는 데 도움을 주기 위한 탄소 흡수용 숲을 조성하는 데 사용될
수 있다.)49) 심각한 훼손이 이미 이루어진 곳에서는, 사회가 생태
계의 회복을 위해 실질적인 자원을 충당해야만 할 것이다. 이 모

---

48) C. Clarke, "The Economics of Overexploitation", pp.630-34.

49) William E. Rees, "Energy Policy and the Second Law: Time to Ante Up",
*Proceedings, Seventh Canadian Bioenergy Research and Development
Seminar, 24-26 April*(Ottawa: Department of Energy Mines, and Resources,
1989).

든 것은 운영비와 시장가격에 있어서의 상당한 증가를 함축한다.

- 사회가 이상과 같이 조정할 때, 불공평하게 노동자와 가난한 사람들에게 부담이 가지 않도록 하기 위한 특별한 조치가 취해져야 한다. 일정 수준의 삶을 위해 기본적으로 필요한 것들이 모두에게 가능해야 한다.

- 우리는 역사적인 이익의 수준이 지속가능한 발전과 양립 가능하지 못할 수도 있다는 것을 인식해야 한다. 예를 들어, 자원회사들은 이익배당을 발표하기 전에 자원기반(고갈될 수 있는 자원의 경우에는 대체형태의 생산자본에 투자하는 것을 포함해서)을 적절하게 유지하는지를 보여주어야 한다.

- 세계 인구통제는 국제적으로 최우선적인 것이 되어야 한다. 최대한 지속가능한 인간의 인구(세계 환경수용력)는 경제활동의 본성과 과학기술적 정교함 그리고 일인당 평균소비(물질적인 생활수준)의 함수다. 이 모든 요소들은 공적인 정책조정에 따른다. 현재의 환경수용력을 넘어서는 그 어떠한 인구성장도 오직 과학기술을 개선함으로써만 정당화될 수 있거나, 아니면 생활수준을 비례적으로 낮추어야 한다.

- 생태권을 감독하기 위해서는 국가의 경제-생태 계정의 새로운 체계가 채택되어야 한다. 놀랍게도, GNP와 같은 거시경제지표들은 단지 소비와 수입의 흐름만을 감독할 뿐, 생산자본의 상태에 대해서는 감독을 하지 못한다. 따라서 "정책들이 자원기반을 파괴하고 있을 때, 열렬한 경제 보고들이 … 가능하다."[50]

• 새로운 지표들은 자연자본 감소와 방어적인 "사회와 환경비용들이 덧붙여진 것이 아니라 공제된" 국민총생산으로 구성되는 조정된 국민총생산(Adjusted National Product)을 포함할 수도 있다.51) 다른 보고서들은 오염 흡수, 양분 순환, 토양 보존, 방사선 균형, 대기 규제, 그리고 직접 생산(광합성)과 같은 주요한 자기 생성 과정들의 상태를 감독해야 한다.

• 그러한 보고서가 없을 때, 지역 상호간의 교역은 생태권에 대한 한 지역의 의존도가 어떠한지에 대한 사람들의 감각을 모호하게 만든다. 생물물리학적 상품들과 서비스를 수입하는 것은 그 밖의 곳에서 환경수용력을 수입하는 것을 의미하며, 사람들이 그들 자신의 지역 생태계를 "개발"을 통해 파괴하도록 고무한다. 훌륭한 경제 보고서들을 갖고 있는 많은 지역과 국가들(예를 들면 네덜란드)은 분리된 생태 단위로는 살아남을 수 없을 것이다.

• 교역은 또한 세계적인 지속가능한 발전을 성취함에 있어서 평등이라는 중요한 함축을 갖는다. 예를 들어, 부유한 국가들이 가난한 지역으로부터 환경수용력을 수입할 때, 그것은 후자에게는 설명되지 않은 커다란 비용일 수 있다. 세계 금융체계가 개발도상국들에게 그들의 가장 좋은 땅에 지역특산물 생산 대신에 수출을 위한 환금작물을 기르도록 강요하는 경우가 이것이다. 이것은 차례로 가난한 지역의 주민들이 생존을 위해 투쟁할 때, 한계에 가

50) *State of the World 1984*, ed. Lester Brown et al.(Washington D.C.: Worldwatch Institute, 1984).

51) *The Living Economy*, ed. P. Ekins(New York: Routledge & Kegan Paul, 1986), p.129; Pearce et al., *Blueprint for a Green Economy*.

까운 정도로 농지와 산지를 과다하게 착취하게 한다. 개선된 지역 상호간의 경제-생태 보고서는 교역조건 안에 이러한 진정한 비용요소들을 포함시키는 데 도움을 줄 것이다.

- 지속가능한 발전은 생태학적 평가목적으로 발전지역을 정의하도록 요구하며, 또한 환경수용력에 반하는 축적적인 영향들을 감독하도록 요구한다. 현재의 관행에서 "환경요소들을 고려하는 것"은 보통 장기간의 생태학적 생산성이 단기 경제적 이익을 위해 "거래"된다는 것을 의미한다. 따라서 개별적 발전이 경제적 근거에서 승인되는 한편, 축적적인 생태적 영향은 결국 지역과 세계의 환경수용력을 초과할 것이다.

- 한 지역에서 외면상 덜 개발된 생태학적 자산은 실제로 그 밖의 다른 곳의 사람들이 이미 충분히 활용하고 있는 중요한 기능들을 수행하고 있는지도 모른다. 특정 상품들을 위한 시장들이 있을 때 이것은 가장 분명하지만, 보고되지 않은 중요한 서비스의 경우에는 덜 분명하다. 열대우림은 살아남을 수 있는 대기, 세계 에너지 예산, 그리고 안정적인 기후를 유지하는 그것의 역할 때문에 모든 사람들에게 관심을 받는다.

- 어떤 관리지역의 환경수용력이 다했을 때, 생태학적 요소들은 경제학적 고려사항들에 필히 우선해야 한다. 다음 프로젝트는 이루어질 수 없다. 만약 각 나라나 관리지역이 지역 생태학적 안정성을 획득한다면, 그 순전한 결과는 세계 안정성일 것이다. 반대로, 만약 대부분의 지역들이 국내의 환경수용력을 초과한다면, 세계 파괴는 보증된 사실이다.

- 대기 변화, 오존층 감소, 벌목, 그리고 일인당 식량 생산의 감소와 같이 기록이 잘되어 있는 생태학적 추세들은 우리가 이미 세계 환경수용력을 깼다는 것을 가리킨다. 따라서 심지어 현재 수준의 경제활동조차 현대의 과학기술로 지속가능하지 않다. 세계의 지속가능성을 성취하기 위해서, 산업국은 그들의 물질적 기대를 낮추어야 하며, 심지어 현재의 물질적 기준의 하락을 받아들여야 할 것이다.

- 더 이상 경제성장이 사회정책의 기본요소로 생각되어서는 안 된다. 따라서 사회정의와 평등에 대해 고려한다면 소득 재분배를 위한 창조적이고 새로운 정책이 필요하다. 우리는 심지어 삶의 기본적인 자격에 대한 접근수단으로서 유급고용을 넘어서는 어떤 다른 권리체계로 나아가야만 할 것이다.

- 지속가능한 발전은 선진국들이 공평성과 도덕적 고려사항들을 재도입하도록 할 것이다. 세계에서 가장 부유한 26퍼센트의 인구가 재생할 수 없는 자원의 80-86퍼센트를 소비하고 식량 공급원의 34-50퍼센트를 소비한다.[52] 유한한 세상에서 부자들과 가난한 사람들 간의 생활수준 차이를 줄이기 위해서는 미래의 물질적인 경제성장을 위한 어떤 수용력이든 제3세계로 가야 한다. 국제적인 빚의 탕감, 열대 생태계 회복에 대한 원조, 개발도상국들에서 생태학적으로 적합한 과학기술을 개발하는 프로그램 등은 선진국들이 세계의 부를 재분배하는 데 도움을 주기 위해 수행할 수도 있는 전략들의 예다.

---

52) WCED, 1987.

- 지속가능한 발전은 양적인 고려에서 질적인 고려로 그 강조점을 바꿀 수 있는 기회를 나타낸다. 우리는 발전이 경제적 능력 증가 (양적 성장)보다 공동체 관계, 자기 신뢰, 개인적 성장(질적 성장) 과 더 많은 관련이 있다는 것을 재발견할 것이다.

- 지속가능한 발전에 대한 사회적으로 민감한 해석들은 공동체 가 치들로의 복귀, 자원에 대한 지역통제, 공동체에 기초한 발전, 그 리고 다른 형태의 분권화된 통치기회를 강조한다. 이것 또한 집 중화된 경제력과 집중화된 정치적 결정을 지향하는 현재의 추세 들과 대조를 이룬다.

- 세계적인 지속가능한 발전은 받아들일 만한 생태적 안정성 수준 을 확보하기 위해 새로운 형태의 국제적 협동과 규제를 요구한 다. 이것은 세계경제성장을 자극하는 수단인 경쟁, 비교우위 이 용, 그리고 규제 완화에 대한 현재의 강조와 대조되는 것이다.

- 지속가능한 발전은 군비 경쟁을 없애고 지구의 회복에 필요한 자 원을 해방시킬 기회를 나타낸다. 1980년대 중반쯤, 군사력은 이 미 매년 1조 달러 혹은 "인류의 가난한 사람들 50퍼센트의 총수 입 이상"[53]을 소비했다. 전 세계 사람들은 점차 군사력을 보유하 는 것보다 생태자본을 회복시키는 데 국가의 안보가 놓여 있다는 것을 실감하게 될 것이다.[54]

---

53) 같은 책, p.297.
54) Norman Meyers, "Environment and Security", *Foreign Policy* 74(1989), pp. 23-41.

결론: 개선된 생태권으로 가는 험난한 길

오늘날 지속가능한 발전에 대한 대부분의 사회정치적 토론은 경제성장을 부양할 필요가 있음을 강조한다. 그것은 우리가 적정가격, 자원 사용의 더 큰 효율성, 개선된 과학기술, 더 나은 오염 통제, 그리고 더 폭넓은 환경평가 이용을 통해 환경을 돌볼 수 있다고 가정한다. 그러한 증가적인 접근방식은 성장 일변도의 현 상황에 거의 영향을 미치기 어려울 것이며, 산업체나 개인들을 통한 최소한의 조정을 요구할 것이다.

이 연구는 열역학 원리와 생태학적 환경수용력 개념을 통해 조명된 극적으로 다른 그림을 제공한다. 이러한 증거에 비추어보면, 우리는 물질적 경제성장의 절대적 한계에 너무 빠르게 접근하고 있는지도 모른다. 우리가 지속가능한 생태권을 얻고자 한다면, 우리는 더 이상 경제적 이익을 위해 생태적 훼손을 "거래"하는 사치를 누리지 못한다. 세계의 생태학적 통합성 유지는 우리가 가장 우선적으로 생각해야 하는 것이어야 하며, 모든 지역 개발의 결정요소가 되어야 한다.

우리의 개념적 틀이 단순히 (의존하는 부분이 제한된 전체 내에서 무한히 자라날 수는 없다는) 분명한 것들을 강조하는 한편, 이러한 사실을 받아들인다는 것은 사회적 가치와 태도에서의 깊은 변화를 요구하며, 국가와 세계의 경제를 크게 재구성할 것을 요구한다. 그러나 세계관과 정책에서의 필수불가결한 변화들이 있는 곳에는 좀 더 정치적으로 안전하고 생태적으로 안정적이고 경제적으로 공정한 세계사회를 창조할 가능성이 존재한다.

본 논문에 관한 반성

지속가능성과 인간의 전망에 관한 나의 견해들은 "Sustainable Development and the Biosphere"가 처음 등장한 이래로 거의 바뀌지 않았다. 분명 세상은 거의 개선되어 보이지 않으며, 비록 환경적으로 사회적으로 동기화된 비정부기구들이 끊임없이 반대하고 정교한 분석을 내놓는다 할지라도, 지속가능한 발전에 관한 성장 모델은 이전보다 더욱 확고하게 주류 사상을 지배하고 있는 것으로 보인다. 그러는 동안, 알려진 세계에 인간의 "생태학적 발자국"이 증가하면서 생태계의 붕괴와 생물다양성의 소실은 침울한 발걸음을 옮긴다. 한편, 정부들은 더 많은 에너지와 광물을 개발하려는 쟁탈전 속에서 해저를 주장하고 나서기 바쁘다.

사람들은 그들이 글자 그대로 유일한 지구라는 고향집을 소비하고 낭비하고 있다는 것을 보여주는 자료와 분석들에 왜 그렇게 영향을 받지 않는 것처럼 보이는가? 이것이 나의 현재 연구의 물음이다. 나는 최근에 진화론적, 역사적 근거에서 호모사피엔스가 본래 지속가능하지 못할 수도 있다고 주장한 적이 있다. 조셉 테인터가 지적했듯이, "아마도 인간사회의 진화에서 가장 흥미로운 점은 점점 더 복잡해지는 복잡성의 패턴이 규칙적으로 붕괴에 의해 방해를 받는다는 사실이다. …"[55] 이러한 패턴과 일관적으로, 나는 지속불가능성이 기술-산업사회와 생태권의 상호작용의 피할 수 없는 "창발적 속성"이라고 주장한다.[56]

---

55) Joseph Tainter, "Sustainability of Complex Societies", *Futures* 27(1995), pp.397-404.

56) William E. Rees, "Globalization and Sustainability: Conflict or Convergence?", *Bulletin of Science, Technology, and Society* 22/4(2002), pp.249-68;

역설적이게도 다윈의 생존투쟁에서 인간들을 그렇게 대단히 성공적이게 만든 생리학적, 유전적, 문화적 속성들의 독특한 결합이 문제의 근본원인이다. 본질적으로 호모사피엔스는 모든 이용할 수 있는 생태학적 공간으로 확장하는 자연적인 유전적 성향을 갖고 있는, 크고 자기 본위적이고 경쟁적이고 매우 적응력이 있는 포유류다. 게다가 우리는 언어와 문화적 기억(축적적인 과학기술)을 소유하고 있기 때문에, 우리는 확장하는 우리의 서식지를 이용하는 데 점점 더 능숙해진다. 인간은 또한 문화적 신화를 구성하는 보편적인 강한 경향을 부여받는데, 이것은 우리의 진화 과정에서 우리를 위해 봉사해온 경향이다. 문화적 신화는 심지어 "원시적인" 사람들에게조차 우주의 신비를 설명하며, 그리하여 두려움을 감소시키고 개인의 안정감을 지원해준다. 또한 신화는 사회적 응집을 강화하는 공통의 이야기를 제공하며 부족에게 정체감을 준다. 다양한 시기에 혹은 어떤 사람들에게, 정신적 혹은 종교저 신화는 심지어 생태학적으로 파괴적인 개인 활동이나 사회 활동들을 금지시키는 데 봉사했을 것이다.

오늘날의 지배적인 문화적 신화(전 세계의 사회들에 모습을 부여하고 방향을 제시하는 "공통의 이야기")는 열린 시장과 교역 확장으로 유지되는 경제세계화를 통해 획득된 무한한 부에 대한 신화다. 이러한 거대한 환상은 분명 지역의 환경수용력의 한계까지 인간사회가 성장하는 경향을 반영하고 강화한다. 과거에 반복적으로 일어났듯이, 인간사회는 현재 성장을 위해 생물물리학적 한계를 돌파하고 있지만, 이번에는 세계적인 규모에서 그러하다. 결과적으로, 한때 인간의 놀라운 진화적 성공을 보증했던 바로 그 특성들이 이제는 우리를 위협하고 있다.

"An Ecological Economics Perspective on Sustainability and Prospects for Ending Poverty", *Population and Environment* 24/1(2002), pp.15-46.

모든 것이 어둡지만은 않다. 인간은 독특하게 자의식적이며 자각하는 존재다. 따라서 이론으로 보자면, 기능장애를 일으켜 대부분의 종을 위협해온 그 어떤 생물문화적 성향들도 우리는 짓밟아버릴 수 있어야 한다. 물론 첫 단계는 이러한 성향들을 의식 앞에 들어올려서, 그것들이 최소한 부분적으로는 우리의 지속가능성 문제의 "원인"이라는 것을 깨닫는 것이다. 그럼에도 더 어려운 문제는 무엇을 해야 하는지에 관해 동의를 끌어내는 것이다. 인류사회는 우리의 다양한 부족들의 이기적 행동을 금지시키고 공동의 선을 위해 지속가능한 경제적 행동을 강화시킬 국제법과 제도적 틀을 마련하는 고된 작업을 시작해야 할 것 같다. (가렛 하딘이 옳았다. 우리 인간 안의 악당을 통제하기 위해서는 그가 간결하게 "서로 동의한 상호 강제"라고 부른 것이 필요할 것이다.)

말할 필요도 없이, 이러한 강령은 전례가 없는 정도의 국제적 동의, 정치적 의지, 그리고 정신적 통일을 요구할 것이다. 그리고 바로 그러한 이유로 실제 세상에서는 성취하기가 불가능할지도 모른다. 역사는 우리 편인 것 같지 않다. 그리고 인간 종은 분명 9·11 테러 이후의 세상에서 전운이 감도는 호전적인 부족주의로 되돌아가고 있다. 내가 이 글을 쓰는 동안, 점점 더 분열되고 있는 세계 공동체가 이라크에서 전쟁을 하는 것이 어떤 장단점이 있는지를 토론할 때, 흠이 있지만 우리의 결합된 행위를 위해서는 가장 훌륭한 희망이 되는 연합국의 운명은 위기에 처한다.

중동에서 무슨 일이 일어나든, 지속가능성은 인류가 궁극적으로는 성공적으로 원시적인 행동성향들을 극복해야 한다고 요구한다. 이러한 성향들은 지정학적인 혼돈과 생태학적인 붕괴로 이끌 뿐이기 때문이다. 우리는 인류의 다양성과 다른 생명의 다양성 모두를 존중하는 새로운 세계적인 문화적 신화를 개발해야만 한다. 그것은 세계의 제한된 생태적, 경제적 재산을 더 공정하게 공유하는 데 기초한다.

역설적이게도, 이제 우리의 유한한 지구의 문명사회가 계속되기 위해서는 "타인"에 대한 동정이 필수적인지도 모른다. 냉소주의자들은 이것을 단지 계몽된 자기 이익으로 생각하고 싶어 하겠지만, 그것을 뭐라 부르든, 우리는 우리 자신으로부터 지구를 보호하고자 하는 공동의 목적으로 세계인들을 함께 묶어주는 새로운 종류의 사회적 연대가 필요하다. 이러한 노력에서의 성공은 단순한 생물적 진화를 넘어 문화적 진화의 지배를 나타내며 언어 발명 이래로 인간의 진화에서 가장 중요한 전진을 알릴 것이다.

반면에… 음, 그 반대편은 너무나 낙담스러워 생각할 수가 없다.

■ 제 3 부 ■

우주 발생

　진화에 관한 테야르의 관점은 지배적인 세속의 물질주의 패러다임과는 대조된다. 후자의 관점에서는, 인간이 우주에 부착된 의도하지 않은 부가물로 보인다. 테야르에게 인간은 중심적이고 우주 발생의 선봉 현상이며 창조적 의식의 담지자들이다. 이 부분의 세 연구는 어떻게 그의 사상이 진화의 통일성을 밝힐 수 있는지, 그리고 특히 어떻게 그의 사상이 새로운 복잡계 과학과 수렴하고 그것을 통해 확증될 수 있는지를 고려할 것이다.

　1980년대 초기에 브라이언 스윔은 토머스 베리와 테야르의 통찰을 결합시켜, 사람들과 지구 모두를 위해 중요한 의미를 지닌 진화 이야기를 만들어냈다. 수학적인 우주론자이자 유명한 저자인 스윔은 생명력이 있는 지구 공동체로 변화하는 중에 펼쳐지는 우주를 묘사하고 재현하기 위해, 그의 능력을 발휘하여 "새로운 자연선택(The New Natural Selection)"이라고 제목이 붙여진 장의 글을 생생하게 윤색한다.

　테야르가 죽고 난 몇 십 년 후, 위대한 과학적 혁명 속에서, 본래적으로 자기 조직적인 우주에 대한 새로운 발견을 통해, 자발적이고 순차적인 복잡성과 의식 출현에 관한 그의 직관이 입증되고 있다. 체스넛 힐 대학에서 물리학 교수로 있는 캐슬린 더피의 연구주제는 이러한 새로운 과학들과 테야르 사상의 그것과의 유사성에 관한 것이다. 그녀의 에세이 "진화적 우주의 구조: 테야르 드 샤르댕의 물질과 정신(The Texture of the Evolutionary Cosmos: Matter and Spirit in Teilhard de Chardin)"은 유기적으로 짜인 우주의 주단이라는 은유적 맥락 내에서 이러한 새로운 과학들을 폭넓게 소개한다. 이 주제는 아서 파벨의 새 천년 회고전 "테야르 2000: 우주 발생에 관한 새 천년의 비전(Teilhard 2000: The Vision of a Cosmic Genesis at the Millennium)"에서 계속된다. 기술자이자 작가이자 10년 동안 *Teilhard Studies*의 편집자로 있는 파벨은 새로운 복잡성 과학을 통해 이해되고 있는, 온 천지에 나타나는 극적으로 창조적인 체계를 묘사한다. 결과적으로, 마음의 복잡함, 직감, 인격, 그리고 공동체라는 중심축을 갖고 있는 새로운 창발적 우주는 최근의 발견들이 어떻게 테야르의 선견지명을 증명하는지를 보여준다.

9

새로운 자연선택

브라이언 스윔

우리는 오이디푸스 신화와 매우 유사한 신화를 살아내고 있다. 우리는 우리 자신이 병적인 상태의 삶을 산다는 것을 알 수 있다. 그 범위는 매일 그 병상 안에서 깊어가지만, 우리는 무엇을 해야 할지 정말로 알지 못한다. 우리는 몸부림치지만, 그것은 단지 문제를 악화시킬 뿐이다. 쓸데없는 고통이 증가한다. 더 나쁜 시나리오들이 수평선 너머로 위협한다. 그리고 우리 자신은 그 드라마의 주인공이 되어 고통스러워한다. 그것은 잘못된 한 가지 것이 아니다. 그것은 모든 것이다. 그것은 우리를 침울하게 하는 하나의 상황이 아니다. 그것은 폭넓은 선택의 재앙과 잔혹함과 독소다. 우리는 미국인으로서, 서양인으로서, 심지어 인간으로서, 이 모든 것에서 우리의 책임을 비극적으로 깨닫고 비척거리며 미래로 들어가지만, 전체 지구 공동체에 건강을 가져다주기 위해 우리가 무엇을 할지와 관련해서 우리는 무감각하고 거만한 상태로 있다.

우리의 중대한 결함은 바로 더 큰 지구인들로서의 역할로 우리가 진화하지 못한다는 것이다. 우리는 아주 힘차게 미국인으로서 우리의 역할을 수행해왔다. 우리는 과학적인 서양인으로서 우리의 역할에 성공적이었다. 인간으로서 환경을 정복하고 통제하는 역할에서조차 우리는 기적을 이루었다. 하지만 아직도 우리는 인간 지구인들로서의 역할로 더 진화하지 못했다. 이것은 현재 우리의 병적인 막다른 골목 뒤에 놓여 있다. 지구 공동체의 인간 이외의 요소들을 향한 우리의 뿌리 깊은 오만은 진화적 향상을 무력하게 했다. 영토적이고 이념적인 논쟁들이 40억 년의 생명의 과정을 희생시킬 만한 자격이 있다는 우리의 환상으로부터 핵문제가 유래한다. 소비자의 수요가 어떠한 서식지나 그 어떠한 생명 공동체도, 심지어 이 지구상에서 생명이 출현하고 진화하게 한 바로 그 조건들마저도 파괴하기에 충분한 이유라는 우리의 환상으로부터 상업적-산업적 문제가 생겨난다. 진화의 펼쳐짐 내에서의 우리의 역할을 충분히 배울 때까지, 훨씬 더 많은 잔혹함과 고통과 너불어 현 상황의 병증은 계속 증대될 것이다. 오이디푸스는 알지 못한 채 자신이 어머니를 범했다는 것을 발견하고서야 제정신을 차릴 수 있었다. 우리는 이제야 우리가 부지불식간에 일정 기간 대자연을 범했다는 것을 깨닫고 있다. 진화를 촉진하는 일은 충실한 지구인이 되는 것이다. 토머스 베리가 말했듯이, 그것은 새로운 이야기, 즉 우주와 지구 차원의 이야기 내에서 살아가는 문제다.[1]

우리는 인간의 이러한 거대한 국면의 역할을 발견하는 데 관심을 가져야 한다. 우리는 이 지구 전체의 생명과정 내에서 우리 자신과 우리의 유전적 힘에 대해 생각하는 법을 배워야 한다. 인간에 대한 이전의 개념들은 이러한 더 큰 지구적 차원에 도달하지 못했다. 이전의 개념들은 그 자체 특정한 요구를 지닌 이전의 어떤 역사적 시기에 적절

---

1) Thomas Berry, "The New Story", *Teilhard Studies* no. 1(winter 1978).

했을지도 모른다. 하지만 그러한 상황들은 이제 사라졌다. 거친 자연 세계 가운데서의 생존에 대한 고대의 위협조차도 이제는 더 이상 존재하지 않는다. 우리는 기초적인 질문을 완전히 다시금 물어야 한다. 인간의 본성은 무엇이며 또한 마음의 힘의 본성은 무엇인가? 통합적인 지구 과정 내의 진화적 펼침이라는 더 큰 동력 내에서 이 생명의 목적은 무엇이며 그 위치는 어디인가?

나는 인간들이 지구에 있는 인간 이외의 요소들에 대한 교만함을 버리고 그들 자신의 더 깊은 지구적 존재 차원을 활성화시킬 때에야 비로소 현재의 진화적 난국이 해소될 것이라고 제안한다. 우리가 의식 양상으로 도달한 진화적 펼침으로서 사는 법을 배울 때, 지구의 진정한 무르익음이 나타날 것이다. 나는 특히 자연선택의 동력을 존재의 의식적 양상으로 끌어들이는 것이 무엇을 의미하는지를 논하고자 한다. 수십억 년 동안 지구 과정에서 작동해온 동력이 갑자기 지구의 인간 요소를 통해 의식의 양상으로 진행한다는 것은 무엇을 의미하는가.

자연선택

우리가 숲이나 바닷가 공동체를 생각하든, 아니면 주요한 생물권을 생각하든, 자연선택원리는 생명의 전 체계들이 보여주는 동력이다. 자연선택은 공동체 존재들 간의 상호작용 동력을 가리키는 전체론적 개념이다. 자신이 생태 공동체 가운데에 있음을 발견하는 유기체는 이 생명의 맥락 내에서 자신의 유전적 계보를 유지하면서 살아나가기 위해 현재의 관계질서에 잘 맞추는 법을 배워야 한다. 만약 새로운 유기체가 현재의 질서에 잘 적응할 수 없다면 거기에서 떠나든지, 그렇지 않으면 죽을 수밖에 없다. 그레고리 베이트슨이 강조했듯이 그것은 적응의 문제다.2) 최적자의 생존이란 공동체 내에서 상호작용하는 생명계의 현존하는 통일성에 적응할 수 있는 그러한 유기체들을 가리킨다. 적응도는 강함만으로 환원될 수 없다. 한 유기체가 공동체와 대면할 때 강함은 단지 관련된 많은 것들 중에 한 측면일 뿐이다. 자연선택은 각 유기체나 종을 위한 테스트에 이르러서, 그것이 그 공동체 내에서 현존하는 삶의 패턴들에 적합할 수 있다면 결정이 되는 전체론적 현상이다.

우리가 자연선택원리에 대한 우리의 토론에서 생물학적인 영역을 넘어서 문화 활동들을 포함시키고자 할 때 우리의 어려움은 시작된다. 자연선택의 원리는 예술, 정치, 수학, 음악, 과학, 법과 관련해서 무엇을 말할 수 있는가? 우리의 문화적 성향은 자연세계의 동력과는 대체로 연결되지 않는 것으로서 이러한 활동들 각각과 관련을 갖는 것이다. 그리고 우리의 모든 문화적 활동들 중에서 수학은 그 어떤 다른 깃보다도 더욱 자연세계에 포함되기를 거부한다. 2,500년의 서양의 지적, 철학적 발전은 대부분 인간의 마음이 존재론적으로 자연세계와 구별된다고 가정해왔다. 이러한 주장은 특히 우리의 추상적인 수학 체계를 근거로 옹호되었다. 우리는 수학적 진리들이 시간 바깥의 초월적이고 영원한 세계에 위치하는 확실성을 갖고 있다고 수천 년 동안 가정해왔다.

진화의 동력 내에서 수학적 활동이 차지하는 위치를 알기 위해 우리는 자연선택원리들과 논리증명절차를 동일시함으로써 시작한다. 새로운 유기체가 생명 공동체에 들어가도록 허용하기 전에 자연선택이 그 유기체를 시험하듯이, 새로운 수학적 명제들이 수학적 지식군 안에 들어가도록 허용하기 전에 증명절차들은 그 명제들을 테스트한다.

---

2) Gregory Bateson, *Mind and Nature*(New York: Dutton, 1979).

만약 논리를 통해 그 명제가 참인 것으로 보인다면, 그 명제는 수학적 지식 안에 들어가도록 허용된다. 만약 그 명제가 거짓이라는 것을 논리적 절차들이 보일 수 있다면, 그것은 수학적 지식군으로부터 거부된다. 논리는 어떤 새로운 수학적 아이디어들이 받아들여질지 그리고 어떤 것이 거부될지를 결정하는데, 이는 자연선택원리가 어느 새로운 유기체는 생명 공동체 안으로 받아들여지고 어느 것은 거부될지를 결정하는 방식과 유사하다. 논리적 절차는 의식 국면에서 보이는 일종의 자연선택을 나타낸다.

수세기 동안 서양의 지적 발전사에서 최소한 플라톤까지 거슬러 올라가보면 수학의 증명절차들은 초월적인 것으로 여겨져 왔다. 그것들은 자연세계를 특징짓는 조건들로부터 완전히 분리되어 있었다. 수학적 지식은 확실하고 영원하며 초월적이었다. 증명절차는 수학적 지식이 이러한 영원하고 확실한 질을 갖고 있음을 절대적으로 확고히 하는 방법을 제공했다. 우리는 우리 자신이 자연세계의 활동과 발생과 덧없음으로부터 분리되어 있는 아이디어와 지식에 도달하는 것으로 보았으며, 이러한 인간 마음에 관한 근본적인 가정은 자연세계로부터 우리의 서양적 소외를 깊어지게 했다.

그러나 20세기 수학은 수학의 증명절차들이 발달적이라는 것을 발견했다. 인간 마음의 가장 추상적인 창작물이 이제 진화적 펼침의 근본 동력을 공유하는 것으로 이해될 수 있다. 서양의 고대 전통은 우리 세기에 와서 의문시되었는데, 이제 수학에 대한 이해가 그것의 발달에 대한 이해를 의미하게 되었기 때문이다. 이러한 해석은 수학의 기초들에 관한 작업을 통해서만 가능했으며, 괴델의 자극적인 결과물에서 그 절정에 달했다. 시간 바깥의 영원하고 확실한 진리에 도달하기 위해 사용될 수 있는 초월적 논리라는 개념은 거짓인 것으로 보였다. 인간의 지식이 존재론적으로 발달하는 우주와는 다르다는 우리의 고대의 가정은 훼손되었으며, 우리의 이론적 기획 내의 이러한 발달에서, 우리는 그렇게 많은 세기 동안 인간이 아닌 것들로부터 인간을 나누어놓았던 소외가 마침내 끝나고 있다는 희망을 발견할 수 있다.

수학적 논리에 관한 진화적 이해는 수학적 지식군이 먼저 존재한다는 관찰과 더불어 시작된다. 산술과 기하학과 그것들의 진리는 논리를 설명하려는 그 어떠한 시도가 있기도 전에 인간 경험에서 나타난다. 논리는 단순히 그 어떠한 수학적 지식군도 근본적인 통일성을 이루도록 묶어주는 근본적인 정합성에 대한 사후의 설명으로 이해된다. 지식을 검토하는 인간은 그 지식군을 함께 지탱해주는 그러한 형태의 상호 연결성을 추출한다. 정합성이 그 어떠한 기존에 확립된 지식군의 특징이라는 것은 조사해보면 인정될 수 있다. 상호 연결성과 정합성의 패턴들에 대한 설명이 논리다. 그리고 각각의 시대는 그 조상들로부터 물려받은 지식을 발전시키고 확장시키기 때문에, 논리도 마찬가지로 발전한다. 이러한 방식으로 이해되는 논리는 특정 역사적 시기의 지식군의 특징이다. 그것이 전체의 정합성 패턴이다. 우리가 논리를 통해 수학적 결과를 입증했다고 말하는 것은 그 새로운 수학적 명제가 현재의 지식군의 정합성 패턴에 잘 들어맞는 것으로 보일 수 있다고 말하는 것이다. 수학적 명제가 논리를 통해 거짓인 것으로 보인다고 말하는 것은 그것이 지식의 정합성을 위배한다고 말하는 것이다. 따라서 자연선택이 새로운 유기체나 종의 적합도를 테스트하는 전체론적 현상인 것과 마찬가지로, 논리는 새로운 수학적 아이디어의 적합도를 테스트하는 체계의 전체론적 현상이다. 그리고 생태계가 진화함에 따라 자연세계의 선택원리가 발달하듯이, 수학의 체계가 발전함에 따라 논리도 발전한다.

수학적 논리와 자연선택 간의 가장 중요한 비유는 전체의 생명력에 대한 관심이다. 확립된 수학적 지식은 소중하고 매우 복잡한 실재다.

근본적인 모순들이 수학군에 허용되어 유기체 안에서 아주 깊이 뒤얽혀서 최종 근절이 거의 불가능해지면 생기게 되는 손상을 이러한 생명력이 입지 않도록 하기 위해, 논리를 통한 증명절차들이 만들어진다. 바로 그렇듯이 생태계에서 이용할 수 있는 모든 다양한 영역을 채울 수 있는 가장 생명력 있고 가장 흥미롭고 가장 유능한 유기체들이 전체 공동체의 종들의 미래에 공헌하는 것들이라는 것을 자연세계의 선택원리들은 보증한다. 생태계는 파도의 거품처럼 깨지기 쉽다. 그리고 유전적인 평범함이 미래 세대의 공동체를 지배하도록 허용된다면, 전체 체계는 훨씬 더 큰 확률로 붕괴할 위험이 있다. 논리와 자연선택 모두는 그것들이 작동하는 전체 체계의 생명력과 왕성함을 증진시키도록 작동한다.

유추를 통해, 우리는 어떻게 진화의 선택 동력이 모든 문화 활동들 내에서 작동하는지를 알 수 있다. 문학 비평가는 일반적으로 문학과 예술에서 선택 동력의 작인으로 봉사한다. 대부분의 고전 작품들은 모든 문화적 신작들이 어떤 것이든 포함된다면 나타나게 되는 무기력함으로부터 보호를 받는다. 훌륭한 작품들을 가지고 테스트함으로써, 다양한 업적과 활발한 활동이 일어나게 되며, 이를 통해 그 기획의 생명력이 보호되고 강화된다. 하지만 아마도 선택 동력의 가장 분명한 의식 측면의 예는 법에서 볼 수 있다. 변호사와 법정이 하는 일은 근본적으로 확립된 받아들일 만한 규범 패턴을 기준으로 특정 행동 패턴들을 테스트하는 일이다. 받아들여진 규범의 정합성에 알맞지 않은 그러한 패턴들은 사회 전체의 생명력을 위해 근절되어야 한다. 이 모든 것에서 우리는 어떻게 인간들이 진화적 펼침의 동력을 확장한 패턴들 내에서 작동해왔는지를 본다.

질적인 향상

그 어떠한 안정적인 생물학적, 문화적 체계 내에서도, 새로운 창조와 선택원리 간의 역동적인 상호작용은 복잡성과 생명력에서의 전반적인 완만한 성장을 이어간다. 하지만 그러한 체계가 무너지는 순간이 발생한다. 체계의 안정성이 무너진다. 에리히 얀치가 언급하듯이, 불균형은 이전에 기능하는 안정적인 체계를 혼돈 속으로 내던진다.[3] 그러한 상황에서 자연선택의 원리는 이전 체계의 안정성을 유지할 수가 없다. 왜냐하면 새로운 유기체나 새로운 개념이 너무나 강력하거나 낯설어서 그것에 대해 적용되는 적응을 위한 모든 테스트를 무효로 만들 것이기 때문이다. 이 새로운 유기체가 그것의 새로운 힘을 펼치고 그 공동체 안으로 들어갈 때 그 체계는 붕괴와 혼돈의 시기로 들어간다.

생물학적 관점에서, 이전의 조화로운 공동체를 무너뜨린 불균형의 가장 중요한 현재의 예는 지구 공동체에 들어온 호모사피엔스의 출현이다. 40억 년간의 생명의 발달에서 보면, 과학기술적 인간은 한순간에 지구에 나타났지만, 그 순간 지구상의 모든 것은 변해버렸다. 존재들의 공동체 내에 확립되어 있었던 먹잇감, 짝짓기, 사냥, 숨기, 양육 등의 패턴으로 나아가야 했던 보잘것없는 생명체로부터 인간은 마지막 2세기 동안 분출하여 지구의 지배적인 유기체가 되었다. 나머지 지구 공동체의 상호작용 패턴에 적응하거나 맞추기보다 인간은 모든 다른 생명계를 포함하는 지구 과정을 지배하게 되었다. 호모사피엔스의 과학기술적 국면을 통해 지금 이루어진 변화들은 인간 이전의 지구 공동체에서 수백만 년 걸렸던 것을 일주일 만에 이루거나 파괴한다.

---

3) Erich Jantsch, *The Self-Organizing Universe*(New York: Pergamon, 1981).

따라서 우리는 수십만 마일의 아스팔트를 깐다. 우리는 수천억의 강철 기계들을 풀어놓아 땅을 가로지르게 하고 하늘을 붐비게 만든다. 우리는 지구 공동체에서 이전에는 결코 경험해본 적 없는 화학적 창조물로 대기를 침윤시킨다. 그리고 우리는 모든 형태의 생명체에 해로운 수백만 톤의 물질을 우리의 수로를 통해 그리고 우리의 토양에 유출시킨다. 갑자기 이 보잘것없는 생명체는 모든 다른 생명계가 적응하든지 아니면 멸망해야만 하는 전체 환경을 만들어내고 있다. 한때 우리는 적응해서 살아남기 위해 지구 공동체의 패턴을 배우고자 노력했던 겁먹은 생명체들이었다. 이제 우리는 이 세계에서 지배적인 사실이다. 모든 다른 종들은 우리가 처음에 그들에게 그랬던 것보다 훨씬 더 많이 겁먹으면서 우리에게 접근해야만 한다. 우리의 문화적 새로움은 건강한 진화의 발전을 보호하기 위해 고안된 자연선택의 전 체계를 압도한다.

생물학적 체계나 문화적 체계 내에서의 질적인 창발에 근본적인 것은 현재의 자연선택원리를 완전히 무너뜨리는 것이다. 1970년대조차도 이전의 수백만 년 동안 발달해왔던 지구 공동체의 원리가 지구의 주요 부분들에서 기능했었다. 그때까지 살았던 7억 명의 인간들은 유럽과 중국의 삼림 파괴에서, 중동과 그 밖의 곳에서의 재앙적인 농경 체제에서, 도시 중심가의 죽은 나무와 돌 쇄석에서 어떤 해로운 상황을 만들어냈다. 하지만 인간의 출현은 다른 것들 중에 단지 하나의 이상한 유기체의 출현이었다. 그리고 인간과 자연세계 간의 상호작용은 이전의 8천 년 동안 그랬던 것과 실제로 다르지 않았으며, 이전의 2백만 년 동안 그랬던 것과 엄청나게 다르지는 않았다.

하지만 과학기술적 지식의 힘이 출현하고 발전하면서, 자연선택의 근본원리들은 지구 공동체 전체의 건강과 생명력을 보증하지 못했다. 지구의 유기체는 불도저와 효과적으로 상호작용할 수가 없었다. 지구 공동체는 매년 북미 대륙의 40억 톤의 표토를 파괴하는 화학약품들과 농기계들에 대항해서 선택할 수가 없다. 표토를 만드는 데 수천 년이 걸렸지만, 그것은 삽시간에 영원히 사라진다. 선택원리들은 땅 위에 뿌려진 해로운 화학물질들 앞에서 무력하다. 기름은 바닷가 공동체를 침범하고, 선택과 새로운 출현 간의 10억 번의 상호작용은 덧없이 사라진다. 숲을 파괴하기 위해 고안된 우리의 기계들과 직면할 때, 고대의 업적들은 아무것도 아니다. 우리는 지구의 생명력을 보호하기 위해 고안된 자연선택의 바로 그 원리를 망가뜨린 것이다.

나는 이러한 생물학적 시나리오를 수학의 역사에서의 상황과 비교하고자 한다. 17세기에 미적분학의 도입은 수학의 역사에서 경쟁자가 없는 불균형 사건이었다. 뉴턴과 라이프니츠 그리고 페르마를 통해 수학 전체가 2세기 동안 대단히 변화되었다. 그러나 처음부터 이러한 새로운 수학적 아이디어들은 입증될 수가 없었다. 이러한 이상한 사실은 그 당시 주목되지 않았다. 버클리 주교는 그들의 미적분을 입증하려는 뉴턴과 라이프니츠의 시도를 비웃었다. 이상한 상황이 벌어졌다. 엄청난 새로운 수학적 아이디어지만 아무도 그것들이 정말로 수학적 지식이라는 것을 증명할 수가 없었다. 선택의 원리는 이러한 새로움을 테스트해야 하지만, 우리는 여기서 이러한 선택의 원리를 압도하는 새로움을 본다. 아무도 이러한 수학적 주장들을 증명할 수가 없으며, 아무도 버클리의 비판에 대답할 수가 없었다.

이러한 새로운 미적분 아이디어가 유럽에 들어왔을 때, 과학과 수학의 창조적인 개화가 이루어졌다. 과학의 어떠한 분야도 똑같은 상태로 남아 있지 않았다. 인간은 어떤 새롭고 이상하고 강력하고 풍성한 것을 손에 넣었으며, 그 세기 나머지 동안 그리고 18세기 내내 그들은 이 새로운 아이디어를 확장하고 무르익게 했다. 과학적 사고의 역사에서 이제껏 더 중요한 수학적 활동 시기가 있었는지 의심스러웠다. 유럽의 과학은 이렇게 변화된 사고방식으로 떠들썩했는데, 이는 엄격하게 과학적인 것과는 멀리 떨어진 문화 영역에도 스며들었다. 그리고 많은 수학자들이 그 당시 이용할 수 있는 논리 내에서 이러한 결과들을 입증하려고 계속 노력했지만 그들은 계속해서 실패했다. 그렇게 오랫동안 봉사했던 자연선택의 원리가 갑자기 미적분에 따르는 이러한 새로운 개념들에 대해서 효과적으로 테스트를 할 수가 없었다.

수학적 발전의 이러한 급속한 창조적 폭발은 값없이 나오는 것이 아니었다. 처음부터 그 위대한 새로운 작품군 내에서 불일치가 나타났다. 많은 발전 분야에서 모순과 모호함이 발견될 수 있었다. 가장 낙담스러운 상황은 18세기의 가장 위대한 사람들이 반대의 결과를 증명했을 때였다. 이는 미적분과 그것의 발달에서 깊은 구조적 모순이 있다는 것을 가리키는 것이었는가? 민감한 사람들은 수학자들이 받아들여져야 할 것과 거부되어야 할 것을 결정할 수 있도록 해줄 수 있는 과정을 요구하기 시작했다. 그것은 현대 수학 전체 기획의 생명력이 보호되어야 한다는 요구였다. 그것은 본질적으로 많은 엉뚱한 창작들과 많은 이상한 새로움을 테스트하는 데 사용될 수 있는 새로운 선택원리에 대한 요구였다. 19세기 초 오귀스탱-루이 코시의 작품으로 시작해서 그 세기 내내 칼 바이에르슈트라우스와 같은 사람의 작품까지, 거대한 수학적 분석에서 사용되는 선택의 원리가 만들어졌다. 이러한 논리적 원리들은 현존하는 수학적 지식으로부터 추출되었으며, 업적 전체를 이해할 수 있는 근본 패턴들을 보여주었다. 결국 미적분과 그것의 발전은 이미 1세기 이상 동안 존재해왔다. 인간들이 이러한 새로운 개념의 형태와 구조를 관찰하기에 적절한 시기였다. 그것은 유기적으로 자라서 그 자신의 특별한 상호 연관된 모양을 갖추었으며, 근본적이고 필수적인 구조는 균등수렴의 한계과정에서 그리고 도함수, 연속함수, 적분에 대한 정의에서 추출되고 체계화될 수 있었다. 전체로서의 수학적 기획의 건강과 생명력이 이러한 노력의 목표였으며, 수학자들은 왕성하게 이러한 자연선택의 원리를 구성하고자 했다. 그들은 나약하고 중요하지 않은 아이디어들은 거부하는 한편, 강력하고 생명력 있는 아이디어들은 인식하고 뽑아낼 수 있기를 원했다. 이러한 원리들을 세우고자 함에 있어서 그들의 성공은 19세기 수학에 유례없는 깊이와 차이, 자신감과 상상의 자유를 주었다. 수학적 과학은 그렇게 활기찬 적이 없었으며, 그것의 전반적 건강도 결코 그렇게 분명한 적이 없었다.

지구 공동체가 해야 할 일

산업화로 인한 극심한 불균형과 지구를 생각한다면, 오늘날 지구 공동체 앞에 놓인 기본적 과업은 우리 자신이 속해 있는 망가진 조건들로부터 새로운 자연선택원리를 만들어내는 것이라는 것을 우리는 알 수 있다. 이러한 강력하고 재능 있는 종의 출현은 지구를 압도했으며, 지구 공동체가 자신의 생명력을 위해 이전의 수백만 년의 진화를 통해 만들어낸 바로 그러한 원리들을 파괴했다. 하지만 미적분의 출현이 수학적 아이디어의 확산을 이끌었고, 그런 다음 수학자들은 새로운 선택원리들을 창조해야 한다는 인식으로 이끌었던 것처럼, 우리는 우리의 어려운 상황에서 근본적으로 우리가 해야 할 일을 깨닫는다. 지구 공동체는 지난 2세기 동안 인간을 지켜보아 왔으며, 이 새로운 생명의 구성원들에게 가능한 종류의 힘과 가능한 종류의 새로움과 가능한 종류의 건설을 결정할 수 있게 되었다. 전 지구의 생명력과 계속되는 진화의 펼침을 보호하기 위해, 지구 공동체 전체를 위한 생명을 번성케 하는 규범을 만들어낼 때다.

이러한 선택원리의 창조는 하나의 중요한 행위에 달려 있다. 인간은 그의 우주적, 지구적 차원의 삶을 활성화해야 한다. 우리 시대 이전에 인간은 그들 자신을 조그만 부족 안의 존재로 혹은 종교나 문화 그룹의 시간 안의 존재로, 혹은 과학기술적 국가의 구성원으로 생각했다. 어떤 사람들은 자신을 궁극적인 우주적 맥락으로 생각되는 것의 구성원으로, 인간 종의 구성원으로 생각했다. 이 모든 자기 정의들은 옳지만, 이 마지막 2세기 동안 다른 차원이 출현했다. 인간의 전체 맥락은 삶과 존재의 우주적, 지구적 차원을 포함해야 한다. 테야르가 찬양하듯이, 인간은 공진화의 의식 양상이다.

과거에 우리는 우리의 (법령과 같은) 한정된 자기 개념의 경계를 반영하는 자연선택의 원리들을 창조해냈다. 우리는 인간으로부터 인간을 보호하는 그러한 원리들을 통해 정의를 이해했다. 우리는 국가와 종교제도를 보호했다. 우리는 우리의 자연선택으로 우리의 산업을 보호했다. 이 모든 맥락에서 우리는 사람 전체, 국가 전체, 산업 전체를 약화시킬 수 있는 개념뿐 아니라 행동 패턴들을 테스트하는 규범을 확립했다. 하지만 현재 우리의 과업은 훨씬 더 광대하다. 우리는 지구 과정을 통해 진화적 펼침의 과정들이 깊어지도록 할 수 있는 선택원리를 창조하라는 요구를 받는다. 현재 우리는 진화 과정의 동력이 지구 공동체 내의 의식 양상으로 꽃피우도록 허락하는 그러한 거대국면 차원의 인간을 불러내도록 요구받는다. 그것이 오늘날 인간 공동체의 과업이다. 우리는 삶과 존재의 의식 양상으로서 지구 전체를 재현하도록 요구받는다.

오이디푸스 또한 그의 영역에 대한 더 큰 깨달음을 가질 필요가 있었다. 그가 그의 제한된 틀 안에서 계속 살아가는 한, 그는 단지 그의 세계의 병증을 악화시킬 뿐이었다. 오늘날 지구 전체에 대한 우리의 상황도 똑같다. 진화 과정이 현재의 훼손된 상태로 존재하는 한, 지구 전체의 병증과 근본적으로 불쾌한 성질은 계속될 것이다. 더 깊은 진화의 동력이 의식 양상에서 그의 역할을 다할 때에야 비로소 우리는 이러한 난국을 헤치고 나아가 생명 존재와 무기물 존재로 이루어진 우리의 행성 내에서 가능한 한 좀 더 조화로운 아름다움에 도달할 것이다.

거대국면의 생명 번창에 대한 설명 안내

생태학적으로 상호 연관된 그 어떠한 존재 공동체에도 자연선택의 원리는 존재한다. 이러한 원리들은 기능하고 있는 이 행성에 깊이 새겨져 있다. 우리가 생명의 발달 전체에서 나타나는 질서 있고 조화로운 전체의 자연발생적 창발에 대해 말할 때, 우리는 단지 이 지구의 역사에 대한 고찰로부터 말할 뿐이다. 생명세계의 정합성은 사실로 받아들여진다. 그것은 확립된 지식체계들이 사실로 받아들여지는 것과 같다. 그것은 입증된 어떤 것이 아니다. 하지만 그것은 가장 분명하게 지구의 역사에서 수십억 년의 발달들에서 관찰될 수 있는 어떤 것이다.

우리가 모든 미래의 기술적, 상업적, 산업적, 정치적, 경제적 결정과 발명들을 테스트해야만 하는 그러한 자연선택의 원리들을 발견하기 위해, 우리는 생명의 본성에 관한 선험적 가정에 의존하기보다는 생명의 역동적인 발전이 보여주는 전체에 의존한다. 생명 창발의 역사를 통해 우리는 우리의 세계로 들어오는 그것의 현실성을 마주한다. 지난 2세기의 과학기술적 발전에서 생각하기 어려운 방식으로 우리는 생명의 본성과 생명의 발달을 이해하게 되었다. 이러한 거대한 지식체계로부터 우리는 그러한 중심 동력을 추출한다. 이 지구의 생명력과 원기와 찬란함을 위해, 그리고 모든 그것의 삶과 생명체계를 위해, 진화의 과정은 우리가 어떻게 더 큰 의식의 표현 안으로 펼쳐짐의 내적 동력을 가져가야 하는지를 우리에게 가르친다.

나는 과거의 선택원리가 이 시대에 우리 앞에 놓인 과업에는 적절치 않다고 지적했다. 따라서 비록 어떤 원리들이 상업적, 기술적 과정들을 테스트하는 데 사용되었다 할지라도, 이것들은 개인이나 개별적 산업 혹은 국가에 초점을 맞추는 미시국면의 관심거리였다. 그러한 테스트를 넘어서, 이익에 대한 단순하고 지배적인 테스트가 있었다. 주로 만약 한 장치나 과정 혹은 프로그램이나 정책이 더 큰 이익을 가져온다면, 그것은 행성 안에 포함될 것이다. 지구의 생명력을 위해서는 부적절한 그러한 선택원리들 앞에서 우리가 분별력 없이 만족해한다는 데에서 우리가 인간의 지구적 차원을 발전시키지 못하고 있음을 분명하게 알 수 있다. 우리의 전체 공동체의 진화적 발전은 이익이라는 기준보다는 생명과 생명이 없는 요소들을 위한 좀 더 포괄적인 기준을 요구한다.

나는 이 지구의 생명과정의 동력을 특징짓는 세 가지 원리를 제안한다. 이에 의거해서 우리는 자연선택의 거시국면원리를 창조할 것이다.

존재의 깊이

과학적 탐구는 모든 개별적 유기체, 모든 무기물, 모든 생태 공동체가 지구상의 생명의 창발과 관련한 중요한 이야기를 그 자신 안에 담고 있다는 것을 밝혀냈다. 모든 현존하는 존재나 존재 공동체는 130억 년의 우주 발달에서 나타나는 목소리로 생각될 수 있다. 우리는 이제야 겨우 이러한 삶과 존재체계에서 말하는 목소리를 듣는 방법을 이해하고 있다. 겨우 지난 몇 십 년에야 우리는 지구를 덮고 있는 방사 에너지에 포함되어 있는 우주 기원에 관한 이야기를 들을 수 있게 되었다. 이러한 광자들의 각각의 파장은 우주 최초의 순간에 관한 더 많은 정보를 가져다준다. 또한 지난 몇 년에서야 우리는 지구의 변형을 통해 지구가 움직인다는 대륙에 포함된 이야기를 들을 수 있게 되었다. 그리고 지금에서야 우리는 원핵생물에 관한 이야기와 약 15억 년 전 진핵세포를 만들어내기 위한 그들의 공생 방식에 관한 이야기를 들을 수 있다. 지난 몇 년에서야 우리는 심지어 우리 자신의 피부의 모든 핵들이 원시 불덩어리 가운데에 있었던 고대의 대칭 파괴의 기원을 보여주는 화석으로 생각되어야 한다는 것을 깨달았다. 또한 많은 다른 예들에서, 우리는 모든 현존하는 존재가 특정 견해와 역사에서 말하는 우주 전체의 이야기가 되는 그러한 방식을 평가하고 있다. 따라서 우리는 미래의 인간들이 이러한 위대한 진리를 인식하고 각 존재 내에서 역사가 출현하는 이러한 위대한 신비를 존중하기를 희망해야 한다. 잃어버린 목소리는 영원히 잃어버린 정보와 지식을 의미하며, 이 이야기는 결코 회복되지 못할 것이다. 우리는 모든 존재와 사자가 발할 수 있는 이야기에 대해 깊이 존중하면서 미래로 나아가야 한다.

이제 우리는 남아 있는 지구 최초의 생물들이 세상에 말해야 하는 이야기와 지혜의 소중한 원천으로서 그들이 소중하게 여겨져야 한다는 것을 이해하게 되었다. 우리는 이러한 태도를 확장해서 모든 살아 있는 존재와 생명이 없는 체계들을 포함시켜야 한다. 우리는 모든 식물과 동물 종들 그리고 모든 주요한 지질구조에 대해 이러한 공손한 태도를 지녀야 한다. 히말라야와 필리핀 그리고 남부 캘리포니아에는 이 지구 이동의 역사가 스며 있다. 그것들이 파괴되거나 아스팔트로 포장된다면 우리 과거의 수많은 목소리와 그것의 의미와 기적은 영원히 침묵하게 된다. 우리는 모든 살아 있는 존재와 모든 공동체 그리고 모든 심해구조가 존재 안으로 접혀 들어간 커다란 지적인 역사의 영역에 은밀히 의존한다는 것을 이해해야만 한다. 만약 우리가 이러한 이야기들을 아직 읽을 수 없다면, 우리는 미래 세대가 그것들을 듣는 법을 배우고 그것들로부터 배울 수도 있다는 가능성을 부인해서는 안 된다.

창조적 힘

우주의 창조적 펼침에 대한 한 가지 확고한 사실은 각 존재의 창발이 진화가 이전에 이루어놓은 것 전체에 의존한다는 것이다. 단지 별들이 우리의 몸과 모든 생명체의 몸을 형성하는 화학물질들을 만들어냈기 때문에 지구가 화려하게 나타날 수 있었다. 단지 원핵생물들이 지구 초기에 산소를 만들어냈기 때문에 더 고등한 동물들이 나타날 수 있었다. 단지 미생물이 기본적인 유전자 세트를 만들어냈기 때문에 그 이후의 복잡한 결합은 더 고등한 동물을 만들어낼 수 있었으며 결국에는 의식이 행성에 나타나게 했다. 한 가지는 분명하게 확신할 수 있다. 미래의 진화적 발달의 펼침은 정확히 현재 지구에 살고 있는 생명체들에 의존하며 그들의 타고난 창조적 힘에 의존한다는 것이다.

만약 우리가 지구에서 어떠한 종이든 제거한다면, 우리는 그러한 행위에서 미래의 가능성을 영원히 제한하는 것이다. 모든 종을 제거하라. 그러면 미래는 없다. 그것들을 상당 부분 제거하라. 그러면 미래의 가능성은 대단히 줄어들게 된다. 이러한 신비로운 동력에 대해 우리의 무지는 엄청나다. 우리는 일반적으로 혹은 특별하게 미래가 펼쳐지도록 해줄 과정과 상호작용에 관해 아무것도 알지 못한다. 우리가 확실히 아는 것은 모든 미래의 가능성, 모든 밝혀지지 않은 아름다움이 현재 지구에 존재하는 바로 그러한 존재들에 포함되어 있다는 것이다. 어떠한 종도 어떠한 개체도 진행 중인 펼침에 불필요하거나 잉여로 생각될 수 없다. 우리는 130억 년의 우주의 모든 창조성을 요구해온 매우 다양한 형태의 사건 속에 살고 있다. 우리는 이제 각각의 존재가 소유한 타고난 자기 발생의 힘을 깊이 존중해야 한다. 바로 이러한 창조의 힘으로부터, 창조의 힘 때문에, 그리고 창조의 힘을 통해, 지구의 모든 미래의 운명이 만들어질 것이다. 두려움과 떨림으로 우리가 이러한 창조적 힘들을 불러내어 옹호하고 촉진할 필요가 있다는 것을 깨닫고 행위할 때, 우리는 그 의식 국면에 이르는 진화적 동력이 된다.

공동체의 친교

비록 밝혀지지 않은 수많은 종들이 지구에서 사라졌다 할지라도, 현재의 공동체는 그 어떤 이전의 지구보다 더 복잡하고 다양하며 하나의 공동체로 밀접하게 연관되어 있다. 이 지구에서의 생명 출현에 관한 이러한 엄청난 이야기의 선체 요지는 커다란 복잡성과 다양성 그리고 존재의 공동체의 계속된 성장에 대한 이야기다. 이러한 복잡한 전체의 생명력이 그 밖의 무엇보다 우선적이어야 한다. 비록 우리의 인간 과정들이 파괴를 포함한다 할지라도, 그것은 훨씬 더 다양한 생명의 출현을 가능케 하는 그러한 조건을 촉진시킬 것을 약속하는 파괴여야 한다. 모든 목적들과 모든 정책들 그리고 모든 가치들은 이 지구의 모든 존재 공동체에 대한 긍정으로 시작해야 한다. 복잡하고 눈부시고 대단히 차별화된 통합된 공동체는 지구 과정의 오랜 역사가 이룩한 중요한 업적이다. 우리의 자연선택원리는 이러한 근본적인 업적을 강화하고, 훨씬 더 풍요롭고 더 밀접하게 상호 연관된 지구 공동체의 발전에 도움을 주도록 작동해야 한다.

우리가 비록 눈을 갖고 있다고 생각한다 할지라도, 오이디푸스처럼 우리는 우리의 눈이 멀었다는 것을 인정해야 한다. 우리는 자본주의와 사회주의의 산업적 착취의 눈을 통해 이 지구를 보고자 했다. 하지만 그것은 전혀 보는 것이 아니었다. 우리는 수학과 물리학, 화학과 생물학, 천문학과 고생물학과 인류학의 수세기 동안의 작업을 통해 제공되는 눈을 사용해서 지구를 보아야 한다. 그러한 견지에서 보자면, 우리의 현재 경제학은 우리 지구의 생명의 맥락에 대해 알지 못하는 것으로 보인다. 중세의 의사들은 무지하게 환자들의 피를 흘리게 함으로써 그들을 건강하게 할 수 있다고 생각했다. 산업국가들은 무지하게 지구의 피를 흘리게 함으로써 그들이 부유해질 수 있다고 생각했다. 지구에 대한 현재의 과학적 이해에 비추어보면, 그 둘은 모두 대단히 잘못된 것으로 여겨져야 한다.

하나의 과정으로 이 지구를 감싸고 있는 통합적인 동력에 대한 무시와 인간적 교만의 골목을 벗어날 때, 미지의 상상할 수 없는 영광으로 계속되는 진화적 펼침이 시작된다. 우리는 인간의 더 깊은 차원들을 활성화시켜야 한다. 그렇게 되면 활기찬 지구 공동체에 대한 우리의 합법적인 요구는 지구의 선택원리로서 그 거시국면의 역할을 하게 될 것이다. 그때에서야 우리는 우리의 지구에 건강함과 생명력과 왕성함을 되돌려 줄 것이다. 왜냐하면 오직 그러한 방식으로만 우리는 펼침의 의식 국면에 이른 지구 과정으로서 우리의 예정된 역할을 시작할 것이기 때문이다.

10

진화적 우주의 구조
테야르 드 샤르댕의 물질과 정신

캐슬린 더피

서문

테야르 드 샤르댕은 1881년 프랑스 중부에서 태어났다. 수사가 된 후, 그는 유럽과 아시아와 아프리카에서 지질학과 고생물학을 연구했으며, 진화세계에 대한 이해와 종교적 믿음을 통합시키고자 하는 에세이들을 썼다. 그러나 그 당시 그의 논쟁의 여지가 있는 작업의 성격 때문에, 그는 예수회 선임들로부터 이러한 에세이들을 발간하라는 허락을 얻지 못하고 죽었다. 그러나 1955년 그가 죽은 이후로 그것들은 모두 인쇄되어 나왔고 광범위하게 연구되었다.

때때로 테야르의 정확한 의미가 파악하기 어려울 때조차 그의 심상은 생기발랄하며 심지어 심미적이고 매력적이기까지 하다. 테야르의 심상에는 수십 년이 걸려도 측량하기 어려운 깊이와 풍요로움이 담겨 있다. 테야르가 비록 물리학의 이미지들에 매우 의존하고 있다 할지라도, 그는 종종 사물들의 구조도 언급했다. 예를 들면, 그의 초기 강의에서, 그는 "세계의 궁극적 구조"1)에 관해 곰곰이 생각하고, 나중에 우주의 내용물의 "구조" 분석에 관한 글을 쓴다.2) 그는 또한 과감히 정신의 영역으로 들어가서, "우리의 경험이 [사물들]을 펼치는 패턴이 정신의 근본적인 구조를 우리에게 드러내 보여줄 수도 있다"고 말한다.3) 게다가 그의 작품을 조심스럽게 읽어보면, 섬유와 실을 잣고 베틀로 짜고 직물로 장식하는 것과 같은 구조적 이미지들이 충만하다는 것을 알 수 있다.4) 테야르는 진화적 조망과 위상기하학적 표면 그리고 시공간 도표를 언급하면서 구조의 개념을 생물학과 물리학 그리고 수학의 영역으로 확장한다.

이 에세이에서 나는 테야르가 구조에 관해 언급하는 많은 것들, 특히 섬유와 실을 다루는 것들을 함께 엮어보고, 어떻게 이러한 특정 가닥의 심상이 물질과 정신 간의 상호 관계에 대한 그의 견해를 해명하는지를 보여준다. 나는 우선 어떻게 그가 물질의 구조를 개념화하고 그가 정신의 구조로 의미하는 것을 탐구하는지를 조사하면서 시작한다. 그런 다음 혼돈과 복잡성 이론을 간단히 소개한 후에, 나는 테야르가 복잡성 과학과 더불어 공통적으로 주장하는 개념과 어휘와 목적을 지적하고, 어떻게 그의 종합이 이러한 현대 과학이론을 포함함으

---

1) Pierre Teilhard de Chardin, *Science and Christ*(New York: Harper & Row, 1968), p.25.

2) Pierre Teilhard de Chardin, *Activation of Energy*(New York: Harcourt Brace Jovanovich, 1970), p.24.

3) Pierre Teilhard de Chardin, *Writings in Time of War*(New York: Harper & Row, 1967), p.162.

4) 이 주제에 대한 간단하지만 아름다운 암시를 보기 위해서는 Sarah Aplleton-Webber가 번역한 Pierre Teilhard de Chardin, *The Human Phenomenon* (Portland, Ore.: Sussex Academic Press, 1999), p.27를 보라. Webber의 번역은 이전의 번역 *The Phenomenon of Man* 보다 훨씬 더 충실하게 테야르의 에너지를 잡아내는 것으로 보인다.

로써 강화되는지를 보여준다.

테야르의 어린 시절의 구조

The Heart of Matter 에서 테야르는 그의 정신적 여행을 직물로 묘사하고, 어떻게 우주의 구조에 대한 그의 견해가 세월이 가면서 발전했는지를 상술한다. 이 자서전적 에세이에서, 그는 "다양한 실들이 만들어지고 함께 짜이기 시작하면서, 어느 날 [그]를 위해 우주의 내용물로 이루어진 직물이 되었던 복잡한 이야기"를 말한다.5) 그 자신의 이야기에 대한 이러한 반성은 그의 인생에 작용한 힘들에 대한 통찰을 준다.

그럼에도 테야르가 구조에 끌린 근본원인을 정확히 지적하기는 어렵다. 어린 시절의 경험이 그의 관심을 촉매했을지도 모른다. 어느 날 그가 불가에 앉아 있는 동안, 그는 엄마가 방금 사른 그의 머리카락 한 줌이 불 속으로 떨어져 타다가 재로 변한 것을 그가 어떻게 지켜보았는지 말한다. 이러한 구조 변화에 대한 충격적인 경험은 그에게 깊은 영향을 주었다.6) 그는 그의 몸의 일부가 그렇게 쉽게 파괴될 수 있다는 것을 깨닫고 의기소침해졌다. 그 순간부터 그는 평생 동안 "영속적인" 것을 찾기 시작했다. 처음에 그는 "그것과 가장 가깝게 정의되고 농축되고 가장 무거운 형태들에서" 그것을 찾았다. 어린 테야르에게 이것들은 첫 번째로 금속이었고 그 다음엔 바위였다. 단단하고 밀도 있는 것들에서 그는 그의 사멸하기 쉬운 머리카락보다 더 영속적인 어떤 것을 느꼈으며, 그것의 외적인 구조보다 더 깊은 어떤 것을

---

5) Pierre Teilhard de Chardin, *The Heart of Matter*(New York: Harcourt Brace Jovanovich, 1978), p.21.

6) 같은 책, pp.42, 78.

느꼈다. 청년이 되어, 화산암과 대륙붕에 매력을 느낀 그는 지질학을 연구하기 시작했다. 이 연구는 그가 사랑했던 지구와 동화되고자 하는 그의 욕망을 더욱 깊어지게 했으며, 그것은 또한 그가 "우주의 뿌리 혹은 존재의 모체"라고 묘사한 것과 그와의 관계를 깊어지도록 해주었다. 심지어 그의 정신적 궤도가 절정에 달했을 때조차도, 그는 "물질의 바다에 몰두해" 있을 때 가장 편안하게 느껴졌다.7)

어린 수사 테야르는 신에 대한 그의 사랑과 "지질학"에 대한 그의 사랑이 충돌하는 사랑으로 보였던 것에 매우 당혹해했다. 그는 지질학에 대한 그의 관심을 단념하라는 지적을 받을 것으로 예상하면서 그의 신참 지도자와 그의 난제를 논의했다. 다행히도 그 좋은 선생은 그가 어느 사랑이든 포기하지 말도록 충고했으며, 비록 계속해서 그 충돌하는 다툼으로 보였던 것을 경험하고 의아해했지만,8) 그는 지질학 연구를 계속하고 고생물학 연구도 수행했다. 지질학자이자 고생물학자로서 화살촉 모양과 화석의 흔적9)에 대한 그의 민감성은 또한 물

---

7) 같은 책, p.20.

8) 같은 책, p.46.

9) 테야르를 아는 사람들에 따르면, 그는 관찰에 대한 놀라운 재능을 가졌다. 그는 "항상 그의 지질학자의 망치와 그의 확대경 그리고 공책을 갖고 다녔다." (Claude Cuenot, *Teilhard de Chardin: A Biographical Study*[London: Burns & Oates, 1965], p.129) "그의 눈은 땅 위에 놓여 있는 그 어떠한 얇게 쪼개지거나 조각된 돌도 잡아내곤 했다. 예를 들어 George Le Febre는 '그의 내리깐 눈은 버려진 회색의 대지의 위에 붉은색으로 그 자신을 드러내는 가장 조그맣게 쪼개진 돌조각도 찾아내곤 했다'고 지적했다."(Cuenot, p.91) 그의 동료 George Barbour는 그를 "천부적으로 매우 날카로운 시력을 갖고 있는 사람으로, 그리고 그가 말에서 내리지도 않고 3미터 떨어진 자갈밭에서 구석기 시대 도구 하나를 찾아낼 수 있었다"고 그를 묘사한다(Cuenot, p.156). 그의 친구 Helmut de Terra는 "그가 불가사의한 종류의 본능으로 구석기 공예품들을 인식했으며, 종종 그는 땅에서 이것들 중 하나를 골라 잠시 골고루 살피고 나서 그것을 나에게 넘겨주면서 '그것은 좀 의심스럽군. 우리는 질내적으로 확실한 것을 좀 더 찾아야만 해'라고 말했다"고 전한다(Cuenot, p.190).

질의 구조에 대한 그의 민감성을 높여주었으며, 그가 정신의 구조에 관해 추측하도록 이끌었다.

헤이스팅스에서 신학을 공부하는 동안, 테야르는 그에게 깊이 영향을 미친 두 줄기의 사상을 접했다. 첫 번째는 진화론이었는데, 그는 그것을 베르그송의 『창조적 진화(*Creative Evolution*)』에서 만났다. 두 번째 줄기는 그리스도를 가리키는 골로새서의 "만물이 그 안에 함께 섰느니라."(1:17b)라는 성경 구절이었다. 바울 서신의 여러 다른 구절들과 더불어 그 당시 모든 기독교 신학10)을 위한 최종 변론으로 표현된 이 구절은 진화론을 그의 종교적 전통과 통합시킬 수 있는 방법을 보여주었다. 그것은 물질과 정신의 통일을 그가 시각화하도록 도왔으며, 결국 그것은 암석들의 구조에서 정신의 구조로 그의 초점을 바꾸게 했다. 진화이론은 그가 우주 직물을 구성하는 실들을 시각화하는 데 도움을 주었다. 골로새서의 그 구절은 이러한 실들이 짜이는 베틀이었다. 어린 시절부터 그가 찾아왔던 물질의 일관성11)에 관한 새로운 이해가 점차 그에게서 발달하기 시작했다. 테야르는 물질과 정신의 진정한 종합을 경험하고 그것을 분명하게 설명할 수 있을 때까지 스스로 만족하지 않았다. 이것은 그의 평생의 과업이 될 것이었다.

테야르는 제1차 세계대전 동안 참호에서 들것 메는 사람으로 일하면서 그의 놀라운 비전을 묘사하기 위해 에세이들을 쓰기 시작했다. 전투 사이사이 잠잠할 때 그는 아이디어를 다듬는 시간을 가졌으며, 그의 개인적 고뇌에서 나온 심오한 통찰들을 에세이에서 명료히 하고자 했다.

테야르는 일생 동안 폭넓게 여행했다. 이러한 여행 동안 그의 친구

---

10) J. A. Lyons, *The Cosmic Christ in Origen and Teilhard de Chardin*(New York: Oxford University Press, 1982)

11) Teilhard, *The Heart of Matter*, p.20.

에게 보낸 많은 편지들은 지구의 구조를 묘사하는 심미적인 세부사항들로 풍부하게 채워져 있다. 그는 "꽃이 핀 오렌지나무 냄새로 가득 찬 공기", "향료와 커피 향으로 가득 찬 아라비아의 뜨거운 사막지역", "금속성 초록색을 반사하는 긴 꼬리를 갖고 있는 커다란 검은 나비들", "거대한 습곡의 축을 따라 북에서 남으로 뻗어 있는 변성암과 화강암"에 대해 말한다. 그는 "바다가 종종 윤기가 있고 기름기가 있으며, 그것의 표면은 우유처럼 하얗고 불투명해 보인다"고 쓰고, "아프리카 산맥을 넘어서 불어오는 폭풍우는 짙은 구름을 형성하고, 지는 해는 그것을 화려한 색깔로 물들인다"고 쓰고 있다.12) 이 전쟁기의 에세이들 중 하나에서, "나는 아주 오랫동안 자연을 생각해왔으며, 그녀의 용모를 아주 사랑하고 있으며, 틀림없이 그녀로 인식해왔다"고 테야르는 고백한다.13) 그가 "심홍색의 물질"이라 부른 것 안에서 나타나는 약간의 미묘한 차이에도 그의 감각은 그에 조율되는 것처럼 보인다.14)

그러나 1926년 중국으로 가는 도중에, 그는 "자연은 나에게는 거의 죽은 것이다. 나는 지구의 바깥 치장을 열정적으로 좋아했었다. 이제 나는 단지 그것의 심장 바닥에 있는 생명만을 사랑하는 것처럼 보인다"고 한 친구에게 썼다. 그러나 이러한 변화에도 불구하고 그의 편지들은 계속해서 지구의 구조에 대한 그의 사랑과 존경 그리고 자연과의 오랜 접촉에 대한 그의 욕구를 나타내는 풍부한 세부사항들로 가득 채워져 있다. 홍해를 지나면서 지구의 아름다움을 감상하는 동안, 그는 "이 모든 것이 훌륭한데, 왜냐하면 그것이 일종의 새롭고 늘 새

---

12) Pierre Teilhard de Chardin, *Letters to Two Friends 1926-1952*(New York: New American Library, 1967), pp.24, 39, 27.

13) Teilhard, *Writings in Time of War*, p.32.

14) Teilhard, *The Heart of Matter*, p.16.

로워지는 정신과 가슴의 열망과 기대를 제공하기 때문이다. 그래서 그것은 당신이 통과하는 어떤 것이며, 당신을 통해서 지나가는 어떤 것이다'라고 말한다.15) 물질과 정신의 심오한 상호작용은 테야르를 깊이 감동시킨 복잡한 구조를 엮어낸다.

테야르의 작품에서 물질의 구조

테야르는 그의 주저 *The Human Phenomenon*에서, "우주의 각 요소들이 모든 다른 것들로 구성된다"고 말한다.16) 우리는 일반적으로 입자 같은 것으로 생각되는 요소들이 어떻게 함께 짜일 수 있는지 궁금해할 수 있다. 이 주장이 의미하는 바를 보여주기 위해, 테야르는 그로 하여금 전체로서의 진화 과정을 보도록 해주는 우주에 관한 공간-시간 견해를 소개한다. 아인슈타인이 상대성 이론을 제안한 이래로, 시간이 공간과 얽혀서 연결되어 있다는 것이 점점 더 분명해졌다. 우리의 감각들은 단지 현재에 일어나고 있는 것만을 지각하는 방식으로 되어 있기 때문에, 그리고 우리의 우주에 대한 경험은 대략 150억 년의 우주의 역사에 비해 너무나 짧기 때문에, 우리는 단지 각 순간에 비교적 그것의 복잡한 구조의 아주 작은 단면만을 경험하며, 물질을 궁극적으로는 입자로 만들어진 것으로 지각하며, 따라서 환원주의를 선호하게 된다. 그러나 시간과 공간을 모두 고려하게 되면 전체로서의 우주를 보는 우리의 능력이 강화된다.

그러한 우주적 견해를 확립하기 위해, 테야르는 시공간에서 진화의 활동을 구상하고, 역동적인 위상기하학적 표면에 대한 아이디어를 발생하는 직물의 이미지와 연결시키라고 제안한다. 그의 시대에 여전히

---

15) Teilhard, *Letters to Two Friends 1926-1952*, p.24.
16) Teilhard, *The Human Phenomenon*, p.14.

지배적이었던 물질에 대한 아리스토텔레스적 견해와 일관되게, 테야르는 존재로 불리기를 기다리는 원시물질로 가득 찬 초기의 우주를 상상했다. 그런 다음 이 원시물질이 반응하기 시작하면서, 원시입자들은 새로운 통일성을 형성하기 시작하고, 기본 입자들과 원자와 분자들을 만들어내며, 그런 다음 생명이 등장하고, 점점 더 복잡한 구조들이 출현한다. 진화하는 우주의 최초의 입자들의 위치가 시간의 함수로 구상될 때, 놀라운 구조가 생겨난다. 힘들이 끌어당기고 튕기면서 새로운 실재들을 형성하고 붕괴할 때, 한 입자의 위치를 위한 곡선은 다른 곡선들과 얽히고 풀리는 실을 형성한다. 따라서 지속은 단지 입자로 보이는 세계에 구조를 제공한다.

우주 초기에는, 우주 초기의 원시물질의 연장인 섬유들은 전혀 상호 연관되어 있지 않았다.17) 처음에 그 입자들(따라서 실들)은 서로를 받아들이지 않는다. 그런 다음 짜임이 시작된다. 공간-시간 섬유들은 훨씬 더 상호 연관되고, 그들의 자연적 경향들에도 불구하고 그것들이 복잡한 전체를 형성하는 법을 배움에 따라 더욱 상호 연결된다. 각각의 새로운 복잡성은 훨씬 더 풍요로운 형태를 향해 길을 준비한다. 우주의 섬유들은 테야르가 **창조적 결합**이라고 부르는 것을 경험한다. 그것들이 엮일 때, 그것들은 좀 더 많은 어떤 것이 되지만 그것들의 정체성은 보존된다.18)

우주의 드라마가 펼쳐질 때 그리고 실들이 얽히고 풀리고 다시 얽힐 때, 역동적인 사차원 섬유 내의 유기적 연결은 강화된다. 비록 종들의 수와 각 종들 내의 개체들의 수가 시간이 지나면서 증가한다 할지라도, 한때 이질적이었던 많은 요소물질이 이제는 서로 연관되어 좀 더 복잡한 패턴을 엮어낸다. 개별 패턴들은 미완성이지만 시간이

---

17) 같은 책, p.17.

18) Teilhard, *Writings in Time of War*, p.155.

지나면서 전체로서의 섬유의 조직은 더 복잡하고 더 아름다워진다. 물질은 수많은 입자들로서보다 복잡성과 독창성과 아름다움을 북돋우는 힘들에 반응해서 엮이는 실들의 조직으로 보일 수 있다. 사실상 만약 진화의 기획을 중앙에서가 아니라 밖에서 볼 수 있다면, 그것은 거대한 직물이 "하나의 조각으로 짜이는" 과정 중에 있는 것으로 보일 것이며, 우주 과정에 대한 전체론적이고 통합적인 접근방법을 보여줄 것이다. 그러나 우리는 그것 안에 아주 확고하게 묻혀 있기 때문에 이것은 일상적으로 상상하기가 아주 어렵다.[19]

공간-시간의 구조와 짜임새에 대한 더 많은 통찰을 제공하기 위해, 테야르는 우주와의 조우를 안내하는 많은 실들 중 하나를 뽑아낸다. *The Human Phenomenon* 중심부에 놓인 그가 "아리아드네의 실타래"라고 부르는 것은 중심축의 역할을 하는데, 그에 의거하여 그는 우리를 위해 그 자신의 반전의 경험을 재현한다. 그에게 있어 이 실은 안내 역할을 할 뿐 아니라 우주에서의 복잡성-의식이 증가하는 방향으로 나아가는 화살이 된다.[20] 진화가 방향을 갖고 있다고 그가 확신하게 되는 것은 바로 이 실 때문이다.

아리아드네는 크레타의 미노스 왕의 딸이었는데, 그 왕은 그의 아들이 아테네에서 살해된 후 아테네를 공격했다. 아테네인들은 굴복했고, 그 결과 매년 왕의 미로에 있는 반은 황소이고 반은 인간인 괴물 미노타우로스에게 14명의 젊은이들을 바쳐야 했다. 아리아드네 공주는 미노타우로스의 희생 제물로 자원한 테세우스와 사랑에 빠졌다. 그를 구하기 위해 아리아드네는 테세우스에게 실타래를 건네주면서 그에게 미로 입구 근처에 실 한쪽 끝을 단단히 묶고 안으로 들어갈 때 그것을 풀라고 지시했다. 테세우스는 미로 깊숙한 곳에서 잠들어

---

19) Teilhard, *The Human Phenomenon*, pp.15, 16.
20) 같은 책, p.92.

있는 미노타우로스와 대결해서 그 괴물을 죽인 후, 실을 다시 감아서 안전하게 젊은이들을 데리고 나왔다.21)

테야르는 아리아드네의 실타래를 꼭 붙잡고 그 자신의 우주 미로로 하강하기 시작한다. 거기서 그는 그에게 물질22)과 융합하라고 유인하는 범신론이라는 그의 미노타우로스를 만나고, 물질을 객관화하라고 제안하는 물질주의23)라는 괴물을 만난다. 그가 섬유들의 미로에 망연자실해 있을 때, "우연의 망을 형성하는 수많은 가닥들, 바로 우주와 [그] 자신의 작은 개성을 엮어내는 그 재료"가 그를 망설이게 한다. 그는 "우주에 떠다니는 입자에 특징적인 피로"를 느낀다.24) 각각의 하강 단계마다, 한때 친숙했던 패턴들은 임의적으로 오고가면서 마침내 해체되는 것으로 보인다. 그가 이질적인 집합체에 도달해서 친숙한 모든 것의 해체를 지켜볼 때, 그는 비록 우리가 모두 같은 재료로 만들어졌다 할지라도, 그것의 통일의 원리는 물질 그 자체 내에서 발견될 수 없다고 결론 내린다.25)

그의 실을 꼭 붙잡고 테야르는 그의 방향을 역진하여 우주의 조화를 찾아 나선다. 시간의 화살을 따라서 특정 시간의 사차원의 직물을 얇게 쪼개어보면 그 횡단면의 패턴들이 좀 더 복잡한 구조를 보여준다는 것을 그는 주목한다. 그는 "우주 과정의 최초의 출발점에서 [그의] 부모님들의 만남까지 이어지는, 만약 그 실들 중 단 하나의 가닥

21) A. G. Ward, *The Quest for Theseus*(New York: Praeger Publishers, 1970), pp.15-16.

22) Teilhard, *The Heart of Matter*, p.24.

23) Pierre Teilhard de Chardin, *Christianity and Evolution*(New York: Harcourt Brace Jovanovich, 1969), p.105.

24) Pierre Teilhard de Chardin, *The Divine Milieu*(New York: Harper & Row, 1960), p.78.

25) Teilhard, *Writings in Time of War*, p.157.

이라도 끊어졌더라면 [그의] 정신은 결코 존재하지 못했을, [그의] 존재가 엮이는 가느다란 실타래"26)에 놀란다. 테세우스처럼 그는 분명하게 아리아드네의 실타래가 중요하다고 생각한다. 그것은 "우리의 가장 정신적인 물질로 생각되었던 것 안에서 복잡하고 섬세한 섬유를 들추어내기" 시작한다. 비록 그가 자신을 극히 단순하다고 생각하고 바로 그 자신의 주인이라고 생각했다 할지라도, 거슬러 올라가서 그는 자신이 "사방에서 그리고 멀리 떨어진 곳에서 나온 모든 종류의 섬유들 … 그리고 각각은 그 자신의 역사와 생명을 갖고 있는 섬유들로 만들어진"27) 것임을 발견한다. 이제 그는 자신을 인류의 일원으로, 우주의 일부로, 종합적 과정의 일부로 바라본다.

테야르가 현재로 접근함에 따라, 오늘날 "진화가 이제 사방에서 빈번하며, 훨씬 더 풍부하고 훨씬 더 복잡한 영역에서 우리 모두의 마음과 가슴을 모으면서 정신을 구성하고 있다"28)는 것이 분명해진다. 이것은 그에게 우주가 복잡해지고 있을 뿐 아니라 또한 그것이 "정신적으로 수렴하는 구조를 갖고 있다"는 것을 보여준다. 테야르는 "물질이 정신의 모체"29)라고 결론짓는다.

그는 계속해서 아리아드네의 실타래를 끝까지 따라가서 어디에서 그것이 시작하는지를 보고,30) 앞에 놓여 있는 수십억 년의 세월을 추정한다. 그는 점점 더 복잡해지는 직물의 구조가 사실상 "근본적인 정신의 구조를 우리에게 드러내 보인다"31)는 것을 발견한다. 그 짜임이

---

26) 같은 책, p.228.

27) Teilhard, *Activation of Energy*, p.188.

28) Teilhard, *The Human Phenomenon,* p.198.

29) Teilhard, *The Heart of Matter*, pp.28, 35.

30) Teilhard, *The Human Phenomenon*, p.99.

31) Teilhard, *Writings in Time of War*, p.162.

계속됨에 따라, 우주의 섬유들은 계속 더 단단히 엮이고, 더욱 복잡한 패턴들이 계속해서 나타날 것이다.

이러한 우주 직물에 관한 전체론적 견해는 테야르의 당혹스러움을 황홀감으로 변화시킨다. 그는 "비늘이 우리 눈에서 떨어져 나갈 때, 우리가 고독한 우주에서 길을 잃은 요소가 아니라, 우리 내부에서 살고자 하는 우주적 의지가 수렴하고, 인류 진화를 성취하게 됨을 우리가 발견한다"[32]고 말한다. 테야르는 통찰로 가득 찬 그의 미로 여행에서 돌아온다. 진화가 미래로 이동할 때, 그에게 있어 우주는 역동적이며 파도 꼭대기 맨 앞에 타고 있는 인류와 더불어 유기적 전체가 된다.

테야르에게 있어 정신과 물질은 너무나 복잡하게 함께 엮여 있기 때문에 그것들은 분리된 실재들이 아니다. 오히려 우주 직물의 실들과 그것들 사이의 공간들처럼 물질과 정신은 보완적인 과정들을 통해 형성되는 보완적인 구조를 형성한다. 그것들은 "하나이면서 동일한 우주 원료의 두 가지 상태나 두 가지 측면"[33]을 형성한다. 한때 초기 우주에 스며들었던 많은 양의 물질과 정신은 중력에 의해 영향을 받는 물질의 섬유들과 사랑에 이끌린 정신의 실들이 된다. 함께 그것들은 테야르가 신비한 환경이라 부르는 것을 형성하는데, 그것은 "이를 통해 존재 전체가 생활해나가는, 극히 섬세하고 가느다란, 모든 실체들에 공통적인 지지대가 되는 … 보편적인 토대", 그 위에서 "정신이 물질의 매개를 통해 만들어지는"[34] 모체다. 우주의 베틀 위에서 정신과 물질의 상호작용은 수많은 정신이 공동의 영혼을 엮어내는 데 필요한 창조성을 북돋운다.

---

32) Teilhard, *The Human Phenomenon*, p.7.
33) Teilhard, *The Heart of Matter*, p.28.
34) Teilhard, *Writings in Time of War*, pp.123, 125, 157.

그의 영혼 안에서 긴장에 직면했던 그 자신의 경험으로부터 추론하여, 테야르는 진화의 중앙에 모든 창조를 함께 끌어당기는 어떤 것이나 누군가가 있음에 틀림없다고 깨닫는다. 그는 그 실들을 끄는 힘의 본성에 관해 사색한다. 그는 "초월적 형태의 행위가 출현하기 시작하는데, 그것이 서로 충돌하면서 서로를 중화시키는 것으로 보이는 것들 전체를 포용하고 융합한다"[35])는 것을 발견한다. 그는 우리가 공간-시간 직물의 구조를 탐구할 때, "우리는 점차 첫 번째, 최고의 중심 개념, 즉 거기에서 모든 우주의 섬유들과 실들이 함께 결합되는 오메가를 접하게 된다"[36])고 말한다. 테야르에게 있어서, 우리가 이끌리게 되는 저항할 수 없는 보편적인 수렴의 중심[37])은 그가 오메가라고 부르는 사람이며, 결국 우주적 그리스도와 동일하다.

놀랍게도 그가 찾고 있었던 포착하기 어려웠던 "지속"은 바위와 금속에서가 아니라 유기적 복잡성을 지닌 구조에서 발견된다. 우주적 베틀에서 진화의 신과 기독교의 신 사이에서 그가 경험한 부조화는 하나의 통일된 힘으로 해소된다.[38]) 사라지는 머리카락에 대한 탄식으로 시작되었던 것이 지속가능한 정신의 실타래에 대한 황홀감으로 끝이 난다. 그는 직조 과정을 다음과 같이 요약한다.

심홍색의 물질, 감지할 수 없이 황금빛 정신으로 미끄러져 들어가, 궁극적으로는 우주의 백열등 사람으로 바뀌는, 그리고 이 모든 것이 폭발하면서 그것을 살아 있게 하고, 그 위로 유쾌한 향기, 부드러운 결합으로 퍼져나간다.[39])

---

35) Teilhard, *Activation of Energy*, p.55.

36) Teilhard, *Science and Christ*, p.48.

37) Teilhard, *Letters to Two Friends 1926-1952*, p.107.

38) Teilhard, *The Heart of Matter*, pp.54-55.

39) 같은 책, p.16.

공간-시간에서 볼 때, 물질의 빛은 심홍색 실이 되어 황금섬유의 정신으로 돌아든다. 유인하고 보증하는 실재의 도움을 받아, 우주 직물의 실들은, 진정으로 그리고 "바로 그의 창조의 그 위엄으로 유기적으로 짜인"[40] 우주적 그리스도[41]의 불타오름을 향해 그 길을 더듬어 가면서 새로운 패턴들을 실험한다.

테야르의 종합을 이토록 매력적으로 만드는 것은 그것의 전체론적인 특징이다. 계속 반복해서 그는 "질서와 설계는 단지 구조 전체에서 나타난다"[42]고 주장한다. 그 구조는 "끝없으며 찢을 수 없이 아주 조밀하게 한 조각에 짜여서, 조직 전체에 의존하지 않는 단 하나의 매듭도 그 안에 존재하지 않는다."[43]

혼돈과 복잡성 — 그것은 무엇인가?

테야르의 구조에 대한 성향과 전체론에 대한 성향, 그리고 복잡성이론의 전체론적 본성을 가정할 때, 어떻게 테야르가 그것들을 그의 종합에 편입시켰을지 상상해보는 것도 재미있을 것이다. 비록 그의 작업이 수십 년 정도 혼돈과 복잡성 이론보다 앞섰다 할지라도, 그가 이 이론들의 많은 특징들을 지지했을 것이라는 단서들이 있다.

정확하게 복잡성의 의미를 정의하는 것은 여전히 어렵다. 현재 그것에 접근하는 최소한 세 가지 방법들이 있다. 처음의 두 가지는 한 체계의 복잡성을 측정하는 방법을 정의한다. 수학적 접근방식들은 특정 임무를 수행하는 가장 간단한 프로그램에서의 단계의 수를 센다.

---

40) Teilhard, *The Human Phenomenon*, p.213.
41) 같은 책, p.50.
42) 같은 책, p.15.
43) Teilhard, *Science and Christ*, p.79.

반면 연결 접근방식은 복잡한 체계의 하부단위들 중에서 중요한 연결들의 수를 센다. 조작적 정의 대신에, 귀납적 접근방식은 복잡하다고 생각할 수 있는 한 체계의 주요 속성들을 열거한다. 그것은 비선형적이며, 열려 있으며, 역동적이며, 창발적이며, 질서와 무질서 사이에 위치한다.44)

환경에 대한 비선형성과 개방성 때문에, 복잡계들은 자생적이며 무질서하고 활동적인 경향이 있다. 그것들은 복잡한 방식으로 서로 상호작용하는 많은 요소들로 구성된다. 그 풍부한 상호작용으로 인해 그것들은 자발적인 자기 조직화를 겪는다. 모든 살아 있는 유기체는 복잡한 체계다. 새떼들이나 경제활동에서 서로 상호작용하는 개체들의 그룹도 복잡한 체계다. 복잡한 체계를 구성하는 요소들은 어떻게 해서인지 그럭저럭 그들 자신을 초월하고, 끊임없이 서로에게 적응하면서 그들 자신을 정교한 패턴으로 조직하고, 그들이 개체적으로는 결코 소유하지 못할 그러한 생명이나 생각 그리고 목적과 같은 집합적 속성들을 획득한다.45)

복잡한 체계들의 본성에 관해 최전선에서 연구하는 뉴멕시코의 산타페 연구소는 물리학 분야 노벨상 수상자 머리 겔만이 지휘하는 학제적인 과학자들의 그룹이다. 이 과학자들은 체계들이 복잡한 전체를 만들기 위해 사용하는 근본 메커니즘을 확정짓고자 한다. 그들은 수학적 언어를 사용해서 우주에서 발견되는 안정적이지만 유연한 창조성을 묘사하고자 하는데, 이 현상들은 소용돌이치는 은하계, 나비 날

---

44) John R Albright, "Order, Disorder, and the Image of a Complex God", European Society for the Study of Science and Theology(ESSSAT), April 2000, pp.2-3.

45) M. Mitchell Waldrop, *Complexity: The Emerging Science at the Edge of Order and Chaos*(New York: Simon & Schuster, 1992), pp.11-12.

개 위에 있는 화려하고 복잡한 문양들, 그리고 다양한 문화의 복잡한 사회조직들과 같이 다양하다.

그러한 현상들의 본성을 연구하기 위해, 복잡성을 연구하는 과학자들은 새로운 질문을 제기하고 새로운 이론을 고안하고 새로운 관계를 발견하고 있다. 그들의 질문은 형태 발생, 창발, 자기 조직과 같은 주제들을 다룬다. 그들은 어떻게 유기체가 진화하는지, 그리고 왜 어떤 구조들이 존재하는지에 관심을 갖는다. 그것은 우주에서 작동하는 역동적이고 창발적인 과정들을 다루는 질문들이다. 그들은 몇 가지 단순한 규칙들이 다양한 단순한 체계들에 적용될 때 복잡한 체계들이 나타나기 시작한다는 것을 발견하고 있다. 복잡한 체계의 운명이 그것의 환경과 깊이 얽혀 있기 때문에, 그 연구는 일반적으로 과학에서 실행되어 왔던 것보다 좀 더 전체론적으로 취급할 필요가 있다.

예를 들어 고전 생물학자들은 어떻게 유기체들이 작동하는지에 관심을 가졌다. 그들은 그것들의 행동에 영향을 미치는 메커니즘과 구조에 관해 질문한다. 일단 유기체가 어떻게 기능하는지 이해하고 나면, 그들은 그것들의 행동을 예측하려 하고, 때때로 그들 자신의 이익을 위해 그것들과 상호작용하는 방법을 발견하고자 한다. 유기체의 속성을 결정함에 있어서 주된 역할을 하는 유전자에 초점을 맞춤으로써 최근 생물학에서는 많은 발전이 이루어졌다. 신다윈주의 진화이론에 따르면, 무작위적인 돌연변이와 자연선택의 상호작용으로부터 새로운 유형의 유기체들이 생겨난다. 반면에 복잡성 이론가들은 자연선택을 창발적 현상에 대한 유일한 설명으로 생각하는 것이 부적절하다고 지적하며,46) 이보다 더 나아가고자 한다. 그들은 어떻게 세포가 그

---

46) 창발적 현상은 어떻게 해서인지 그들 자신의 요소들을 초월하는 것으로 보이는 행동의 규칙성들이나. 예를 들어, 한 화학물실의 색은 그것을 구성하는 개별적 원자나 분자들에 있지 않고 한 요소와 다른 요소의 복잡한 상호작용 때

자신을 조직해서 안정적인 활동 패턴들을 보여주는지를 이해하고자 한다. 분명 그 패턴들은 유전적 활동에 의존하지만, 새로운 질문은 바로 어떤 특정 방식으로 그러한가 하는 것이다.

거대한 수의 입자들로 구성된 소산적 체계의 복잡한 반응을 특징짓는 속성들 중 한 가지는 그것의 일관성 있는 행동이다. 이러한 종류의 행동의 한 가지 예는 베나르 대류세포에서 볼 수 있다. 이 세포 안에 있는 두 개의 얇은 막 사이에는 체액이 채워져 있으며, 이 막들 중 하나는 일정한 체온 차이를 유지하기 위해 아래쪽이 따듯하다. 대류 패턴을 위해, 임계값까지 체온차를 증가시킴으로써, 체액은 평형상태에서 멀어진다. 이 값에서 수백만의 분자들은 정합적으로 움직이기 시작하여 특징적인 크기의 육각형 대류세포를 형성한다.47) 온도차가 없을 때, 그리고 체액이 더 큰 온도차를 위해 요동할 때는 분명 이러한 패턴들이 없다. 대류하는 체액 속에서 분자들은 독립적인 것으로 보이며, 대개는 단지 짧은 범위의 분자 상호간의 힘들을 통해서만 상호작용하는 것으로 보인다. 그러나 그것들이 무질서 체제에 있을 때, 입자들 간의 상호 관계는 범위가 길어진다.48) 예를 들어, 그것은 비록 분자들이 그 짝에서 비교적 먼 거리에 있다 할지라도, 그 짝이 무엇을 하고 있는지를 그것들이 아는 듯이 행동하며 그에 따라 반응한다는 것을 의미한다. 대류와 중력, 그 두 개의 대립하는 힘들의 상호작용을 통해, 분자들은 거의 서로와 의사소통하고 있는 것으로 보인다.

문에만 나타난다(Jack Cohen and Ian Stewart, *The Collapse of Chaos: Discovering Simplicity in a Complex World*[New York: Penguin, 1994], p.232). 생명은 전체적으로만 나타나기 때문에 생명도 창발적 속성이다.

47) Ilya Prigogine and Isabelle Stengers, *Order out of Chaos: Man's New Dialogue with Nature*(New York: Bantam Books, 1984), p.142.

48) Gregoire Nicolis and Ilya Prigogine, *Exploring Complexity: An Introduction* (New York: Freeman, 1989), pp.13, 15.

복잡한 체계와는 달리, 혼돈의 체계들은 보통 단순하다. 그러나 그것들은 비선형적이며 그 환경으로부터 오는 긍정적인 피드백과 정보의 영향을 받기 때문에, 그것들은 매우 복잡한 방식으로 자극에 반응한다. 혼돈계에서 발견되는 질서는 복잡계의 질서 개념과 극히 다르다. 비록 혼돈계가 우연이 아니라 보편적인 물리적 법칙에 지배되는 결정적인 것이라 할지라도 그것은 환경에 매우 민감하다. 변수들의 초기 값에서 에너지 투입을 약간만 변화시켜도 완전히 새로운 반응을 보여준다. 컴퓨터가 나타나기 전에는 무질서한 행동을 묘사하고 확정하기가 글자 그대로 불가능했다. 이제 고성능 컴퓨터는 그것들의 반응을 탐지할 수 있게 해주었다. 다양한 학문분과들에서 모든 종류의 비선형적 현상들에 대한 연구 돌풍이 일었다.

과학자들은 그래프들을 통해 한 체계의 동력을 보고 이해한다. 무질서한 행동을 탐구하는 데 종종 사용되는 특히 도움이 될 만한 종류의 그래프는 위상 평면도다. 위상 평면도에는 그 체계의 상태를 묘사하는 데 필요한 변수들이 있는 만큼 많은 변수들로 한 체계의 상태가 표시된다. 예를 들어, 일차원의 스프링에서 흔들리고 있는 물질은 그것의 위치와 그것의 속도라는 두 가지 변수로 묘사될 수 있다. 물질의 속도가 그것의 위치를 통해 표시될 때 그것의 궤도가 그려진다. 궤도는 그 물질의 행동을 통찰할 수 있게 한다. 규칙적인 흔들림이나 순환적인 움직임을 위한 위상 평면도는 한계주기궤도라 불린다. 그것의 타원형 모양은 고정된 패턴을 유지하면서 계속적으로 반복하는 신뢰할 수 있는 주기적 과정의 질서 있는 행동을 나타낸다. 당즙에 푹 잠겨 있을 때처럼 스프링-물질의 움직임이 활발치 못하다면, 그 궤도는 나선형으로 안정적인 점에 도달할 것이다. 이러한 종류의 끄는 요인은 고정된 점으로 불리는데, 왜냐하면 끄는 요인들 내의 모든 초기조건들은 결국 나머지들의 똑같은 최종상태로 이어질 것이기 때문이다.

반면에 스프링-물질 체계가 무질서 영역에서 작동할 때는 매우 복잡하고 아름다운 궤도들이 생겨난다. 그 모양 때문에 종종 "나비 효과"라고 불리는 로렌츠 끌개로 잘 알려진 것과 같은 패턴들은 대중의 상상력을 사로잡았다. "이상한 끌개"로 불리는 이 궤도들은 예측할 수 없는 복잡한 질서를 구현한다. 이상한 끌개는 종종 호수 안으로 흘러드는 강과 시냇물에 인력과 중력을 가하는 호수에 비교된다.49) 시냇물은 항상 그것이 끌리는 호수를 향해 움직일 뿐, 결코 역방향으로 나아갈 수 없다. 그러나 호수는 배출구가 없기 때문에 호수에 들어오는 그 어떠한 시냇물도 거기에 남아 있으며, 마치 보이지 않는 힘에 몰리듯 계속해서 호수 전체를 복잡하게 소용돌이치며 흐른다. 정말로 무질서한 체계의 궤도는 그것의 인력의 중심의 한계 내에서 매우 복잡한 동력을 보여준다. 비록 특정 궤도의 움직임이 결코 반복되지 않고 예측하기 어렵다 할지라도 질서는 유지되는데, 왜냐하면 무질서한 경향에도 불구하고 그것은 항상 그 인력의 중심을 향해 끌리기 때문이다.

무질서한 동력들은 프랙탈(차원 분열 도형) 구조를 만들어내는데, 불규칙하지만 아름다운 그것의 모양은 유클리드의 기하학적 형태들과는 아주 다르다. 프랙탈은 몇 가지 간단하게 연결된 비선형 방정식의 반복을 통해 만들어질 수 있는 복잡한 이미지들이다. 대기의 요동치는 공기 흐름은 수증기를 응축해서 프랙탈 구름 패턴을 만들고, 수천 년 동안 내리치는 바람과 비는 들쭉날쭉한 산을 만들어내며, 요동치는 바다는 들쭉날쭉한 해안가를 만들고, 가슴의 요동치는 피는 프랙탈 혈류를 만들어낸다. 파도에 부서진 해안과 심장의 혈관 그리고 바

---

49) Stuart Kauffman, *At Home in the Universe: The Search for the Laws of Self-Organization and Complexity*(New York: Oxford University Press, 1995), p.78.

람과 비에 부대낀 들쭉날쭉한 산은 프랙탈 모양을 보여준다. 그 결과 생긴 프랙탈 모양은 강력하게 요동치는 추진력과 그것들을 억제하는 작용을 하는 강한 제동력의 상호작용 때문이다. 두 가지 힘의 공격적 본성 때문에, 프랙탈은 종종 다른 형태들보다 더 거칠게 나타난다.[50] 프랙탈 경계선도 좀 더 유동적인 경향이 있으며, 그것들의 패턴도 좀 더 우아하고 예술적인 매력이 있다.

이러한 복잡한 구조들에 관한 연구는 여러 가지 재미있는 특징들을 보여준다. 무엇보다 먼저, 프랙탈들은 자기-닮은꼴이다. 즉 프랙탈 이미지가 확장될 때, 전체 패턴은 각각의 작은 규모에 구현되어 있는 것으로 발견된다. 특징적인 패턴이 대규모로 나타나기 때문에, 어떠한 규모도 우월하지 않다. 두 번째, 프랙탈은 어떠한 특징적인 길이도 갖지 않는다. 각각의 수준은 그 어떤 다른 것들만큼이나 중요하다. 프랙탈 경계선들 또한 신기하다. 프랙탈 경계선이 확대됨에 따라, 점점 더 상세해지고, 경계선의 길이는 무한해진다. 마지막으로, 모든 프랙탈 구조는 정수가 아닌 특징적인 차원을 갖는다. 친숙한 일차원, 이차원, 삼차원 공간과는 달리, 프랙탈은 우리의 유클리드 사고방식에는 이상해 보이는, 정수가 아닌 차원의 공간에 적합하다.

복잡한 배열은 대류와 중력과 같은 대립하는 두 개의 힘들이 동시에 그 체계에 작용할 것을 요구한다. 이것이 바로 복잡성 과학자들이 충돌하는 설계기준이라고 칭하는 것이다. 한 힘이 에너지를 소비하는 한편, 다른 힘은 그 체계에 에너지를 공급함으로써 균형에서 멀어지게 한다. 한 힘은 그것을 항상성에 이르게 하고, 다른 한 힘은 그것을 불안정하게 한다. 전반적으로 그 체계는 균등한 상태에 있지 않기 때문에, 그것은 열의 무질서를 피하고 결국 새로운 형태들을 만들어낼

---

50) Clifford A. Pickover, *The Loom of God: Mathematical Tapestries at the Edge of Time*(New York: Plenum, 1997), pp.120-21.

수 있다. 진화의 과정도 동시에 두 가지 대립하는 힘들에 의존한다. 바로 자기 조직과 자연선택이다. 자기 조직은 에너지를 강화하는 과정이며, 자연선택은 제한하는 과정이다.51) 그것들은 함께 복잡한 질서를 유지한다.

질서 있는 안정성과 무질서한 불안정성 사이에 존재하는 이행 구역은 "혼돈의 가장자리"라고 불린다. 비록 그것이 항상성을 유지하는 장소라 할지라도, "혼돈의 가장자리"는 특히나 창조적인 구역이며 복잡한 질서체제를 이룬다. 이러한 체제에서, 복잡한 체계는 약간 불안정하며 따라서 그것의 환경과 상호작용할 수 있다. 그 과정에서 안정적인 구조들이 형성된다. 복잡한 체계는 고정적이지 않다. 사실상 그것들이 다소 불안정하지 않으면, 그리고 그것들이 떨어져 나가기 시작하지 않으면, 그것들은 진화할 수 없다. 사실상 급격한 변화과정은 불가피하게 그것의 안정적인 환경으로부터 나온 안정적인 구조의 움직임을 균형과는 먼 상황으로, 좀 더 요동치는 환경으로, "혼돈의 가장자리"로 나아가게 한다.

테야르와 복잡성 이론의 일치

분명 테야르는 복잡성 이론가들이 찾고 있는 깊은 조직화의 법칙을 감지하고 그것에 끌린다. 테야르가 진화 패러다임이 무엇보다 중요한 주제라고 생각했듯이, 그는 아마도 창발 패러다임이 그의 종합에 중심적이라고 생각할 것이다. 사실상 그가 오늘날의 복잡성 이론에 대해 알지 못했다 할지라도, 그가 하는 말들은 화학 시계와 같은 균질하지 않은 구조가 복잡한 질서를 보여준다52)는 것을 처음으로 주목한

---

51) Kauffman, *At Home in the Universe*, pp.8, 112.
52) Brian Goodwin, *How the Leopard Changed Its Spots: The Evolution of*

벨루소프와 아나톨 자보틴스키, 혹은 이전에는 교란운동을 생산하는 것으로 생각되었을 두 실린더 간의 반복된 용액의 흐름을 지켜보았던 스위니와 골럽과 같은 과학자들의 당황스러움과 일치한다.[53]

테야르의 질서와 혼돈 그리고 복잡성에 관한 언급을 복잡성 과학의 개념들과 비교하는 것은 흥미롭다. 예를 들어 산타페 연구소의 스튜어트 카우프만은 "질서를 향한 엄청난 변화"[54]에 충격을 받고, 그의 연구가 "생물학에서 심오한 질서이론"[55]을 발견하기를 기대한다. 테야르도 복잡한 질서에 대한 타고난 감각을 갖고 있다. 그리고 복잡성 과학자들처럼, 그는 무질서해 보이는 것 속에 종종 질서가 변장하고 있다고 느낀다. "My Universe"라는 제목의 에세이에서 그는 다음과 같이 언급한다. "나의 유일한 관심은, 일정한 각도에서 사물의 폭넓은 무질서에 접근함으로써, 그것이 어떻게 가능한지를 보여주는 것이다. 갑자기 그것들의 몽롱함과 무질서함을 보는 것은, 그 억양과 음정이 무진장 풍부하고, 그 통일성이 끝없이 완벽한, 모든 묘사를 넘어서는 진동으로 바뀐다." 일정 방식으로 표시될 때, 로렌츠의 나비 끝개를 묘사하는 혼돈처럼 보이는 자료들이 매우 질서정연한 것으로 나타나듯이, 테야르에게 있어서, 진화를 지지하는 자료들도 일정 각도에서 보면 세상을 이해할 수 있다. 그렇지 않다면 "근본적으로 우주를 구성하는 요소들을 탁월하게 통제하는 힘의 지배를 받는 것이 상상할 수 없이 얽혀 있는 우연과 불행으로 보일 것이다."[56]

Complexity(New York: Simon & Schuster, 1994), p.45.

53) James Gleick, *Chaos: Making a New Science*(New York: Viking Penguin, 1987), pp.128-31.

54) Kauffman, *At Home in the Universe*, p.10.

55) Roger Lewin, *Complexity: Life at the Edge of Chaos*(New York: Macmillan, 1992), p.43.

56) Teilhard, *Science and Christ*, pp.39, 41.

테야르는 무한소와 무한대와 더불어 복잡성을 세 번째 무한으로 칭하고, 물리학이 그것을 무시했다는 사실에 대해 불만을 표한다. 그에게 있어서, "극도의 단순성과 극도의 복잡성 간의 차이는 별의 크기와 원자의 크기의 차이만큼 천문학적으로 엄청나다."57) 그는 복잡성을 양화하고자 하며, 그것을 복잡성 이론가들이 사용하는 연결 접근방식58)과 유사한 방식으로 정의한다. 그는 복잡성이 "수적으로 … 단지 결합해 있는 요소들의 수로" 표현될 수 있다고 말한다. 그는 "생명 현상들(의식, 자유, 창의력)을 물질 현상에 연결시키기 위해, 다시 말해 생물학의 자연적 위치를 물리학의 일부로 생각하기 위해"59) 복잡성-축을 상상하면서, 복잡성을 상태 변수에 포함시키고자 한다.

심오하고 근본적인 배열 법칙들을 찾고 있는 복잡성 과학자들처럼, 테야르는 "저 아래, 우주 물질 속에 자기 배열과 자기 내선을 향한 원시 성향이 있다"60)고 생각한다. 예를 들어, 단순히 수정구조에서처럼 비슷한 단위들의 동질석인 연결에 배열이 있는 것이 아니라,61) 생명체를 형성할 때 발생되는 복잡한 상호작용으로 인한 통일성에 배열이 내재한다. 그는 "많은 부분들이 함께 묶여 하나의 단단한 전체 혹은 하나의 추진력의 통일성을 이루므로",62) 따라서 우주는 그것의 구성 부분들로 환원될 수 없다고 생각한다. 만약 환원될 수 있다고 한다면, 만약 외관상 부분들로 보이는 모든 것들의 본래적인 상호 연관이 무시된다면, 우주 연결망의 경계들은 닳아빠져서 풀리게 된다.63)

---

57) Pierre Teilhard de Chardin, *Toward the Future*(New York: Harcourt Brace Jovanovich, 1975), p.166.
58) Albright, "Order, Disorder", p.2.
59) Teilhard, *Toward the Future*, p.167.
60) Teilhard, *The Heart of Matter*, p.33.
61) Teilhard, *The Human Phenomenon*, p.15.
62) Teilhard, *Writings in Time of War*, p.49.

대부분의 복잡성 과학자들과는 달리, 테야르는 정신의 영역 안으로 들어간다. 예를 들면, 그는 복잡한 전체가 순전히 공간적이지는 않다고, 다시 말해 그것들이 정신적일 수도 있다고 우리에게 상기시키곤 한다. 그가 그 증거를 더 오래 생각할수록, 그는 자신이 "필연적으로 그리고 역설적으로 사물들의 극도의 단단함과 극도의 유기적 복잡성을 동일한 것으로 여길 수밖에 없다"[64]고 생각한다. (그는 의식 존재의 점진적인 정신화가 "개체적 진화의 미로를 통해 우리가 필수적인 되어감의 곡선을 따를 수 있게 해주는 유일한 매개변수"라고 확신했다.[65])

몇몇 후기 작품들과 일기에서, 테야르는 간단한 곡선을 그리는데, 이 "배열-곡선"은 시간의 함수로서 그가 배열이라 부르는 변수를 표시한다. 그는 어떻게 물질과 정신이 복잡해지는지를 보여주기 위해 이 표시를 사용한다. 그는 다음과 같이 설명한다. "따라서 되어감의 과정에서, 유기적 복잡성과 심적 단순성은 대립하지 않는다. 사실상 하나는 다른 하나의 등장을 위한 조건이다."[66] 따라서 물질과 정신은 모두 어떤 최대값까지 비례해서 복잡성을 증가시키는데, 이 지점에서 그것들은 둘로 나뉜다. 죽을 때, 물질은 엔트로피 법칙을 따라 그것의 가장 가능한 형태로 되돌아가 부패하는 반면, 정신은 계속해서 올라간다.[67] 물질을 구성하는 실들은 재순환되기 위해 풀리지만, 정신의 그것은 살아남아서 계속 복잡해진다.

비록 "혼돈의 가장자리"라는 용어가 있음을 알지 못했다 할지라도,

---

63) Teilhard, *The Human Phenomenon*, p.15.

64) Teilhard, *The Heart of Matter*, p.28.

65) Teilhard, *Writings in Time of War*, p.154.

66) 같은 책, p.157.

67) Thomas M. King, *Teilhard's Mysticism of Knowing*(New York: Seabury Press, 1981), p.18.

테야르는 우주의 창조성이 두 개의 대립하는 과정에 의존한다는 것을 깨달았다. "'배열'의 과정은 원자와 분자, 살아 있는 세포 등의 (점점 더 복잡해지고 점점 더 '정신화된') 무한한 다양성을 생산하고, 또한 '무질서'의 과정(엔트로피)을 생산해내는데, 그것은 꾸준히 배열된 에너지를 다시 그것의 가장 그럴듯한 형태들로 되가져간다." 때때로 그는 그것들을 의식의 두 흐름들이라 부른다. 그에게 있어 그것들은 두 가지 정신적 요소들인데, 그것들은 함께 있을 때 "특이할 정도로 활발한 빛으로 서로에게 끝없이 영향을 미치며, 그것들의 내파를 통해 아주 강한 빛을 방출함으로써, 그 빛은 [그]에게 있어서 바로 그 세계의 깊이를 변화시켰다."68)

테야르는 그의 초기 에세이들 중 하나인 "Nostalgia for the Front"에서 "혼돈의 가장자리"와의 인격적 만남을 묘사한다. 그가 제1차 세계대전 중 들것 메는 사람으로 복무하는 동안 참호에서 겪었던 그의 경험에 관해 반성할 때, 그는 전선의 위험을 아는 자만이 경험할 수 있는 흥분과 자유와 일체감에 대해 언급한다. 그의 사촌 마르그리트에게 쓴 글에서, 그는 전선을 "이미 성취된 것과 출현하려고 애쓰고 있는 것 간의 **최종 경계**, 이미 깨달은 것과 여전히 형성과정 중에 있는 것 간의 **최종 경계**"69)로 묘사한다. 전선은 "필히 상대적이고 변화하는"70) 평형으로부터-멀리-떨어진 지역을 위한 메타포가 된다. 이는 안정적인 지역에서 혼돈 지역을 분리시키는 "혼돈의 가장자리"와 같다. 그것은 구조를 유지할 만큼 충분히 안정성이 있는 창조의 장소지만 또한 그 체계를 살아 있게 할 만큼 충분한 활력이 있어서 새로운 안정화 방법을 찾는 장소이기도 하다.

---

68) Teilhard, *The Heart of Matter*, pp.83, 84.
69) 같은 책, pp.167-80; 인용문 pp.167-68.
70) Teilhard, *The Divine Milieu*, p.108.

과학의 역사 내내 오직 질서정연한 한계주기궤도들만을 생산하는 단선적 체계들에 초점을 맞춤으로써 우주의 동력에 대한 우리의 인식이 왜곡되었다. 어려운 격동의 경우는 마치 예외이듯 회피함으로써, 우리는 너무나 좁은 범위의 물리적 결과들만을 기대한다. 이러한 접근방식은 사회적, 정신적 현상들에 대한 우리의 지각에도 영향을 미쳤다. 테야르는 다음 구절에서 이에 대해 언급한다. "가시세계는 완전히 불변하는 틀을 형성했으며, 그 안에서 영원히 인간은 동일하게 그 자신을 반복해야 했다. 인간은 단번의 창조를 통해 조화롭게 질서를 이룬 많은 사물들을 지적인 순종과 절제력을 갖고 사용함으로써 신에게 복귀하는 것 이외에는 다른 기능을 갖고 있지 않았다." 아리스토텔레스, 플라톤, 토마스 아퀴나스, 보쉬에 그리고 로욜라의 이그나티우스와 같은 강력한 사상가들을 언급하면서, 테야르는 이러한 철인들에게는 어떻게 모든 변화가 순환적이었는지를 주목한다. 고전물리학의 한계주기궤도들처럼, 순환적 변화는 "단지 동일한 주기들의 우연한 다양화나 반복에 지나지 않는다."71) 그 자신의 종합이 좀 더 충분하게 형성됨에 따라, 테야르는 교회가 진화에 대해 두려워하고 진화적 통찰을 교회의 교리들과 통합시키는 데 관심을 갖고 있지 않다는 사실에 실망하게 된다. 마찬가지로, 그는 과거의 과학에 염증을 느낀다. 대신에 그는 과거에 영향을 미치고 현재까지 우주를 이끌어온 창조적이고 역동적인 과정들이 어떻게 인류를 미래로 움직여가고 있는지에 점점 더 많은 관심을 갖게 된다. 나중에 그는 과학을 넘어서 점점 더 우주 직물 조직의 사회적 함축을 연구하는 쪽으로 그의 관심을 확장한다.

테야르는 각 차원의 우주 위계에는 자기 유사 구조들이 재등장한다

---

71) Teilhard, *Toward the Future*, pp.14-15.

고 지적하면서 우주 직물의 프랙탈 구조를 언급한다. 예를 들어 그는 "거의 무한하게 높은 배율 하에서 새로운 패턴들로"[72] 분해되는 규조류의 패턴들을 지적한다. 그는 또한 멀리 떨어져 있는 관찰자가 본다면 인간은 "우주를 이루는 모든 다른 크기들과 똑같지는 않다 할지라도 어쨌든 유사하게"[73] 보인다고 지적한다. 그는 만약 우리가 우주를 전체로서 취급한다면 수준들 간의 유사성을 볼 수 있다고 주장한다. 그는 우주가 "전체로서 바라볼 때, 점점 더 분명하게 우리가 그것을 하나의 유기적 대상으로 취급할 수밖에 없도록 만드는 이상한 유사성을 드러낸다"[74]고 말한다.

카오스 지도는 그 자신 위에서 펼쳐지고 포개어짐으로써 형성된다. 테야르는 인간의 출현으로 우주에서 이와 유사한 발전을 본다. 그것은 반성 과정을 통해 그 자신 위에서 포개어진다.[75] 테야르에 따르면, 생각은 특히 인간적인 현상으로, 가장 단순한 요소들 안에서조차 처음부터 우주에서 발딜해왔다. 그는 물질직 기반의 복잡싱, 실들의 상호 연관성에 비례해서 그것이 출현한다고 본다. 조금씩 우주 안에 잠복하고 있는 이 힘은 의식이 되며, 그리하여 우주의 미래는 인간 종에게 더 많은 책임이 있다.

자기 유사 논변을 사용해서, 테야르는 우주에 대한 그의 지식을 사회적, 정신적 영역으로 추정해 들어간다. 그는 "생물학의 모든 현상과 유사한 것을 인간의 사회적 복합체에서 발견할 수 있다"[76]고 지적한다. 그는 또한 그의 정신적인 삶을 인도하는 것과 그가 위대한 일이라

---

72) Teilhard, *The Human Phenomenon*, p.12.

73) Teilhard, *Science and Christ*, p.88.

74) 같은 책, p.89.

75) Teilhard, *The Heart of Matter*, p.87; *Writings in Time of War*, p.22.

76) Teilhard, *Science and Christ*, p.89.

칭하는 우주의 직물을 함께 계속해서 엮어나가는 일에 참여하기를 고무하는 것에서 자기 유사성의 힘을 언급한다. 이 직물 안에 담겨 있는 우리는 결코 전체로서의 그 직물에 무슨 일이 일어나고 있는지를 알지 못한다. 우리는 단지 실들이 엮일 때 나타나는 패턴들을 상상할 수 있을 뿐이다. 미로 여행에서 얻은 지혜를 참고하여, 테야르는 "다수의 종합을 성취하기 위해 삶이 시도하는 모든 길들이 똑같이 이익이 되지는 않는다는 것"[77]을 인정한다. 그러나 물질의 실들과 정신의 실들은 자기 유사한 방식으로 엮이기 때문에, 우리가 좀 더 정합적인 직물 설계를 하고자 할 때, 자연의 자기 유사성이 지침의 역할을 할 수 있다고 그는 말한다. 자연에서 배운 것은 구별을 함에 있어 도움이 될 수 있기 때문에, 테야르는 과학 연구에 그리고 우주 과정에 관해 더 많이 배우는 것에 높은 가치를 둔다. 그는 "세계의 모습을 설명하는 것은 정신의 발생을 설명하는 것을 의미한다"[78]고 결론짓는다. 아마도 오늘날이라면, 그는 물질의 프랙탈 구조가 정신의 프랙탈 구조를 드러낸다고 말할 것이다.[79]

프랙탈 유역 경계와 더불어 카오스 이론의 이상한 끌개들은 우주 직물에 대한 테야르의 이미지를 강화할 것이다. 예를 들어 테야르는 진화가 "평형을 향한 부드러운 표류"의 문제가 아니라 "저항할 수 없는 소용돌이로 회전하여 점점 더 복잡한 핵이 되는"[80] 문제라고 생각한다. 테야르의 우주 직물의 실들은 중력의 영향을 받아 강 유역에서 빠져나가는 소용돌이치는 물의 흐름처럼 빙빙 돈다.[81] 카오스 관점에

---

77) Teilhard, *Writings in Time of War*, p.158.

78) 같은 책, p.154.

79) 같은 책, p.162.

80) Teilhard, *The Heart of Matter*, p.33.

81) Pierre Teilhard de Chardin, *The Vision of the Past*(New York: Harper & Row, 1966), p.272.

서 보면, 우주 직물의 실들은 끌개 내에서 궤도를 형성하거나 부분적인 패턴들을 형성한다. 궤도가 펼쳐지는 끌개 유역에 신비한 환경이 나타난다. 한계주기궤도들, 고정점들, 그리고 이상한 끌개들이 서로 얽혀 각 수준의 우주 위계에서 얽힘을 형성한다. 각각의 실은 위상공간에서 프랙탈 끌개를 엮어낸다. 만약 모든 이러한 실들이 공간-시간에서 소용돌이칠 때 그것들의 상태가 위상공간도표에 나타난다면, 정신을 지탱해주는 모체의 풍부한 구조를 엮어내면서 서로 얽혀서 매듭을 이루는 궤도들이 나타날 것이다.[82]

하지만 이러한 궤도들은 단순히 부분적 패턴들을 형성하고 있는 것이 아니다. 각각의 부분 패턴들은 **중심들의 중심**에 반응하면서 절대적인 공동의 중심[83])에 끌리고 있으며 하나의 우주 궤도에 참여하고 있는 것이다. 오메가는 물질과 정신의 통합, 우주적 되어감을 인도하는 **초-끌개**일 것이다. 그러나 카오스 궤도가 그 환경에 극히 민감하듯이, 긱 부분 궤도들도 그것의 동력을 예측할 수 없게 만드는 영향력에 민감하게 반응한다. 이것이 우주적 되어감을 특징짓는 자유와 새로움을 자연스럽게 허용한다. 오메가에 반응해서 **중심들의 중심** 각각의 부분적 패턴들은 다양한 크기의 패턴들에 참여할 것이다. 이것들은 결국 하나의 우주 궤도의 "더 깊은 수준에서 함께 만나게"[84]) 될 것이다. 그것들은 필히 공간에 빽빽이 채워지는 것이 아니라 커다란 물리적 거리에서 서로와 소통하면서 반응하는 통일적인 거시체계들처럼 행동할 것이다. 더욱 상호 연관될수록 물질은 정신 형성에 더 좋은 환경을 제공한다. 왜냐하면 테야르에 따르면 정신은 그것이 상호작용하는 물질의 복잡성에 비례해서만 복잡해질 수 있기 때문이다.

82) Teilhard, *Activation of Energy*, p.28.
83) Teilhard, *Writings in Time of War*, p.175.
84) 같은 책, p.175.

테야르는 이러한 중심화 과정을 끝까지 밀고 나갈 것이다. 결국 최종의 통합작용에서, 모든 것을 중심으로 끌어가는 끝개, 오메가와 모든 것이 하나가 될 것이다. 따라서 다수는 초-끌개의 영향으로 하나가 된다. 테야르는 다음과 같이 말한다. "만약 무엇인가 함께 유지된다면, 그것은 위로부터 나온 복잡성이라는 이유 때문이다." 사실상 "세상에 중심을 주고 그것을 완성시키는 그리스도가 없다면, 세상은 내적인 통일성을 갖지 못할 것이다. 반면에 그리스도의 정신이 지금까지도 지구의 영혼을 재창조하는 과정을 떠받치는 것으로 인식될 수 없다면 그리스도는 성스럽지 못할 것이다."[85]

어려서, 고생물학자로서, 여행가로서, 테야르는 그것이 어떤 형태로 보이든지 그 구조에 극히 민감했으며 그것에 흥미를 느꼈다. 이러한 관심으로 인해 그는 그의 시대의 과학과 신학을 형성하는 전체론적이고 종합적인 우주 발생 이미지를 갖게 되었을 뿐 아니라, 현재의 몇몇 발전을 포함할 만큼 충분히 유연하고 선견지명이 있는 이미지를 갖게 된다. 과학에서는 복잡성 이론과 프랙탈 형식들과 카오스 동력이, 그리고 신학에서는 우주적 그리스도 개념이 이에 호응한다. 테야르의 우주 직물은 과학자들에게는 수렴하는 속성을 갖고 있는 위상기하학적 공간-시간 표면으로, 예술가들에게는 미세하게 짜인 실들의 직물로 보일 수 있기 때문에, 그것은 수학적 모델과 시적 이미지 사이 어딘가에서 발견된다. 과학적 의미 층들은 과학적 정보를 전달할 수 있을 뿐 아니라, 미적 반응을 자극할 수 있는 기존의 강한 이미지에 깊이를 더한다. 따라서 직물 이미지는 거의 소통할 수 없는 두 분과를 이어주는 다리 역할을 한다.

---

85) Teilhard, *Toward the Future*, p.38.

이 책에 덧붙이는 말

평판과 경력과 건강에 대한 위험에도 불구하고, 수사이자 고생물학자인 테야르는 진화이론과 신학의 교리를 과감하게 종합하고자 했다. 그러한 종합은 매우 어려운데, 특히 오랫동안 두 분야가 극히 전문화되고 실재를 바라보는 방법도 매우 달라진 세상에서는 더욱 그러하다. 과학은 그것이 발견한 것들의 종교적 함축을 무시하는 경향이 있는 한편, 주류 신학은 테야르의 시대에 그랬던 것보다도 더 진화를 위한 신을 발견하는 데 관심을 갖지 않는다. 오늘날 이러한 일에 기꺼이 평생을 바치는 진지한 과학자나 신학자를 발견하기란 극히 드문 일이다.

그러나 진화의 사실이 우리의 대중문화에 계속해서 스며들고 있으며 그것의 함축에 대한 더욱 섬세한 이해가 분명해짐에 따라, 그것의 더 깊은 의미를 반성하는, 한때 과학적으로 통찰력 있고 정신적으로 매우 심오한, 한 사람의 이야기를 듣는 것은 큰 위로가 된다. 독특한 방식으로 테야르는 과학의 언어를 통해 신의 본성과 이 세계에서의 신의 작용에 대한 통찰을 제공하고 그 자신의 통찰을 설명한다. 그는 진지하게 진화 과정의 동력을 받아들여 그것을 그의 신학과 그의 정신성, 그 자신에 대한 이해, 그리고 그 자신과 신, 그 자신과 세계와의 상호작용에 적용시킨다. 동시에 그는 그 자신의 종교적 경험과 전통을 받아들이고, 성 이그나티우스 훈련과 사도 바울의 편지로부터 커다란 영감을 얻는다. 진화에 대한 그의 이해를 토대로 성경의 많은 구절들을 심오한 차원으로 끌어가는 그의 해석은 대단히 활기가 넘친다.

테야르는 단순히 성경적 이해를 개조하는 그 이상의 일을 한다. 우주 어느 곳에서나 작동하는 진화는 그가 살고 일했던 방식에 대해 심오한 함축을 지녔다. 진화 패러다임의 맥락에서, 테야르의 작품들은 우리 시대에 필수적인 진리와 가치들을 선포한다. 즉, 물질의 심장부에 신의 심오한 현존, 모든 창조의 깊은 상호 연관성, 각각의 생명체를 주체로서 인식할 필요성, 그리고 우리를 부르는 필수적인 통일성이 그것이다. 우리가 그의 생각의 노선을 따른다면, 우리는 우주의 심장부에 그리고 진화적 노력의 전선에 있는 우리 자신을 발견하고, 희망으로 가득 찬 미래를 향해 창조를 끌어당기는 **우주적 그리스도**와 함께 꿈꾸는 자가 되고 공동의 창조자가 되라는 요구에 직면한다.

그러나 테야르는 결코 그의 작업이 완전하다고 생각하지 않았다. 그의 종합은 단 한 번의 작업이다. 우리의 지식의 조망이 진화하듯이, 그 중심에서 우리가 발견하는 신에 대한 우리의 이해가 깊어지고 진화할 것이라는 생각은 논리적으로 보인다. 과학이 우주의 복잡한 동력과 그 구성에 관해 더 많이 알수록, 심리학이 정신의 성장과 발전을 깊이 탐색할수록, 신에 대한 우리의 이해 또한 깊어질 것이다. 바로 여기에서 테야르는 과학/종교 대화에 대해 긴급히 요구되는 접근방법을 보여준다. 비록 그가 신학자가 아니었다 할지라도, 그리고 그의 과학 중 어떤 것이 개정될 필요가 있다 할지라도, 테야르의 작업은 주의 깊게 연구될 필요가 있으며, 이러한 일에 바쳐진 삶을 목격한 사람은 우리의 종교기관과 과학단체에 영감을 불러일으키고 그들을 자극해야만 한다.

11

테야르 2000
우주 발생에 관한 새 천년의 비전

아서 파벨

이 세기의 전반부에 테야르는 정신적 지향의 진화, 과학과 종교의 우주적 종합에 관한 그의 통찰력 있는 비전을 수립했다. 새 천년을 향해 이 세기가 막을 내리는 이때에, 이 기획이 어떤 상태에 있는지 되돌아볼 필요가 있다.

장면을 펼쳐보자. 사람들은 그 전제 안에 모든 것을 포함하는 지배적인 세계관 즉 패러다임을 통해 말할 수도 있을 것이다. 20세기에 확정되어 있는 기본 가정은 근본적으로 생명에는 무관심한 불모의 우주 즉 물질주의적 메커니즘의 가정이었다. 그것은 진화하지만 방향이나 영혼이 없다. 이러한 어둠은 최근에 존 호간이 쓴 *The End of Science* 라는 책에서도 보이는데, 그 책에서 그는 모든 입자들과 유전자들과 은하들, 모든 기원과 운명들이 어떠한 설계의 기미도 없는 것으로 보이기 때문에 과학은 어둠 속에 있다고 주장한다.[1] 우리에게는 테스트

---

1) John Horgan, *The End of Science*(Reading, Mass.: Eddison-Wesley, 1996).

할 수 없는 보르헤스적 사색의 포스트모더니즘적 "풍자 과학"이 남겨진다. 처음 보기에는 호간이 린 마굴리스를 제외하고 인터뷰하거나 인용한 모든 사람이 남자이기 때문에, 좁은 "왼쪽 뇌"가 환원주의적 단편들 간의 연결을 상상할 수 없다고 생각하는 것으로 보인다는 것이다.

테야르의 유산은 전체론적인 대안을 표현하는 것이었다. "나는 만약 우리가 충분히 높은 위치에서 본다면, 우리가 길을 잃었다고 생각되는 세부의 혼란한 문제들을 바라보고 우리 각자가 역할을 갖는 하나의 거대한 유기적 작동에 합류하는 것이 어떻게 가능한지를 보여주고자 한다."[2] 이러한 유리한 위치에서, 테야르는 유기적 복잡성의 영역으로 발달하는 점진적인 발생을 인식할 수 있을 것이다. 의식이라는 상대 축은 인지권적인 인간 국면에서 지구의 인간화를 가져온다. 인류는 아무리 대리인이라 할지라도 더 큰 창조의 본이 되는 현상이라는 것을 알 수 있으며, 따라서 인류는 희망과 목적의 감각을 얻는다.

대략 1980년쯤 테야르 연구 초기에, 나는 과학자들과 저자들이 어떻게 이 시나리오를 파악하고 입증하기 시작했는지를 보여주고자 했다.[3] 이제 거의 20년이 지난 지금, 만약 증거들이 모두 다 수집된다면, 테야르의 과업을 수행할 수 있는 새로운 패러다임 즉 우주 규모의 코페르니쿠스적 혁명을 예감할 만큼 그 증거가 충분히 강할 것으로 보인다. 호간의 업적을 사실적으로 검토하기 위해서는, 이러한 이유들이 분명하게 진술되고 지지되어야만 하며, 이것이 여기에서 제시하고자 하는 우리의 목적이다. 이와 관련해서 많은 도서목록이 포함되어

---

2) Pierre Teilhard de Chardin, *Man's Place in Nature*(New York: Harper & Row, 1966), p.15.

3) Arthur Fabel, "Cosmic Genesis", *Teilhard Studies* no. 5(Summer 1981).

있는 웹사이트가 끝에 제시되어 있다.

그 문제는 세부사항 못지않게 성향의 문제이기도 하다. 생물학자 헤럴드 모로위츠와 같은 박식한 과학자는 매우 대립되는 의견에 도달할 수 있다. "스트로마톨라이트에서 인간사회까지의 기록은 틀림없이 점진적인 복잡성 증가를 보여주는 것 같다."[4] 우리는 지난 3세기의 물리학적 기계와 초기의 미숙한 유기체라는 두 개의 우주론 사이에 놓여 있는 것으로 보인다.

테야르의 업적의 매력은 세 가지 분야에 있는 것 같다. 발달하는 우주라는 전망에서 취할 수 있는 그것의 확장성, 포괄적인 설계에 대한 경청, 그리고 원리에 따라 복잡성과 의식이 나란히 발생하는 그러한 에피소드처럼 발생하는 원리를 통해 이것이 이해될 수 있다는 깨달음이 바로 그것이다. 그리고 그것은 모두 새로운 존재에 집중되고 그것을 향해 움직인다. "우주 발생이 그리스도 발생으로 변하면서, 이제 그 재료, 중심 흐름, 세계의 바로 그 있음이 인간화되고 있다. 더 이상 어떤 것이 아닌 어떤 존재가 우주에서 잉태되고 있다."[5] 우리가 곧 제시하겠지만, 지구적, 우주적 개체화로서의 진화 개념은 테야르의 방향을 평가하는 데 중심적이다. 2000년의 찻잔에 들어올 그러한 "거대한 선택지"가 마침내 가시화되고 있는 것 같다.

사회정의와 환경적 책임을 위한 구체적인 이론적 근거에 도달하기 위해, 우리는 발생으로 보는 우주, 그것의 프랙탈 복잡성과 축의 감각, 어떻게 이러한 것들이 이제 인류에서 분명한 창발적인 자아를 가져왔는지를 발견하는 새로운 장소로서 우리의 인지권을 살피게 될 것이다.

---

4) Harold Morowitz, "Teilhard, Complexity and Complexification", *Complexity* 2/4(1997), p.8.

5) Pierre Teilhard de Chardin, *Christianity and Evolution*(New York: Harcourt Brace Javonovich, 1971), p.184.

인지권

우선 다음의 내용을 위한 맥락 즉 인식적 기초를 밝히는 것이 좋을 것이다. 가장 대중적인 호소력을 갖고 있는 테야르의 비전은 인간 인식의 집합적인 합계로 구성된 지구의 "생각하는 층"인 인지권 측면이다. 최근 전 세계의 인터넷 망에서 그것이 실현되고 있으며, 상호 연결된 마음들이 기하급수로 증가하여 세계 지성의 새로운 국면을 산출할 것으로 예상된다. 제니퍼 콥이 *Wired*에서 썼듯이, 테야르는 우리에게 "지구를 위한 철학적 틀, 인터넷 망에 기초한 의식"을 주었다.6)

만약 그러한 대뇌의 기능이 지구 위에서 형성되고 있다면, 그것은 개념적 교착상태를 해결할 수 있는 방법을 제공할 수도 있다. 자기 조직적인 신경망들이 생각과 자각의 지점까지 이르게 하는 인간 뇌와 똑같이 유사한 방식으로 이 구형의 피막은 발달하는 것으로 관찰된다.7) 벨기에의 체계과학자들인 프란시스 헤이리엔과 요한 볼렌은 인터넷을 "거대한 연합 네트워크"로, "모든 사람들의 집합적 지혜"로, 그리고 스스로 배울 수 있고 "지식을 발견"할 수 있는 것으로 인식한다.8)

그런데 만약 인지권이 정말로 미완성의 뇌로 보인다면, 그것은 그자신을 이해하게 될까? 분명 그것은 모두를 포괄하며, 단번에 모든 개

---

6) Jennifer Cobb, "Globe, Clothing Itself with a Brain", *Wired*(June 1995), pp.108, 110.

7) G. Mayer-Kress and C. Barczys, "The Global Brain as an Emergent Structure from the Worldwide Computing Network", *The Information Society* 11/1 (1995), pp.1-27.

8) Francis Heylighen and Johan Bollen, "The World-Wide Web as a Super-Brain", in *Cybernetics and Systems* '96, ed. Robert Trappl(Singapore: World Scientific, 1996).

인적인 공헌을 받아들일 것이다. 더 옛날식으로 말하자면, 세상은 여전히 최종이론을 밝히는 한 사람, 새로운 다윈이나 아인슈타인을 찾는다. 하지만 이러한 일은 일어나지 않았다. 인류 자체가 그 자신을 목격하고 지식에 이르는 것을 보기 위해 새로운 관점이 요구되는 것일까?

지적인 역사의 궤도를 고려함으로써 그 상황을 조명할 수 있다. 수천 년 동안 사람들은 마술적이고 생기 있지만 미분화된 기반의 속박을 받으며 살았다. 실험과학은 한번쯤 깊이 생각해볼 만한 자연을 연구하고 그것의 목록을 만들기 시작했지만, 그 방법으로 인해 본래적인 생명력을 잃어버렸다. 이러한 분석적인 측면은 지극히 작은 원자 물질과 무한한 천상의 공간을 탐사했지만, 우주에 설명할 수 없이 남겨져 있는 생명의 풍부한 복잡성이라는 세 번째 무한은 불태워지거나 녹아 없어질 얼음의 운명이었다. 천체과학은 이제 컴퓨터 그래픽 시각화로 집중하기 때문에, 그것은 새로운 통일, 인지권의 "오른쪽 뇌"에 도달할지도 모른다. 그러한 차원에서 우리는 그렇지 않았더라면 보이지 않았을 자연적 기원을 밝혀줄 통합적 범위를 발견할 수도 있을 것이다. 우연하게도 이러한 역사적 순환은 기초적인 양식에서 별개의 뉴런들로 뇌가 발달하는 방식과 유사한데, 이것들은 축삭돌기와 연접부를 형성하고 더 높은 종합적 능력으로 이행한다. 컴퓨터도 마찬가지로 본체에서 개인용 컴퓨터로 그리고 인터넷 망으로 진화했다.

인류의 이해 범위에 따라, 우주의 질서를 요약적으로 추출해버리기보다는 발생적인 우주 질서를 찾는 데 필수적인 마음의 상태가 필요하다. 외계의 지적 존재를 찾는 영화 *Contact* 에서 꼭 필요한 것은 메시지를 예상하는 것과, 만약 그것이 발견된다면, 그것을 설명할 수 있는 부호를 해석할 수 있어야 한다는 것이다. 자연은 한때 읽을 수 있는 책으로 그리고 두 번째 성서로 이해되었으며, 미시우주인 인간으로부터 신비로운 거시우주까지 유사한 틀을 통해 이해되었다.9) 하지만 이것은 우리의 세속적인 현대성 속에서 잊혀버렸다. 뇌가 새로운 경험과 기억을 합치시킴으로써 배우듯이, 인류는 남성과 여성의 원형에서 가장 잘 예시되는 이러한 영속적인 열쇠를 그것의 이점으로 회상할 수도 있을 것이다. 몇 백 년 만에 낙하하는 사과들에서 양자 우주론으로 이동하면서, 인간 현상이 배우고자 하는 놀라운 성향을 소유할 때, 만약 우리가 심혈을 기울여 그것을 찾는다면, 인류는 그 자신의 발견에서 완전히 막을 내릴 것인가?

우주 발생

체계이론가 샐리 고에르너를 통해 생명을 주장하는 세계관의 도래가 임박해 있다.10) "이 책은 광범위한 문화적 변화와 그에 상응한 과학적 변화를 묘사한다. 서구 문명은 뉴턴의 태엽장치 같은 우주를 떠나, 살아 있고 진화하는 생태학적 우주에 대한 비전을 향해 가고 있다." 세 가지 측면이 언급된다. 즉, 전체론적 관점, 자기 조직적인 복잡성 과학의 "비선형적 혁명", 그리고 그것들의 사회적 함축이 그것이다.

발아기 우주의 이론적 기초는 물리학과 생물학의 재통합인데, 이를 통해 생명이 그것의 고유한 발달로부터 솟아나오는 것으로 이해될 수 있다. 프랑스의 생물학자이자 노벨상 수상자인 크리스티앙 드 뒤브는

---

9) W. Norris Clarke, S.J., "Living on the Edge: The Human Person as 'Frontier Being' and Microcosm", *International Philosophical Quarterly* 36/2(1996), pp.183-99.

10) Sally Goerner, *Chaos and the Evolving, Ecological Universe*(New York: Gordon & Breach, 1994), p.ix.

마찬가지로 노벨상 수상자이자 생물학자인 자크 모노와 테야르를 두 선택지들의 대표로 대조한다.11) 자크 모노는 음울하게 1970년 그의 *Chance and Necessity* 에서 생명에 대한 실존주의 견해를 갖고 인간을 무작위적인 우연으로 취급한다. 1993년의 글에서 드 뒤브는 이것이 잘못이라고 주장한다. 다시 말해 우주는 과학적으로 이제 유기적인 종류로 알려지며, 복잡하고 지각하는 "의미로 가득 찬" 생명으로 진화할 수 있다.

만약 하나의 역사적 노력의 한계 내에서 본다면, 그 과학들의 수렴은 분명하다. 논리적으로 그것들은 실질적인 세계와 그것의 일차원적 법칙을 밝혀내고 측정하고자 하는 독립된 노력으로 시작되었다. 중반 세기까지 생명의 기원, DNA 유전자 암호, 그리고 우주배경복사는 여전히 알려지지 않았다. 컴퓨터가 진화적 복잡성을 다루는 비선형적 수학을 처리하고 보여줄 수 있기 이전에, 생명은 열역학의 행운으로 남아 있었다. 현새 해야 힐 일은 모든 영역과 이론을 병합하고 퍼즐 조각들을 결합시켜 정합적인 이미지가 식별될 수 있게 하는 것으로 보인다.

가장 정교한 종합은 이론 물리학자 리 스몰린의 *Life of the Cosmos* 에서 제시되었다.12) 스몰린은 물리과학과 생명을 배태하는 진화하는 우주 사이에 심연이 놓여 있다는 것을 인정하지만, 만약 우주가 비평형적, 자기 조직적 체계로 인식된다면 그러한 심연이 메워질 수 있다고 충고한다. 그리하여 그것이 생체분자에서 생물권까지 순차적인 생명 위계를 산출할 때 그것은 유기적인 성질들을 보여준다. 우주 전체는 가능한 우주들의 총체에 작용한 자연선택의 산물이며, 자연선택을

---

11) Christian de Duve, *Vital Dust*(New York: Basic Books, 1995).

12) Lee Smolin, *The Life of the Cosmos*(New York: Oxford University Press, 1997), p.160.

통해 우주의 법칙과 매개변수들은 별과 행성 그리고 생명을 형성하도록 최적화된다. 이러한 견해는, 이러한 상수들이 얼마나 미세하게 생명에 잘 맞춰져 있는지를 지적하지만 실험하기는 쉽지 않은 인간적 원리를 넘어서, 우리가 우주적 발생을 경험적으로 설명할 수 있도록 해준다.

스몰린의 설명은 계속해서 다음과 같이 정신적인 방향을 제시한다. "하지만 만약 생명과 질서와 구조가 우주 그 자체의 자연적 상태라면, 우리의 존재, 더욱이 우리의 정신은 결국 비자연적으로 그리고 그것에 대립해서라기보다는 세상에 의해 자연적으로 창조된 것으로 이해될 수도 있을 것이다." 산타페 연구소 생물학자 스튜어트 카우프만과의 공동 연구에서는 양자중력의 자기 조직화와 진화론적 네트워크가 일치함을 보여준다.13) 그들은 일반 상대성 이론과 양자이론을 통합하기 위해서는 그 자신을 살아 있는 체계로 조직하는 우주가 필요하다고 주장한다.

COBE(우주배경복사 탐사선) 위성 팀의 천체물리학 팀장 조지 스무트는 지배적인 패러다임과 분명히 단절할 것을 제안한다. 그는 은하수들의 기원을 알아냈는데, 그것은 사람들의 편견이 관찰을 얼마나 많이 지배하는지를 보여준다.14) 그는 이전의 교수 스티븐 와인버그와 대립되는 의견을 가졌는데, 와인버그는 우주가 더 많이 이해될수록 그것은 더욱 적대적이고 무의미해 보인다는 종종 인용되는 말을 언급했다. 스무트는 그와 정반대로 생각한다. 생명이 처음부터 써 넣어지고, 마치 "우주 DNA"로부터 나온 듯이 펼쳐진다. 만약 "거시우주"와 "미시우주"가 같은 주체(본래부터 복잡성으로 발달하는 우주)로서 통

---

13) Smolin과 Kauffman을 찾아보려면, www.edge.org를 보라. Kauffman은 www.santafe.edu에 새로운 사업을 게시함.

14) George Smoot, *Wrinkles in Time*(New York: Morrow, 1993).

일된다면 지적 존재와 그것의 인간 관찰자가 출현한다는 것은 분명하다.

따라서 인지권 렌즈를 통해 볼 때, 생명과 인간이 쉴 수 있는 비옥한 우주의 초기 인식이 "퍼져 있는" 것으로 보인다. 물리학자이자 저자인 폴 데이비스는 다음과 같이 말한다. "나는 비생물학적 영역에서 자기 조직하는 복잡성의 과정에 대한 연구로부터 생명과 의식의 출현이 불가피하다는 믿음에 도달했다."15) 그런 다음 데이비스는 번쩍이는 통찰을 제공한다. 사람은 직접적 관찰을 통해 세계에 대한 "현상학적" 지식을 얻을 수 있다. 하지만 오직 인간만이 지각할 수 있는, 또 다른 보이지 않는 체계적이고 창조적인 원리들의 영역이 있다. 일찌감치 갈릴레오에게 그랬듯이 데이비스에게도, 여기 우리가 함께 읽는 법을 배울 수 있는 하나의 성서로 보이는 자연이 있다.

프랙탈 복잡성

1980년에는 주로 일리야 프리고진의 비평형 열역학을 통해, 선택보다 앞선 진화적 동력에 대해 이해하기 시작했다. 오늘날 복잡성 과학은 원자에서 은하까지 활발한 복잡성의 단계를 전개시킨 도처에 존재하는 과정들과 패턴들을 묘사할 수 있다. 자생적 체계들, 신경 네트워크, 초순환, 세포 오토마타, 위계이론, 시너제틱스(공동역학)와 혼돈 동역학과 같은 많은 이론들은 이제 자연의 질서와 목적을 설명하는 데 도움을 준다.

가장 공헌을 많이 한 사람은 생물학자 스튜어트 카우프만이다.16)

---

15) Paul Davies, "The Intelligibility of Nature", in *Quantum Cosmology and the Laws of Nature*, ed. Robert Russell et al.(Vatican City: Vatican Observatory Pub., 1993)

박테리아 군체, 유전 네트워크, 진화하는 개체군들과 민주주의 사회는 다양한 행위자들과 그들의 상호작용으로 이루어진 열린 체계로 보일 수 있는데, 그러한 열린 체계는 엔트로피 무질서에 대립하는 방향으로 창발한다. 그러한 자기 조직화의 두드러진 특징은 전체들 내에서 공통의 원리가 각각의 층에 적용되는, 전체들의 모듈러 시리즈로 발달하는 경향이 있다는 것이다. 이것은 대초원의 생태계든 인간의 뇌든, 혹은 분기하는 우주든 간에 똑같은 방식으로 작동한다.

게다가 생명과 그것의 진화는 질서와 혼돈의 가장자리에서 균형을 유지하는 것으로 보인다. 묘사되는 것은 우주가 시간에 따라 진화할 때 자발적이고 단계적인 발생을 특징짓는 "자기 조직화된 임계성"의 무척도 과정이다. 이 힘은 똑같은 방식으로 유전체 망, 종 다양화와 계승, 성격 형성, 생태학적 생물상, 상업적 기획들에도 적용된다.

모든 곳에 적용되는 보완적 체계들에서도 비선형적 과학이 이룩한 것을 찾아볼 수 있다. 자율적 실재들의 항상적 순환과 그들의 관계적 연결, 독립성과 통일성의 상호작용은 생명 영역을 발생시키고 유지해준다. 뇌의 뉴런과 축삭돌기, 생명 기원의 전구체 생물분자, 그리고 시장경제의 참여자들이 그 전형적인 예들이다. 각각의 국면에서 발생하는 고대의 보완물들로 구성된 일반적인 "복잡한 적응 체계"가 발견된다.

더 높은 수준의 조직화로 나아가는 길에 공통의 경로가 있다는 것은 분명하다. 빈 대학교의 이론 생물학자 피터 슈스터는 여러 단계를 지적한다.17) 경쟁 중에 있는 행위자들이나 많은 복제자들과 더불어

---

16) Stuart Kauffman, *The Origins of Order*(New York: Oxford University Press, 1993).

17) Peter Schuster, "How Does Complexity Arise in Evolution?", *Complexity* 2/1 (1996), pp.22-30.

순환이 시작된다. 협동이 더 이익이 될 때 상호 의존성이 증가한다. 이것은 행위자들이 짝을 지어 이익집단이 되게 한다. 마침내 이들은 진화하는 "개체들"의 새로운 집단으로 출현한다. 공생에 의한 그러한 진화의 미생물학적 단계에 관해서는 매사추세츠 대학교의 린 마굴리스가 잘 묘사하고 있다. 다양한 원핵 박테리아의 상승적 합병을 통해 핵을 가진 진핵세포가 생겨났다. 이러한 공동 분담은 다양한 자율성과 건강한 공동체의 "창조적 결합"을 통한 우연한 향상을 설명하는 데 중요한 것이다.

진화혁명의 신호를 알리는 타고난 번식 구조는 형태학적 형태의 근원을 고려하는 영국의 생물학자 브라이언 굿윈에게는 분명한 것이다.18) 복잡한 유기체는 비록 다양성에 있어서 무제한적이라 할지라도, 단지 몇 가지 기본적인 "건축 설계도"에 따른다. 잎이나 날개의 모양은 임의적이거나 확률적인 것이 아니라 독립적인 번식법칙을 반영한다. 굿윈은 다음과 같이 주장한다. "생명에는 기능적 유용성과 역사적 우연보다 훨씬 더 깊은 수준에서 이해할 수 있는 고유의 합리성이 존재한다." 포유류의 뇌를 광범위하게 비교한 코넬의 신경과학자 바버라 핀리와 리처드 달링턴은 신피질과 같은 성분 크기와 관련해서 예측할 수 있는 규칙성을 발견한다.19) 그들은 생명이 순전히 우연한 사건에 반대된 것으로서 특정 지침을 따라 진화한다는 것을 그러한 결과들이 함축한다고 믿는다.

인류의 각종 협동 과학을 통해 자연과 진화에서 이제까지 발견되지

---

18) Brian Goodwin, *How the Leopard Changed Its Spots: The Evolution of Complexity*(New York: Touchstone, 1996).

19) Barbara Finlay and Richard Darlington, "Linked Regularities in the Development and Evolution of Mammalian Brains", *Science* 268/1578(1995), pp.1578-84.

않았던 질서와 향상에 대한 자각이 일어나고 있는 것으로 보인다. 우리는 더 큰 통일성이 실제로 개인의 자유를 촉진한다는 테야르의 통찰과 함께 그의 복잡성의 층들에 대한 양화를 발견한다. 이러한 최신의 "반복의 법칙"들은 진화의 확산에서 타고난 기조와 축을 보여주며, 미래의 번영을 가리킬 수 있다.[20]

이 점에 있어서 중요한 특징은 그러한 주기적인 진화가 프랙탈 같은 기하학적 체계를 갖는다는 것이다. 프랑스 수학자 브누아 망델브로에 의하면, 살아 있는 자연은 선형의 유클리드 기하학에 따르지 않고, 프랙탈 차원에 따라 무한히 다양하다.[21] 양치류나 해안선을 생각해보라. 흥미로운 것은 똑같은 형태들이 모든 지점에 계속 반복해서 생겨난다는 것이다. 예를 들어 한 광범위한 연구에서는 미생물에서 고래까지 스물한 등급의 크기에서 똑같은 프랙탈 규칙을 통해 신체의 크기와 생리기능이 정의되는 것을 발견한다.[22] 하지만 새로운 적용은 진화 그 자체에 대한 것이다. 작고한 하버드 고생물학자 스티븐 제이 굴드는 엄격한 다윈주의를 넘어서, "자기 유사성에서 일종의 프랙탈 패턴"을 형성하는 위계적, 단속적 계층을 관찰했다.[23]

린 마굴리스와 도리언 세이건은 *What is Life?* 라는 책에서 어떻게 자연이 생명력 있는 보편적 체계를 통해 이해될 수 있는지를 감동적으로 전달하고 있다. "지구상의 생명은 다른 조직화 수준의 개체들로

20) Pierre Teilhard de Chardin, "Centrology", in *Activation of Energy*(New York: Harcourt Brace Jovanovich, 1971).

21) Benoit Mandelbrot, *The Fractal Geometry of Nature*(San Francisco: Freeman, 1982).

22) D Green, "Fractal Geometry Gets the Measure of Life's Scales", *Science* 276/34(1997), p.34.

23) Stephen Jay Gould, "The Evolution of Life on the Earth", *Scientific American*(October 1994), pp.84-91.

차원 분열하는 복잡한 광합성 화학체계다. 자연 자체가 초월하기 때문에 우리는 자연 위로 올라갈 수가 없다."24) 테야르와 같은 시대의 사람인 러시아의 지구화학자 블라디미르 베르나드스키를 참조하자면, 인류는 프랙탈 방식으로 발달하는 지구의 마음의 "새로운 수준의 유기적 존재"로 변환 중인 것으로 보인다. 그리고 이것은 처음부터 복잡성의 틀과 함께 생겨난 의식이다. "지각하고 살아 있는 마음과 몸은 동일하게 자기 지시적이며 자기반성적 과정들로서, 이미 최초의 박테리아에 나타났던 것이다."

심리학자 진 휴스턴은 깊은 신화적 감각으로부터 같은 통찰에 도달한다. 브로콜리 꽃들의 조화, 개똥벌레의 눈, 구애의식, 은하계 성운의 꿈같은 정경은 자연의 겹쳐진 자기 유사성을 드러낸다. "이러한 예들은 프랙탈의 보편성이 우리 우주의 중심적인 조직 원리임을 시사한다. 보이는 곳마다 자연의 복잡한 체계들과 자연의 시간은 점점 더 섬세한 척도로 세부의 모습을 보존하는 것 같다. 프랙탈들은 사물들 뒤에 숨겨진 전체적 질서 즉 모든 것이 그 밖의 모든 것에 영향을 미치는 조화로움을 보여준다."25)

이 연구에서 우리의 중간 목표를 다시 말하자면, 우리는 어떻게 사람들이 진정한 우주 발생을 지각하게 되는지를 제시하기 위해, 과학과 인문학의 첨단 분야를 인지권이라는 영역 내에서 조사하고 그 본보기를 보여주고자 하는 것이다. 주요 특징은 방향성 있는 더 나은 뇌와 지능 그리고 마음의 창발로서, 다음에 다루어질 것이다.

---

24) Lynn Margulis and Dorion Sagan, *What Is Life?*(New York: Simon & Schuster, 1995), p.178.

25) Jean Houston, *A Mythic Life*(San Francisco: HarperSanFrancisco, 1996), pp. 6-7.

의식의 축

테야르의 가설은 신체의 복잡화뿐 아니라 어떻게 이것이 부수적으로 따르는 의식의 발현을 촉진하는지와 관련해서 두드러진다. "한 존재가 더 많이 복잡해질수록, 그것은 더 많이 그 자체에로 집중화되며, 따라서 그것은 더 많이 의식하게 된다고 우리의 복잡성의 규모는 우리에게 말한다. 다시 말해 생명체의 복잡성의 정도가 더 높아질수록, 그 의식도 더 높아진다."[26]

비록 아직 논쟁 중인 문제이긴 하지만, 감각 지각은 잉여적인 부대현상이 아니라 실재이며 근본적이라는 합의가 형성되고 있다. 의식의 다양한 질들을 탐구하기 위해 "Toward a Science of Consciousness" 라는 명칭의 학제 간 회의가 애리조나 대학교에서 일 년에 두 번씩 개최된다.[27] 양자 영역에 기초하여, 의식은 인간의 자기 인식으로 뚫고 들어가기 위해 단계적으로 상승하는 것으로 보인다. 한때는 물질적인 다윈주의 경계 밖에 있었던 진화에 대한 더 넓은 이해가 증가하는 대뇌의 능력과 행동 목록의 중심 진로를 추적하는 비선형 역학으로 인해 받아들여지고 있다.

진화가 단지 유전적 부동으로만 정의되지 않고 주로 인지 과정으로 보일 때, 이러한 마음의 상승은 설명될 수 있다. 이러한 노력의 중심에 있는 그러한 신경구조와 활동은 "많은 공간적 계층들이 반복적으로 새겨지는" 것과 마찬가지로 프랙탈 종류로 보인다.[28] 진화 인식론

26) Pierre Teilhard de Chardin, "Life and the Planets", in *The Future of Man* (New York: Harper Torchbook, 1969), p.116.

27) *Toward a Science of Consciousness*, ed. Stuart Hameroff et al.(Cambridge: MIT Press, 1996).

28) *Fractals of Brain, Fractals of Mind*, ed. Earl MacCormac and Maxim Stamenov(Philadelphia: John Benjamin, 1996), p.31.

은 무엇보다도 지식 획득 경험을 인지한다. 오스트리아 철학자 프란츠 부케티츠에게, "진화는 보편적인 인식과 학습의 과정이며, 단세포 동물에서 인간까지 그러한 과정들의 위계가 있다."[29] 스웨덴의 신경 과학자 피터 아르헴과 한스 릴젠스트롬은 신경체계가 복잡해질 때 의식과 지능의 공진화가 일어남을 보고한다.[30] 그 결과, 계통발생적 인지의 진보가 널리 비교할 만한 방식으로 개별적 유기체의 개체발생적 통로로 발달할 때 그것은 생명의 전체성을 특징짓는 것으로 보인다.

또 다른 축의 요소는 태동하는 우주의 정보적, 기호적 특성이다. 물질과 에너지 이외에도, 정보와 그것의 교류는 진화적 자기 조직화에 근본적인 것으로 보인다. 자가 촉매 분자, 염색체 네트워크, 후성설적 유전, 그리고 인간의 언어가 지식을 암호화하여 전달할 때, 발달 프로그램이 그것들과 더불어 발생하는 것으로 보인다. 이러한 새로운 우주는 기호들로 충만해 있다. 그것은 "신호 발생" 즉 "우주의 암호"이며 해독되기를 기다리는 성서다.

이러한 설명을 통해 우리는 테야르의 특징 즉 화석에 기초한 패러다임에서는 보이지 않는 "아리아드네의 실", 다시 말해 발전적 방향을 발견할 수도 있다. 우리는 이제 그것의 인격화하는 내면성을 고려해볼 것이다.

창발적 자아

종종 오해를 받는 테야르 사상의 한 측면은 새로운 단계나 영역의

---

29) Franz Wuketits, *Evolutionary Epistemology and Its Implications for Human-kind*(Albany: State University of New York Press, 1990), p.8.

30) Peter Arhem and Hans Liljenstrom, "On the Coevolution of Cognition and Consciousness", *Journal of Theoretical Biology* 187/601(1997), pp.601-12.

통합이 그 구성원의 자유를 제한하지 않는다는 것이다. 오히려 그것은 개인과 공동체의 공생적 호혜성 속에서 그들의 창조성을 높여준다. 그리고 이것은 원자 상태에서 유기체와 인지권까지 적용된다. 복잡성-의식의 크기는 사실상 강화되는 자아를 묘사한다. 결합은 우주적인 인격화 과정에서 차이를 내고 개별화한다.

칠레의 생물학자 프란시스코 바렐라 덕분에 복잡한 적응체계에 대한 적절한 해석이 가능하다.31) 바렐라의 모델은 그 자신의 정체성과 생명력을 생산하고 유지하는 그것의 능력을 가리키는 자생적 체계로 알려져 있다. 이러한 역동적인 네트워크들은 구별된 "자아들"을 창조하기 위해 끊임없이 그들의 생명력을 혁신한다. 바렐라는 생명의 기원에서 사회 그룹들까지 각각의 진화 단계에서 이러한 일반적 체계를 발견한다. 여기에서 개별 실재들은 공동체 전체와 "호혜적 인과성"을 갖는다. 분산된 더 단순한 실재들이 프랙탈처럼 계층적인 복잡화와 감각의 집합을 이루기 위해 상호작용할 때, 어떻게 우주가 좀 더 조직화되는지에 대한 또 다른 통찰이 여기에 있다. 그렇게 함에 있어서 자기 생성은 인지적 자아를 낳는다. 그것은 본래적으로 "자기-만들기" 활동이다.

지난 20년 동안 진화이론은 단지 유전자나 유기체를 강조하는 쪽에서 다양한 수준의 선택을 인정하는 쪽으로 확장했다. 이러한 "진화의 단위들"은 원형 복제나 언어와 같은 각 단계의 정보를 전달하는 새로운 방법을 통해 형성된다. 어떻게 각각의 자기 생성적 자리가 새로운 개체로 보이는지가 중요하다. 이스라엘의 과학철학자 에바 야블롱카는 시원세포에서 문화 그룹까지 "새로운 수준의 개체의 출현"을 발견한다.32) 그녀는 또한 행위자들의 의사소통을 통한 협동과 상호 의존

---

31) Francisco Varela, "Organism. A Meshwork of Selfless Selves", in *Organism and the Origins of Self*, ed. Albert Tauber(Norwell, Mass.: Kluwer, 1991).

이 충돌보다는 이익이 될 때 새로운 국면이 발생한다는 것을 관찰한다. 체계생물학자 스탠리 살테는 그러한 발전적 자기 조직화가 생명의 "개체화"에 참여한다는 데 동의한다.[33]

오스트레일리아의 철학자이자 환경운동가 프레야 매튜즈의 *The Ecological Self* 는 여성주의 관점에서 본 통찰력 있는 종합의 한 가지 예다.[34] 생태학적 황폐화의 원인으로 원자론적 세계관을 언급한 후, 그녀는 양자이론의 새로운 버전은 필히 유기적인 것이라고 주장한다. 우주와 생물 발전의 핵심적 추진력은 각 존재의 개별적 자아에 영향을 받는 자기실현을 향한 충동이다. 가이아 생물권은 전 지구를 위해 이를 잘 보여준다. 매튜즈는 물질과 체계, 자율성과 연결성의 조화를 옹호하는데, 이를 통해 인간 자아는 "생태우주"와 조화를 이루어 "우주의 자기실현"에 참여할 수 있다.

노르웨이의 생태철학자 아르네 네스의 것과 같은 심층 생태학에 고취된 버전들에서, 인간은 살아 있는 자연과 연결되어 있고 그 안에 깊이 새겨진 존재로서 그들의 확장된 역할을 인식해야만 한다. 그중 한 가지는 우림 지역이다.[35] 하지만 두 가지 측면이 포함된다. 더 큰 자아와의 교감이 보증되는 동시에, 사람은 그 자신의 통합적인 자아를 향해 그 길을 나아갈 필요가 있다. 테야르는 신성한 우주 포용을 강조하는 한편, 진화를 주로 지구적 크기까지 도달하는 새로운 인격적 존재의 잉태로 보았다.

---

32) Eva Jablonka, "Inheritance Systems and the Evolution of New Levels of Individuality", *Journal of Theoretical Biology* 170/301(1994), pp.301-9.

33) Stanley Salthe, *Development and Evolution*(Cambridge: MIT Press, 1993).

34) Freya Mathews, *The Ecological Self*(London: Routledge, 1991).

35) Connie Barlow, *Green Space, Green Time*(New York: Copernicus, 1997).

인류의 현상

특히 전체주의적 국가들이 사라진 이래로, 활발한 상업적, 정치적, 지적, 매체적 지구화를 볼 때, 테야르가 예견했던 대로 유한한 지구의 문명이 수렴한다는 것은 분명하다. 그러나 그것은 응집력 있는 결속이나 목적도 없이 문화적, 경제적, 환경적 무정부상태로 위험스럽게 미끄러져 들어가려 한다. 그렇다면 어떻게 우주 발생 현상으로서 평등한 인류와 생명력 있는 지구로의 변화가 실현될 수 있을 것인가?

우선 그러기 위해선 마음과 패러다임의 변화가 필요하다. 이로써 삶은 소외되지 않으며, 세상은 사물들의 집합이 아니라 더 깊은 동력에 대한 반성으로 이해될 수 있어야 한다. 우리는 이전에 어떻게 세계 컴퓨터 통신망이 뇌의 원리를 따르는 것으로 보이는지를 주목했다. 생물학자 데이비드 슬론 윌슨과 철학자 엘리엇 소버는 인간 그룹들이 새로운 유기적 수준을 형성하는 사회적 영역으로 진화의 규모를 확장시켰다.36) 사회로까지 확장하는 다수준 선택을 받아들이는 것은 1세기 전 에밀 뒤르켐의 그룹 의식이라는 전체론에서 시작해서, 유전적 강박에 대한 부정으로, 그리고 사회 그룹들은 "적응적 인지단위들"이라는 새로운 의식으로 나아가는 똑같은 경로를 따르는 것이다.

경쟁적인 서구적 기질에 대한 반동으로, 협동과 이타주의가 진화에서 주요한 요인으로 인식되고 있다. 체계과학자 피터 코닝은 DNA에서 생태계까지 작용하는 보완적인 상승작용을 인정할 수 있는 "전체론적 다원주의"를 제안한다.37) 프랙탈 기하학을 도시 성장에 적용시

---

36) David Sloan Wilson, "Multilevel Selection Theory Comes of Age", *American Naturalist* 150/Supplement 1(July 1997), pp.51-54.

37) Peter Corning, *Nature's Magic: Synergy in Evolution and the Fate of Humankind*(Cambridge: Cambridge University Press, 2003).

킴으로써 사회적인 수준에서 예상치 못한 패턴이 발생한다는 것이 밝혀진다. 영국의 건축가 마이클 배티는 이웃에서 대도시까지 많은 지역들에 걸쳐 그들의 구조와 기능이 자기 유사적이라는 것을 발견했다.38) 비선형적 역학의 원리가 인간과학에 적용될 때, 그것들은 이전에는 파악하기 어려웠던 이론적 기초를 제공한다. "역동적인 사회심리학"은 진화를 추진시키는 똑같은 형식들과 힘들이 상호 관계들에서 나타난다는 것, 즉 생각과 행위가 프랙탈 방식으로 진행된다는 것을 발견한다.39) 이러한 사회 영역은 전반적인 응집이 발생하는 사람들의 자유로운 연합을 통해 이루어진다. 인간의 행동은 원래 자연으로부터 분리되어 있는 것으로 보였으며, 그런 다음 다윈의 선택의 산물로 보였으며, 그리고 최근에는 우주적 자기 창조를 반성하는 것으로 보였다.

실제적인 예를 통해 보자면, 매사추세츠 애머스트의 한 새로운 형태의 공동체가 좋은 예를 제공한다. 스칸디나비아에서 시작된 공동주택으로 알려진 운동이 경제적으로 언어적으로 그리고 가족적으로 다양하게 섞인 구성원들을 통해 조직되고 고안되었다. 공동주택 주변에서 무리를 이루는 약 서른다섯 가구로 구성된 그것은 전체적 지표에 최소한의 영향을 미친다. 한 구성원은 공동생활로부터 개인적으로 추구하는 것을 위한 시간과 자원을 절약하는 이익을 얻을 수 있다. 만약 그러한 의도적 공동체가 더 큰 공동체 발생을 위한 조야한 표현으로 보일 수 있다면, 이를 통해 평화롭고 지속가능한 세계에서 다시 살아나갈 수 있는 모델을 제공할 수도 있을 것이다. 현재의 세계화 논쟁을 넘어서서, 끊임없이 되풀이되는 자연체계를 읽어냄으로써, 다음 단계

---

38) Michael Batty, *Fractal Cities*(New York: Copernicus, 1997).

39) Robin Vallacher and Andrzej Nowak, "The Emergence of Dynamical Social Psychology", *Psychological Inquiry* 8/2(1997), pp.73-99.

는 이익이 되는 세계 단위의 다양한 생태마을들의 네트워크로 인식될 수도 있을 것이다.

"발아기의 존재"

테야르 기획을 재검토할 때, 두 가지 최근의 비판이 설명되어야 한다. 철학자 다니엘 데넷에 따르면, "진화는 의식이 없고 계획이 없는 산술적 과정"이며, 우리는 단지 그것을 받아들여야만 할 것이다.[40] 만약 그것이 사실이라면, 다윈의 운명에 치명적인 변명을 하고 있는 테야르는 "실패자"다. 하지만 데넷은 연속적인 생명과 마음의 화살을 놓치는 한편, 카우프만을 포함해서 모든 것을 그의 입장에 맞도록 왜곡시키고 있는 것으로 보인다. 신학자 칼 슈미츠 무어만은 테야르의 우주가 어떤 공식 즉 모든 것에 대한 심원한 이론을 통해서가 아니라 그것의 목적론적 결과를 통해 이해되어야 하며, "그것의 출발점이 아니라 충실하게 실현됨"을 통해 이해되어야 한다고 충고한다.[41]

두 번째 논점은 역사가 시어도어 로작의 것이다.[42] 좀 달랐더라면 추천할 만했을 생태심리학에 관한 작품에서, 그는 테야르를 인간중심적 "권위주의적 중앙집권주의"의 가장 나쁜 예로 언급한다. 그러나 로작은 약탈적인 착취로 인한 환경파괴의 뿌리에는 인간 삶이 아무런 의미도 없다는 바로 그 "인간중심적이지 않은 우주론"이 있다는 것을

---

40) Daniel Dennett, *Darwin's Dangerous Idea*(New York: Simon & Schuster, 1995), p.320.

41) Karl Schmitz-Moormann, "Teilhard de Chardin's View on Evolution", in *Evolution and Creation*, ed. S. Andersen and A, Peacocke(Aarhus: Aarhus University Press, 1987), p.164.

42) Theodore Roszak, *The Voice of the Earth*(New York: Simon & Schuster, 1992).

제대로 관찰한다. 로작은 단지 그의 논변을 위해 테야르를 도용하고 오역했을 뿐이다.

만약 인류가 정말로 우주와 그것의 현상적 자아가 무엇인지를 헤아리고자 한다면, 내장된 지도원리가 있어야 하는데, 우리가 보았듯이 그것이 있다. 중세의 스콜라 시대에는 유추의 사다리가 있었다. 과학적 환원주의에 길을 잃었던 그것은 도처에 만연한 창조적 체계를 통해 발달하는 자기 유사적 우주의 이미지 속에서 되살아나고 있다.43) 코니 발로는 진화의 시대를 기념하는 글에서 "거대한 형이상학적 대립"을 주목하고 이를 묘사한다. 유서 깊은 음양학은 차이와 통합, 투쟁과 협동, 개인과 공동체의 상호작용 형식으로 의미 있는 깊이를 회복시킬 수 있다.44) 테야르와 전통이 가까워짐에 따라, 또다시 우리는 사방에 충만하게 발생하는 보완적 구조와 과정을 엿볼 수 있을 것이다.

중요한 순간을 잘 표현하고 있는 한 작품은 리처드 타나스의 *The Passion of the Western Mind* 이다.45) 서양의 지성사는 우주론적으로 철학적으로 소외의 역사인데, 그것은 절망 상태에서 참여적이고 생태학적인 여성주의 비전을 통해 구출될 수도 있을 것이다. 왜냐하면 그것은 "엄청나게 남성적인" 노력이었기 때문이다. 출산 전후의 사건에서, 자기 통합의 길에서, 유대 기독교의 타락과 구원에서, 우리가 이전에 보았듯이, 여성의 환경에서 남성적 소외로 그리고 구속의 종합으로 나아가는 역사에서, 여성과 남성의 관점에서 지속적인 대립이

---

43) Denis Edwards, "The Discovery of Chaos and the Retrieval of the Trinity", in *Chaos and Complexity*, ed. Robert Russell et al.(Vatican City: Vatican Observatory Pub, 1995).

44) Barlow, *Green Space, Green Time.*

45) Richard Tarnas, *The Passion of the Western Mind*(New York: Harmony Books, 1991).

발생한다. 타나스에게 있어, 천 년의 구제는 여성적 기반과의 재통합이다. 그렇게 생각되는 우주는 새로운 자아 개념, "우주의 재신성화", 인격화된 지구 인류의 "실현"에 참여한다.46)

테야르와 칼 융에 대한 캐서린 오코너의 연구에서 유사한 융합이 이루어진다. 여성은 존재의 근거이자 목표이며, 단테의 영감을 불러일으키는 베아트리체이고, 인격화하는 사랑이다.47) 신학자 어슐러 킹도 마찬가지로 우주에서 조화를 이루는 요소로서의 여성성에 대한 테야르의 감각이 내재적인 생태학적 정신성을 강화시키고 형성한다고 믿는다.48)

발생 비전, 창발적 자아에 대한 테야르의 통찰과 전통적 가르침들 간의 종결이 마찬가지로 심리학자 샌포드 드롭의 카발라의 지혜에 대한 다음의 설명에서도 발견될 수 있을 것이다. "우주와 인류 모두의 목표는 자와 타의 결합, 심리적으로는 남자와 여자의 결합, 그리고 우주적으로는 신과 인간의 결합이다. 신비주의자들에 따르면 영혼들의 그러한 만남과 결합은 우주적 존재와 인격적 존재 모두의 목적이다. 그러나 우주와 개인은 창조주와 재결합되기 전에 충분히 각각 개별화되어야 한다."49)

재현의 규모를 추측하면서 테야르는 은하계 영역에서 함께 결합하는 미래의 "인지권" 발생을 상상해나갔다. 하지만 집합적인 해결이 먼저 필요할지도 모른다. 만약 자기 조직화 수준과 선택의 수준이 생물권 전체 지각하는 가이아로 확장된다면, 지구가 생명력 있는 우주

---

46) Richard Tarnas, "Commencement Address", *Dominican School of Philosophy and Theology*, May 20, 1995. (이 참조문은 Sr. Adrian Hofstetter의 덕택임.)

47) Catherine O'Connor, C.S.J., *Woman and Cosmos*(New York: Wiley, 1974).

48) Ursula King, *Christ in All Things*(Maryknoll, N.Y.: Orbis Books, 1997).

49) Sanford Drob, "The Sefirot: Kabbalistic Archetypes of Mind and Creation", *Cross Currents* 47/1(spring 1997), pp.5-29, p.23 인용.

적 생명의 중심으로서 "그 자신을 선택"하는 것은 부득이한 일일 것이다. 그러한 자극과 요구가 인류로 하여금 현재에는 갖고 있지 않은 필수적인 사회적 정의와 환경적 관심을 갖도록 고무할 것이다.

20세기에 테야르는 종종 세속과학과 철학 대신에 우주 발생 대안을 표현해왔다. 이와 관련해서, 스티븐 와인버그와 스튜어트 카우프만은 생명이 의미가 있는지 없는지에 대해 극적으로 대립되는 의견을 제시한다. 와인버그는 생명이 낯선 것이라고 주장하는 한편, 카우프만은 우주가 자연스럽게 움직이는 복잡성과 감각으로 발달한다고 믿는다. 여기에 21세기를 위한 근본문제가 있는지도 모른다. 그러나 테야르가 *The Phenomenon of Man*을 쓴 지 약 60년 후, 인류가 처음 발견한 것은 소멸해가는 우주가 아니라 그 자신에 대해 의식해가고 있는 신비스러운 발아기의 창조일 것이다.

더 많은 읽을거리

이 연구의 최신판으로서, 독자들은 아서 파벨이 메리 에블린 터커와 브라이언 스윔과 존 그림과 함께 공동 작업하여 준비한 "The Emerging Discovery of a Self-Organizing Universe"라는 제목의 주석 달린 목록을 볼 수 있다. 그것은 종교와 생태를 위한 토론의 장인 웹사이트 www.environment.harvard.edu/religion에 게시되어 있다. 우주 발생에 대한 설명을 입증해주는 수백 개의 참고문헌들이 인용되어 있다. 빠른 속도로 과학이 발전하는 요즈음, 현재의 연구가 완성된 이래로 5년이 지나, 테야르가 표현하고자 했던 유기적, 인격적, 정신적 발달 과정 속에 있는 생명과 사람-친화적인 우주에 대한 증거가 거의 받아들여지려는 문턱에 이르고 있는 것으로 보인다.

■ 제 4 부 ■

신학적 차원과 사회적 차원

이 책의 마지막 네 장의 연구에서는 종교와 과학을 독특하게 종합하고 있는 테야르의 관점을 해방, 구현된 창조성, 여성의 지혜, 인간의 연대의식 측면을 통해 탐구한다. 그중 첫 번째, "해방신학과 테야르 드 샤르댕(Liberation Theology and Teilhard de Chardin)"에서, 필리핀계 미국인 신학자 발타자르는 해방신학에 대한 전체적인 개요를 제공한다. 그것은 테야르의 풍부한 진화적 관점을 통해 의미를 획득한다.

이전에 지적했듯이, 오늘날 최첨단 과학에서는 "우주 발생"과 자기조직하는 우주에 대한 비전이 논의되고 있다. 두 번째 장 "혼돈, 복잡성, 신학(Chaos, Complexity, and Theology)"에서, 조지타운 대학교의 신학자 존 호트는 실상은 깊은 질서가 유지되지만 보기에는 "카오스적인" 체계를 조사한다. 그런 다음 그는 알프레드 화이트헤드의 과정철학의 주요 아이디어와 테야르의 역동적인 우주 발생과 이러한 체계들의 통합적인 조화를 보여준다. 이러한 이해를 통해 도대체 성스러운 작용이 어떻게 발달 중인 창조로 보일 수 있는지에 대한 비전을 정착시킬 수 있다고 그는 지적한다.

　세 번째 장 "성스러운 지혜: 오늘을 위한 그녀의 중요성(Divine Wis-dom: Her Significance for Today)에서, 신학자 엘리노 레이는 지혜를 유대교와 기독교에서 여성의 신으로 묘사한다. 그녀는 창조신학의 원천으로 지혜에 관한 성경의 문헌을 조사하고, 땅과 관련된 종교적 인물로서 지혜로운 사람이 모든 세계의 종교에서 연구될 필요가 있다고 제안한다.

　이 책은 진화 과정과 인간의 연대의식에 기초해서 좀 더 포괄적인 정의와 지속적인 평화 가능성에 대한 비전으로 마무리한다. 새크리드 하트 대학교의 작고한 신학자 조셉 그라우는 "사람과 공동체의 창조적 결합: 지구-인본주의 윤리(The Creative Union of Person and Commu-nity: A Geo-Humanist Ethic)"에서, "사랑의 에너지를 통해 그리스도의 우주를 인격화하는 것"이 유기적으로 생존할 수 있는 인간-지구 공동체에서 실현될 수 있다고 믿는다.

12

해방신학과 테야르 드 샤르댕

에울라리오 발타자르

이 연구에서 우리는 마르크스주의에 영향을 받은 라틴아메리카 해방신학의 비평가들이 부적절하게 답변된 것으로 생각하는 두 가지 골치 아픈 문제들에 어떻게 테야르 드 샤르댕의 진화적 틀이 빛을 던질 수 있는지를 보여주고자 할 것이다. 첫 번째는 신앙과 신 그리고 세상에 내재하는 예수 그리스도의 구원의 초월성을 이룩하고자 하는 노력에서, 이러한 교리들이 충분하게 보증되지 못한다는 비판이다. 해방신학자들은 내재주의자이며 인본주의자이고 세속주의자이며 신앙을 정치화하는 자이며 환원주의자로 비난을 받는다.[1] 간단히 말해, 지상의 진보와 신의 왕국의 관계, 혹은 좀 더 사변적인 언어로 말하자면, 내재성과 초월성이 충분하게 설명되지 않는다. 해방신학에 동조하는 한

---

1) *Instruction* on Certain Aspects of the "Theology of Liberation" by the Sacred Congregation for the Doctrine of the Faith, August 6, 1984(Washington, D. C.: United States Catholic Conference), IX, 3; X, 6(내재주의); X, 6(인본주의와 세속주의); IX, 6, X, 5, X, 12(신앙의 성치화); VI, 4와 5(환원주의)를 보라.

논평자는 다음과 같이 말한다.

초월성의 의미와 역할은 해방신학자들에게 어려운 문제로 남아 있다. … 이 모든 것 어디에 신이 있는가? 역사의 주인에게 무슨 일이 일어났는가? 종말론은 엄격하게 인간의 계획인가? 예를 들어 … 루벰 알베스는 그의 후기 작품에서 인간과 내재성을 매우 강하게 강조한다. 그래서 그는 세속적인 인본주의자처럼 들린다.

내재성과 초월성이 같은 과정의 일부로 이해되어야 한다는 것은 해방신학자들에게 중요하다. 여기서 중요한 문제는 실재에 대한 "두 영역" 이론을 제시하지 않으면서도 여전히 더 큰 구조 속에서 신의 통치와 신비에 대한 감각을 허용하는 그러한 종류의 언어를 발견하는 것이다. 해방신학자들은 종말론의 차원을 주로 역사 초월적이고 보편적인 것으로 해석하기를 거부하는데, 왜냐하면 우리 인간이 아는 유일한 역사는 우리의 현존의 역사이기 때문이다. 누구도 이러한 역사적 조건에서 예외일 수는 없다.[2]

우리가 고려해볼 두 번째 문제는 해방신학에서의 마르크스주의와 기독교의 관계다. 어떤 비평가들은 그러한 동맹이 신앙에는 위험할 수 있다고 믿는다.[3]

해방신학에 대한 개요

어떻게 이 두 가지 문제가 발생하는지를 더 잘 알아보기 위해 이 시점에서 해방신학을 특별히 선택적으로 다루어보자. 우리 모두가 알

---

2) Deane Williams Ferm, *Third World Liberation Theologies*(Maryknoll, N.Y.: Orbis Books, 1986), p.103.

3) *Instruction* by the Sacred Congregation for the Doctrine of the Faith, VII, nos. 1-13.

고 있듯이, 해방신학을 출발케 한 역사적 요인은 소외되고 권리가 박탈된 중남미 국가 사람들의 엄청난 빈곤과 착취와 억압이었다. 해방신학자들이 배운 유럽의 신학은 중남미에는 적용할 수 없는 것이었다. 구스타보 구티에레즈가 지적했듯이, 유럽 신학은 신에 대한 신앙을 잃어버린 부유하고 계몽된 서양인들에게 하는 설교였다.4) 중남미 국가의 문제는 믿지 않는 사람들에게 어떻게 기독교의 신을 가르칠지가 아니라, 그러한 신이 가난하고 굶주리고 억압받는 자들에게 사랑의 신이라는 것을 어떻게 보여줄 수 있느냐는 것이었다.5) 그래서 메데인의 중남미 주교들의 모임(1968)은 바티칸 II(두 번째 바티칸 공의회), 특히 사목헌장으로 되돌아가서, 중남미의 상황에 맞게 그 가르침을 번역하게 되었다. 메데인의 신학적, 사목적 가르침, 특히 그것의 완전한 해방이라는 주제는 최근에 아마도 가장 유명하고 가장 중요한 신학 작품인 *A Theology of Liberation*에서 구스타보 구티에레즈에 의해 체계화되고 구체화되었다.6)

구티에레즈와 다른 해방신학자들이 바티칸 II에서 받아들인 것은 저 세상에서 이 세상으로 교회의 방향을 바꾸는 것이었다. 이를 위해 초자연적 질서와 자연적 질서라는 고전적 "두 영역" 이론은 포기되었으며, 하나의 구속의 역사가 채택되었다.7) 해방신학자들은 이러한 하

---

4) Gustavo Gutiérrez, "Theology from the Underside of History", in *The Power of the Poor in History*(Maryknoll, N.Y.: Orbis Books, 1983), pp.178-85; Raul Vidales, "Methodological Issues in Liberation Theology", in *Frontiers of Theology in Latin America*, ed. Rossino Gebellini(Maryknoll, N.Y.: Orbis Books, 1979), p.39.

5) Gutiérrez, *The Power of the Poor in History*, p.193.

6) Gustavo Gutiérrez, *A Theology of Liberation*(Maryknoll, N.Y.: Orbis Books, 1973).

7) Leonardo and Cludovis Boff, *Salvation and Liberation*(Maryknoll, N.Y.: Orbis Books, 1984), p.18.

나의-구속의-역사라는 틀을 채택했기 때문에, 그들은 신앙, 구원, 신, 왕국, 은총 등의 초월성을 역사와 역사적 과정에 관련시키는 문제를 물려받았다. 두 영역 신학에서 초월적인 것들은 그 자체의 적절한 영역, 즉 시간적, 역사적 실재와 구조들의 영역인 물리적, 자연적 질서와는 분리되어 있는, 형이상학적이고 초자연적인 영역을 갖고 있었다. 이러한 두 영역 견해에서는 초월성이 내재성으로 붕괴하여 들어가는 위험은 없었다. 억압과 빈곤과 싸워야 하는 좀 더 긴박한 목회 문제 때문에, 해방신학자들은 전문가다운 방식으로 이러한 사변적인 문제에 시간을 바칠 수가 없었다.

두 번째 마르크스주의와 해방신학의 관계의 문제는 방법론적 특징에서 나타난다. 구티에레즈에 따르면, 해방신학은 신의 말씀에 비추어 역사적 행위를 비판적으로 반성한다.[8] 이러한 반성은 사람들을 통해 이루어지는데, 이 경우에는 기본적으로 기독교 단체들이나 공동체들의 반성이다. 그들은 억압과 빈곤과 같은 그들의 역사적 상황을 분석한다. 유럽과 북미의 부유한 나라들에서 수입된 발전적 분석 방식은 억압의 원인들을 감춘다. 구티에레즈는 "오직 계급 분석만이 억압받는 나라들과 지배 민족들 간의 억압에 정말로 무엇이 관련되어 있는지를 우리가 볼 수 있게 할 것이다"라고 말한다. 덧붙여서 그는 "만약 그 분석이 세계적인 계급투쟁의 틀 내에서 이루어지지 않는다면, 의존이론은 잘못된 길을 가고 기만으로 이어질 것이다"라고 말한다.[9] 따라서 마르크스주의 방식의 계급 분석만이 역사적 상황의 참된 특징들을 밝혀줄 것이며, 신의 말씀에 비추어 비판적으로 반성하는 참된 기초로서 그 역할을 할 수 있다.

이러한 해방신학에 대한 간단한 소개를 통해 우리가 생각해보고자

---

8) Gutiérrez, *A Theology of Liberation*, p.13.
9) 같은 책, p.87.

하는 두 가지 문제가 어디에서 유래하는지를 알아보았다. 본론으로 들어가기 전에 해방신학의 장점과 관련하여 브라질의 주교들에게 했던 교황 요한네스 파울루스 2세의 다음과 같은 말을 상기해보는 것이 적절할 것이다. "신앙에 심각한 결과를 갖는, 그것을 더럽힐 수 있는 요소들이 정화될 때, 이 신학은 정통한 것일 뿐 아니라 필요한 것이기도 하다."10) 우리는 여기에서 우리의 노력이 테야르 드 샤르댕의 진화적인 참고 틀을 사용해서 해방신학을 순수화하는 과정이라고 생각하고자 한다.

마르크스주의 분석과 테야르의 진화의 틀

논의 순서를 바꾸어 마르크스주의와 해방신학의 동맹의 문제를 먼저 생각해보자. 몇몇 기독교인들이 두려워하는 것은 마르크스주의의 무신론적 유물론이 기독교 신앙의 순수성을 더럽힐 수도 있다는 것이다. 비록 마르크스주의의 분석 방식 즉 계급투쟁을 강조하는 마르크스주의의 대립구조만이 사용된다고 주장할지라도, 여전히 그것은 만인에 대한 사랑과 형제애라는 기독교 원리와 충돌하는 것으로 보인다.

이와 관련해서, 해방신학에서 나타나는 마르크스주의 요소에 대한 몇몇 기독교인들의 두려움을 경감시키고자 하는 우리의 전략은 테야르 드 샤르댕의 진화적 관점 안에 우리가 이러한 분석 방식을 통합시킬 수 있는지를 알아보는 것이다. 그의 진화적 관점이 유명한 두 번째 바티칸 공의회의 문서인 사목헌장이 정식화되는 맥락을 제공했기 때문이다. 이 문서에서는 그리스도-오메가 지점으로 성숙해가는 단 하나의 과정 중인 실재에 대한 테야르의 견해가 성경에 대한 재해석을 용

10) Alfred Hennelly, "Red-Hot Issue. Liberation Theology", *America*(May 24, 1986), p.428에서 인용.

이하게 했는데, 그 해석에 따르면 단 하나의 구원의 과정이 있으며, 창조와 구속은 그 하나의 과정의 두 단계를 이룬다.

사목헌장에서 계기를 얻은 해방신학자들은 하나의 역사적 모체 위에 그들의 신학을 세운다. 이것은 테야르의 신학과 그들 자신의 신학과의 화해 가능성을 제공하는 것으로 보였다. 하지만 구티에레즈가 사목헌장에서 역사와 우주의 주인으로서의 그리스도를 시인하는 데 테야르가 영향을 미친다는 것을 인정하는 반면,11) 그가 직접 진보주의자12)로 분류한 테야르의 신학과 변증적이고 혁명적인 해방신학이 차이가 있다고 본다. 구티에레즈가 진보주의자라 하는 것은 하나이자 같은 틀 안에서 점진적으로 증가하면서 변하는 것을 의미한다. 중남미 국가에 필요한 것은 틀 자체의 변화이며 따라서 혁명적 변화라고 그는 주장한다. 휴고 아스만 또한 역사적 실재에 대한 이해에 미치는 테야르의 영향을 인정하지만, 구티에레즈와 마찬가지로 테야르의 신학을 신진국에는 적합하지만 중남미의 요구에는 부적절한 진보주의로 부른다.13) 이러한 신학자들에 따르면 해방담론은 발전이라는 언어를 넘어서야 한다.

나는 해방신학자들이 테야르의 진화적 진보를 자세히 살피지 않고 단순히 진화에 관한 대중 과학적 견해에 따라 그것을 점진적인 변화로 분류했다고 생각한다. 하지만 점진적 변화로 정의된 발전이라는 것은 테야르가 이해한 대로 진화의 동력을 적절하고 적합하게 묘사하지 못한다. 테야르가 바라보는 진화적 과정은 물질의 진화로서 지질 발생, 생명의 진화로서 생물 발생, 의식의 진화로서 인지 발생이라는

11) Gutiérrez, *A Theology of Liberation*, p.76 n. 35.

12) 같은 책, p.173.

13) Gustavo Gutiérrez, *The Theology for a Nomad Church*(Maryknoll, N.Y.: Orbis Books, 1975), p.52.

다양한 단계를 갖는다. 한 단계에서 다음 단계로의 변화는 점진적으로 증가하는 양적인 증가의 의미가 아니라 급진적인 질적 변화, 따라서 혁명적인 변화의 발전이다. 하지만 만약 이러한 변화가 변증적인 한 항을 다른 항으로 흡수하거나 소멸시키는 것을 의미한다면, 물질에서 생명으로의 급격한 변화를 변증법적인 것으로 묘사하는 것은 적절하지 않다. 테야르에게 있어서, 진화적 진보를 나타내는 급격한 변화를 위한 적절한 용어는 창조적 결합이다.14) 이것이 그리스도-오메가라는 초인적 중심에서 수렴하는 우주의 근본적인 동력이다. 창조적 결합에서 그 항들은 변증적 변화에서처럼 서로 다른 것으로 흡수되거나 소멸되지 않으면서 차별화된다. 테야르는 다음과 같이 말한다.

몸의 세포든 사회의 구성원이든 혹은 정신적 종합의 요소들이든 …
그 어떠한 영역에서든 결합은 차별화한다. 이러한 보편적 규칙을 무시하고, 많은 범신론 체계들은 우리를 위대한 모든 것에 대한 숭배로 빗나가게 했다. 하지만 거기에서는 개체들이 대양에 뿌려지는 물방울처럼 혹은 녹아드는 소금 알갱이처럼 동화되어야 한다.15)

사회적 수준에서 창조적 결합은 사랑의 형태를 취한다. 사랑을 통한 결합은 순전히 경제적이고 정치적인 연합보다 더 친밀하다.16) 억압받는 자와 억압하는 자 간의 변증법적 투쟁을 통한 마르크스주의의 계급 분석이 억압 현상을 이해하는 유용한 방법일 수는 있지만, 우리

---

14) Pierre Teilhard de Chardin, "My Universe", in *Science and Christ*(New York: Harper and Row, 1965), p.48.
15) Pierre Teilhard de Chardin, *The Phenomenon of Man*(New York: Harper Brothers, 1959), p.262.
16) Pierre Teilhard de Chardin, "Creative Union", in *Writings in Time of War* (New York: Harper & Row, 1968), p.171.

는 더 깊은 문화적, 사회적 인지 발생 변화의 의미를 창조적 결합의 그것으로 볼 필요가 있다. 계급투쟁을 사회 분석을 위한 주된 범주로 보는 대신, 우리는 그것을 상대화해서 대신에 창조적 결합을 통한 계급들의 수렴을 주된 범주로 바라볼 필요가 있다. 그렇게 함으로써 해방신학은 교황 파울루스 6세가 보낸 사회교리인 「80주년(*Octogesima Adveniens*)」을 통해 표현된 두려움, 즉 마르크스주의 이데올로기와의 밀접한 관련 때문에, 마르크스주의적 분석이 전체주의적이고 폭력적인 사회로 이르게 할 수 있다는 두려움을 경감시킬 수 있다. 또한 테야르의 유신론적 관점 안에 마르크스주의적 분석을 적절하게 통합시키기 위해서는 더 많은 반성이 필요하다. 우리는 단지 어떻게 신학이 해방 개념을 설명하는 데 필요한 철학적 틀을 마르크스에서보다는 테야르에서 발견할 것인지를 보여주고자 했다.

내재성과 초월성의 문제

교회의 공식적 가르침

내재성과 초월성이라는 중심문제로 시작해보자. 하나의 구원의 역사라는 세계관 채택 때문에 문제가 발생한다고 우리가 이전에 말했던 것을 기억해보자. 우리의 탐구의 첫 단계는 구원과 해방의 관계에 관한 교회의 가르침을 조사하는 것으로서, 그것은 또한 초월성과 내재성의 관계에 관한 것이기도 하다.

사목헌장에서 "지상의 진보는 그리스도의 왕국의 성장과 조심스럽게 구별되어야 한다", 그리고 "이 지상에 이미 그 왕국이 은밀히 도래했다"고 말할 때, 그것은 초월성과 내재성의 관계에 관한 명확한 준거를 제공한다.17) 사목헌장 이후에 1968년 메데인에서 개최된 중남미 주교들의 모임은 "모든 해방은 이미 그리스도 안에서의 완전한 구속을 예견한다"고 덧붙인다.18) 이 성명서에서 구원과 해방 간의 어떤 연결점이 언급되지만, 해방이 구원의 때인지 아니면 구원의 인과적 요소인지에 대해 어떠한 설명도 제시되지 않는다. 1975년 교황 파울루스 6세는 『현대 복음 선교(*Evangelii Nuntiandi*)』에서 "비록 그중에 많은 사람들이 신도들이 아니라 할지라도, 교회에는 수백만 사람들의 해방을 선포할 의무가 있다. 이것은 복음화와 먼 것이 아니다"19)라고 선포했다. 이러한 진술은 분명 인간의 해방과 구원을 예수 그리스도 안에서 연결시키지만, 그것들을 분명하게 밝히고 있는 것은 아니다.20) 교황은 세 가지 연결점들을 제시하는데, 그것은 인류학적인 것과 신학적인 것, 그리고 복음 교회적인 것이다. 인류학적으로 구원은 사회 경제적 질서와 관련이 있다. 신학적으로 구속은 창조와 관련이 있다. 그리고 복음 교회적으로는 자선이 속세의 정의와 평화와 관련이 있다.21) 교황은 "초월적이고 종말론적인 구원 ··· 구원은 모두에 제공되는데, 그것은 정말로 이생에서 시작되지만 영원 속에서 실현된다"고 결론을 짓는다.22)

교회의 가르침에 대한 우리의 대략적인 검토를 통해 볼 때, 우리는 사목헌장에서 규정된 지침을 넘어서 그 질문이 정말로 발전하지 않았다는 것을 알 수 있다.23) 우리는 다음으로 지상의 진보와 그리스도

---

17) *Gaudium et Spes*, no. 39, *The Documents of Vatican II*, ed. Walter M. Abbott, S.J.(New York: America Press, 1966), pp.237-38.

18) Medellín, Education, 9(Leonardo and Clodovis Boff, *Salvation and Liberation*, p.20에서 인용).

19) Evangelii Nuntiandi, no. 30(Boff, *Salvation and Liberation*, p.21에서 인용).

20) Evangelii Nuntiandi, no. 31, in Boff, *Salvation and Liberation*, pp.21-22.

21) Evangelii Nuntiandi, no. 31, in Boff, *Salvation and Liberation*, pp.21-22.

22) Evangelii Nuntiandi, no. 27, in Boff, *Salvation and Liberation*, p.22.

왕국의 성장을 연결시킨 해방신학자들의 견해를 살펴볼 것이다.

해방신학자들에 대한 검토

구스타보 구티에레즈는 사목헌장의 지침들을 살펴보고 난 후, 인간 해방과 왕국의 성장은 "같은 목표를 갖지만, 평행선을 따르지 않으며 더욱이 수렴하는 것도 아니다. 그 왕국의 성장은 역사적으로 해방 안에서 발생하는 과정이다"라는 입장을 취한다.24) 그는 다음과 같이 덧붙인다. "역사적 사건들을 해방시키지 않고는 왕국의 성장은 없을 것이다."25)

또 다른 신학자 후안 루이스 세군도는 역사적 해방과 왕국 간의 인과적 관계를 인정함으로써 구티에레즈의 말에 동의한다.26) 하지만 세군도도 구티에레즈도 어떻게 역사적인 것이 종말론적인 것의 성장을 촉진시킬 수 있는지에 대해서 어떠한 설명도 제공하지 않는다. 그들은 단지 "구원은 인간 역사의 중심에 있다"고 우리에게 주장할 뿐이다.27)

내 생각으로는, 1976년 8월의 국제신학자위원회28)가 신학의 중요한 문제 중 하나라고 생각했던 이 문제에 가장 훌륭한 답을 주었던

---

23) *Gaudium et Spes*(사목헌장)에서는 지상의 진보와 그리스도 왕국의 성장을 구별하며, "지상에 그 왕국이 신비롭게 도래했으니"(no. 39)라고 덧붙이지만, 지상의 진보와 그 왕국의 성장 간에 어떠한 인과적 관계가 있는지에 대해서 어떠한 말도 하지 않는다.

24) Gutiérrez, *A Theology of Liberation*, p.177.

25) 같은 곳.

26) Juan Luis Segundo, "Capitalism vs. Socialism: Crux Theologica", in *Frontiers of Theology in Latin America*, ed. Gebellini, pp.247 이하.

27) Gutiérrez, *A Theology of Liberation*, p.177.

28) Boff, *Salvation and Liberation*, p.23.

사람은 이러한 신학자들 중에 레오나르도 보프다.29) 보프는 모든 실재의 측면들에 스며들고 관통하는, 역사 속에 현존하는 신을 가정함으로써 시작한다. 이러한 신의 현존은 보프가 사회경제적 해방에서 신학적 요소를 볼 수 있게 하며, 따라서 신앙에 비추어 사회학적 자료를 해석하는 신학적 담론을 합법화하는데, 이러한 해석을 그는 해석학적 중재라 부른다.30) 보프는 다음과 같이 신학적 차원과 사회학적 차원의 관계를 기술한다.

　기독교 신앙에서 "구원"은 인간의 종말론적 상태를 표현하는 기술적인 용어로서, 영원한 신의 왕국의 완전함 속에서 이루어지고 신성화된다. 하지만 이 최종적인 상황은 단지 역사의 끝에서만 완전하게 솟아나는 것이 아니다. 이 상황은 역사의 과정 안에서 예견되고 준비되는 것이다.31)

보프는 우리가 구원과 해방의 수렴을 볼 수 있도록, 칼케돈적, 성례전적, 아가페적, 인류학적, 네 가지 지적인 모델을 제공한다. 그는 이 모델들이 "하나됨과 구별됨(완전한 동일함이 없는 동일화) 모두를 포함한다"고 설명한다. 첫 번째 모델에서 예수 그리스도는 두 가지 본성을 가졌지만 "이 두 본성은 매우 통일적이어서 하나이자 똑같은 예수 그리스도를 구성한다."32) 이러한 지적 모델에 대해 우리가 반대하는 것은 형이상학적 담론을 역사적 맥락에 도입하기가 불가능하지는 않다 할지라도 어렵다는 것이다. 해방신학이 채택한 하나의 역사적 틀 내에서 어떻게 그리스도의 두 가지 본성에 대해 말할 수 있는가? 그

---

29) 그가 Clodovis Boff와 공저한 책 *Salvation and Liberation* 을 보라.
30) Boff, *Salvation and Liberation*, pp.51, 45, 47.
31) 같은 책, p.56.
32) 같은 책, p.58.

리스도의 두 본성은 두 가지 구별된 역사들에 따른 것인가? 하지만 만약 신의 본성이 역사화된다면 어떻게 그것의 초월성은 보장되는가? 반면에 만약 신의 본성이 형이상학적인 것으로 남아 있다면, 어떻게 그것은 역사적으로 내재하는가?

성례전적 모델은 그리스도를 인간과 신이 통합되는 상징으로 바라본다. 하지만 여기에서도 심각한 문제가 발생한다. 아가페적 모델에서는, 신은 사랑이기 때문에, 이웃에 대한 사랑이 있는 어느 곳에서나 신의 현존을 본다. 또다시 어떻게 신이 인간의 역사적인 사랑의 행위 속에 현존하는지에 대한 근본적 문제가 설명되지 않는데, 왜냐하면 만약 신이 형이상학적이라면 다시 말해 세속이 아닌 저 세상에 초월적으로 있다면, 어떻게 신이 역사적인 세속에 내재할 수 있는가?

마지막으로 보프의 인류학적 모델에서는, 영혼이 몸에 내재하듯, 몸과 마음이 하나의 존재를 구성하는 두 가지 원리이듯, 구원은 역사적 해방에 내재하며, 그래서 그것들이 하나의 과정을 구성한다고 주장한다. 보프의 모델의 난점은 인간 영혼의 기원과 관련이 있다. 형이상학의 영역과 역사적 영역이라는 두 영역 개념 틀을 채택한 고전 신학에서는, 영혼은 형이상학적이고, 신에 의해 직접 창조되었으며, 그런 다음 그것을 위해 준비된 몸 안으로 불어넣어진다. 하지만 해방신학은 하나의 역사라는 모체를 채택했기 때문에, 보프는 이러한 형이상학적이고 인류학적인 모델을 사용할 수가 없다. 그는 하나의 역사라는 틀에 타당한 인류학을 필요로 하지만, 그도 그리고 어떤 다른 해방신학자도 영혼이 몸에 내재한다는 주장의 타당성을 평가할 수 있는 것을 제공하지 못한다.

왕국의 성장과 도래를 야기하고 재촉하는 역사적 해방에 관해 신학이 말할 수 있으려면, 우선 형이상학적이지 않으면서 실재에 대한 하나의 역사 관점에서 도출되는 신과 인간에 관한 언어를 개발할 필요가 있다는 것을 우리는 주목할 것이다. 해방신학자들이 철학을 대신해서 신학의 대화상대로 마르크스 사회학적 담론을 선택했지만, 그것은 신과 기독교 신앙의 초월성을 표현할 어휘를 갖고 있지 못하다. 그 대안으로 선택할 수 있는 실존주의 담론은 해방신학이 강조하고자 하는 사회적 차원보다는 개인적인 구원에 더 적합하다.

역사에서 도망치는 고전 견해와는 달리, 구원을 향한 수단으로서의 역사적 해방이 의미가 있는 경우는 다음과 같은 경우뿐이다. 첫째, 신이 세상에 내재하는 것으로 보여서, 그의 행위가 역사에 구원을 가져다주는 힘을 정말로 부여할 때, 둘째, 인간이 전적으로 역사적으로 구성된다고 할 때. 왜냐하면 만약 그나 그녀의 일부가 저 세상의 비역사적인 것이라면 어떻게 그 사람 전체가 역사적 해방을 통해 구출될 수 있겠는가?

슈베르트 오그덴은 해방신학자들이 신의 존재와 행위에 관한 형이상학적 질문에 관여하지 않는다고 비난한다. 그는 이러한 무관심의 이유를 해방신학이 정설(Orthodoxy)에 반대되는 기형 교정(Ortho-praxis)으로서 신앙을 바라보는 데서 발견한다.33) 하지만 기형 교정으로서 신앙을 바라보는 견해조차도 역사적 해방으로서 기형 교정을 정당화해주는 인간과 신의 교리를 그 주창자들이 우리에게 제공해야 하는 의무를 면제해주지는 못한다. 만약 해방신학이 부르주아로서의 인간과 신에 대한 형이상학적 견해를 거부한다면, 그것은 우리에게 그 대안을 제공해야 한다. 만약 과거에 신의 초월성의 기초 역할을 했던

---

33) Schubert Ogden, *Faith and Freedom: Toward a Theology of Liberation* (Nashville: Abingdon Press, 1979), p.35. Ogden은 Juan Luis Segundo의 책 *Our Idea of God*(Maryknoll, N.Y.: Orbis Books, 1974)이 신의 존재와 행위에 대한 형이상학적 질문을 건드리고 있기 때문에 그를 칭찬하지만, 그 작품이 고진적인 유신론을 넘어서지 못했기 때문에 어려움을 겪는다고 말한다 (pp.71-73).

형이상학적 차원이 거부된다면, 그러한 견해는 어떻게 신의 초월성이 보호되는지를 설명해야만 한다. 마찬가지로 만약 인간 영혼의 형이상학적 본성이 부정된다면, 어떻게 인간의 초월성이 성취될 수 있는지 보여주어야 한다.

단지 신이 역사 속에 내재한다고 해방신학자들이 하는 대로 말하는 것으로는 충분치 않다.34) 어떻게 신이 그의 초월성은 보존하는 동시에, 하나의 역사의 틀 안에 내재하는지가 제시되어야 한다.

신의 역사 내재성

따라서 우리가 인간의 완전한 역사성이라는 두 번째 문제를 생각하기 전에 역사 속의 신의 내재성 문제를 살펴보자. 해방신학자 세군도는 신이 우리의 역사에 침입하기보다는 "우리의 역사가 신의 영역을 침범한다"고 말한다.35) 그러나 그는 그에게 있어 신의 영역이 역사적인지 아닌지에 대해 우리에게 말해주지 않는다. 만약 그것이 역사적이지 않다면, 우리는 형이상학적 신학의 두 영역 틀로 되돌아가게 된다. 만약 신이 역사적이라면, 그는 어떻게 초월성이 보장되는지 우리에게 알려주어야 한다.

진화하는 세계에서 신의 내재성을 보여주는 우리의 첫 번째 단계는

---

34) 예를 들어 *Salvation and Liberation* 에서 Leonardo Boff는 다음과 같이 말한다. "신은 실재의 모든 측면을 관통하고 스며든다."(p.51) Gutiérrez는 *A Theology of Liberation* 에서 다음과 같이 말한다. "신은 그의 신전으로서 인류에 현존하시며, 육화된 그리스도로서 역사에 현존하신다."(10장) Segundo는 *Our Idea of God* 에서 "우리 앞의 신" 혹은 "약속의 신", 혹은 "역사를 통해 알게 하시고 관계하시는 신"(p.23)에 대해 말한다. 이 모든 말들은 신의 내재성에 대한 단순한 묘사일 뿐 설명은 아니다. 어떻게 신이 그리스도 안에 실현되는지 혹은 어떻게 신이 역사 속에서 관계하는지는 설명되지 않는다.

35) Segundo, *Our Idea of God*, p.270.

성경으로 돌아가서 인간의 국면이 그 자신에 대해 의식하는 진화라는 현대의 진화적 의식에 비추어 그것을 다시 읽어내는 것이다.36) 성경에서 신의 삶은 플라톤의 형이상학에 영향을 받은 고전 신학이 잘못 생각했던 것처럼 무시간적인 것으로 생각되기보다는 끝없는 시간으로 생각된다는 것을 알 수 있다.37) 성경에서는 신은 알파와 오메가이며 처음이과 마지막이라고 말한다(요한계시록 21:6). 신은 이제도 계시고, 전에도 계셨고, 장차 오실 분이다(요한계시록 1:4, 4:8). 따라서 신의 "성스러운 시간은 넘쳐흐르고 결합되어 있으며 모든 다른 시간들을 감싸 안는다."38)

하지만 좀 더 비판적인 반성이 필요하다. 신의 삶이 무시간이 아니라 시간의 범주를 통해 볼 수 있다고 말하는 것은 신의 삶이 역사화된다고, 다시 말해 유한성과 우연성 그리고 진화에 종속된다고 말하는 것은 아니다. 오히려 신은 역사와 시간의 주인이다. 신은 모든 것에게 성숙 시점까지 진화할 시간을 부여한다. 지적 모델을 사용해서 말하자면, 신은 태아가 발생하는 데 필요한 시간을 주는 어머니의 자궁과 같다. 그래서 우리는 역사를 포함하는 신의 시간의 자궁, 진화하는 우주를 포함하는 신의 자궁에 대해 은유적으로 말할 수도 있을 것이다.

또 다른 지적 은유를 위해 진화하는 세계를 위한 테야르의 나무의 모델을 사용해보자.39) 만약 우리가 진화하는 세계를 나무로 생각한다

---

36) Teilhard, *The Phenomenon of Man*, p.220.

37) Oscar Cullmann, *Christ and Time*(Philadelphia: Westminster, 1950), p.63.

38) J. J. Von Allman, ed., *Vocabulary of the Bible*(London: Lutterworth Press, 1958), p.424.

39) "Esquisse d'un univers personnel", 1936, OE 6, 106. Robert L. Faricy, S.J., *Teilhard de Chardin's Theology of the Christian in the World*(New York: Sheed & Ward, 1967), p.146에서 인용.

면, 신학적으로 우리는 그것의 뿌리로서 신을 생각해야만 한다. 진화하는 세계에서 신의 내재함을 보기 위해서, 어떻게 그 뿌리가 나무에 내재하는지를 생각해보자. 만약 우리가 나무의 본질적인 의미에 관해 반성해본다면, 우리는 그 뿌리가 바로 그것의 정의에 포함된다는 것을 알 수 있다. 왜냐하면 나무가 뿌리와 줄기와 가지와 잎 등을 갖고 있는 살아 있는 것이라고 말할 때, 그 전체성 속에서 나무는 뿌리를 향해 구조화된다는 것을 우리는 알 수 있기 때문이다. 뿌리는 나무에 물리적으로가 아니라 그것의 바로 그 본질 속에 현존함으로써 훨씬 더 깊은 방식으로 내재한다. 그리고 사물의 본질은 그 안에서 가장 깊은 것이기 때문에, 뿌리가 나무에서 가장 내재적이라는 결론이 나온다.

마찬가지로 신은 역사에서 그것의 뿌리로서 내재한다. 신은 역사의 바로 그 의미에서 구조화된다. 아니 역사는 신을 향해 구조화된다. 그리고 역사의 본질은 그 안에서 가장 깊은 것이기 때문에, 따라서 신은 역사가 그 자체에 대해서 그런 것보다 더욱 그것에 대해 내재적이다. 하지만 신이 역사에서 가장 내재적인 반면, 신의 초월성은 위험해 처하지 않는데, 왜냐하면 그것의 뿌리로서 신은 변증법적으로 역사와는 다르기 때문이다.

테야르의 것과 같은 모델이 없다면, 해방신학은 신의 초월성을 보장하는 동시에 역사에서 신의 내재성에 관해 주장하기가 어렵다는 것을 발견할 것이다. 우리는 몇몇 화이트헤드 방식의 과정신학자들이 했던 것처럼 신을 역사화하는 것으로 끝낼 수도 있을 것이다.[40]

이 글을 요약하자면, 신은 역사의 내재적 근거이며, 그리고 사랑의 창조적 결합 속에서 그 자신에게 역사를 통합시키며, 따라서 역사가

---

40) 진화하는 세계에서 신의 내재성에 대해 다루는 글을 보려면 나의 책 *God Within Process*(New York: Newman Press, 1970)을 보라.

성장하고 성숙하고 신의 왕국으로 변형되는 결과를 가져온다고 말할 수 있다. 시간에서 도망치는 대신에, 구원은 이제 역사에 관계한다. 하지만 인류가 통합적이고 전체적으로 해방되려면, 그것은 전적으로 역사적이어야 한다. 고전적 신학이 주장하듯 만약에 한 일부가, 말하자면 영혼이 진화되지 않는다면, 따라서 역사적이지 않고 차안의 것이라면, 역사적 해방을 통한 신의 해방 작용은 온전한 사람을 구원할 수가 없다. 따라서 온전한 사람이 역사적이지만 동시에 그리스도의 초월성을 허용하는 그러한 인류학을 제공하는 것이 역사적 해방을 통해 구원을 정당화하는 것이라면, 이 문제를 해결하는 것은 해방신학이 해야 할 일이다. 이전에 보았듯이, 마르크스 인류학은 완전히 역사적인 반면 그리스도의 초월성을 제공하지 못한다. 진화적 틀을 포기했기 때문에 해방신학이 문제를 해결할 가능성은 닫혀 있다.

완전히 역사적인 인간 존재

우리는 이제 테야르의 진화적 틀 내에서 인간의 온전한 역사성을 보여주고자 할 것이다. 온전한 사람이 진화한다는 제안에 대해서 형이상학적인 태도를 갖고 있는 사람들이 두려워하는 데에는 이해할 만한 이유가 있다. 내가 보기에, 두려움의 주요 원인은 진화에 대한 잘못된 이해에서 나온다. 과학적인 관점에서 볼 때, 진화는 물질이 진화하는 순전히 자연적 과정이다. 이러한 관점을 받아들이면, 인간을 창조한 것은 신이 아니라 진화였을 것이다. 게다가 만약 오직 물질만이 진화한다고 한다면, 물질에서 출현하는 정신적 영혼의 가능성은 부정될 것이다. 물질로부터는 오직 물질만이 좀 더 진화된 형태로 나올 수 있지만 아마도 그럼에도 그것은 여전히 물질일 것이다. 그리고 만약 영혼이 물질성으로 환원된다면, 우리의 정신적 초월성에 대한 기독교의 진리는 위험에 처해질 것이다.

과학적 방식과는 대조적으로, 진화의 근거로서 신을 가정하는 진화에 대한 철학적, 신학적 견해가 있다. 궁극적으로 신은 형이상학적 견해에서처럼 즉각적이고 비시간적으로가 아니라 진화를 통해 시간적으로 인간을 창조하는 창조주로 이해된다. 게다가 진화가 순전히 물질적 과정이라는 대중적인 생각과는 반대로, 우리는 테야르와 더불어 사실상 그것이 본성상 정신적이며, 마음과 의식의 진화라고 주장한다. 테야르가 지적하듯이, "존재가 자신을 드러내는 것은 그것의 배태기가 아니라 그것의 번성기다."41) 따라서 만약 진화가 마음을 발생시킨다면, 그것은 이미 모호하고 원시적인 방식으로 처음부터 이미 존재했음에 틀림없다.42) 따라서 물질은 사실상 방금 시작된 정신이거나 선 의식적 실재다.43) 테야르는 다음과 같이 결론짓는다. "단지 그의 살과 뼈뿐만 아니라 그의 놀라운 생각의 힘까지, 인간은 전적으로 세상으로부터 태어났다."44) 인간은 하나의 실재이며, 거기에서 몸은 탄젠트(접선) 에너지이며, 영혼은 방사 에너지다. 이 두 에너지는 단지 하나이자 같은 실재의 측면들일 뿐이다.

여기에서 기술된 인간에 대한 진화적 견해는 성경과 동떨어진 것이 아니다. 성경은 우리에게 인간을 그리스에서처럼 이원론적으로가 아니라 일원론적으로 생각하도록 가르친다.45) 유대인들에게 있어서 "몸

---

41) Teilhard, *The Phenomenon of Man*, p.189. 창조적 결합은 내적이고 외적인 창조적 변화를 포함한다. 그것은 결코 억압적이고 불화를 일으키는 현상 유지를 보존하는 것을 의미하지 않는다.

42) 같은 책, p.71. 인간 영혼의 진화에 대한 자세한 설명을 위해서는 나의 논문 "Evolution of the Human Soul", in *The Dynamic in Christian Thought*, ed. Joseph Papin(Villanove, Pa.: Villanova University Press, 1970), vol. 1, pp.223-51을 보라.

43) Teilhard, *The Phenmenon of Man*, p.88.

44) Pierre Teilhard de Chardin, *Human Energy*(London: Collins 1969), p.20.

은 그것의 외적 형식의 영혼이다."[46] 한 성경학자는 "구약성서에서 인간은 나눌 수 없이 통일되어 있으며, 창조주를 통해 이러한 통일성이 그에게 주어진다. 그리스의 이원론과는 달리, 그들은 그들 자신을 몸과 영혼으로 보지 않고 단지 신이 주신 생명(*nepes*)으로만 보았다. 신약성서적 인류학도 이와 똑같은 통일성을 특징으로 갖는다"라고 말한다.[47]

역사에서의 신의 내재성과 하나의 역사적 맥락 내에서의 인간의 완전한 역사성을 보여주었으므로, 이제 우리는 완전한 해방은 역사에의 완전한 몰입과 참여를 통해서 이루어진다는 해방신학의 올바른 주장을 위한 신학적 근거를 갖게 된다. 이제 우리는 역사적 해방과 구원의 관계 즉 그리스도 왕국의 성장을 보여줄 차례다.

역사적 해방과 구원의 도래

지금의 왕국과 도래할 왕국

교회의 가르침이 제시하는 지침들을 기억함으로써 반성해보자. 사목헌장은 우리에게 지상의 진보는 그리스도의 왕국과는 구별되어야 한다고 말한다. 「현대 복음 선교」는 종말론적 구원이 이미 이 삶에서 여기에 와 있지만 영원 속에서 그것의 실현을 발견할 것이라고 덧붙

---

45) Pierre Benoit, "Resurrection: At the End of Time or Immediately After Death?", in *Concilium: Immortality and Resurrection*, ed. P. Benoit and R. Murphy(New York: Herder & Herder, 1970), p.113.

46) J. Pedersen, *Israel*(London: Oxford University Press, 1926), vol. 1, p.170.

47) Anton Grabner-Haider, "The Biblical Understanding of 'Resurrection' and 'Glorification'", in *Concilium: Immortality and Resurrection*, ed. Benoit and Murphy, vol. 41, p.76.

인다. 그리고 메데인 성명은 "모든 해방은 이미 그리스도 안에서의 완전한 구속을 예견한다"고 말한다.

첫 번째로 이미 여기에 있는 왕국과 도래할 왕국의 관계를 생각해보자. 정적인 범주를 사용하면 그것들의 진정한 관계를 적절하게 표현할 수가 없다. 만약 그 왕국이 이미 여기에 있고 우리와 함께한다면, 그것의 도래에 대해 말하는 것은 의미가 없다. 우리는 과정적 범주의 관점에서 생각하고 이미 여기에 있는 그 왕국이 진화하거나 성장하고 있다고 말해야 한다. 반대로 다가올 그 왕국은 충분히 진화된 것으로서의 왕국이다. 그것들은 두 가지 다른 실재들이 아니라 하나이자 같은 실재의 성장 국면들이다. 도움이 될 만한 지적 모델은 탄생의 모델이다. 이미 여기에 있지만 보이지는 않는 왕국은 이를테면 신의 자궁에 있는 왕국이다. 다가올 왕국은 탄생 시에 표현될 것이다. 혹은 성경적 은유를 사용해서 말하자면, 여기 아래에 있는 왕국은 땅속에 묻힌 숨겨진 씨앗과 같다. 신은 다가올 왕국의 궁극의 발아와 결실을 위한 씨앗이다. 여기 아래에 있는 왕국을 정적으로 이미 완성되고 진화되었지만 시간이나 역사의 베일 뒤에 있는 것으로 해석하는 것은 부정확하다. 만약 그것이 그렇다고 한다면, 교회가 말하는 왕국의 성장은 설명할 수가 없으며, 왕국의 성장을 촉진하는 역사적 해방도 정당화할 수 없다. 그렇다면 지상의 시간은 단지 인내의 기다림과 수동적 고통의 하나일 것이다.

도래할 왕국과 역사

현재의 왕국과 나타날 왕국을 구별했으므로, 다음 도래할 왕국과 역사를 구별해보자. 어떻게 도래할 왕국은 인간의 역사와 관련이 되는가? 우리는 이것을 종말론적 왕국 혹은 임재로 다양하게 부를 것이다.

종말론적 왕국은 예수 그리스도 안에 속한 새로운 인류가 그 백성이 되는 새로운 예루살렘이다. 반면에 역사는 옛 아담을 위한 장소이며 옛 도시다. 미래의 왕국은 형이상학적 차원, 말하자면 무시간의 영역이 아니다. 만약 그렇다고 한다면, 우리는 어떻게 도래하는 왕국의 비역사적 본성이 역사에 내재할 수 있는지를 보여주는 데 어려움을 겪을 것이다. 종말론적 왕국은 과정적으로 즉 여기 아래의 왕국의 시간을 채우는 것으로 생각되어야 한다. 피에르 브누아가 지적하듯이, "부활한 그리스도가 중심이 되는 그 세계도, 마치 그것이 어떤 장소에 놓여 있듯이, 여전히 어떤 시간 안에 있다." 그는 덧붙여 이러한 어떤 시간과 장소가 우리의 현재 시간과 장소와 관계하는, "새로운" 그리고 "더 높은" 시간과 장소라고 말한다.48) 종말론적 왕국이 역사에 내재할 수 있는 것은 정확히 그것이 시간 범주 안에 있기 때문이다.

하지만 종말론적 시간은 역사적 시간과 같은 것은 아니다. 그것들은 하나이자 같은 구원 역사의 다른 차원들을 나타내며, 생물권의 시간 차원과 인지권의 차원이 다른 것과 같다. 역사적 시간은 인지권에 적합한 시간이다. 생물적 시간은 생물권에 적합하다. 식물과 동물은 생물학적 시간에 지배되는 반면, 자의식으로서의 인간은 역사적 시간의 지배를 받는다. 역사적 시간에 이르기 위해서 동물은 자의식을 향해 진화해야 한다. 마찬가지로 인간의 삶이 종말론적 차원에 이르기 위해서는 그리스도 안에서 새로운 삶으로 변화되어야 한다. 물론 역사는 현재의 구조들이 변형되고, 문화와 문명이 진화하고, 과학과 기술이 발전하는, 그 자신의 미래를 갖는다. 이러한 역사적 미래 또한 사회주의 유토피아의 영역이다. 하지만 종말론적 왕국에 이르는 미래는 이 모든 것을 넘어선다. 그것은 비록 해방적 구조라 할지라도 그

---

48) Pierre Benoit, "Resurrection", p.113.

어떠한 역사적 구조와도 동일할 수가 없는데, 그 이유는 모든 역사와 그것의 수많은 형태들은 사라질 것이기 때문이다.

역사와 비교해서 도래할 왕국의 초월성과 차이를 말하기 위해, 우리는 '초', '강력한' 등의 접두사를 사용한다. 하지만 우리는 역사를 넘어서는 시간 밖의 형이상학적 담론으로 이러한 용어들을 번역하지 않도록 조심해야 한다. 초역사적이라는 용어는 역사의 시간을 채움으로, 역사의 성숙과 결실로, 과정이라는 범주 안에서 이해되어야 한다. 그것은 충분히 변화되고 완성된 역사적 과정의 오메가다. 그렇기 때문에, 그것은 역사의 그것과는 질적으로 다른 형태와 질서와 통일성을 갖는다.

여기 아래의 왕국과 역사

해빙신학자들은 '여기 아래의 왕국'을 '역사의 중심에 있음'으로 생각한다. 그러나 교황청 신앙 교리성에서 발표한 「훈령」(1984)은 해방신학자들이 "신의 왕국과 그것의 성장을 인간의 해방운동과 동일시하며, 계급투쟁을 통한 인간의 자기 구속의 과정으로서, 역사 그 자체를 그 자신의 발전의 주제로 삼는" 경향이 있다고 경고한다(IX, no. 3). 또한 같은 「훈령」에서 그들은 신앙을 정치화하는 것에 대해 비난을 받으며(XI, no. 6), 정치를 신성화하는 것에 대해서도 비난을 받는다 (XI, no. 7).

문제는 지상의 왕국과 역사를 고전 신학에서처럼 각각 형이상학적 영역과 물리적 영역이라는 구별된 영역으로 분리시키지 않고, 대신에 어떻게 하나이자 똑같은 단일한 실재의 과정 안에서 그것들을 구별할 수 있느냐는 것이다.

여기 아래의 왕국과 역사의 관계는 새로운 삶과 형식을 가질 수 있기 위해 죽어야만 하는 씨앗처럼 과정적인 지적 모델을 사용해서 가장 잘 설명될 수 있을 것이다. 이러한 모델에는 발아와 성장이라는 하나이자 같은 과정의 두 가지 구별된 국면들이 있다. 첫 번째 것은 씨앗이 터짐을 형성할 때 죽어가는 국면 혹은 해체되는 단계다. 두 번째는 발아 단계로서 새로운 형식이 출현하는 단계다. 이러한 지적 모델은 세례와 부활의 신비를 설명하기 위해 바울이 사용한 것이었다(예를 들면, 고린도 전서 15:36-44). 따라서 역사는 구원 과정에서 죽어가는 국면을 나타내며, 반면에 여기의 왕국은 부활 혹은 발아 국면을 나타낸다.

역사의 정치적, 경제적, 사회적 구조들은 죽어가는 국면에 속하며, 반면에 그리스도 안에서의 구원은 부활의 국면에 속한다. 따라서 역사적 구조들과 지상의 왕국은 하나이자 같은 과정에 속하지만 동일하지는 않다. 죽어가는 것과 생겨나는 것이 다른 것과 마찬가지로 그것들은 구별된 것이며, 우리는 이보다 더 큰 차이를 바랄 수는 없다. 하나를 다른 하나로 환원시키는 것은 불가능하지만, 역설적으로 그것들은 가장 긴밀하게 연관된 것이다. 역사가 종말론적 미래를 향해 나아갈수록, 죽음은 더욱더 많은 역사를 소유한다. 하지만 이러한 역사의 명멸은 헛된 일이 아니다. 왜냐하면 그리스도가 역사에서 자신을 실현시켰으며, 구원 과정의 첫 열매가 되었기 때문이다. 만약 우리가 그리스도와 함께 죽는다면, 우리는 그와 함께 일어날 것이다(에베소서 2:6, 골로새서 2:12, 디모데 후서 2:17, 고린도 전서 15:36).

그리스도와 함께 죽는 것은 단순히 개인적인 죄를 단념하는 사적이고 개별적인 과정이 아니라, 사악한 사회적 구조들에 대항하는 사회적 투쟁의 과정, 말하자면 이러한 억압적인 구조들을 "매장"하는 사회적 과정이다. 이러한 억압 구조들이 덜 억압적인 것으로 변화될 때, 우리는 어느 정도의 사회정치적, 경제적 해방을 얻는다. 하지만 우리가 역사의 영역 안에 있는 한, 우리는 결코 완전하게 해방되지는 못한다. 역설적이게도, 각각 이어지는 역사적 구조가 소멸함으로써 왕국은 발전한다.

성경의 표현을 빌리자면, 우리는 젖과 꿀이 흐르는 땅을 향해 나아가는 신의 백성으로서 그 왕국을 바라볼 수 있다. 그 과정에서, 신의 백성은 잠정적인 구조들인 "텐트들"을 세운다. 역사적 구조들은 정확히 조만간 내려져야 하는 "텐트들"이다. 그 시간을 넘어서 보존되는 역사적 구조들은 신의 백성을 억압한다. 해방이 해야 할 일은 정확히 이러한 구조들을 상대화하는 것이다. 왜냐하면 우리는 여기에서 항구적인 도시를 갖지 못하기 때문이다. 왕국은 역사의 마지막 형태다. 이것이 나타나기 위해서는, 처음과 중간 형태들은 사라져야 한다. 그렇다면 해방에 참여하는 것은 이 모든 중간 형태들의 장의사가 되는 것이다. 해방신학이 해야 할 일은 억압적인 역사적 구조를 제거하고 새롭고 덜 억압적인 것을 세우는 데 일조하는 것이다. 테야르가 지적하듯이, "종국에 신과 분명하게 통합하는 경우, 만약 세계가 신성화되고자 한다면, 우리 각자에서 그리고 그 전체성에서, 그것은 그것의 보이는 형태를 잃어야만 한다는 것을 우리는 알 수 있다." "기독교적 관점에서 보자면, 그리스도의 죽음 덕분에, 그것은 생명을 부여하는 인간적 죽음의 기능이다."49)

요약해서 말하자면, 역사와 여기 아래의 왕국은 동일한 형태를 갖지 않는다는 것을 우리는 주목할 수 있다. 종말론적인 왕국의 형태는 상대적이고 임시적인 어떤 역사적 형태와 동일할 수 없다. 따라서 왕국의 초월성을 파괴하는 위험은 없다. 하지만 문제가 발생한다. 만약 그것이 역사적 형태, 말하자면 해방적인 것과 동일할 수 없다면, 어떻

---

49) Teilhard, "My Universe", in *Science and Christ*, p.63.

게 그 왕국은 역사에 내재할 수 있는가? 역사에 내재한다는 것은 역사적이라는 것을 논리 자체가 요구하지 않는가? 그러나 우리는 그 왕국이 역사적이지 않다고 주장한다. 그렇다면 그것이 어떻게 역사에 내재할 수 있는가? 사실상 우리는 왕국과 역사를 나누고 두 영역이라는 틀로 돌아가고 있지 않는가? 따라서 우리는 우리의 마지막 연구로 왕국의 역사 내재성의 본성을 생각할 필요가 있다. 만약 왕국이 초월적이라면 그것은 내재적일 수 없는 것 같아 보일 것이며, 만약 그것이 내재적이라면 우리는 그것의 초월성을 파괴하는 것으로 보일 것이다. 고전 신학은 내재성 대신에 초월성을 선택한 반면, 해방신학은 초월성을 대가로 내재성을 선택한 것으로 보일 것이다.

왕국의 역사 내재성

해방신학자들이 직면하는 문제는 초월적인 종말론적 왕국이 그 초월성을 파괴하지 않으면서도 역사에 내재적이라는 것을 보여주는 것이다. 보프의 지적 모델 즉 칼케돈적, 성례전적, 아가페적, 인류학적 모델을 상기해보자. 그러나 이 모델들은 어떻게 비역사적인 그리스도의 신적 본성이 역사 안에 들어올 수 있는지, 그리고 어떻게 진화하지 않고 직접 창조된 영혼이 진화된 동물의 몸에 내재할 수 있는지를 보여주지 않는다. 우리는 이미 종말론적 왕국이 무시간이 아니라 시간의 범주 안에 있기 때문에, 역사적 시간 안에서 그것의 내재 가능성은 시간적인 것 안에서 무시간적 실재가 존재할 가능성보다 더 크다는 것을 지적했다.

이것은 하나의 시간 차원이 또 다른 시간 차원에 있는 것이 어떻게 가능한지를 우리가 보여주어야 한다는 것을 요구한다. 역사 속의 왕국이 죽음과 부활이라는 두 국면을 갖는 단일한 과정의 일부라고 우리가 이전에 말했던 것을 상기해보자. 우리가 지적했듯이 왕국은 구원 과정의 부활 혹은 출현 국면이다. 그것은 그리스도 안에서의 새로운 삶, 새로운 예루살렘, 새로운 땅, 새로운 아담을 나타내는 것으로서, 역사적인 국면보다 더 높은 실재의 질서, 따라서 역사의 초월적 국면을 나타낸다. 이제 우리는 이러한 초월적 국면이 또한 역사적 국면에 내재한다는 것을 보여주기 원한다. 하지만 우리는 역사가 그 자체에 대해 내재적인 것보다도 그것이 역사에 더 내재적이라는 것을 덧붙이고자 한다. 이러한 역설적인 말은 또 다른 바깥의 혹은 그것을 넘어서 있는 것이 그것 안에 있을 수 없다는 형이상학적 준거 틀에서는 모순이며 불가능성이 된다.

가장 초월적인 것이 또한 가장 내재적이라는 것을 이해하기 위해, 다시 발아하는 씨앗이라는 과정 모델을 사용해보자.50) 씨앗에 있어서 초월적 국면은 그것이 실재의 완성에 도달할 때, 말하자면 열매가 될 때의 성숙 지점이다. 열매는 오메가 포인트이며, 존재의 완성이며, 씨앗의 진리다. 그것이 없이는 씨앗은 발아하지 않을 것이기 때문에, 그것은 씨앗 존재의 충만함이다. 열매는 말하자면 배아적 삶에서 씨앗을 해방시킨다. 열매는 또한 그 씨앗이 무엇인지를 보여주기 때문에

---

50) 형제 Leonardo Boff와 *Salvation and Liberation*을 공저한 Clodovis Boff는 세상에서의 왕국의 내재성을 "해방에서의 구원"으로 묘사하는데, 이러한 담론 방식을 그는 주제 실현 언어(language of topical realization)라 부른다. 그는 어딘가에서 빌려온 유비를 사용해서, 사회에서 왕국의 위치라는 정형화된 주제(topos)를 보여주고자 하며, 사회를 번데기나 고치로 말하거나, 왕국이 역사의 자궁에서 잉태한다고 말한다. 이러한 유비는 진화적 틀에 잘 어울리지만, 우리의 관점에서는 씨앗이나 나무로서의 역사와 그 열매로서의 왕국이라는 지적 모델만큼 그렇게 도움이 되거나 분명하게 설명해주지는 못하는 것으로 보인다. 이 모델은 진화적일 뿐 아니라, 왕국의 성장의 첫 열매로서의 그리스도라는 성경적 은유에 적절하다. 그것은 진화와 역사의 뿌리라는 구원 과정에서의 신의 역할을 조명해줄 수 있다.

그 씨앗의 진리의 충만함이기도 하다. 그것은 씨앗 안에 숨겨진 의미를 밝히고 펼쳐낸다. 발아 과정 그리고 묘목과 나무와 꽃으로 그리고 마침내는 열매로 바뀌는 씨앗의 다른 변화과정은 초월의 과정 다시 말해 존재와 진리의 충만함을 향하는 과정이다. 초월의 충만함이 열매에 도달할 때까지, 과정의 각 단계는 더 높은 수준의 초월을 나타낸다.

씨앗의 단계로 되돌아가서 그것과 관련하여 열매를 보도록 하자. 씨앗이 펼쳐질 때, 열매는 출현하게 될 마지막의 것이다. 그것은 씨앗 속에 가장 숨겨져 있는 것이다. 열매는 말하자면 씨앗의 바로 중심에 있다. 그것은 그 안에서 가장 깊이 있는 것이다. 결과적으로 그것은 가장 내재적이라 할 수 있다. 따라서 열매는 가장 초월적이면서 또한 과정 속에 어떤 주어진 실재에서 가장 내재적이다. 오메가는 가장 초월적이면서 또한 가장 내재적이다.

이제 역사적 해방을 종말론적 왕국이라는 오메가로 나아가는 과정으로 받아들이면, 가장 초월적인 왕국이 또한 역사에 가장 내재적이라고 말할 수 있다. 이제 우리는 왕국이 바로 역사의 중심에 있다고 정당하게 말할 수 있다. 그리스도는 역사의 오메가이기 때문에, 그리스도는 역사가 그 자체에 대해서 그런 것보다도 더욱 내재적이며 가장 역사에 내재적인 것이다.

왕국과 역사를 동일시하는 것은 정말로 왕국을 내재적인 것으로 만들 수 없다. 해방신학에 대한 교황청 신앙 교리성에서 발표한 「훈령」(1984)에 따르면, 그렇게 하는 것은 역사주의적 내재주의에 빠지는 것이다(IX, no. 3). 하지만 역사는 정말로 그 자체에 내재적이지 않기 때문에 그러할 수는 없다. 역사주의적 내재주의는 역사가 내재적 영역과 동일하고 왕국이 초월적이거나 형이상학적인 영역과 동일하게 되는 두 영역 준거 틀 내에서만 의미가 있다. 만약 형이상학적 영역이

폐지된다면, 그리고 우리가 왕국을 역사 내에 다시 위치시킨다면, 그것의 초월성은 파괴되고 역사주의적 내재주의로 빠져들어 간다는 결론이 나온다.

하지만 테야르의 과정적 담론 내에서는, 역사는 그 자체에 내재적이지 않기 때문에 그것은 내재성과 동일시되지 않는다. 그 자체에 내재적이라는 것은 그 자체에 충분하게 드러난다는 것이며 그의 가장 깊은 실재에 열린다는 것이다. 하지만 역사는 씨앗처럼 그 자체에 내재적이지 않다. 마찬가지로 역사의 가장 깊은 의미인 왕국은 여전히 시야에 드러나지 않는다. 역사가 그 자체에 내재적이기 위해서는 그것이 그것의 중심에 나타나야 한다. 왕국은 역사의 중심에 있기 때문에, 역사가 그 자체에 대해 그런 것보다도 더 역사에 내재적이다. 왕국을 역사적 구조와 형태들과 동일시하는 것은 그것을 그의 적합한 장소인 역사의 중심에서 쫓아내는 것이며, 그것을 주변으로 내던지는 것이며, 따라서 그것의 내재성과 그것의 초월성 모두를 파괴하는 것이다.

결론

결론적으로 말해서, 나는 다시금 많은 신학적 문제들이 해결될 수 있는 맥락으로서 테야르 드 샤르댕의 진화 틀을 해방신학에 추천하고자 한다. 해방신학자들 중에 세군도가 테야르의 진화적 관점에 가장 가까우며, 기독교 신앙을 설명하기 위해 그것을 사용한다. 우리는 여기에서 어떻게 테야르의 진화적 비전 안에서 내재성과 초월성이라는 주요문제나 해방과 구원의 관계 문제가 분명해질 수 있는지 보여주고자 했다. 우리는 또한 해방신학이 사용한 마르크스 계급 분석을 테야르의 틀 내에 통합시키고, 그렇게 함으로써 그것의 무신론적 방향과 세속적 입장에 대한 두려움을 상쇄시킬 수 있는 가능성에 대해 간단히 지적했다.

테야르의 신학과 세계관이 서구적이라고 하는 많은 해방신학자들의 견해와는 반대로, 나는 그것이 초문화적이며 마르크스주의자, 불교도, 힌두교도, 그리고 다른 동양의 철학과 종교에서 동감적인 반응을 불러일으킨다고 생각한다. 해방신학과의 대화에서 볼 때, 테야르의 생각이 사실상 해방신학일 수 있는 경우들이 있다. 게다가 테야르의 해방신학은 더 포괄적이라고 주장할 수도 있는데, 왜냐하면 그것은 인지권의 해방뿐 아니라 생물권과 지질권의 해방도 논의하고 있기 때문이다. 완전한 해방은 인류뿐 아니라 물질적 창조도 포함한다는 성경적 교리와 그러한 전반적 견해가 일치한다. 왜냐하면 로마서에서 바울이 말하듯이, 피조물이 다 이제까지 함께 탄식하며 함께 고통을 겪고 있는 것을 우리가 알기 때문이다.

13

혼돈, 복잡성, 신학

존 호트

혼돈과 복잡성이라는 새로운 과학에 관한 글을 읽는 신학자들에게
는 어떤 생각들이 발생할까? 혼돈과 복잡성에 관한 공식적인 과학 연
구는 아주 최근에 나타나서, 그것이 신학적으로 어떤 의미를 갖는지
에 대해 이제껏 그다지 주목되지 않았다. 그러나 이 에세이에서 나는
혼돈과 복잡성 현상에 관한 반성의 결과로 지금 형성되고 있는 자연
에 대한 그림이 신학적 기획에 매우 중요할 수 있음을 보여주고자 한
다.

물론 항상 어떤 새로운 과학적 발전이 신학과 지속적인 관련이 있
느냐고 물을 수 있다. 사실상 많은 신학자들은 과학자들과의 대화가
그다지 중요치 않다고 생각한다. 자연세계는 여전히 대부분의 현대
종교 사상에서 중심주제가 아니며, 우리의 신학교들은 종종 생태학이
나 우주론에 대한 지식을 교과의 필수과목으로 삼지 않는다.

뉴턴의 사상과 불길한 연애를 한 뒤, 현대의 신학은 너무나 기꺼이
자연세계에 대해 이해하는 일을 과학에 건네주었고, 인간 존재, 자유,

역사라는 좀 더 파악하기 어려운 영역들에 관해 해석하는 일을 자신에게 남겨두었다. 그러나 이러한 방식으로 구획을 지음으로써, 신학은 우주를 이해하는 일과는 무관하게 되었다. 하지만 우주는 결국 우리의 존재, 우리의 자유, 그리고 우리의 역사를 포함하는 맥락이다.[1]

동시에 이러한 구획은 신학을 빈약하게 만들었다. 왜냐하면 과학과 우주론에서의 새로운 발전은 항상 성서적 믿음에 대한 우리의 이해에 새로운 관점을 가져다줄 수 있기 때문이다. 이것은 진화과학과 일반 상대성 이론 그리고 빅뱅 우주론에서도 그러한 것으로 이미 입증되었다. 하지만 신학은 오늘날 소위 혼돈과 복잡성 과학에서도 배울 것이 많다. 비록 이러한 개념을 둘러싼 연구들이 여전히 형성과정 중에 있다 할지라도, 그럼에도 신학은 그것들이 실재 전체에 대한 우리의 해석에 미치는 의미에 관한 탐구를 시작할 충분한 이유를 갖고 있다.

I

그렇다면 "혼돈"과 "복잡성"에 대해 말할 때 과학자들은 무엇을 의미하는가? 혼돈은 복잡하고 무작위적인 행동이 단순하고 질서 있는 물리적 과정들로부터 자발적으로 나타나는 "역동적 체계들"에 대한 연구다.[2] 스티븐 켈러트는 혼돈을 "결정적인 비선형 동역학 체계에서의 불안정하고 불규칙한 행동에 대한 질적 연구"로 정의한다.[3] 일상적 담론에서 혼돈은 "무질서"를 의미하지만, 과학은 주로 질서에 관

---

1) Jürgen Moltmann, *God in Creation*(New York: Harper & Row, 1985), p.54. "창조는 역사에서의 신에 대한 이스라엘의 경험의 보편적 지평이다."

2) James Gleick, *Chaos: The Making of a New Science*(New York: Viking, 1987); Stephen H. Kellert, *In the Wake of Chaos*(Chicago: University of Chicago Press, 1993).

3) Kellert, *In the Wake of Chaos*, p.2.

심을 갖는다. 사실상 우주가 지적으로 정돈되어 있다는 가정만이 과학자들에게 그것을 더 잘 이해하고자 하는 동기를 부여한다. 그렇다면 어떤 의미에서 과학은 혼돈에 관심을 가질 수 있는가? 단순한 종류의 질서로부터 출발한 많은 물리적 과정들이 갑자기 동요를 일으키지만, 결국 종종 너무나 복잡해서 컴퓨터의 도움을 받아서만 측정할 수 있는 이러한 혼돈으로부터 놀랍도록 더욱 풍부한 형태의 질서를 산출하기 때문에, 과학자들은 혼돈에 관심을 갖는다.

컴퓨터가 없이도 우리는 혼돈을 대략 이해할 수 있다. 예를 들어, 물 한 주전자가 난로 위에 차가운 상태로 얹혀 있고, 그것의 분자들은 상대적인 평형상태에 놓여 있다. 우리가 열을 가하면, 물속의 분자들은 이리저리 활발하게 움직이기 시작한다. 무작위성과 무질서가 잠시 지배하는 것으로 보이지만, 그런 다음 어떤 놀라운 일이 발생한다. 적당한 조건 하에서 이전의 평형과는 다른 상태로 물속에서 육각형 모양의 대류세포들이 형성되기 시작한다. 불안정한 체계 안으로 에너지가 들어갈 때, 흥미로운 다양한 질서가 혼돈으로부터 "자발적으로" 나타날 수 있다. 이것은 오늘날 많은 과학적 기적의 원인이다.

자연의 수많은 사건들이 혼돈 속으로 들어갔다가 그런 다음 갑자기 "혼돈의 가장자리"에서 열역학적 평형과는 다른 좀 더 복잡한 질서의 상태들을 보여주는 이러한 단순한 질서의 특징을 보여준다. 따라서 과학자들이 "혼돈"에 대해 말할 때 이것은 단순히 무질서나 무작위성뿐 아니라, 우리가 목적 없이 동요하는 것으로 여겼던 것 아래에 숨겨져 있는 복잡한 패턴들도 포함한다.

자연에는 과학이 이전에 주목했던 것보다 훨씬 더 많은 "혼돈"이 있다. 과학자들은 분명하게 무시간적 자연법칙에 기초한 물리적 실재가 엄격한 인과의 길을 따른다고 가정하곤 했다. 그들은 만약 자연 과정의 결정론적 개념들에서 그 어떠한 일탈이라도 나타난다면, 이것들은 즉시 설명을 통해 해소될 수 있을 것이라고 확신했다. 자연 그 자체는 근본적으로 선형 수학적 이상들로부터 나와 비틀거릴 수가 없다. 그러나 오늘날 혼돈 과학은 완전히 예측할 수 있는 결과를 갖는 인과적으로 결정적인 과정들이 자연에서는 거의 발생하지 않는다는 것을 보여주었다.

소위 동역학 체계들에서의 복잡한 위상 공간 변화와 패턴들을 묘사하는 컴퓨터 이미지들을 통해, 우리는 혼돈 과정에서 나타나는 놀라운 질서를 더 잘 볼 수 있게 되었다. 혼돈의 활동은 대부분 알려져 있지 않은 방식으로 혼돈을 경계 내에서 유지시켜 그것에 놀랍게 풍부한 패턴을 부여하는 "이상한 끌개"에 의해 분명하게 유도된다. 일정 시간 동안 한 체계의 활동을 컴퓨터로 추적함으로써, 우리는 순전히 무작위적인 운동으로 보였던 것이 "이상한" 종종 복잡하고 아름다운 질서의 "유역"이나 형태들에 따라 유도되거나 "끌린다"는 것을 발견할 수 있다.

새로운 과학적 발전에서 가장 중요한 것은 혼돈현상에서 출현하는 복잡한 질서의 특성이 초기조건들에 극히 민감하다는 놀라운 사실이다. 이것은 한 경로의 출발점에서의 매우 작은 차이가 체계가 진화함에 따라 상당히 증폭될 수 있다는 것을 의미하는데, 이러한 사실은 이전의 물리학에서는 대체로 주목을 받지 못했다. 서로에게 매우 가까이에서 출발한 두 사건들이 매우 다른 결과를 낳을 것이다. 투박하지만 흔히 사용되는 예는 폭포수 꼭대기에 두 개의 종이컵을 서로에게 매우 가까이 두는 것이다. 비록 그것들의 초기조건들은 거의 똑같다 할지라도, 컵이 폭포수 줄기를 통과해 움직임에 따라 그것들의 매우 작은 차이도 상당하게 증폭된다. 그리고 결국 그것들이 하류로 더 움직임에 따라 그것들은 서로로부터 점점 더 멀어지게 된다. 따라서 그것들의 다음 위치들은 "초기의 물리적 조건들에 극히 민감"하다고 말할 수 있다.

자연의 대부분의 사건들을 예측할 수 없게 하는 것은 이러한 초기 조건에 대한 민감한 의존성 때문이다. 모든 초기조건들을 정확하게 아는 것은 극히 불가능하기 때문에, 대부분의 자연 과정의 정확한 결과를 예측하는 것도 불가능하다.

혼돈에 대한 연구는 더 광범위한 복잡성 과학과 상당하게 중복된다. "복잡성"이라는 용어는 여기에서 인간 이외의 자연과 인간 문화 모두에서 모든 창발하는, 적응적인, 자기 조직적인, 정보가 풍부한 체계들을 가리킨다.4) 세포, 유기체, 뇌, 면역체계, 생태계, 경제체계, 그리고 심지어는 종교까지 그 예들에 포함된다. 여기에서 우리는 "복잡성"의 개념을 "혼돈"의 물리학을 포함하는, 두 개념들 중에 더 넓은 개념으로 이해할 것이다.

혼돈과 복잡성 모두에서 놀라운 특징은 우리가 결정론적이라 생각했던 과정들로부터 과학적으로 예측할 수 없는 방식으로 자기 조직적인 패턴들이 출현한다는 것이다. 3세기 동안 우리는 과학이 하는 일이 체계의 미래 상태들에 관해 정확히 예측하는 것이라고 생각했다. 분명 과학은 사소한 물리적 경로의 경우를 제외하고 실제로는 결코 이것을 하는 데 성공하지 못했다. 하지만 과학의 이러한 분야에서의 제한적 성공을 통해, 과학자들은 언젠가는 예측적인 설명이 생명과 의식과 인간 문화를 포함하는 모든 다른 경험 분야들에도 실행될 수 있을 것이라는 확신을 갖게 되었다. 이러한 이상이 많은 과학적 탐구를 여전히 유도하거나 아마도 잘못 유도하고 있다.5)

---

4) 복잡성이라는 새로운 과학은 Roger Lewin, *Complexity: Life at the Edge of Chaos*(New York: Macmillan, 1992)와 M. Mitchell Waldrop, *Complexity: The Emerging Science at the Edge of Order and Chaos*(New York: Simon & Schuster, 1992)에 잘 요약되어 있다.

그러나 오늘날 과학은 심지어 가장 간단한 자연 과정에서조차도 무슨 일이 일어날지를 정확하게 예측할 수 없다는 것을 최소한 인정하기 시작하고 있다. 그리고 대기의 기류에서부터 새로운 종의 진화까지 자연의 가장 매력적인 현상의 경우, 과학은 심지어 가까운 미래에조차 무슨 일이 일어날지를 정확하게 우리에게 말해줄 힘이 없다. 우리는 결국에는 선형적 방식으로 모든 것을 그려내고 통제할 수 있기를 바랐다. 이것이 우리에게 미래를 과학적으로 통제할 힘을 줄 것이라고 기대한 것이었다. 하지만 이제 과학자들은 자연적 결과들이 충분하게 명확히 할 수 없는 초기조건에 대해 얼마나 민감한지를 깨닫기 시작하고 있다. 그래서 오늘날 그들은 예측 가능성에 대해 덜 말하고, 소위 "나비 효과"(지구의 한쪽 끝에서의 나비의 날갯짓이 지구 반대편에서 허리케인을 일으킬 수도 있는 대기의 기류를 발생시키는 데 도움을 줄 수 있는 방식을 가리킴)에 관해서는 더 많은 말을 하고 있다. 물리적 과정들은 그 초기조건들에 매우 민감하기 때문에, 어떤 과학자들은 심지어 정확히 움직이기 시작한 지 1분 뒤의 당구공의 위치를 예측하기 위해서 우리는 우리의 은하계 가장자리에 있는 전자의 중력을 고려해야만 할 것이라고 생각했다.6)

우리의 빅뱅 우주가 결국에는 생명체와 생각하는 존재를 가져올 가능성조차도 우주가 기원하는 시간의 초기 물리적 조건들이 매우 정확하고 섬세하게 배치되어야 한다는 것을 요구한다. 생명과 마음의 존재는 이제는 종종 근본적인 물리적 상수들과 우주의 초기조건의 가장

---

5) 예측에 대한 일반적 이상은 많은 최근의 "과학적" 사고들의 기초가 된다. 예를 들면, 생물학적 원리를 통해 윤리와 종교를 포함한 인간의 문화적 현상들을 "설명"하려는 사회생물학자의 꿈과 같은 것들이 있다. 하지만 이러한 이상 속에서 이러한 문화적 현상들은 화학과 물리학으로 환원된다.

6) John T. Houghton, "A Note on Chaotic Dynamics", *Science and Christian Belief* 1/2(1989), p.50.

작은 특징들에 "절묘하게 의존"한다고 한다. 예를 들어 만약 우주 확장 속도, 중력의 힘, 혹은 양자에 대한 전자의 비율이 지금과 아주 조금만 달랐더라도, 최소한 우리의 현재 우주에는 생명과 마음이 없었을 것이다. 나비 효과와 같은 것은 우주 전체의 이야기에 적용되는 것 같다.

II

혼돈과 복잡성을 둘러싼 "과학적" 담론에서 가장 흥미로운 특징들 중 하나는 이러한 현상을 탐구하는 과학자들이 이전에는 오직 형이상학자와 신학자의 방에서만 울렸던 것과 아주 유사하게 들리는 우주에 관한 질문을 하고 있다는 것이다. 그들은 왜 우주가 수많은 형태의 질서로 다양화하는 경향을 갖는지 묻는다. 왜 세상은 복잡성을 향한 경향성을 갖는가? 왜 복잡성뿐 이니라 혼돈의 가장자리를 따라 증가하거나 창발하는 복잡성을 향한 우주적 경향이 있는가? 왜 우주는 이와 같은가?7)

혹은 한 물리학자가 더욱 날카롭게 지적했듯이, "어떻게 목적 없는 에너지의 흐름이 우주로 생명과 의식을 흘려 내보내는가?"8) 1세기가 넘도록 열역학 제2법칙은 물리학과 지적인 문화 모두를 지배했으며, 일종의 우주적 비관론을 유도했다. 우주는 엔트로피의 비탈길을 곤두박질쳐서 절대적인 무질서의 심연으로 빠져드는 것 같았다. 하지만 이제 점점 더 많은 수의 과학자들은 엔트로피 개념 그 자체에는 왜

---

7) 이러한 질문들은 앞서 인용된 Lewin과 Waldrop의 책에서 그들이 인터뷰한 과학자들을 통해 반복적으로 제기된다.

8) Gleick, *Chaos: The Making of a New Science*, p.308에 나온 인용문을 의역한 것임.

우주가 바로 그 시작에서부터 점점 더 다양하고 좀 더 복잡한 형태의 질서를 향해 움직이는지를 우리가 이해하도록 해주는 것이 아무것도 없다는 것을 인식하고 있다.9) 그렇다. 이러한 진화에는 물리학의 법칙을 위반하는 것이 전혀 없다. 하지만 왜 우주는 그렇게 많은 창발적 아름다움과 생명과 의식과 문화생산을 통해 최종의 침묵(만약 이것이 그 숙명이라면)을 향한 여행에서 그렇게 매력적인 우회로를 취했는가?

물론 이러한 질문들은 테야르나 화이트헤드의 추종자들에게는 친숙한 것들이다. 사실상 그것은 몇몇 신학자들이 얼마동안 다루었던 질문들이다. 하지만 지금 그것들은 과학자 자신들의 작품이나 대화 속으로 기어들고 있다. 우리는 (특히 과학이 "왜"라는 질문을 차단하고 그것들에 함축된 목적론적 압력을 차단해야 하기 때문에) 이러한 질문들이 엄격한 의미에서 과학적이라고 주장하는 데까지 들어갈 필요는 없다. 다만 과학을 둘러싼 담론에서 좀 더 분명하게 그러한 질문들이 나타나고 있다는 것은 분명하게 반성할 가치가 있다.

세포에서 유기체, 마음, 문명과 종교까지 수많은 자연의 체계들은 평형과는 먼 상태에서 출현하고 다양한 기간 동안 안정을 유지한다. 그리고 바로 거기 혼돈의 가장자리에서 우주 진화에서 가장 흥미롭고 새로운 것들이 발생한다. 과학자들은 이제 점점 더 왜 자연은 이러한 창발적인 복잡성을 향해 가는지를 묻고 있다. 물론 그들은 순전히 자연적인 방식으로 이러한 질문에 답하길 바라며, 할 수 있는 한 멀리까지 그들의 방법론적 자연주의를 꽤 정당하게 밀고 나간다. 하지만 만약 "왜"라는 질문을 끝까지 밀고 나간다면, 그것은 결국 신학과 접촉

---

9) Ilya Prigogine and Isabelle Stengers, *Order Out of Chaos: Man's New Dialogue with Nature*(New York: Bantam Books, 1984); Louis Young, *The Unfinished Universe*(New York: Simon & Schuster, 1986)을 보라.

을 피하기가 어렵다.

신학은 오늘날 대체로 "자기 조직적"인 우주의 관점에서 신선한 방식으로 성서적 신에 관해 생각하도록 요구를 받고 있다. 대부분 "혼돈의 가장자리"에서 새로움과 창조성이 출현하는 우주를 어떤 종류의 조물주가 창조할 것이며, 혼돈으로부터 출현하는 질서와 복잡성이 그 출발점에서는 미리 구분될 수 없는 우주를 어떤 종류의 조물주가 창조할 것인가? 무작위성이 이상하고 복잡한 형태의 질서(끌개들)에 묶여 있다는 놀라운 사실은 우리에게 창조주에 대한 우주의 관계에 관해 중요한 무엇인가를 말해주는가? 전체적으로 그리고 부분적으로 그 특징이 초기조건들에 매우 민감한 우주라는 새로운 그림은 신학과 어떤 관련성이 있는가?

III

이러한 질문들은 오늘날 과학이 신학에 요구하는 것이다. 분명 나는 여기에서 그것들 모두를 다룰 수는 없다. 대신에 나는 어떻게 신학이 혼돈과 복잡성 과학을 통해 지금 재형성되고 있는 우주 그림과 일반적인 방식으로 상호작용할지에 관해 여섯 가지 실험적 제안으로 논의를 한정할 것이다.

먼저 그리고 아마도 가장 분명하게, 우리는 혼돈과 복잡성이 전례 없는 방식으로 과학자들로 하여금 자연 안에 어떤 패턴들이 있다는 분명한 사실을 보도록 했다는 것을 주목해야 한다. 이것은 그들에게 익숙한 것이 아니다. 대개 그들의 방법은 환원적이어서 사물들을 구성요소들로 분해한다. 하지만 복잡한 질서에 주목을 돌리면서 과학자들은 대체로 형이상학과 신학에 관계된 문제에 위험스럽게 다가서고 있다. 패턴의 기원과 의미에 관해 물을 때, 지금 혼돈과 복잡성을 탐구하는 과학자들은 존재 그 자체와 같은 근본적인 어떤 것을 다루는 것과 멀지 않다.

기원에 대해 묻는 철학자들은 우리가 사물의 존재나 그것의 "있음"에 대한 물음을 그것의 형식적인 원인으로부터 깔끔하게 분리할 수 없다는 것을 우리에게 가르쳤다. 그리고 좀 더 최근에 화이트헤드는 어떤 것이 존재하기 위해서는 그것은 최소한 어떤 내적인 조직을 가져야만 할 것이라고 우리에게 상기시켰다. 만약 그 구성요소들의 배열이 없다면, 그것은 한정되지 않을 것이다. 한 사물은 특정 방식으로 질서지어지지 않고는 절대로 실현될 수 없다. 무한정성은 비실재성과 같을 것이다.[10] "질서 없음"은 "아무것도 아님"을 의미한다. 따라서 오늘날 과학자들이 왜 정형화된 복잡성이 우주에 있는지 물을 때, 이것은 왜 도대체 어떤 것이 존재하는지와 관련한 형이상학적이고 신학적인 질문과 멀지 않다. 결과적으로 새로운 "과학적" 탐구는 추상적이고 원자론적이고 분석적인 과거의 과학처럼 그렇게 종교적인 질문으로부터 깨끗하게 분리될 수가 없다.

게다가 신학적으로 말해서 우리가 습관적으로 무질서를 더 기대하는 곳에서조차 질서가 생겨나도록 허용하는 우주가 얼마나 놀랍도록 관대한지를 새로운 과학자들이 말한다는 것은 비논리적인 것이 아니다. 아직 과학이 충분히 밝혀내지 못한 우주에 관한 어떤 것이 한계들 내에 무작위성을 담고 있다는 것은 이전보다 더욱 분명하다. 예를 들어, 에너지가 주입될 때 동요하게 되는 안정적인 체계들이, 항상 우리가 예상하듯이, 더 많은 혼돈을 향해 급격하게 밀어닥치지는 않는다.

---

10) 이것은 화이트헤드의 가치 개념에 대한 논의에 포함되어 있는데, 그의 생각에 이것은 실재성과 동일하다. 실재한다는 것은 가치 있다는 것이며, 그 역도 마찬가지다. Alfred North Whitehead, *Science and the Modern World*(New York: Free Press, 1967), p.94.

놀랍게도 그것들이 평형에서 먼 상태에 도달할 때 그것들은 종종 훨씬 더 풍부한 패턴과 안정성을 취한다. 이것은 우리가 뉴턴과 아인슈타인에서 물려받은 것과 같은 우주가 아니다. 결과적으로 신과 그러한 우주의 관계에 관한 우리의 생각은 과거와 같을 수 없다. 다시금 나는 테야르도 이에 완전히 동의할 것이라 믿는다.

과학자들은 이제 왜 우주가 혼돈을 복잡성과 질서로 바꾸는 이러한 놀랍고 우아한 습관을 갖고 있는지, 그리고 진화가 시간 속에서 진행할 때 왜 전반적인 복잡성이 증가하는지, 또한 우리는 무슨 권리로 우주가 알갱이의 동질적 수준의 존재로 그저 막연하게 존재하기보다는 훨씬 더 다양하고 종종 점점 더 정교한 배열을 이루면서 그렇게 사치스럽게 펼쳐질 것이라고 기대하는지를 탐구하고 있다. 소위 복잡성 과학은 이제껏 이와 관련해서 거의 설명을 제시하지 않았다. 물론 감사하게도 그 과학은 무시되었던 패턴과 창발의 측면을 강조했지만, 이제껏 그것은 설명이라기보다는 기술이었다. 그것은 왜 도대체 단순한 무한정성이 아니라 질서가 있느냐는 가장 근본적 물음을 제기한다. 이로써 우리는 왜 무가 아니라 존재가 있는가라는 라이프니츠와 하이데거의 질문에 가까이 와 있다.

어떤 대가를 치르더라도 우리는 과학 그 자체가 조명할 수 있는 어두운 지역에 "틈새들의 신"을 들여놓지 않아야 한다. 그러나 왜 도대체 자연에 패턴이 있는지와 관련한 물음은 근본적인 관심사로서, 이것은 결국에는 과학을 통해 해결될 수 있는 어떤 특정한 물음에 관한 것이 아니라 사물들의 총체성에 관한 물음이다.

이것은 두 번째 밀접하게 연관된 관찰로 우리를 유도한다. 최근 과학의 그 어떤 발전만큼이나 혼돈과 복잡성은 우리가 세계의 "우연성"을 향해 가도록 한다. 그리고 만약 그 어떤 것이 신학적 설명에 열려 있다고 한다면, 그것은 아마도 우주의 우연성일 것이다.

어떤 것이 우연적이라고 말하는 것은 그것의 존재가 필연적이지 않다는 것 혹은 과거에 일어났던 것을 기초로 그것의 독특한 특성이 요구되지 않는다는 것을 의미한다. 많은 과학과 신학에서의 논쟁은 결국 우주가 우연적인지 혹은 필연적인지의 문제로 귀착한다. 신학은 분명 필연적인 우주라는 아이디어를 받아들일 수 없다. 왜냐하면 그것은 신의 창조나 감사와 기도 혹은 숭배를 위한 자리를 남겨두지 않을 것이기 때문이다.

반면에 과학은 종종 우주가 필연적이라는 아이디어에 끌렸다.[11] 결국 만약 우주에 법칙적이고 규칙적이고 질서 있고 예측할 수 있는 특징들이 없다면, 과학적 방법은 의미가 없을 것이다. 그러한 일관성이 없다면 어떠한 과학도 없을 것이며, 필연적 우주는 일관성을 풍부하게 제공할 것이다.[12]

그렇다면 분명 필연성이 충만한 우주는 우연성에 의해 약해져 있는

---

11) 그러나 또 다른 관점에서, 현대과학은 그것이 따르는 경험적 명령을 정당화하고자 한다면 우연한 우주를 필요로 한다. 왜냐하면 만약 세계의 실제 속성들이 필연적인 제1원리로부터 연역될 수 있으려면 자연세계에 대한 실제적인 관찰을 과학적 방법의 요구조건으로 만드는 것은 절대적으로 필요하지는 않을 것이기 때문이다. 우리가 나중에 보게 되겠지만, 혼돈과 복잡성이 자연의 우연성을 입증하는 방법들 중 하나는 물리적 과정들 대부분이 실제로 어떻게 판명될지를 우리가 정확하게 예측할 수 없어야 한다는 요구조건 속에 있다. 우리는 구체적인 특징들을 경험적으로 관찰하면서 그것들 뒤를 가까이 따라가야만 한다.

12) 물론 우연성에 대한 부조리주의자 해석도 가능하다. 우주는 아무런 이유 없이 "단지 우연히" 존재하게 되었다. 영원한 필연적 우주라는 아이디어를 떨쳐버리라는 빅뱅 물리학에 설득된 어떤 현대의 과학자들은 여전히 이 선택지에 의존한다. 그러나 우주에 대한 보편적인 이해 가능성을 부정하는 그들의 입장은 과학의 기획 전체와 이해에 대한 인간의 요구에 문제가 된다. 하지만 이러한 견해가 오늘날 과학적 회의론자들 중에 드문 것이 아니라는 것을 지적하는 것이 중요하다. 게다가 그들이 신의 창조 개념을 거부하는 동시에 우주가 영원하거나 필연적이지 않다는 새로운 과학적 합의를 찾고자 할 때 그것은 아마도 그들에게 이용 가능한 유일한 선택지일 것이다.

것보다 더 과학적 이해에 맞아 보일 것이다. 왜냐하면 만약 우주가 필연적이 아니라 우연적이라면, 과학이 그 예측과 법칙을 근거 짓기 위해 필요로 하는 우주적 우연성을 우리는 어떻게 설명할 수 있겠는가? 예를 들어 중력의 결합력이 항상 같은 상태로 있지 않다면, 우리는 어떻게 위성을 발사하거나 일식을 예측할 수 있겠는가? 탄소가 수소나 산소와 대대로 똑같은 방식으로 결합하지 않는다면, 어떻게 생명의 출현과 DNA의 작용을 설명할 수 있겠는가? 만약 물질 영역에서 기저의 필연성이 없다면 우리는 과학이론들을 공식화할 수나 있을까? 왜 과학이 우주가 영원하고 필연적이기를 원하는지 그 이유를 찾아보기란 어렵지 않다.

반면에 만약 모든 것이 물리적 필연성을 따르고 우연성의 여지가 없다고 한다면, 우리는 의미 있게 숭배하거나 기도하거나 혹은 세상이 새로워지기를 바랄 수 있을까? 정합적인 이론과 변함없는 법칙을 공식화하기 위해 과학이 요구하는 자연의 반복구조들의 고정된 동일함을 신학은 참아낼 수 있을까? 과거에 그리고 오늘날에도 어떤 과학 사상가들은 창조적인 약속의 신이라는 성서적 아이디어를 거부한다. 왜냐하면 그것은 과학이 선호하는 필연적이고 충분히 결정론적인 우주와 쉽게 맞아 들어가지 않기 때문이다. 그리고 너무나 많은 과학 사상이 예측할 수 없는 놀라움과 그 결과 나타나는 새로움에 열려 있는 우주라는 아이디어를 배제한다는 사실에 비추어보면, 과학에 대한 신학자들의 불신은 최소한 부분적으로는 이해할 만하다.

아인슈타인이 비록 종교적 의미의 신비를 잘 받아들였다 할지라도 성서적인 **창조주-신**을 받아들일 수 없었다는 것은 잘 알려져 있다. 그는 최소한 그 자신의 이론이 그 개념을 좌절시킬 때까지 우주가 틀림없이 영원하다고 생각했다. 처음과 끝이 없는 우주만이 과학이 필요로 하는 것으로 보이는 법칙성을 보증할 수 있을 것이다. 빅뱅 물리학이 거의 영원한 우주를 배제시키고 있는 오늘날까지도, 많은 우주 철학자들은 "세계들"을 그러한 풍부함과 결합시키고, 이를 통해 헤아릴 수 없는 전체가 존재하게 되었다가 사라지게 되는 것을 막음으로써, 여전히 우주의 영원성이라는 아이디어를 구하고자 애쓰고 있다.

3세기 이상 동안 물리학자들은 이러저러한 방식으로 우주에서 우연성을 몰아내려고 노력했으며, 그들의 무시간적, 수학적 추상물들이 마치 자연의 구체적인 실재들이듯 우리에게 표현했다. 하지만 혼돈과 복잡성 과학들이 신학적으로 아주 흥미로운 것은 바로 이러한 이유 때문이다. 일반 상대성 이론과 빅뱅 우주론이 그랬던 것만큼이나 강력하게 그것들은 과학이 자연세계의 우연성과 유한성에 직면하도록 했다고 주장할 수 있다.

그것들이 그렇게 한 가장 분명한 방법은 (고대 그리스의 "과학"과 고전물리학이 하려고 했던 것처럼) 우리가 더 이상 필연적인 첫 번째 원리로부터 대부분의 자연 과정의 미래 상태를 연역할 수 없다는 그들의 폭로에 있다. 우리가 (양자역학의) 매우 작은 영역으로 이동하거나, 혹은 (상대성 이론의) 매우 빠른 영역으로 이동할 때, 뉴턴의 필연성의 세계가 무너지듯이, 우리는 이제 동요로의 변화(혼돈)에서도 필연성의 세계가 무너진다는 것을 발견하고 있다. 자연체계들이 비가역적인 변화 국면과 중대한 분기점을 통과해 움직일 때 그것들은 수학의 안개 속에서 길을 잃는다. 우리는 사실상 그것들이 어떻게 판명될지를 기다려봄으로써만 그 결과들에 관해 알 수 있다.

예측과 연역에 대한 자연체계들의 저항은 그것들의 우연성의 사실을 통해 가장 잘 설명된다. 만약 그 결과들이 필연적이라면 우리는 그것들을 전혀 관찰할 필요가 없을 것이다. 경험적 방법은 잉여적인 것이 될 것이다. 하지만 혼돈과 복잡한 과정의 결과는 단지 실제로 그것들을 관찰함으로써만 알 수 있기 때문에, 과학이 물리학적 필연성이나 보편성이라는 고전 이상들에서 우주의 우연성을 피할 수 있는 안전한 피난처를 발견할 수 있다는 생각은 이제 의심스러운 것이다. 적어도 이것은 신학적 관점에서 볼 때 새로운 과학을 흥미롭게 만든다.

여기에서는 우주의 독특한 시작을 가리킴에 있어서 일반 상대성 이론과 빅뱅 물리학은 이미 대부분의 과학자들이 이제 시간적으로 유한한 우주로 받아들이는 것에 다가갔다는 것을 기억하는 것이 도움이 될 것이다. 영원하고 시작이 없는 세계라는 아이디어를 폐기함에 있어서, 과학은 암묵적으로 우주가 영원하고 필연적이라는 개념에 도전을 한 것이다. 우주가 상호 연관된 것들의 유한한 총체라는 함축은 많은 과학자들에게 매우 놀라운 것이었다. 예를 들어 아인슈타인은 일반 상대성 이론이 확장하는 우주를 요구하며 따라서 그것은 단독으로 시작했음에 틀림이 없다는 빌렘 드 지터의 제안을 처음에 거부했다.13) 결국, 만약 우주가 그렇게 우연히 탄생했다면, 과학은 어떻게 될 것인가? 만약 우주가 시간적으로 유한하다면, 어떤 근거로 우리는 위반할 수 없어 보이는 법칙들의 보편성과 필연성을 옹호할 수 있을 것인가?

영원한 과학의 안전성에 대해 우연한 우주가 함축하고 있는 위협은 아인슈타인의 박사 논문을 나오게 했는데, 그의 방정식은 확장하는 시간적인 우주의 가능성을 없애려는 시도를 담고 있다. 허블이 아인

---

13) Stanley Jaki, *Cosmos and Creator*(Edinburgh: Scottish Academic Press, 1980). Russell은 하틀-호킹(Hartle-Hawking) 가설을 근거로 비록 우주가 시간적으로 단독적으로 기원하지 않았다 할지라도 그것은 여전히 "유한한" 우주일 수도 있다고 주장했다. Robert Russell, "Finite Creation without a Beginning: The Doctrine of Creation in Relation to Big Bang and Quantum Cosmologies", in *Quantum Cosmology and the Laws of Nature*, ed. Robert John Russell, Nancey Murphy, and C. J. Isham(Vatican City: Vatican Observatory, and Berkeley, Calif.: Center for Theology and the Natural Sciences, 1993), pp.293-330.

슈타인에게 은하계가 사실상 서로로부터 빠르게 멀어지고 있다는 것을 보여주고 난 후, 아인슈타인은 우주의 영원성과 필연성에 관한 그의 원래의 가정들을 재고할 수밖에 없었다.14)

그러나 일반 상대성 이론이 그랬듯이 오늘날 혼돈과 복잡성은 과학의 커다란 접시 위에 놓인 거대한 몫의 우연성으로 봉사하고 있다. 여기 이러한 관찰에 대한 몇 가지 이유가 있다.

• 자기 조직적 패턴들로 분기하는 자연의 성향에 관한 새로운 강조를 통해, 우리 세계의 가장 흥미로운 특징은 엄격하고 결정론적이거나 선험적인 분석에 종속될 수 있는 것의 울타리를 넘어선다. 복잡한 체계의 자기 조직적 본성과 복잡한 패턴의 순전한 자발성은 물리적 현상의 모든 측면을 어떤 숨어 있는 필연성으로 환원하고자 하는 우리의 기대를 산산이 부순다.

• 어떤 역동적인 체계에 영향을 주는 수많은 초기조건들을 상세히 분류할 수 없다는 것은 많은 사람들이 동의하듯이 실천적으로뿐 아니라 원리상으로도 그것이 예측할 수 없다는 것을 보여준다.15)

• 혼돈 과정과 복잡한 역동적 체계들의 비가역성은 자연이 완전히 필연성의 지배를 받는다고 가정하는 선형적인 과학적 방법을 통해 그것의 발전 단계를 추적하려는 그 어떠한 노력에도 어려움을 준다. 사

---

14) Brian Swimme, "The Cosmic Creation Story", in *The Reenchantment of Science*, ed. David Ray Griffin(Albany: State University of New York Press, 1988), pp.47-56.

15) 카오스 체계의 "원리상" 예측 불가능성에 대한 유용한 논의를 위해서는, Kellert, *In the Wake of Chaos*, pp.29-35, 38-40, 62-67을 보라.

실상 혼돈과 복잡성은 우주적 시간에 비가역성을 부여하는 것이 단지 엔트로피만은 아닐 것이라고 암시한다. 오히려 시간의 화살의 가장 깊은 원천은 (우주 기원의 시간 이래로) 물리적 균형을 끊임없이 무너뜨리는 것일 것이며, 불균형과 복잡성을 향한 진화의 끊임없는 기울임일 것이다.16)

• 유사한 맥락에서, 자연의 우연성을 우리에게 자각시킨 것은 혼란하고 복잡한 진화하는 체계들에 대한 우리의 자각의 역사적 성질이라고 우리는 말할 수 있다. 역동적이고 진화적인 체계들에 관해 과학이 배운 것은 어떤 면에서는 고전물리학의 추상적 분석보다는 역사적 보고라 할 수 있는 것에 더 가깝다. 결국 역사적 연구의 대상은 추상적 원리가 아니라 사실적이고 우연한 사건들 혹은 사건들의 연속이다. 마찬가지로 혼돈과 복잡성에 관한 연구는 과학이 배아 발생이든 대기의 동요든 진화에서 실제로 무슨 일이 일어나는지를 면밀히 보아야 한다는 것을 요구한다. 그것은 그러한 과정에 대한 추상적인 수학적 궤도를 그리는 것으로는 충분치 않다. 왜냐하면 실제로 그 궤도들은 (비록 혼돈이론이 어떤 예들에서는 세계적인 예측 값을 가질 수 있다 할지라도) 완전하게 우리가 이상적으로 묘사한 것을 따르지 않기 때문이다. 혼돈 과정은 예측할 수 없기 때문에, 그것이 정확히 어떻게 끝날지를 미리 예측함으로써가 아니라, 그 뒤를 밀착해서 따름으로써만, 그리고 그 결과들을 기다림으로써만 그려질 수 있다.

• 마지막으로, 혼돈과 복잡성은 또한 미래에 대한 자연의 타고난 개방성을 강조한다. 자연의 역사성을 따라가면서 그것들은 다시금 우

---

16) Paul Davies, *The Cosmic Blueprint*(New York: Simon & Schuster, 1988), pp.112-15.

주의 본질적인 측면으로서 새로움과 놀라움의 공간을 만들어낸다. 자연이 죽은 과거에서 생겨나는 필연적인 결과로서보다 미래의 자기 조직화를 향한 비결정적 노력으로 더 잘 이해된다는 것을 혼돈과 복잡성은 함축한다. 예를 들어 복잡성 과학자들은 놀랍게 예측적인 어떤 복잡한 체계의 자기 조직화 과정의 본성을 주목했다.[17] 한 체계를 끌어당기는 특정 패턴은, 그것이 특정 형태로 정착되기 전에 과거에 의해 결정되는 것이 아니라, 마치 많은 가능성 있는 실험을 통해 어떤 미래의 희미한 영역으로부터 조용히 그 체계에 "영향"을 미치는 듯하다.

이제 미래를 향한 그리고 새로움과 놀라움을 향한 이러한 현상의 개방성은 아마도 이전보다 좀 더 편안하게 우리가 성서적 신앙의 틀 안에 자연세계를 위치시키도록 허락하는 것으로 보인다. 미래의 영역으로부터 세상을 만나러 온 신이라는 아이디어와 과학의 신선한 의미의 조화는 혼돈과 복잡성에 기초한다.

테야르처럼 볼프하르트 판넨베르크도 우주에 대한 신의 관계를 그러한 종말론적인 관점에서 이해한다. 실재는 근본적으로 미래적이며, 이러한 미래로부터 신은 세상을 창조한다. 마찬가지로 과학이 가능하도록 하는 데 필요한 모든 일관성을 우주에 부여하는 것은 현재 속으로의 끊임없는 "미래의 도래"(이것은 또한 "계시"에 대한 그의 정의다)라고 판넨베르크는 주장한다. 우리는 법칙과 이론을 구성하거나 예측을 하는 과학의 능력에 근거를 제공하기 위해 무시간적, 몰개성적 필연성에 호소할 필요가 없다. 신학적으로 말해서 우리는 세상을 지탱하고 그것이 종말론적 완성을 향하게 하는 약속의 신의 진실함에

---

17) Waldrop, *Complexity*, p.146.

호소함으로써 자연의 정합성을 설명할 수 있다.

이러한 방식으로 볼 때, 대대로 과학법칙을 공식화하도록 우리에게 허용할 만큼 충분히 자연을 일관적이게 만드는 것은 결정론적이거나 영원한 과거의 필연성이 아니다. 오히려 과학의 신뢰성은 거꾸로, 다시 말해, 미래에서 현재로 다리를 이어주는 신의 진실함에 기초한다.18) 또한 혼돈과 복잡성 과학이 우리를 주목케 하는 것은 현재가 예측할 수 없는 놀라움과 새로움에 열려 있게 하는 이러한 약속 있는 성질의 성스러운 미래다.

따라서 혼돈과 복잡성은 신학적으로 중요한데, 특히 그것들은 미래의 가능성과 새로움에 대한 개방성과 자연의 신뢰성이 밀접하게 연결될 것을 요구하기 때문이다. 새로운 과학은 맹목적인 우연의 변덕스러운 세계와 몰개성적인 필연성의 세계를 모두 배제한다. 그것들은 자연이 새로운 창조를 허용하는 비결정성과 여전히 우리가 의미 있게 신의 섭리와 우주의 목적을 말힐 수 있도록 허용하는 무직위성에 대한 제한을 모두 갖고 있다는 것을 우리에게 가르친다. 테야르의 말을 빌리자면, 그것들은 우리에게 "우주가 그것의 유일한 지지대로서 유기적으로 미래에 의존한다"고 가르친다.19)

나의 세 번째 제안으로서, 혼돈과 복잡성은 신학적으로 매력적이다. 왜냐하면 그것들은, 스티븐 와인버그와 스티븐 호킹과 같은 물리학자들의 작품에서 표현되듯이, 자연의 근본적 특징들에 대해 결정적이고 포괄적으로 파악한다고 위협하면서 물리학의 어떤 "최종 이론"이 바로 모퉁이 근처에 잠복해 있다고 하는 끔찍한 예상을 좌절시키기 때

---

18) Wolfhart Pannenberg, *Toward a Theology of Nature*(Louisville: Westminster John Knox Press, 1993), pp.83-85.

19) Pierre Teilhard de Chardin, *Activation of Energy*(New York: Harcourt, Brace, Jovanovich, 1970), p.239.

문이다.20) 아마도 그러한 최종은 과학을 완전하게 할 것이며, 발견하거나 설명할 중요한 아무것도 남아 있지 않을 것이다.

그러나 자발적이고 예측할 수 없는 패턴은 미시물리학의 추상적 입자세계보다 자연에서 적잖이 "근본적"이라는 것을 혼돈과 복잡성은 우리에게 상기시킨다. 게다가 만약 역동적 체계들이 매우 민감하다고 하는 초기조건으로 비결정적인 양자효과들이 분해될 수 있다고 한다면, 우리는 더욱 충분히 이해하고 있는 물리적 실재 모두를 포기해야만 할 것이다.21)

다시 말해 물리과학이 우리로 하여금 세계에 대해 남김없이 이해하게 할 위험은 전혀 없다. 혼돈과 복잡성 현상은 우주가 그 형성 초기 순간부터 충분히 친절해서 우리가 결코 탐구하고 설명할 매력적인 것들을 다 소모하지 못할 것이라고 우리에게 확신시킨다. 만약 우주가 한쪽 끝에서 단순하고 결정적인 것으로 보인다면, 그것은 다른 끝에서는 복잡하고 열려 있다. 이제 더 분명해진 것은 과학이 자연 과정의 미래에 대한 지적인 통제에 도달하기를 기대할 수 없다는 것이다. 이것은 신비와 희망이 필요한 신학을 위해서뿐 아니라 과학의 미래를 위해서도 좋은 소식이다.

네 번째 혼돈과 복잡성은 과학과 조화를 이루려는 어떠한 신학이든 우주질서의 원천으로서뿐 아니라 우선적으로 혼돈을 야기하는 새로움

---

20) Stephen Hawking, *A Brief History of Time*(New York: Bantam Books, 1988), p.175; Steven Weinberg, *Dreams of Final Theory*(New York: Pantheon Books, 1992), p.6.

21) John T. Houghton, "A Note on Chaotic Dynamics", *Science and Christian Belief* 1(1989), p.50. 그러나 John Polkinghorn은 *Reasons and Reality: The Relationship between Science and Theology*(London: SPCK; Philadelphia: Trinity Press International, 1991), pp.89-92에서 거시세계에서 그러한 양자 효과가 중요한지 의심한다.

의 원천으로서 신을 표현해야 한다. 그러한 신학적 견해에서 새로움은 끊임없이 계속되는 우주 창조에 참여한다. 그러나 우주가 이러한 새로움을 사용할 때, 그것의 현 질서는 최소한 혼돈의 변화기에 길을 내어주어야 한다. 동요는 항상 완전한 무질서로 끝나지는 않는다는, 그리고 혼돈은 항상 더 복잡한 형태의 질서 창조의 기회라는 혼돈이론의 극적인 폭로가 없다면 이것은 신학에 어려움을 안겨줄 수도 있다. 창조성은 "혼돈의 가장자리"에서 발생하는데, 왜냐하면 혼란의 옷으로 숨겨져 있는 세계 안으로 새로움이 그 자신을 심어주는 것은 단단한 상태로 고여 있는 평형에서라기보다는 이러한 모험의 고비에서기 때문이다. 혼돈이론에서 좋은 소식은 무질서가 마지막이 아니라는 것이다.

그러나 만약 신이 "모든 것을 새롭게 하는" 이로서 새로움의 원천으로 이해된다면(요한계시록 21:5), 성스러운 창조성은 이전의 자연신학이 생각할 수 있었던 것보다도 더 밀접하게 무질서와 관련이 된다. 만약 신이 오로지 (새로움이 아니라) 질서의 원천으로만 이해된다면, 무작위성과 혼돈은 신의 실재성에 관한 회의론을 불러올 것이다. 그러나 성서적 종교의 신은 질서와 생명의 주인일 뿐 아니라 **새로운 질서와 새로운 생명**의 주인이기도 하다. 따라서 성서에 기초한 신학은 혼란에 매우 가까이에서 선회하는 성스러운 창조성을 발견하고 놀라지 않는다.

새로운 어떤 것이 기존 질서에 도입될 때마다 현재 상태의 질서는 무너지는 경향을 갖는다. 새로움을 받아들이기 위해서는 견고한 질서가 길을 내어주어야만 한다. 자연이 더 넓고 더 복잡한 패턴을 추구할 때 무질서하게 "혼돈의 가장자리"를 향해 진로를 바꾸는 것은 자연의 습관이다. 만약 세계의 구조들이 좀 더 복잡한 정보의 실현을 위해 길을 만들고자 한다면, 세계의 원자적, 분자적, 유기적 구조들은 먼저 느슨해져야만 한다. 이러한 해체를 위한 조건을 제공하는 것은 분명 물리학이 "엔트로피"라 부르는 것의 역할이다. 만약 자연의 질서가 절대적으로 유연하지 않고 "균형 깨기"와 같은 과정들에 저항한다면, 새로움의 출현과 성장도, 생명도, 진화적 적응도, 새로운 패턴도 없을 것이다. 이러한 관점으로부터 보면, 엔트로피는 우주적 비관론보다는 우주가 항상 새로운 창조에 열려 있다는 희망을 갖게 한다.

그렇다면 과학적 회의론이 일반적으로 주장하듯이, 혼돈과 비선형성과 우연은 세상이 신의 보호가 없이 존재한다는 신호가 아니다.[22] 오히려 그것들은 세상이 항상 현재 이상의 어떤 것이 되기를 바라는 신의 아이디어와 조화를 이루는 것으로 신학적으로 읽힐 수 있다. 신학자에게 그것들은 현상 유지에 불만족하는 신, 항상 신선한 창조성, 그리고 세상을 새롭게 만드는 데 우리가 참여하도록 초대하는 창조성을 나타낸다.

아브라함을 조상으로 여기는 종교 전통에서 형성된 신학은 "신앙"을 가장 불행한 시작에서조차 약속의 징표를 찾도록 초대하는 것으로 이해한다. 혼돈과 복잡성 과학은 어떻게 자연세계의 과정들이 (1) 놀랍도록 소박하고 단순하게 시작해서, (2) 놀라운 동요나 혼돈을 통과해서, (3) 가장 풍요롭고 가장 아름다운 패턴들로 피어나는지를 보여준다. 우리는 이러한 배열을 우주 전체에 퍼져 있는 약속의 은유로 받아들일 수도 있다. 비록 단조로움이나 동요가 때때로 우주를 지배하는 것으로 보인다 할지라도, 혼돈과 복잡성은 우리가 인내하고 기다려야 하는 새로운 형태의 질서를 위한 놀라운 결과의 가능성을 가리킨다.

우리는 창발하는 자연의 아름다움의 특징을 실제로 도착하기 전에

---

22) 이세 고선이 된 그러한 회의론의 예는 Jacques Monod의 책 *Chance and Necessity*(New York: Vintage Books, 1971)이다.

미리 계산할 수 없다. 이것은 과거의 과학이 우리에게 제시한 것과는 매우 다른 종류의 우주라는 것을 우리는 마침내 알았다. 하지만 놀라운 새로운 결과를 품고 있는 세계는 주로 실재의 약속을 경험하면서 그 특성이 드러나게 되는 신에 대한 아이디어와 잘 어울린다.

다섯째, 혼돈이론과 새로운 "복잡성" 과학은 생명의 기원과 진화에 신선한 바람을 불어넣으며, 또한 신학자의 주목을 끈다. 우선 "역동적 체계"에 대한 연구에서 나온 자연에 관한 그림은 이전의 우주론이 예상할 수 있었던 것보다 생명의 기원과 진화와 같은 복잡한 패턴의 출현을 우주적인 사고가 아니라 훨씬 더 가능한 사건으로 예시하게 만든다. 이러한 자연 과정들의 초기조건들에 대한 민감한 의존성은 (오직 적은 수의 초기조건만을 고려했던) 선형적인 과학이 허용하는 것보다 훨씬 더 일찍 그리고 훨씬 더 쉽게 이러한 과정들이 복잡화로 향하게 한다.

진화과학의 우주론적 배경이 필연성이 담긴 타성적인 고전물리학 법칙의 선형적 세계로 받아들여지는 한, 우연한 생명의 출현은 불가능하게 어렵고 그럴듯하지 않은 것으로 보일 것이다. 그러나 혼돈과 복잡성 과학에 함축된 우주론은, 더 적은 시간이 걸리고 생명의 창발과 진화를 훨씬 더 그럴듯하게 만드는, 극적인 비가역적인 창조적 변형을 위한 개방된 신속성을 물리적 실재에 부여한다. 그리고 자연체계들에는 동요의 외적 한계가 있기 때문에, 복잡한 질서가 그것들로부터 자발적으로 발생할 수 있다. 다시 말해 더 이상 생명을 물리적 우주에서 완전히 자율적인 사건으로 그릴 필요가 없다.

게다가 혼돈과 복잡성은 또한 진화에서 자연선택이 하는 역할을 과학이 재고하도록 요구하며, 그렇게 함에 있어서 그것들은 최소한 간접적으로 진화과학과 신학의 대화에 영향을 미친다. 스티븐 제이 굴드는 그의 책 *Ever Since Darwin*에서 신다윈주의 노선을 따라 맹목

적인 자연선택이 생명권에서 유일하고 충분한 창조성의 원천이라고
주장한다. 많은 다른 진화론자들처럼 그는 결국 우리들까지 포함해서
진화에서 나타나는 모든 새로운 것들을 설명하기 위해 충분히 긴 시
간에 걸쳐 나타나는 수많은 작은 변이들의 자연선택을 생각한다. 굴
드는 만약 변이들이 이미 "올바른 방향으로 미리 꾸려진 상태로" 도
착한다면 선택은 창조적 역할을 할 필요가 없을 것이라고 말한다.23)

그러나 오늘날 복잡성 과학은 정말로 유기체들이 "미리 꾸려진" 형
식으로 도착한다고 제안한다. 예를 들어 스튜어트 카우프만은 생존과
번식을 위해 몇몇 종들을 선택하는 자연선택이 일어나기 전에 (다른
복잡한 현상들처럼) 생명계는 이미 자발적으로 자신을 조직화했다고
주장했다. 진화에서 창조성은 **주로** 혼돈의 가장자리에서 발생하는 자
기 조직화에서 발생한다. 카우프만은 자연선택이 여전히 요인이기는
하지만 그것이 유일한 것은 아니라고 생각한다.24)

진화에 관한 카우프만의 아이디어는 신학에 직접적인 함축을 갖지
않을지도 모른다. 예를 들면 그것은 그 자신의 불가지론을 훼손하지
않는다. 그럼에도 그것은 과학적 회의론과 직면해서 간접적으로 신학
에 영향을 미친다. 왜냐하면 진화에 대한 종교적 해석을 비판하기 위
해 회의론자들은 인간 종을 포함해서 모든 생명을 설명하기에는 순전
히 "필연적인" 자연선택의 목적 없는 과정으로 충분하다는 가정에 의
존하기 때문이다. 그러나 만약 우리가 카우프만의 해석을 신뢰할 수
있다면, 자연은 "미리 꾸려진" 형태로 자연선택을 위한 물질을 열심
히 제공하는 그 이상의 것이다. 자연선택을 넘어서 혹은 자연선택과
나란히 (세포와 유기체 형성에서) 진행되는 자기 조직화 과정은, 우주

---

23) Stephen Jay Gould, *Ever Since Darwin*(New York: Norton, 1977), p.12.

24) Stuart Kauffman, *The Origins of Order*(New York: Oxford University Press, 1993), pp.15-26.

비관론자들이 항상 주장하듯이, 우리의 우주가 마지못해 혹은 인색하게 살아 있고 생각하는 존재들이 등장하도록 허용하는 그러한 것이 아니라는 단서를 제공한다. 오히려 자연은 분명 그러한 중요한 창발이 가능하게 하기 위해 그 길 밖으로 나아간다.[25] 우연과 자연선택은 여전히 진화에서 역할을 하지만, 그것들은 더 이상 과학이 이전에 생각했던 것만큼 그렇게 지배적이지는 않아 보인다.

여섯째 그리고 마지막으로 우리는 자연의 자기 조직화 능력에 대해 신학적으로 어떻게 말할 수 있는가? 우주가 그 자체를 창조적으로 패턴화하는 것으로 보인다는 것은 또한 신학적으로 매우 흥미로운 것이다. 이전의 자연신학은 자연의 자기 조직화 성향에 관한 요즈음의 과학적 이야기로 매우 어려움을 겪었을 것이다. 결국 자기 조직화하는 우주는 창조적이고 설계하는 신을 위한 여지를 거의 남기지 않는 것으로 보인다. 따라서 세계의 질서는 더 이상 어떤 의미로도 신에 의지하지 않는 것인가? 우주는 정말로 너무나 자율적이어서 능동적으로 그 자신을 조직화할 수 있는 것인가?

복잡성 과학은 자연이 모든 수준에서 능동적으로 자기 창조적이라고 가정한다. 원자 구조들, 살아 있는 세포들, 개미탑, 면역체계, 생태계, 심지어 경제체계까지 주로 상세히 설명할 수 없는 내적인 조직적 충동의 결과로 얻어지는 것으로 보인다. 조직화는 처음부터 자연에 심겨진 자기 창조적 충동의 결과로 "단지 발생"하는 것으로 보인다. 복잡한 생명과 마음의 출현조차도 단지 항상 물질에 있는 잠재성이 펼쳐지는 것으로 과학에는 비친다. 어떤 특별한 초자연적 개입은 필요하지 않아 보인다.

그렇다면 우리는 어떻게 복잡하고 적응적이고 자기 조직적인 패턴

---

25) 소위 "인간적 원리"를 둘러싼 사변은 또한 아마도 본래부터 물리적 실재가 복잡성과 생명과 마음이 출현하는 쪽으로 기울어지는 방식을 가리킨다.

이 포함된 우주의 관점에서 신이나 성스러움에 관해 의미 있게 말할 수 있는가?

매우 시험적인 어떤 신학적 반응은 다음과 같이 말할 수도 있다. 만약 신이 진정으로 성스러운 존재와 구별된 세상을 창조할 수 있다면, 그러한 세계는 단지 신과 구별되기 위해 **내적인 "자기 정합성"**이나 자율성을 소유해야만 할 것이다. 성스러운 창조는 아마도 세상에 대해 "상관하지 않는" 것으로 이해될 수도 있다. **무로부터의 세계 창조**는 신이 직접적으로 사물을 만들어야 한다는 것을 요구하지 않는다. 고전적인 유신론조차도 세상은 일반적으로 두 번째 인과를 통해 작동한다고 주장한다. 만약 우주가 단순히 조물주의 손에 있는 수동적인 접착물이라면 그것은 신과 적절하게 구별될 수 없으며, 신도 근본적으로 그것을 초월할 수 없을 것이다. 모든 형태의 유신론이 요구하듯, 만약 자연이 분명하게 신이 없는 것이라면, 혹은 만약 자연이 신이 아닌 다른 것이라면, 혼돈과 복잡성 과학이 우리의 주목을 끌게 하는 종류의 자기 조직화 성향을 자연이 갖고 있다는 것은 전혀 놀라운 일이 아닐 것이다.

이것은 우주가 존재하게 되고 지속하게 되는 것이 신의 능력에 근거한다는 창조에 대한 고전적 이해와 모순되지 않는다. 하지만 단순히 효율적인 인과로 환원하고자 하는 그 어떤 창조 개념도 과학적으로나 신학적으로나 문제가 있다. 왜냐하면 이것은 예정설적 결정론을 함축하기 때문이다. 구별된 우주를 창조하기 위해 진정한 사랑의 신은 역설적으로 정말로 직접적인 종류의 힘을 발휘하지도 않고 개입하는 형태로 나타나지도 않는 것으로 생각될 수도 있다. 그러나 신을 통해 존재하게 된 우주는 신의 능력의 표현일 뿐 아니라 근본적으로 신의 겸손함의 산물일 것이다.

창조에 대한 이러한 해석에서는 신은 자유롭게 자기 비움(kenosis)

을 겪고 성스러운 실재가 아닌 "다른" 어떤 것을 존재케 한다. 성스러운 삶의 중심에는 말하자면 영원한 자기모순, 신의 광대함의 축소, 무한한 존재와 힘의 자기 비움이 있다. 이러한 비움 속에서 신은 자유롭게 완전히 남김없이 세상에 성스러운 자신을 내어주고, 그 안에 깊이 실현된다.26) 이러한 성육신의 비움은 역설적이게도 신의 "다름"인 우주가 상대적인 자율성과 자기 창조성 속에서 출현하도록 허용하는 것이다. 이러한 "다름"의 정합성과 충분한 실현에 대한 신의 겸손과 사랑으로부터, 우주가 비록 위험으로 차 있지만 그 시초부터 자기 조직화의 능력을 부여받은 것이다.

성스럽게 창조된 우주가 또한 자기 조직적이라는 것에 우리가 놀라는 것은 단지 우리가 자기 비움과 상관치 않음으로서의 신의 사랑에 관해 충분히 깊이 생각하지 못했기 때문이다. 그러나 성인들의 관계에서조차도 우리는 우리 자신이 되도록 우리에게 느슨함을 주는 형태의 참견 없는 사랑을 하는 다른 사람들에 대해 가장 잘 반응한다. 우리는 "우리를 참견하지 않고 두는" 사람들이 있을 때 가장 해방감을 느끼고 가장 살아 있는 느낌을 갖게 되며, 우리에게 그들의 존재를 강요하는 사람들이 있을 때 우리는 상당히 경련을 일으킨다. 우리는 우리에게 어느 정도 비결정적이도록 허용하면서 그들의 존재와 힘을 제한할 수 있는 힘을 갖고 있는 사람들에게 가장 깊이 헌신하며, 권세를 부리면서 우리의 삶을 끊임없이 무시하는 것을 멈추지 못할 만큼 허약한 사람들에 대해 분개한다. 불행히도 신의 "권능"은 아마도 정확히 제약함으로써 힘이 있는 사랑을 부여하는 능력으로가 아니라 참견하는 종류의 힘을 휘두르는 능력으로 종종 이해된다.

그러나 비움의 신학에서는 신이 무한할 뿐 아니라 또한 무한한 겸

---

26) Karl Rahner, *Foundations of Christian Faith*(New York: Crossroad, 1984), pp.116 이하.

손에서부터 나온 사랑이기 때문에 자기 조직화하는 우주가 등장하도록 허락한다. 신학자들은 신의 겸손의 측면을 무시했으며, 조야한 의미에서만 "그"(남성형)를 "전능"하다고 표현했다.27) "전능한" 신의 아이디어는 종종 신학적 모순으로 유도하는 방식으로 이해되었는데, 이것들 중 많은 것들이 과학적 회의론자들을 통해 매우 적절히 지적되었다. 그러나 (궁극적으로는 영향을 미치는 능력을 의미하는) 신의 능력은 신성한 마법을 직접적으로 보여주는 데서보다 자기 조직화하는 우주가 존재하도록 초대하는 겸손함에서 더 효과적으로 표현된다. 자기 조직화할 수 있는 세계는 단순히 창조주의 손에서 수동적인 것으로 생각되는 세계보다 분명 더 통합적인 세계이며, 더 강한 존재이며 역설적이게도 더 신과 긴밀하게 연관된다.28)

따라서 혼돈과 복잡성 과학을 통해 밝혀진, 자기 조직화하는 과정을 통한 우주의 계속적인 창조는 궁극적으로는 참견하지 않고 설득하는 신의 사랑을 통해 가능해지고 끝없는 미래의 영역으로부터 신실하게 도래하는 존재를 통해 가능해진다고 생각할 수 있다. 이러한 약속의 신, 하지만 역설적이게도 자기 제약적이고 자기를 비우는 신의 사랑은 세상을 존재하도록 초대하며, 테야르가 주장하듯, 세상이 "무(無) 위로 조금씩 더 멀리" 매일 그 자신을 고양시키도록 끊임없이 요구한다.29)

---

27) John Macquarrie, *The Humility of God*(Philadelphia: Westminster Press, 1978).
28) 창조의 조건으로서 신의 겸손함, 자기모순 혹은 자기 비움이라는 주제는 이제 유대교와 기독교 신학에서 널리 논의되고 있다. 이는 특히 Jürgen Moltmann 의 신학에서 두드러진다. 그의 *God in Creation*, pp.86-93을 보라.
29) Pierre Teilhard de Chardin, *The Prayer of the Universe*(New York: Harper & Row, 1968), p.121.

14

성스러운 지혜
오늘을 위한 그녀의 중요성

엘리노 레이

이 연구의 초점은 지혜의 사람이다. 지혜를 선택한 데에는 분명 모든 것을 포함하는 신의 한 가지 측면을 과장하는 것과 같은 어떤 흠이 있다.[1] 하지만 아버지와 아들과 같은 이미지에도 심각한 문제가 있다. 그것은 분명 인간 종의 대다수를 배제한다.[2] 이 시점에서 나는 나의 기독교 전통에서 볼 때, 이 글에서 다루게 될 세 가지 문제들에 대해 강력하게 말해주는 그 어떤 다른 이미지에 대해서도 알지 못하겠다. 지혜는 신의 이미지를 나타내기 위해 내가 개인적으로 선택한 것이다. 따라서 나는 지혜를 만유의 구세주로, 여성 신으로, 그리고 창조의 근거가 되는 신의 출현으로 표현할 것이다.

---

1) 신의 한 가지 속성을 취해서 그것을 전부인 것처럼 만드는 지혜에 대한 비판은 최소한 러시아 정교회의 Serguis Bulgakove(1870-1944)로 거슬러 올라간다. Eleanor Rae and Bernice Marie-Daly, *Created in Her Image: Models of the Feminine Divine*(New York: Crossroad, 1990), pp.22-23.
2) 기독교 전통에서 하나님 아버지에게 주어진 최고권에 대한 비판을 보기 위해서는 Rae and Marie-Daly, *Created in Her Image*, pp.87-89를 보라.

보편적 구원자로서의 지혜

기록 역사상 처음으로 모든 인류는 어떻게 우리의 우주가 무한소의 지점으로부터 불어와 존재케 되었는지에 대한 과학적 이야기에서 공통의 기원을 공유한다.3) 이렇게 공통의 원천에서 불어 나왔다는 것은 우리에게 우리의 통일성과 연결성에 대해 말해준다. 우리 자신을 포함해서 우리가 아는 모든 것은 기본적으로 순환하는 성진이다. 이러한 우주 이야기는 기독교의 주장과 관련해서 우리를 머뭇거리게 한다. 이 문제는 다음과 같이 샐리 맥페이그가 잘 다루고 있다.

"그리고 말씀이 육신이 되어 우리 가운데 거하시니."(요한복음 1:14) 유일함의 사건은 기독교를 통해 그 중심 교리들 중 하나로 절대화되었으며, 신이 오직 한 장소 즉 나사렛 예수라는 남자에서만 실현된다고 그것은 주장한다. 오직 그만이 "보이지 않는 신의 이미지"다(골로새서 1:19). 우주의 원천과 힘과 목표는 단지 1세기의 지중해의 목수를 통해서만 알 수 있다. 천억 개의 은하계를 갖고 있는 (그리고 그것들의 수십억 개의 별과 행성을 갖고 있는) 150억 년의 우주 역사의 창조주이자 구세주는 지구라는 행성에 있는 30년 살았던 한 인간의 삶에만 적용할 수 있다. 현대과학의 맥락에서 볼 때 그 주장은 최소한 빗나간 것으로 보인다. 세계가 (전선에는 "야만인들"을 둔) 로마제국으로 이루어졌을 때, 신의 현존을 나사렛 예수에 제한한 것은 어떤 가능성을 지녔지만 반면에 여전히 인간중심적이었다. 하지만 수백 년 동안 현대의 우주론이 등장하기 전, 다른 주요 종교적 전통들의 주장은 그것에 심각하게 도전했다. 포스트모더니즘의 우주론에 비추어보면, 전통적인 형식의 그 주장은 다른 종교의 통합성과 가치에 모욕을 줄 뿐 아니라 믿을 수 없고 부조리하다. 그것은 우주에 대한 현대의 그림에 간접적으로도 양

---

3) Thomas Berry and Brian Swimme, *The Universe Story*(San Francisco: Harper Collins, 1992).

립할 수 없다.4)

기독교인으로서 나에게 적합한 반응은 나의 기독교 신앙을 오직 우주 이야기의 한 특정한 부분으로 보는 것이며 거기에서도 작은 부분으로 보는 것인 것 같다. 그것은 또한 나에게 나의 신앙 전통에서 가장 강력하게 진정한 보편주의를 주장하는 그러한 요소들을 찾도록 자극한다. 여기에서 나는 이러한 주장이 창조주이며 모든 창조를 지탱해주는 자로서 말을 하는 지혜의 사람에서 가장 분명하게 나타난다고 생각한다.5)

내가 지혜를 만유의 구원자로서 이해하게 된 것은 몇 년 전 누가복음을 읽은 후였다. 나는 은퇴 강연을 준비하면서 누가복음을 사용했는데, 7장 35절의 "지혜는 자기의 모든 자녀로 인하여 옳다 함을 얻느니라."라는 구절에 나는 새로운 방식으로 충격을 받았다. 글자 그대로 요한과 예수와 그들 사회의 몇몇 구성원들을 위한 각각의 말씀의 힘을 비교하는 이야기의 결론에서 나타나듯이, 만유의 구원자는 지혜였다는 것을 가리키는 것으로 보인다. 예수와 요한의 역할은 그녀의 사자 역할을 하는 것으로 보였다.

나는 이러한 통찰을 말하고 글로 적었다. 게다가 1990년 나는 저명한 성경학자에게 나의 통찰을 시험할 기회를 얻었다. 우리는 종파를 초월해서 함께 작업하고, 서로의 공동체 경험을 존중하면서, 신성한

---

4) Sallie McFague, *The Body of God: An Eschatological Theology*(Minneapolis: Fortress Press, 1993), p.159. McFague는 아마도 유일함의 사건은 기독교의 중심 주장이 아닐 것이라고 말한다.

5) Leo G. Perdue, *Wisdom and Creation: The Theology of Wisdom Literature* (Nashville: Abingdon Press, 1994), pp.326-27. Perdue의 이 주장은 보편적 구원자로서 지혜를 조사하고 있는 내 연구의 이 부분에서 설명한 것보다 훨씬 더 광범위하다.

영에 관한 주제로, 다가오는 세계교회협의회 대표자에게 보낼 문서를 작성하려고 노력했다. 나는 그것의 보편주의 때문에 누가복음 7장 35절을 사용하자고 제안했지만, 그는 나의 해석에 대한 충분한 증거가 없다면서 내 말을 거절했다. 성경학자가 아닌 나는 아마도 너무나 빨리 그의 판단에 순순히 따랐던 것 같다. 그럼에도 나는 계속 나의 통찰을 말했으며, 1992년 성서학회의 모임에서 한 성경학자가 누가복음 7장 35절의 의미를 발표했을 때 나는 정말로 기뻤다. 그의 논문은 다음과 같은 내용을 포함했다. 갑의 공동체에게는, 요한과 예수가 신의 지혜의 아이들이다. 그들은 모두 신의 지혜가 그녀 자신을 알린 그 자신의 세대의 아이들이다. 그녀의 아이들로서, 그들은 그녀가 옳다는 것을 보여주도록 부름을 받는다. 예수의 중요성은 말하자면 그의 죽음과 부활에서가 아니라 그의 말에서 지혜의 대변자로서의 역할에 있다.6)

갑의 공동체에 관한 연구는 배타적인 기독교 신앙에서 나와 세계 종교들과의 대화로 들어가는 가치 있는 현대의 수단으로 보일 것이다. 성스러운 지혜의 사람에서, 그것은 모든 주요 세계 종교들에서 (그리고 다른 종교들에서도) 그의 사자가 등장하는, 그리고 그 어떤 모든 시대에도 가능할 수 있는, 보편적 구원자로 존경받을 수 있는 사람을 우리에게 제공한다.

솔로몬의 지혜서 열 번째 장에서, 아담과 노아, 아브라함과 롯, 야곱과 요셉의 삶에서 주요 사건들이 그렇듯이, 출애굽 사건의 주요 요소들이 그녀에게 귀속된다는 점에서 지혜는 구원자로 보인다.7) 예를

---

6) Patrick John Hartin, "Yet Wisdom Is Justified by Her Children: A Rhetorical and Compositional Analysis of Divine Sophia in Q", The Society of Biblical Literature의 모임의 논문, November 22, 1992.

7) Roland E. Murphy, *The Tree of Life: An Exploration of Biblical Wisdom*

들어 "그녀가 그들로 하여금 홍해를 건너도록 했으며, 깊은 바다를 건너도록 인도했다."(솔로몬의 지혜서 10:18) 우리의 목적을 위해서는 10장 바로 앞의 시(9:18)가 특히 주목할 가치가 있다. 왜냐하면 이 시에서는 지혜의 구원 활동이 지상의 모든 인간들로 확장되는 것을 알 수 있기 때문이다.8)

이러한 구원의 선물 혹은 생명의 제공은 또한 잠언서의 신학적 통찰이기도 하다. 게다가 이러한 생명의 선물은 미래를 위해 예비해 두는 것이 아니라 지금 여기에서 주어진다. 생명은 얻으려고 애쓰는 선물이지만, 그러한 선물을 주는 것은 궁극적으로 여성 지혜의 선택에 달려 있다. 분수와 생명나무의 이미지는 종종 이러한 생명의 선물을 상징하기 위해 사용된다.9) 잠언 10장 2절과 11장 4절에서 생명은 덕과 동일시되는 반면, 12장 28절에서는 정의와 관계하는 것으로 보인다.10) 이러한 생명의 선물은 솔로몬의 지혜서에서 자세히 설명되는데, 여기에서 지혜는 단지 생명이 아니라 불멸의 생명과 연관된다. 여기에서 생명은 죽지 않고 부패하지 않으며 영원한 것으로 표현된다(솔로몬의 지혜서 1:15, 2:23, 5:15).11)

지혜의 부르심이 모든 인류에게 전해지는 지혜문헌 특히 잠언 8장 4절에서 최소한 한 저자는 성서적 보편주의가 그 절정에 달했음을 발견한다. 사무엘 테리언은 현인의 지혜의 보편주의를 예언자와 시편 작가의 보편주의와 대조한다. 그는 후자를 종말론적으로, 반면에 전자

Literature(New York: Doubleday, 1990), pp.89-90.

8) Elizabeth A. Johnson, *She Who Is: The Mystery of God in Feminist Theological Discourse*(New York: Crossroad, 1992), p.89.

9) Murphy, *The Tree of Life*, pp.28-29.

10) Roland E. Murphy, "Wisdom and Salvation", in *Sin, Salvation and the Spirit*, ed. Daniel Durken(Collegeville, Minn.: Liturgical Press, 1979), p.178.

11) Murphy, *The Tree of Life*, p.94.

는 여기 그리고 지금과 관련된 것으로 특징짓는다. 예를 들어 지혜는 그녀의 손님이 살 수 있도록 신성한 빵과 포도주를 제공한다(잠언 9: 5-6).[12]

위의 내용은 지혜의 특정설과 보편주의 모두를 보여준다. 이러한 두 가지 요소는 그녀의 일부다. 특정설과 관련해서, 지혜의 관심은 어떤 사람의 직접적인 경험을 통해 제공되는 도전에 반응하는 데 있다.[13] 그러나 신의 현존이 역사에서 나타나지 않는 것으로 보일 때, 그것은 우주 질서에서 지혜로서 발견될 수 있을 것이라 말할 수도 있을 것이다. 테리언이 여기에서 특히 유대의 바빌로니아 포로 시대를 가리키고 있는 반면, 나는 그것이 또한 우리 자신의 시대를 가리킬 수도 있을 것이라고 제안한다.[14]

여성 지혜의 존재가 그렇게 힘이 있다고 한다면, 우리는 왜 그녀가 서양 종교의 유산에서 좀 더 중심적인 부분을 차지하지 않는지 궁금해하지 않을 수 없다. 헤브라이 전통에서 우리는 잠언 8장의 보편주의가 예를 들면 집회서 24장으로 좁혀지고, 지혜에게는 예루살렘에 거주지가 주어진다는 것을 발견한다. 게다가 그녀는 여기에서 모세 5경과 동일시된다. 지혜와 모세 5경과의 이러한 연결은 구약 외경인 바루크서(3:9-4:4)를 통해 계속된다.[15] 그것은 예를 들면 「교부들의 금언」에서 훨씬 더 분명한데, 거기에서 우리는 잠언에 기초한 지혜에 관한 여러 성경 구절들이 모세 5경 대신에 사용된다는 것을 발견할 수 있다.[16] 자신의 전통 내에서 작업하는 아스포델 롱 또한 지혜의

---

12) Samuel Terrien, *The Elusive Presence: Toward a New Biblical Theology* (New York: Harper & Row, 1978), p.359.
13) Murphy, *The Tree of Life*, p.ix.
14) Terrien, *The Elusive Presence*, p.380.
15) Murphy, *The Tree of Life*, pp.139-42.
16) *Sayings of the Fathers*, ed. R. Travers Herford(New York: Schocken Books,

성스러움과 그녀의 창조와의 밀접한 관계뿐 아니라 지혜의 보편성을 주장하기 위해 성경 구절 특히 잠언서를 사용했지만 또한 시편 104장 24절과 욥기 28장 27절도 사용했다. 롱은 이러한 지혜의 이미지가 유일신적이고 가부장적인 히브리서에 대해 엄청난 의문을 불러일으켰다고 지적한다. 그들은 지혜와 모세 5경을 동일시함으로써(예를 들면, 벤 시락) 혹은 그녀를 하늘로 배속시킴으로써(예를 들면, 에녹) 이 문제들을 다루었다. 이러한 조치를 통해 여성 신은 사라졌고 "그녀의 보편성과 그녀의 자연과의 관계도 사라졌다. 아니, 지혜는 자연적 우주의 기원이며 지탱해주는 자라기보다는 명령에 따르고 보상과 처벌에 복종하는 것으로 보였다."17)

기독교 전통에서도, 여성 지혜는 묻히고 바뀌었다. 따라서 지혜와 정신을 동일시함에 있어서는 활기 넘치는 성령 신앙이 시작될 수 있었던 반면(지혜서 7:22-23), 지혜는 거기에서 빠져나와 바울(고린도전서 1:24, 30)에서처럼 직접적으로 혹은 요한(예를 들면 그의 복음서의 서문)에서처럼 간접적으로 그리스도에 적용되었다. 헤르마스(「목자서신」), 저스틴 마터, 클레멘트, 오리게네스과 같은 초기 교부들도 따른 길이었다. 시간이 흐르면서 그리스도의 신성을 보호하기 위해, 지혜 전통은 경시되었으며, 마리아와의 관계에서야 겨우 표면으로 다시 올라오게 되었지만, 그녀는 공식적으로 신으로 여겨지지 않았다. 그렇게 기독교의 유일신은 유지되었다.18) 하지만 궁극을 위한 보편적 상징으로서 지혜는 다음과 같은 엘리자베스 존슨의 작품에서 볼 수

1962), pp.158-59. 언급된 금언은 6장의 7번 말씀이다.

17) Asphodel P. Long, *In a Chariot Drawn by Lions: The Search for the Female in Deity*(London: Women's Press, 1992), pp.20-36; p.36 인용.

18) 기독교 전통에서 여성 신의 상실을 좀 더 자세히 논하기 위해서는 다음을 보라. Rae and Marie-Daly, *Created in Her Image*, pp.16-20.

있듯이 기독교 내에서 다시금 떠오르고 있다.

지혜 담론은 다른 종교적 방식을 마찬가지로 존중하는 세계적이고 보편적인 관점을 향해 가도록 믿음을 안내한다. 오늘날 지혜에 대한 묘사는 초기 기독교 시대에 신의 선함과 세계의 올바른 질서를 나타내기 위해 로고스 은유가 했던 기능과 같은 방식으로 작동한다. 그러나 로고스는 다소 남성 중심적 신학과 제국주의적 교회 역사와 오래도록 연관된 이유로 이제 그 기능은 축소되었다. 그러나 지혜는 사람을 사랑한다. 그녀의 빛은 사방에 비치며, 그녀가 신의 친구이자 예언자로 삼는 사람들은 온 세상에서 발견된다. 예수-지혜는 몸소 모두를 위해 한 특정 역사에서 그녀의 자비로운 관심을 실현시키는 한편, 그녀는 모든 사람들이 그녀를 보고 찾을 수 있도록 하기 위해 다양한 문화에서 다양한 길을 열어둔다.19)

지혜가 발견될 수 있는 다양한 문화들 중에는 힌두교, 불교, 이슬람교와 같은 세계의 다른 주요 종교들이 포함된다. 따라서 예를 들면 「라마야나」에서는 다음과 같이 말한다. "지혜는 세상의 신이다. 지혜 위에서 항상 정의가 세워진다. 지혜에 모든 것이 근거한다. 그것보다 더 높은 수준은 없다."20)

마찬가지로 힌두교에서는 여신 쿨라카티야야니 혹은 직관지가 발견된다.21) 불교에서 지혜는 최소한 두 가지 이미지로 나타난다. 하나는 프라즈냐파라미타, 지혜의 완성이다. 그녀는 "역동적이고 상호 의존적인 실재의 특성을 지각하는" 통찰을 의인화하기 때문에 궁극적으로

---

19) Johnson, *She Who Is*, p.166.

20) Raimundo Panikkar, *A Dwelling Place for Wisdom*(Louisville: Westminster John Knox Press, 1993), p.12. 인용문은 *Ramayana* II, 109, 13.

21) Merlin Stone, *Ancient Mirrors of Womanhood: A Treasury of Goddess and Heroine Lore from Around the World*(Boston: Beacon Press, 1979), p.214.

구원하는 지혜로 보인다. 다음과 같이 그녀는 모든 부처의 어머니이
고 양육자이며 스승으로 생각된다.[22)

열 개의 방향에 있는 세계의 부처들은 지혜의 완성을 그들의 어머니
로 떠올린다.
과거에 있었고 또한 지금 열 개의 방향에 있는 세계의 구원자들이
그녀로부터 나왔으며, 또한 미래의 구원자들도 그러할 것이다. 그녀는
이 세상에 자신이 산모 즉 부처들의 어머니라는 것을 보여주는 자다.[23)

두 번째는 대승불교의 관세음보살에서 발견된다. 관세음보살에 바
치는 여덟 개 이상의 경전이 있다. 그녀가 원래는 남성으로 표현되었
을지 모르나, 5세기쯤 그녀는 여성으로 확인되었다. 따라서 그녀는 지
금 그리고 여기에서의 해방에 대한 관심을 표현한다. 게다가 많은 사
람들에게 그녀는 보편적인 구원의 원리로서 그리고 모든 지혜의 빛의
수여자로서 산주된다. 그녀는 때때로 천 개의 손과 천 개의 눈으로 그
려진다.[24) 이슬람은 비록 엄격한 유일신을 믿음에도 불구하고 거기에
는 성스러운 지혜에 관해 글을 쓴 최소한 한 명의 신학자가 있다. 12
세기와 13세기에 살았던 이븐 알 아라비의 저작으로 간주되는 니잠에
관한 시 한 편이 있는데, 니잠은 젊은 여성으로서 그는 그녀를 지상에
나타난 성스러운 지혜로 표현했다. 그는 또한 신 자체의 여성적 요소
로서 창조적인 자비의 숨결에 관한 글을 썼다. 그가 살아생전 자신의

---

22) Joanna Macy, "Perfection of Wisdom: Mother of All Buddhas", in *Beyond Androcentrism: New Essays on Women and Religion*, ed. Rita Gross (Missoula, Mont.: Scholars Press, 1977), p.315.

23) 같은 책, p.318. 인용문은 *Perfection of Wisdom in Eight Thousand Lines*, XII, 1, 2를 Macy가 요약한 것임.

24) C. N. Tay, "Kuan-Yin: The Cult of Half Asia", *History of Religions* 16/2 (1976), pp.147-74.

견해 때문에 박해를 받았던 반면, 무시할 수 없는 훌륭한 신학자가 되었다.25) 오늘날의 이슬람 여성들이 신학 훈련을 받듯이, 우리는 희망을 갖고 성스러운 지혜를 더 신학적으로 연구하기를 기대할 수 있다.

여성 신으로서의 지혜26)

때때로 어떤 중심적인 신의 상징들이 예를 들면 루아, 호크마, 셰키나와 같이 여성이라는 사실은 인정되지만 그런 다음 중요하지 않은 것으로 무시된다. 어떤 때는 이러한 여성적인 중요한 상징들은 아예 주목을 받지 못하는 것 같다. 예를 들면, 삼위일체의 신을 축하하는 축제일에 잠언 8장 22-31절을 읽고 그에 관해 설교할 때, 우리는 다음과 같은 이야기를 듣는다. "지혜에 대한 칭찬은 일종의 성 삼위일체에 대한 예고다. 지혜는 (그녀) 자신의 사람 속에서 말하는 창조적인 신의 정신으로 의인화되며, 그런 다음 예수 그리스도의 사람으로 표현된다."27) 이것은 단지 기독교 전통에 제한해서 성스러운 상징들의 여성성을 무시하고 있는 것이 아니다. 예를 들면 조애너 메이시는 「반

---

25) Leila Ahmed, *Women and Gender in Islam: Historical Roots of a Modern Debate*(New Haven: Yale University Press, 1992), pp.99-100.

26) 여성으로서의 신을 경험하고자 하는 나의 욕구는 내가 어른이 될 때까지도 깨닫지 못했던 그러한 욕구다. 그것은 1980년에 처음 표면화되었는데, 그때 나는 어떤 지층 구조를 연구하기 위해 대만의 북쪽 해안가를 여행하고 있었다. 모퉁이를 돌자마자, 멀리 바다를 내다보고 있는 거대하고 웅장한 여성 조각상이 갑자기 나타났다. 나는 안내원에게 그녀가 누군지를 물었고, 그는 그것이 자비의 여신 관세음보살이라고 말했다. 내가 관심 있다는 것을 알고, 그는 돌아오는 길에도 그녀와 시간을 보내게 될 것이라 말했으며, 또한 정말로 그랬다. 그때부터 오랫동안 관세음보살의 이미지는 초대하지도 않았는데 자주 나의 기도에 나타났다.

27) G. B. Harrison, 주석자, *Lectionary for Mass*, C Cycle(New York: Pueblo Publishing, 1973), p.336.

야심경」에 관한 자신의 작품에서 그녀가 모든 부처의 어머니가 된다는 사실이 그 전통에서 간과되고 있다고 지적한다.28) 신의 상징에서 여성성을 무시하고 과소평가하는 전략은 특히 클라우디아 캠프가 잠언서를 연구할 때 많이 마주친다. 캠프는 지혜가 삼위일체의 야훼라는 널리 받아들여지는 이론을 주목하는데, 그녀는 이 가설이 문제가 있다고 본다. 왜냐하면 그것은 "지혜가 야훼의 두드러진 특성이 아니었다고 하는 사실과 조화시키기가 어렵기" 때문이다.29) (이것은 완전히 놀라운 것은 아니다. 우리는 매우 남성적인 야훼에서 여성적인 지혜가 현저하게 나타나기를 정말로 기대해서는 안 된다.) 전체적으로 캠프의 책은 여성으로서의 그리고 잠언서의 통일적인 요소로서의 지혜에 관한 연구다. 그녀는 자신의 가설을 보여주기 위해 은유와 의인화와 상징이라는 세 가지 문학 분석 방식을 사용한다.30) 캠프에게 있어서 여성형 명사 호크마를 사용한 것은 우연이거나 어쩔 수 없이 강요된 것이 아니라 심사숙고하여 선택한 것이있다.31) 여성 지혜에 대한 가장 대담한 주장은 그녀가 가장 신성한 축복 즉 삶 그 자체의 매개자라는 주장이다.32) 이것은 신만을 위해 사용되는 주장으로 보인다. 하지만 이러한 주장은 잠언 8장 22-31절에 표현된 것처럼 지혜의 성스러운 기원의 관점에서 보자면 완전히 놀라운 것은 아니다.33) 나에

---

28) Macy, "Perfection of Wisdom", pp.315-16.

29) Claudia V. Camp, *Wisdom and the Feminine in the Book of Proverbs* (Decatur, Ga.: Almond Press, 1985), p.49.

30) 같은 책, p.71.

31) 같은 책, p.74.

32) 같은 책, pp.286-87. Camp는 잠언의 사랑의 언어를 통해 이러한 대범한 주장이 타당하다고 주장한다.

33) Kathleen M. O'Connor, "Wisdom Literature and Experience of the Divine", in *Biblical Theology: Problems and Perspectives: In Honor of J. Christiaan Beker*, ed. B. C. Ollenburger and Steven J. Kraftchick(Nashville: Abingdon,

게 있어서, 이 구절은 신으로부터 정신(지혜)으로의 비움이며, 비록 이 구절에서 증명하고 있지는 않지만, 나는 이러한 비움(kenosis)이 그릇으로서의 단어들에서도 발생함을 본다.

또한 잠언 8장을 언급하면서 롤랜드 머피는 지혜에 관해 다음과 같이 관찰한다. "그녀는 그녀 자신의 권위로 공적이고 보편적으로 말한다. 그녀는 창조 전에 자신이 있었음을 밝힌다. 그녀는 그녀를 발견하는 그가 생명을 발견한다고 주장한다. 그녀는 신의 계시이기도 하며 창조의 계시이기도 하다."[34] 솔로몬의 지혜서 7장 25-26절에서, 지혜는 영원한 빛의 반영이라고 말하는데, 그 빛은 이사야 60장 19-20절에서 신과 동일시된다. 이러한 솔로몬의 지혜서의 구절은, 잠언 8장 22-25절에서 그녀의 "낳음"을 넘어서거나, 집회서 24장 3절에서 가장 높은 이의 입에서 나오는 것을 넘어서, 그녀가 신과 밀접한 관계를 갖고 있음을 널리 알린다. 이 구절에서 그녀는 성스러운 영과 동일시된다(지혜서 1:7, 9:17, 12:1).[35]

지혜서 7장 22절에서 발견되듯이, 이러한 지혜와 신성한 영과의 관계는 신약의 바울 서신에서도 발견될 수 있다(고린도 전서 2:4-6). 그러나 여성 신으로서의 신성한 영의 이미지가 헤브라이에서 루아(영 혹은 호흡)라는 여성 단어를 사용한 데서 자연스럽게 전개된 반면, 그후의 성경 번역은 이러한 전개를 지지하지 않았다. 따라서 그리스의

1995), pp.183-99. 잠언에서 지혜에 관한 시를 조사하고 O'Connor는 다음과 같이 결론짓는다. "비록 때때로 사람들이 그녀를 신성과 구별한다 할지라도, 그들은 매우 그녀를 신과 동일시한다. 그들은 그녀에게 신의 권능과 특권을 주며, 그녀에게 초월적인 기원을 제공하며, 그녀에게 절대적으로 충성할 가치가 있음을 묘사하며, 그녀 자신이 창조주임을 함축하며, 그녀가 생명과 부를 주기도 하고 거두기도 한다고 분명하게 선포한다."(p.195)

34) Murphy, *The Tree of Life*, pp.135-39.
35) 같은 책, pp.142-45.

신약은 신성한 영을 중성 단어인 성령(*pneuma*)으로 번역한 반면, 로마 가톨릭은 남성형 단어인 정신(*spiritus*)을 사용했다. 그럼에도 여성신으로서 신성한 영의 발달에 대한 논거가 기독교 전통에서 발견될 수 있다. 하지만 이러한 발달을 다루기 전에, 잠깐 신의 여성적 이미지와 관련해서 영지주의가 무엇을 밝히고 있는지 알아보기 위해 그들의 작품을 보도록 하자.

영지주의 복음서 저자들은 신을 신성한 아버지뿐 아니라 신성한 어머니로 보았다. 일레인 페이절스에 따르면 이러한 글들은 세 가지 다른 범주로 분류될 수 있다. 첫 번째, 신은 한 쌍의 성스러운 어머니와 성스러운 아버지로 보인다. 이 쌍에서 성스러운 어머니는 은총, 침묵, 자궁, 모든 것의 어머니, 지성(그리스어로 여성형 단어 *epinoia*)으로 다양하게 그려진다. 그녀는 어떤 설명에서는 위대한 신 야훼 자신까지 포함하는 모든 것의 원천이다. 두 번째 그룹은 성스러운 어머니를 신신한 영으로 묘사한다. 따라서 예를 들면 「요한 외경」에서 그녀는 삼위일체 관점에서 어머니로 보인다. 「도마 복음서」에서는 예수가 그의 지상의 부모, 즉 마리아와 요셉을 그의 성스러운 어머니 신성한 영과 그의 성스러운 아버지로 대조한다. 「빌립 복음서」에서는, 신성한 영은 "모든 것의 어머니"로 불린다.36) 알렉산드리아의 클레멘트, 오리게네스, 그리고 제롬이 사용하는 「헤브라이 복음서」도 신성한 영을 어머니라 부른다. 예를 들어, 오리게네스는 "나의 어머니 신성한 영은 내 머리털 한 오라기로 나를 받으셨으며 저 위대한 산 타보로 나를 데려가셨다."라고 인용한다. 한편, 제롬은 신성한 영이 어머니로서 세례를 받는 예수에게 내려오는 것을 본다.37) 마지막으로 성스러운 어

---

36) Elaine Pagels, *The Gnostic Gospels*(New York: Random House, 1979), pp.48-53.

37) *The Other Gospels: Non-Canonical Text*, ed. Ron Cameron(Philadelphia:

머니를 지혜로 묘사하는 몇몇 영지주의 작가들이 있다. 따라서 그녀는 인류를 계몽하고 현명하게 하며, 아버지 신의 분노에서 노아와 그의 가족을 구원하는, 대립을 조화롭게 하며, 처음이자 마지막인, 모든 창조의 원천으로 불린다.38)

성서 연구와 문화적 문제 모두에 관심을 갖고 있는 페이절스는 다음과 같이 묻는다. "영지주의 기독교 여성들은 신을 이렇게 여성적으로 개념화해서 어떤 실질적인 사회적 이익을 도출했는가?" 그녀의 대답은 긍정적이다. 여성들이 예언자와 스승, 기도자와 치료사로 존경받았다는 사실, 그들이 성찬식과 세례를 주재했다는 사실, 그들이 신부와 주교로 임명되었다는 사실, 그리고 그들이 영지주의 운동의 창시자들이었다는 사실이 그 증거다. 그녀가 항상 그 증거가 보편적이라고 생각하지는 않지만, 그녀는 많은 증거들을 통해 영지주의 종교이론과 사회적 관행이 분명히 서로 연관되어 있다고 결론짓는다.39)

영지주의 저작들에서처럼 주류 기독교 내에서도, 신성한 영은 분명하게 성적인 용어로 표현되었다. 그녀는 어머니, 배우자, 새로운 이브, 자매, 딸로 불린다. 이러한 표현들은 신비한, 예배학적, 신학적 작품들에서 발견된다. 유대-기독교적 특징을 갖고 기원한 에비온파에서는, 엘케사이의 비전을 발견할 수 있다. 여기에서 그는 두 존재의 동일하고 무한한 차원을 본다. 그는 남성적 차원을 신의 아들로 설명하고 반면에 여성적 차원을 신성한 영으로 본다.40)

마찬가지로 유대-기독교 전통인 시리아의 예배 전통 내에서도, 신

Westminster Press, 1982), p.85.

38) Pagels, *The Gnostic Gospels*, pp.53-56.

39) 같은 책, pp.59-61.

40) Yves Congar, *I Believe in the Holy Spirit*(New York: Seabury Press, 1983), vol. 3, p.157.

성한 영이 여성 신으로 묘사되는 것을 발견할 수 있다. 시작의례 신호, 임명식에 손을 올리는 것, 성찬제물 바치는 것은 공중을 선회하면서 나직이 내리덮는 행위로 묘사되는 신성한 영의 힘을 통해 성취된다.[41] 그녀는 성찬식의 맥락에서 자비로운 어머니로 그려진다.[42] 400년(C.E.)까지 시리아의 성찬식에서 신성한 영을 여성 신으로 이해했다는 것은 분명하다.[43]

신학 작품들에서도 신성한 영은 성적인 이미지로 표현된다. *Against Heresies* 에서 이레네우스는 "영을 공유하지 않은 사람들은 어머니의 젖을 공급받지 못해 생명에 이르지 못한다."(3.24.1)고 말한다. 마찬가지로 알렉산드리아의 클레멘트는 신을 남성뿐 아니라 여성으로 특징 짓는다. 그는 돌보는 이, 스승, 어머니로서 말씀을 언급하는 한편, 아버지는 그의 가슴에서 나오는 젖으로 우리를 기르신다고 말한다. 이를 기초로 그와 유사하게 클레멘트는 남자와 여자가 똑같은 완전함을 공유한다고 보고, 여자들이 남자들과 함께 공동체에 참여해야 한다고 주장한다. 그는 역사상 지배자와 작가, 철학자와 시인과 화가로서 훌륭한 위치를 점했던 여성들을 열거하면서 여성 참여에 대한 자신의 주장을 뒷받침한다.[44] 클레멘트가 여성적 용어로 아버지와 말씀 모두를 묘사한 반면, 올림포스의 메토디오스(311년 사망)는 특히 신성한 영을 살피고 그녀를 신부로 그리고 새로운 이브로 보았다.[45] 키레네

---

41) Robert Murray, *Symbols of Church and Kingdom: A Study in Early Syriac Tradition*(London: Cambridge University Press, 1975), pp.21-22.

42) Congar, *I Believe in the Holy Spirit*, vol. 3, p.157.

43) Murray, *Symbols of Church and Kingdom*, p.318.

44) Pagels, *The Gnostic Gospels*, pp.67-68, 그러나 Pagels는 다가오는 세기에 교회를 지배한 생각은 정통 클레멘트의 생각이 아니었다고 지적한다. 오히려 그것은 테르툴리아누스의 생각이었는데, 그는 교회에서 여자들이 말하고 가르치고 세례를 주고 성찬식 행하는 것을 금지했다.

의 시네시우스(412년 이후 사망)에게 있어서, 신성한 영은 어머니이고 누이이며 딸이었다.46) 정통 시리아 신학자들에게 있어서, 신성한 영을 그녀로 지칭하는 것은 흔한 일이었다. 머레이에 따르면, 이러한 시리아의 신학자들은 "단지 이사야서의 뒷부분들(49:14-15, 66:13)이 신에서 발견하는 어머니의 특성을 신성한 영에 귀속시키고 있었다."47)

신성한 영은 어머니, 배우자, 새 이브, 누이, 딸이라는 이미지를 갖는 이외에도, 기독교 전통의 우리에게 성스러운 지혜로 나타난다. 안티오크의 테오필루스, 이레네우스, 클레멘트 설교집의 저자와 같은 초기 교회의 교부들 중 몇몇 사람들은 구약성서에 나오는 지혜가 신성한 영을 예시하는 것으로 간주했다.48) 저스틴 마터 또한 성스러운 지성을 신성한 영과 동일시했다. 그러나 그는 또한 성스러운 지성을 로고스나 아들과 동일시했다는 점에서 성서적인 성령론에서 멀어졌다. 알렉산드리아의 클레멘트에게 있어서는, 오직 한 가지의 계몽원리 즉 아들만이 있었다. 이와 같이 지혜를 신성한 영이 아니라 아들로 그리는 것은 오리게네스와 아우구스티누스와 아퀴나스가 따르는 기본적인 방향인 반면, 성경적 증거를 따르는 다른 길도 있다. 따라서 이레네우스에게 있어, 아버지는 알려지지 않고 초월적이고 신비한 분이다. 아들은 아버지의 의지를 실행하는 분이다. 영은 기르고 증가시키고 밝게 비추는 성스러운 지혜다. 이렇게 이론화하는 방법은 가이우스 마리우스 빅토리누스(354년경에 세례 받음)가 발전시킨 방식이다. 빅토리누스에게 있어서, 아들은 아버지의 활동이며, 성스러운 존재가 이를 통해 밖으로 나아가 물질 속으로 내려가게 되는 통로다. 영은 성스러

---

45) Congar, *I Believe in the Holy Spirit*, p.157.

46) 같은 책, p.163.

47) Murray, *Symbols of Church and Kingdom*, p.318.

48) Congar, *I Believe in the Holy Spirit*, vol. 1, p.13.

운 지성이며 우리를 근원으로 돌이키는 신의 살아 있는 생각이다.49)

그러나 성스러운 지혜와 신성한 영을 동일시하는 것은 시간이 지나면서 거의 잊혔다.50) 신약성서에서 그리스도와 지혜를 동일시하는 분명한 언급이 거의 없는 반면, 시간이 지나면서 교부들은 지혜 그리스도론을 발전시켰으며, 지혜와 신성한 영을 동일시하는 입장은 사실상 잊혔다.51) 예를 들어, 히폴리투스와 키프리아누스와 같은 몇몇 교부 해설자들은 누가복음 11장 49절의 "신의 지혜가 말씀하셨다."를 예수를 암시하는 것으로 이해했다. 그러나 여기에서 지혜는 미리 존재하고 반면에 예수는 그렇지 않기 때문에, 한스 콘첼만은 여기에서 예수와 지혜를 동일하게 보지 않는다.52) 지혜와 신성한 영을 동일시하는 이러한 특정 성령론의 문제는 더 많은 논의가 필요하지만, 지면 부족으로 인해 지혜의 초월과 내재성 문제로 이제 화제를 돌려야 하겠다.

지혜문헌에서 처음으로 욥기 28장에 의인화된 인물이 등장한다. 이러한 여성 지혜의 등장을 설명하면서, 머피는 그녀를 "창조된 세계에서의 성스러운 비밀"로 특징짓는다.53) 이 구절은 그녀의 초월성(성스러운 비밀)과 그녀의 내재성(창조된 세계) 모두에 대해 말하는 것으로 보일 것이다. 게다가 욥기 28장 22절에서는 지혜가 모든 생물의 눈에 숨겨졌고 공중의 새에게 가려졌으며, 파멸과 죽음도 이르기를 우리가

---

49) Donald L. Gelpi, *The Divine Mother: A Trinitarian Theology of the Holy Spirit*(Lanham, Md.: University Press of America, 1984), p.45.

50) 여성 신으로서 신성한 영을 받아들이는 전통이 없어지게 된 역사적 설명을 위해서, Rae and Marie-Daly, *Created in Her Image*, pp.16-20을 보라.

51) Bernhard Lang, *Wisdom and the Book of Proverbs: An Israelite Goddess redefined*(New York: Pilgrim Press, 1986), p.950.

52) Joseph A. Fitzmyer, *The Gospel According to Luke X-XXIV*, Anchor Bible 28A(Garden City, N.Y.: Doubleday, 1985), p.950.

53) Murphy, *The Tree of Life*, p.135.

"귀로 그 소문은 들었다"고 말한다. 신은 "그것을 보았고 평가하셨다"고 증언한다(욥기 28:27). 이것은 그녀를 발견하는 야훼를 떠나 지혜가 독립적으로 존재하는 것으로 보이게 할 것이다. 집회서 24장 28절에서도 "첫 번째 인간은 결코 지혜를 완전히 알지 못했으며, 마지막도 그녀를 헤아림에 있어서 성공하지 못할 것이다."라고 지혜에 도달할 수 없음에 관하여 말한다. 바루크서 3장 15-31절에서도 이와 같은 메시지가 발견된다. 게다가 게르하르트 폰 라트는 우리가 무엇을 알든 지혜문헌의 메시지가 있다고 그가 우리에게 말할 때, 여전히 결과적으로 신비의 요소가 남아 있다는 것을 암시한다. 삶은 궁극적으로 규칙이 아니라 신을 통해 결정되기 때문에 그러하다.54) 그래서 진정한 의미에서 지혜는 결코 인간의 소유가 되지 못할 것이다.

지혜는 초월적일 뿐 아니라 내재적이기도 하다. 이는 머피를 포함한 많은 해설자들이 주목하는 바인데, 머피는 지혜를 인간에 대한 신의 소통 혹은 자아의 확장으로 본다.55) 머피는 솔로몬의 지혜서 7장 24절과 8장 1절이 지혜를 세상에 내재적인 것으로 표현하는 구절이라 본다.56) 테리언 또한 잠언 8장 22-31절을 인용하면서 지혜를 내재적인 것으로 특징지으며, 자신의 독특한 지위와 활동 그리고 매개적 기능을 알리는 성스러운 존재로서 그녀를 묘사한다. 그녀는 인류에 대한 신의 현존이며, 활동을 통해 전달되는 신의 현존이다.57) 지혜의 성

---

54) Gerhard von Rad, *Wisdom in Israel*(Nashville: Abingdon Press, 1972), pp.97-106.

55) Murphy, *The Tree of Life*, p.147.

56) 같은 책, p.145,

57) Samuel Terrien, "The Play of Wisdom: Turning Point in Biblical Theology", *Horizons in Biblical Theology* 3(1981), pp.133-37. Terrien에게 있어서 성스러운 현존은 성경의 네 분야 즉 모세 5경, 예언서, 작품들, 신약성서에 공통되는 유일한 힘이다.

스러운 내재의 문제에 관해서는 다음 창조신학의 맥락에서 그녀를 바라볼 때 더 많이 다루어지게 될 것이다. 하지만 그 전에 지혜를 여성신으로 바라보는 통찰을 잘 요약하고 있는 엘리자베스 존슨의 인용문으로 결론을 내릴 것이다. 지혜의 기능을 조사한 뒤에, 존슨은 다음과 같이 말한다.

이것은 다섯 번째 선택지를 신뢰하게 하는데, 그것은 지혜가 세계에 창조적으로 참여하고 구원으로 관계하는 신 자신의 존재에 대한 여성적 의인화라고 주장한다. 이러한 해석에 도달한 주요 이유는 지혜가 행하는 것과 성경적 신이 행하는 것이 기능적으로 동일하다는 것이다. 그녀가 행하는 것은 이미 성경 어딘가에 말로 표현할 수 없는 경외하는 야훼(YHWH)라는 이름 하에 활동하는 이스라엘 신의 활동분야로 묘사되어 있다. 그녀는 존재하는 모든 것을 만들고 순수한 인간 사랑의 정신으로 그것에 스며든다. 그녀는 전지전능하고 무소부재하며 모든 것을 새롭게 한다. 창조에 적극적인 그녀는 또한 그녀가 선택한 백성들을 구하기 위해 역사에서도 작용하며, 그들을 인도하고 보호함으로써 해방투쟁의 변천을 뚫고 나아가게 한다. 그녀의 강력한 말은 신의 칙서로서, 그 말을 들으면 구원에 이를 것이요, 그 말에 불복종하게 되면 멸망할 것이라는 중대한 말씀을 전한다. 그녀는 하인들을 보내어 그녀와 교제하도록 초대한다. 그녀의 빛을 통해 왕들은 공정하게 통치하며, 불의한 왕들은 처벌을 받는다. 그녀는 인간과 사랑하고 구하고 찾는 관계에 참여한다. 다른 성경 구절로 말하자면, 그녀를 사랑하는 누구든지, 오로지 신만이 줄 수 있는 것을 받게 된다.[58]

---

58) Johnson, *She Who Is*, p.91; pp.86-90에는 이 내용을 지지해주는 성경 구절이 있다.

창조의 모체가 되는 지혜

지혜문헌을 창조신학으로 보는 아이디어는 최근에 발전된 것이 아니라, 최소한 발터 짐멀리가 지혜가 창조신학의 틀 내에 있다고 보았던 1964년으로 거슬러 올라간다.[59] 예를 들어 전도서에 따르면, 드러난 신은 창조주 신이다. 창조된 모든 것은 아름답거나 그 시대에 적합하다.[60] "현인들은 우리들처럼 자연을 주관/객관으로 분석하지 않았다. 시편 104편과 잠언 30장의 말씀들이 이를 말하고 있다. 모든 것들 특히 모든 살아 있는 것들은 단지 존재하고 단지 살아 있는 것으로 인식되었다."[61] 창조와 관련해서 이원론적인 견해는 없는 것으로 보였다. 오히려 모든 것은 본래적인 가치를 갖고 있었다. 모든 것들은 유용했기 때문에 소중하게 여겨지는 그러한 대상들이 아니었다. 신성한 것과 세속적인 것은 없었다. 모든 것에는 신의 현존이 스며 있었다. 현재의 환경적 위기를 감안해보면, 내가 사서 먹는 음식들과 농약을 치지 않고 내 밭을 가꾸는 방식들과 같은 그러한 것들에서 지혜의 정신성이 발견될 수 있다고 할 수 있을 것이다. 마찬가지로 일상 경험을 통해 성경의 현인들은 신성한 신비로 사람들을 이끌 수 있었다. 머피에 따르면, 그들은 "결코 예언자들조차 필적할 수 없었던 방식으로 성스러운 신비를 통찰했다."[62]

폰 라트 또한 지혜문헌에서 신성한 비전을 보는 것 같다. 그는 "유대인들이 사회적 질서와 관련이 있는 '삶의 지혜'와 '자연의 지혜'를

---

59) Walther Zimmerli, "The Place and Limit of the Wisdom in the Framework of the Old Testament Theology", *Scottish Journal of Theology* 17/14(1964), pp.146-58.

60) Murphy, *The Tree of Life*, pp.57-59.

61) 같은 책, p.125.

62) 같은 곳.

그러한 추상적인 형태로 이 영역들을 객관화할 수 없었기 때문에 그 것을 차별화하지 않았다"고 주장한다.63) 폰 라트에게 있어서, 지혜문 헌의 계속성은 지혜를 자기 계시적인 것으로 보는 데 근거한다. 다시 말해, 지혜서의 저자들은 "창조 자체가 늘 그녀가 했던 대로 그녀와 관계하고 그녀를 믿는 인간에게 그녀의 진리를 드러낼 것이라는 흔들 리지 않는 확실성"을 갖고 있었다.64) 따라서 진정으로 지혜는 신의 계시를 이해하는 방법이라고 말할 수 있을 것이다.65) 대개 신의 계시 를 구원의 역사로 좀 더 이해하는 반면, 나는 창조에서 보인 것처럼 신의 계시가 오늘날에 더 적합하다고 생각한다. 한 가지 분명한 이유 는 그것이 인류 모두의 이야기라는 것이다. 만약 우리가 생태학적 재 앙에서 지구를 구하기 위해 우리 모두가 함께하고자 한다면 그 이야 기는 오늘날 정말로 필요한 것이다.

지혜문헌에서는 창조주와 세계가 분리되어 있지 않다. 오히려 그 둘은 예를 들면 지혜를 가르치는 오소리와 개미, 메뚜기와 도마뱀들 에서 보이듯이(잠언 30:24-28), 창조의 자율성으로 그리고 (선과 악 모두에 대한) 신의 인과성으로 강하게 묶여 있다.66) 창조는 창조주의 계시로 이해된다(지혜서 13:1).67) 세상을 보는 것은 창조주를 보는 것 이다. 그러나 지혜문헌은 세계의 기원에 대해 거의 관심을 보여주지

---

63) Von Rad, *Wisdom in Israel*, p.71.

64) 같은 책, p.317.

65) Murphy, *The Tree of Life*, p.126. 창조를 성스러운 계시로 보는 유대인들의 능력은 역사를 "지나간 시대에 대한 회상으로뿐 아니라 다양하고 계산할 수 없는 일들이 종종 나타나는 일상 경험에 대한 분석"으로 이해하는 데 근거한 다.

66) 같은 책, p.114.

67) 같은 책, pp.91-92. Murphy의 지적에 따르면, 창조에 대한 이러한 이해는 자 연숭배에 대한 비난이라는 맥락에서 이루어진다.

않는다. 오히려 그것은 신의 활동 장소로서의 세계에 관심을 갖는다. 이 세상은 인간이 배우고 반응하는, 여성 지혜가 활동하는 지구의 표면이다(잠언 8:31).[68] 따라서 예를 들면 의인화된 지혜가 처음 성경에 나타나는 욥기에서, 신은 창조에서 욥의 변화 결과로 그 자신을 드러낸다(욥기 38-39). 욥은 이러한 계시에 대해 "내가 주께 대하여 귀로 듣기만 하였으나 이제는 눈으로 주를 뵈옵니다."(욥기 42:5)라고 대답한다.[69]

욥기에는 또한 인간중심적이지 않은 창조에 대한 이해가 나타난다. 신은 욥에게 사람이 살지 않은 곳에 비가 내린다고 지적한다(욥기 38: 26-27). 또한 신은 사자를 위해 식량을 사냥하는 분이다(욥기 38:39-40). 창조에는 설계를 통해 인간이 소중히 여기지 않는 것들이 포함된다(욥기 39:13-17). 전통 우주 창조설에서처럼 "괴물들"을 쳐부수기보다, 신은 장려한 시로 그들에 감동한다. 욥을 주변에 놓고 신은 창조 자체의 가치를 기념하고 그의 권능과 은총을 약속한다.[70]

창조가 말하는 언어는 기묘하고(시편 19), 꾸준하며, 소리가 없이, 들리는 것(시편 19:2)으로 특징을 이룬다.[71] 현인들의 언어가 되는 이 외에도 지혜의 언어는 또한 인간이 아닌 것의 언어이기도 하다. 앞서

---

68) 같은 책, pp.118-20.

69) 같은 책, p.43.

70) Richard J. Clifford, *Creation Accounts in the Ancient Near East and in the Bible*(Washington, D.C.: Catholic Biblical Association, 1994), pp.193-97.

71) Roland E. Murphy, "Wisdom and Creation", *Journal of Biblical Literature* 104/1(1985), p.6. 죽음에 관한 사순절 묵상 동안 이러한 기준을 충족시키는 개인적 경험이 발생했다. 나 자신의 개인적 죽음에 관해 명상하기로 계획했을 때, 대신에 내가 경험했던 것은 지구의 용해된 핵의 격노함이었는데, 이러한 격노함은 우리 인간이 지구에게 행하고 있는 것 때문에 유발된 것이었다. 모든 내 주변의 창조가 황폐해지고 파괴되고 있는 과정 중에 나는 나 자신의 죽음이 어떻게 중요할 수 있는지 질문을 받고 있는 것 같았다.

언급된 네 가지 작은 생명체들(개미, 오소리, 메뚜기, 도마뱀)은 매우 현명한 것들로 지칭된다. 그것들은 행동 때문에 그렇게 불린다(잠언 30:24-28). 욥도 짐승과 새들, 도마뱀과 물고기를 인간의 스승이라고 말한다(욥기 23:7-8). 집회서 39장 12-35절에서는, 모든 창조 작품들의 선함은 소위 생명이 없는 세계에까지 확장된다. 여기에서의 주제는 신의 모든 작품들의 선함이다. 이 주제는 'kairos' 혹은 알맞은 시간이라는 주제를 통해 설명된다. 따라서 불과 우박, 기근과 질병조차도 적합한 시기를 갖는 것으로 보인다. 집회서 43장 1-33절은 우박과 비와 번개를 포함해서 모든 것이 창조에 복종하는 것을 찬양하는 성가다. 그 성가는 신을 모든 것의 원천으로 즉 "그는 모든 것이다."(집회서 43:27)라고 말할 때 그 절정에 도달한다. 게다가 신의 연민은 모든 살아 있는 것들에게로 확장된다. 이것은 오직 이웃에게만 연민을 갖는 인간과 대조된다(집회서 18:13).72)

지혜문헌의 언어는 또한 경험의 언어로 보일 수 있다. 이것은 오늘날 경험에 바탕을 둔 윤리학을 전개하는 생태여성주의자들에게 적절한 원천으로 보일 수 있을 것이다. 지혜문헌에는 높은 추상적 원리들이 아니라 인간의 경험이 발견된다. 이것은 신에 대한 인간의 경험을 포함한다. 인간은 전적으로 세상에 있는 것으로서 그리고 항상 신을 대하여야 하는 것으로서 특징지어질 수 있을 것이다. 지혜서는 우리에게 배울 수 있는 모든 것을 배우고 일상에서 그것을 사용하도록 권고한다. 반면에 우리가 무엇을 알든지 항상 결과적으로 신비의 요소가 있다고 그것은 경고한다. 이것은 기본적으로 인간의 한계를 인정하는 것이다. 우리는 항상 완전히 새로운 경험에 열려 있어야 한다.73) 폰 라트는 다음과 같은 방식으로 이러한 의미와 지혜의 힘을 요약하

---

72) Murphy, *The Tree of Life*, pp.71-72.

73) Von Rad, *Wisdom in Israel*, pp.88-106.

고 있다.

세상과 인간에 관한 진리는 결코 우리의 이론적 지식의 대상이 될 수 없다는 사실, 믿을 만한 지식은 오직 사물들과의 믿음관계를 통해서만 성취될 수 있다는 사실, 추상적인 용어로 지혜를 통제하지 않으려는 것이 가장 높은 지혜라는 사실, 사물들이 그들의 끊임없는 놀라운 본성을 갖도록 허용하는 것이 훨씬 더 현명하다는 사실이 있으며, 그리고 그것은 그들이 활동적인 그들 자신이 되도록 허용하는 것을 의미하며, 그리고 그들이 말해야만 하는 것을 통해, 인간이 본래의 질서에 따르게 하는 것을 의미한다.74)

지혜문헌에서, 우리는 (예를 들면 욥기와 전도서에서) 선과 악 모두를 포함하는 단어를 발견할 수 있다. 우리의 시대는 구조적으로나 개인적 수준에서나 악의 실재가 엄청난 비율로 나타나는 시대다. 이러한 현실에 직면하고 있는 우리는 우리가 선하다고 일컫지만 그러한 악이 발생하도록 "허용하는" 신을 어떻게 생각할지에 관해 과거보다도 훨씬 통찰력을 갖고 있지 못한 것으로 보인다. 우리는 우리가 선하다고 일컫는 것들과 우리가 악하다고 칭하는 것들 모두가 신의 작품이라고 하는 지혜문헌을 봄으로써 현대의 호신론을 시작할 수도 있을 것이다. 그 밖의 아무것도 아니라고 한다면, 이것은 우리가 우리 자신의 죽음이라는 아이디어를 다시 생각하게 할 수 있을 것이다. 지구와 우리가 아는 모든 것은 단지 별들의 죽음 때문에 여기 있다. 마찬가지로, 우리 자신의 죽음도 악이 아니라 다른 것들을 위한 새로운 삶의 기회로 보이지 않겠는가? 게다가 『티마이오스』에 나오는 창조주는 전지전능하지 않고 단지 그가 할 수 있는 최선의 것을 한다는 플라톤의

---

74) 같은 책, p.318.

통찰이 결국 매우 타당할 것으로 보인다. 이것은 결코 악한 행동에 대한 인간의 책임을 무시하거나 하늘의 반을 채우는 일몰을 보라와 분홍으로 색칠하는 이의 힘을 부정하는 것도 아니다.

마지막으로 지혜의 언어는 사람들이 모여드는 거리와 광장, 성문 어귀의 공적인 장소에서 발견된다(잠언 1:20-21). 이 구절을 언급하면서, 버나드 랭은 "그 이유는 지혜가 공적인 삶의 영역에서 그녀가 유용하다는 것을 보여주어야 한다는 것이다"라고 한다.[75] 지상에서 생명을 가능케 한 공기와 물과 토양과 같은 체계들이 이제 파괴에 직면하고 있는 오늘날, 지혜의 목소리가 다시금 공적인 장소에서 들려야 할 필요가 있지 않겠는가?

결론

앞에서 우리는 오늘날 우리의 세상에서 특히 중요한 역할을 갖는 보편적 구원자로서, 여성 신으로서, 그리고 창조의 모체로서, 성스러운 지혜가 하는 역할을 보았다. 그것은 이 각각의 세 분야에서 이루어질 필요가 있는 일의 예비적인 연구이며 또한 그것의 출발이 되기를 바란다. 지구와 관계된 구원의 여성으로서 지혜의 사람은 세계의 모든 종교들에서 연구될 필요가 있다. 그때에 가서야 비로소 우리는 그녀의 보편성을 결정할 수 있지만, 나는 기독교 성경 누가복음 7장 35절에서 그러한 보편성을 발견했다.

두 번째, 여성 신으로서의 지혜는 기독교 전통에서 완전한 성령론으로 들어가 신성한 영의 사람에서 발전될 필요가 있다. 우리는 신성한 영을 교회의 사무와 관련해서 그리고 정해진 성직과 관련해서만

---

75) Lang, *Wisdom and the Book of Proverbs*, p.31.

보는 가톨릭 신학의 제도에서 그녀를 해방시키고, 그녀를 개인적인 신앙에만 연결시키는 개신교 신학에서 해방시킴으로써 출발할 수 있을 것이다.76) 그녀는 솔로몬의 지혜서 8장 1절에서 하듯이 그녀가 모든 것들에 질서를 부여하면서 지구 전체를 배회하도록 해방되어야 한다. 하지만 그녀는 지구에 제한되지 않고 우주적 기능도 갖고 있는데, 그러한 기능의 시작은 예를 들면 잠언 8장 27-28절에서 볼 수 있다. 이러한 기능 모두 더 많은 전개가 필요하다.77)

세 번째 지혜를 창조의 모체로 여기는 이해는 진정으로 지구를 신성한 것으로 존중하는 정신성을 통해 살아날 필요가 있다.78) 우리 인간이 신을 숭배하면서 시간을 보내야 할 필요성을 부정하지 않는 반면, 이러한 정신성은 예를 들면 지구에 최소한의 손상을 입히는 운송수단 방법을 선택하면서 소모되는 시간이 우리의 기도만큼 신성한 경험으로 보일 것이다. 이는 그녀가 우리의 명상에서처럼 마찬가지로 우리의 움직임 안에도 현존하기 때문이다. 그녀는 우리를 강요하지는 않지만, 그녀의 초대는 우리 각자에게 이를 것이다.

너는 와서 내 식물을 먹으며 내 혼합한 포도주를 마시고, 어리석음을 버리고 생명을 얻으며 명철의 길을 행하라 하느니라. (잠언 9:5-6)

---

76) Johnson, *She Who Is*, pp.124-29.

77) 신성한 영의 우주적 기능에 대한 초기 논의를 위해서는 Eleanore Rae, *Women, the Earth, the Divine*(Maryknoll, N.Y.: Orbis Books, 1994), p.83을 보라.

78) 가능한 모델로서 Sallie McFague, *Super, Natural Christians: How We Should Love Nature*(Minneapolis: Augsburg Fortress, 1997)를 보라.

이 책을 위한 새로운 끝맺음

"성스러운 지혜: 오늘을 위한 그녀의 중요성"에 관한 이 논문을 읽고, 독자는 테야르가 한 번도 언급한 적 없었던 것이 왜 테야르에 관한 책에 포함되었는지 물을 것이다. 내 생각으로는, 그것이 테야르와 그의 작품들의 정신을 아주 많이 반영한다고만 대답할 수 있다. 나는 논문이 다루고 있는 구원자로서의 지혜의 보편성, 성스러운 여성, 창조의 모체로서의 지혜라는 세 분야에서 이에 관해 분명히 하고자 한다.

테야르가 그의 신학에 있어서 매우 그리스도 중심적인 것으로 보이는 반면, 나는 그의 사상에서 보편적 구원자로서의 지혜에 관한 나의 첫 번째 입장에 동조하는 두 가지 측면을 발견한다. 첫 번째는 다양성 속에서의 통일성 문제와 관련된다. 테야르는 자신을 돌아보고 다음과 같이 반성한다.

> 분명 우리 자신들 내부 깊이, 쨰진 틈을 뚫고, 존재의 중심에 "내면"이 나타난다. 이것은 언제 어디서나 자연 안에서 이러저러한 정도로 이러한 내면이 존재함을 확립하기에 충분하다. 우주의 물질은 그 자체 안의 한 점에서 내적인 얼굴을 갖고 있기 때문에, 그것의 구조는 필연적으로 두 얼굴을 갖고 있다. 예를 들면 그것의 껍질과 공존하는 알곡과 마찬가지로, 시공간에 있는 모든 것은 내면을 갖는다.[79]

다시 말해 처음부터 모든 창조는 내면을 갖고 있다고 할 수 있는데, 테야르는 그것을 그것의 의식 혹은 그것의 자발성이라 부른다.[80] 그

---

79) Pierre Teilhard de Chardin, *The Human Phenomenon*, trans. Sarah Appleton-Weber(Portland, Ore.: Sussex Academic Press, 1999), p.24.

80) 같은 책, p.25.

의 통찰은 혼돈이론의 발견들뿐 아니라 양자이론의 입자들의 비결정성을 통해 현대과학에서 탄생한다. 보편적 구원자로서의 지혜에 관한 나의 입장과 테야르와의 두 번째 동조는 다른 종교들에 대한 그의 개방성에서 발견될 수 있다. 그의 그리스도 중심성에도 불구하고 혹은 그것 때문에, 테야르는 다른 신앙 전통들에 진정한 관심을 보여주었다. 그는 되돌아보면서 그의 중국으로의 초대가 그의 인생에서 결정적인 사건이라고 생각했다. 어슐러 킹은 테야르가 동양 문화와 접촉했던 것이 그의 과학적 과업에 중요했을 뿐 아니라, 종교와 신비주의와 관련해서 종합과 수렴적 통일성을 모색하는 그의 비전에도 중요했다고 지적한다. 테야르에게 있어서, 기독교 신비주의적 작용, 특히 사랑의 작용은 더 성장하기도 하고 좀 더 보편화되기도 해야 했다. 그는 새로운 신비주의적 작용과 수렴과 변화는 서양의 통찰뿐 아니라 동양 종교의 통찰에도 의존한다고 생각했다. 예를 들어 그가 1947년 세계 종교회의의 프랑스 분과 설립에 가담했던 것을 보면 이는 분명하다. 그는 다른 종교 전통들에서 적극적이고 고무적인 요소들을 찾았다. 그는 예를 들면 지구를 살리는 문제라든지, 모두를 위해 공정하고 평화롭고 조화로운 세계를 창조하는 것과 같은, 사회에서 가장 긴급한 문제에서 인간이 조치를 취하는 데 필요한 에너지를 제공할 수 있는 능력에 따라 이러한 신앙 전통들을 평가했다.[81] 여성 신으로서 지혜에 관한 나의 두 번째 연구에서, 나는 테야르의 생각과 두 가지 공통점을 발견한다. 첫 번째는 그가 *Hymn of the Universe* 에서 신비로운 경험을 묘사할 때다. 여기에서 그는 장대한 실재(에너지의 흐름)를 여성으로 묘사한다. 그는 다음과 같이 묘사한다.

---

81) Ursula King, "Mysticism and Contemporary Society: Some Teilhardian Reflections", *Teilhard Studies* no. 44(spring 2002), pp.5-14.

그는 1세기의 길이에 놀라거나 그의 사랑이 자연의 한계에 제한되어 있는 사람들에 대해 동정심을 느꼈다. 한때 그를 괴롭히거나 배반했던 아주 많은 것들(교육받은 사람들의 말투와 발음들, 그들의 주장과 금지들, 우주의 움직임에 대한 그들의 거부)이 이제는 모두 그에게는 그 장대한 실재인 에너지의 흐름과 비교했을 때 단지 어리석고 존재하지 않는 것으로 보일 뿐이다. 그 장대한 실재는 이제 무소부재하고, 변함없는 진리로, 쉼 없이 발전하고, 비길 데 없이 평온한, 어머니의 끝없는 보호함으로 그 자신을 그에게 드러냈다.82)

두 번째, 테야르의 새로운 신비주의에 대한 킹의 묘사에서, 나는 지혜의 성서적 초월과 내재성을 발견한다. 킹은 테야르의 신비주의의 세 가지 방향들을 언급한다. 그녀는 그것을 첫째(*Via prima*), 지구와의 교감(내재성), 둘째(*Via secunda*), 신과의 교감(초월성), 셋째(*Via tertia*), 지구를 통한 신과의 교감이라 부른다. 테야르는 처음 두 가지 방법들(내재성만 혹은 초월성만)이 불완전하고 부족하다는 것을 발견했다. 오직 내재성과 초월성이 함께 행위의 신비 안으로 들어감으로써만 완전함이 발견될 수 있다. 이는 공적인 장소들에서 발견될 수도 있는 여성 지혜의 방법이기도 하다(잠언 1:20 이하).83)

내 연구의 세 번째 부분은 지혜를 창조의 모체로 다룬다. 이와 관련해서, 나는 테야르의 사상이 지혜 전통에 근거한 것이라고 말할 수 있는 곳에서 세 가지 문제를 발견한다. 첫째, 지혜문헌은 모든 창조가 본래적인 가치를 갖고 있는 것으로 본다. 또한 예를 들면 "따라서 생물권에서부터 종들까지 모든 것은 단지 다양한 형태들을 통해 자신을 찾는 영혼의 엄청난 분기일 뿐이다"라고 하는 테야르의 이해에서 보

---

82) Pierre Teilhard de Chardin, *Hymn of the Universe*(New York: Harper & Row, 1972), p.63.

83) King, "Mysticism and Contemporary Society", p.8.

이듯이, 테야르 또한 이러한 생각을 공유할 것이다.84) 둘째, 지혜 전통은, 예를 들면 욥기에서처럼, 세상을 보는 것이 창조주를 보는 것이라고 인식한다. 테야르도 마찬가지로 문제에 정통하다는 것은 신의 빛에 도달하고 그것에 복종할 수 있다는 것을 의미한다고 생각한다.85) 셋째는 악의 문제다. 지혜 전통에 따르면, 선이든 악이든 모든 것은 아무튼 신의 작품이다. 불과 우박, 기근과 질병을 포함해서 모든 것은 자신의 자리와 알맞은 때가 있다. 테야르는 종종 악의 문제를 정당하게 다루지 않는다고 비판을 받는다. 이에 대해 그는 인간 현상이란 인간의 이야기를 다루는 전원시가 아니라 우주 드라마라고 대답한다. 테야르에게 있어서, 무질서와 실패, 분해와 외로움, 고통과 성장에서 악은 너무나 자명한 것이었다.86) 그는 악의 힘을 통렬하게 인식하고, "심지어 단순한 생물학자의 눈에서조차, 참으로 인간의 서사시만큼 십자가의 길을 닮은 것은 없다"고 말한다.87) 그러나 결국 테야르는 생명의 선물을 축하할 수 있었는데, 생명은 여성 지혜가 그녀 자신의 것이라고 주장하는 선물이며, 그녀를 찾고 구하는 사람들에게 지금 여기에서 제공하는 선물과 같은 것이다.

---

84) Teilhard, *The Human Phenomenon*, p.99.

85) Teilhard, *Hymn of the Universe*, p.21.

86) Teilhard, *The Human Phenomenon*, pp.224-26.

87) 같은 책, p.226.

15

사람과 공동체의 창조적 결합
지구-인본주의 윤리

조셉 그라우

서문

세계적인 의제

정치경제학자 로버트 라이히는 1987년 자신의 책 *Tales of a New America* 의 방향을 계획할 때 그의 앞에 나타나는 근본적인 문제를 다음과 같이 설명한다.

함께 유망한 노력들을 정의하고 상호 의무와 책임이라는 지속적인 관계를 구축하라. 현대의 보수주의나 현대의 자유주의가 평가하는 것보다 더 많은 정도로 그리고 더 미묘한 이유로, 이 지구에서의 삶은 한쪽이 승리할 수 있는 맥락이 아니라 좀 더 복잡한 성공과 실패의 관계, 다시 말해 함께 이기거나 함께 지는 관계가 되었다.[1]

---

1) Robert B. Reich, *Tales of a New America*(New York: Times Books, 1987);

반세기 전, 샌프란시스코에서 중국으로 가는 배에 탑승한 테야르는 세상에 긴장과 생명성이 출현하는 것을 보고 자극을 받아, 그의 에세이 "The Spirit of the Earth"에서 다음과 같이 말했다.

오늘날 우리가 마음대로 할 수 있는 자원들과 우리가 방출한 에너지들은 이제껏 인간 지구의 건축가들이 사용해왔던 좁은 체계의 개별적 단위나 국가적 단위로는 아마도 흡수될 수 없을 것이다. 국가들의 시대는 지났다. 이제 우리가 멸망하기 바라지 않는다면, 우리는 우리의 이전 편견들을 떨쳐버리고 지구를 건설해야만 할 것이다.2)

다음 연구에서 나는 라이히와 테야르가 묘사하는 요구들에 답할 것이다. 그 답변은 테야르의 사상에 관한 탐구와 반성에서 나왔다는 점에서 테야르적이라 할 수 있다. 하지만 그것은 단지 그의 본래의 견해를 보여주거나 이 시점에서 그가 말했을 것이라고 생각되는 것을 보여주려는 것은 아니다. 오히려 나는 테야르의 정신으로 현대의 인간과 환경문제에 대해 그의 사상이 갖는 함의를 탐구하고자 했다.

개인과 공동체 그리고 자연환경과 과학기술에 대해 테야르 식의 접근방식을 전개함에 있어서, 나는 가능한 한 정확히 그의 생각을 반영하고자 하며, 몇 가지 유보조항을 지적하고, 그런 다음 오늘날 세상에서 도움이 될 만하다고 판단되는 입장을 공식화할 것이다. 테야르의 견해를 읽고, 나는 1982년 토머스 베리가 "Teilhard in the Ecological Age"3)라는 제목으로 *Teilhard Studies*에서 발표했던 것보다 좀 더 긍

특히 프롤로그 The American Story와 3장의 The New Context, p.50을 보라.

2) Pierre Teilhard de Chardin, *Human Energy*(New York: Harcourt, Brace, Jovanovich, 1969), p.37("The Spirit of the Earth").

3) Thomas Berry, "Teilhard in the Ecological Age", *Teilhard Studies* no. 7(fall 1982).

정적으로 평가한다. 나의 접근방식은 피에르 누아르와 크리스티앙 아르마냐크의 견해를 통해 입증된다고 나는 믿는다. 비록 그것이 1989년 4월 프랑스의 샹티에서 내가 그들에게 조언을 구하기 전에 도출되었다 할지라도, 그들은 테야르를 이미 알고 있었다.4) 지구-인본주의(geo-humanism)란 오랫동안 베리가 옹호했던 견해로서 지구 중심의 실재 안에 놓인 인간을 의미한다.

내가 다루고자 하는 주요문제들은 지구와 과학기술 둘 다에 대한 공동체 안의 인간과의 관계를 다루는 라이히와 테야르의 공동체주의적 관심을 포함한다. 테야르는 주로 *The Divine Milieu* 에서 발견할 수 있듯이, 특히 그의 기독교적 비전에서 우리에게 윤리적 차원을 제공한다. 테야르 전체에 대한 나 자신의 연구의 초점은, 지구 맥락에서 인간 진화를 촉진시키고자 할 때, 가장 훌륭한 과학적, 인본주의적 열망과 그리스도와의 통합 속에서, 우리가 가야 할 길을 밝히는 데 도움을 줄 수 있는 도덕과 윤리를 그가 어떻게 그렇게 오랫동안 연구했는가 하는 것이다.5)

---

4) 내가 P. Noir와 P. d'Armagnac를 4월에 만나기 전 2월 15일에 썼던 개인적인 기록에서, P. Noir는 "대지의 후손"인 테야르가 자연의 적과 동족이 되어서는 안 되며, 또한 테야르가 지구에 대한 인간의 책임에 대해 충분히 깨닫고 있었다고 확신했다. 1989년 4월 7일 내가 P. d'Armagnac와 상담했을 때, 그는 테야르와 나누었던 특별한 대화를 회상했다. 그때가 1950년대였는데, 그때 그는 테야르에게 "인류 진화"에 관해 어떻게 이해하고 있는지 물었다. 그 대화에서 테야르는 생물계가 깨지기 쉽다는 것에 관해 관심을 표현했으며, 또한 인지계가 그것에 의존한다고 말했다. P. d'Armagnac는 즉시 그 당시 테야르의 의식에 생태계 문제가 긴급한 문제로 표면화되지는 않았음을 인정했다. 하지만 테야르의 정신과 지구에 대한 그의 존중에 대해 그가 알고 있는 바로부터, 만약 테야르가 오늘날 살아 있다면 그가 "지구를 구하라!"고 외치는 자들 중에 있을 것이라고 그는 주장했다.

5) Joseph A. Grau, *Morality and the Human Future in the Thought of Teilhard de Chardin: A Critical Study*(Rutherford, N.J.: Fairleigh Dickinson University Press, 1976).

현재의 탐구

중심 문제들

출발점에서 나는 지구 공동체에서 인간을 이해할 수 있게 하고 과학기술적 탐구와 발전을 현명하게 사용할 수 있게 하는 경제윤리에 대한 의미 있고 포괄적인 접근방식을 확립하는 데 이 세 가지 특별한 질문들이 중심적이라고 생각한다. (1) 자비의 동기에서 협력을 강조하는 종교적 가치들과 상대적으로 자유로운 시장체계에서 강력한 경쟁을 강조하는 현재의 경제이론 간의 긴장을 우리는 어떻게 해결할 수 있는가? (2) 자연과 통합함으로써 생겨나는 비인간화도 피하고 자연에 대한 무책임한 인간 착취도 피할 수 있는 인간-지구 관계에 대한 균형 잡힌 지구-인본주의적 접근방식이 어떻게 성립될 수 있는가? (3) 환경뿐 아니라 창조적인 사람의 고결함도 파괴하지 않도록 어떻게 과학기술이 활용될 수 있는가? 적극적으로 말하자면, 어떻게 그것이 인간의 역동적이고 건설적인 사랑의 잠재력을 실현하도록 도울 수 있는가?

이 문제들은 서로 밀접하게 연관되어 있다. 첫 번째는 독립성과 충돌이 나타나는 배경에서 다른 사람들과의 단결에 대한 인간의 깨달음을 보여준다. 두 번째는 만족을 찾아 함께 작용하는 물리적, 생물학적 환경의 중요성을 살핀다. 세 번째는 처음 두 가지의 귀결이며 전체 그림의 통합적인 부분이다. 우리는 더 큰 지구-인간 관계를 존중하는 적합한 과학기술에 도달해야만 한다.

그 문제들과 관련이 있는 테야르의 개념들

이 문제들을 파악하기 위해서, 나는 이 분야들에서 테야르의 생각을 조사할 것이다. (1) 어떻게 조직화된 역동적 사랑 에너지를 통해 인격화된 그리스도의 우주가 진화하는지에 대한 그의 비전, 그리고 (2) 인간의 삶에서 이러한 성화된 사랑 에너지가 조직화되는 데 대한 그의 비전, 즉 경제활동의 협동적 조직화, 건설적인 지구-인본주의 학제적 연구, 그리고 사람과 공동체와 생물권을 지지하고 그것을 신장시키는 것으로서의 지구-인간화된 과학기술.

테야르 견해의 본성과 가치

사랑 에너지를 통한 그리스도 우주의 인격화

전체적인 비전

진화 과정에 대한 테야르의 견해에서 지적인 의식과 결정의 자유로 들어가는 중요한 경계선은 호모사피엔스의 등장과 더불어 극복되었다. 수십억 년 동안 자동한 에너지들의 상호작용은 더 이상 우주의 발달만을 추진시키지는 않을 것이다. 인간의 국면을 통해 우주가 더 높은 인간의 의식("인간화")을 향해 움직이기 시작함에 따라 새로운 종류의 창조적 작인 즉 인간의 선택이라는 작인이 중요해질 것이다. 테야르에 따르면, 윤리적 지식을 갖고 있는 인간 에너지의 조직화를 통해, 그리고 그것의 가장 높고 가장 중요한 형태인 사랑 에너지를 통해 인간화된 우주가 건설될 것이다.

대략적으로 그린 이 그림을 위해서, 우리는 그가 인간화와 사랑의 중요성을 전달하는 그의 주저 *The Phenomenon of Man*, 특히 생존에 관한 장을 참고할 수 있다.6) 현재의 목적을 위해서, 우리는 그가 필수

---

6) Pierre Teilhard de Chardin, *The Phenomenon of Man*(New York: Harper & Row, 1965), book 4: "Survival". 특히 11장 "Beyond the Collective: The Hyperpersonal", pp.257-72를 주목하라.

적인 세 가지 종류의 사랑에 대해 좀 더 상세히 말하고 있는 그의 다른 작품들을 조사할 것이며, 신-인간 에너지를 통해 실현되는 복잡한 지구 건설 작업에 알맞도록 그가 그것들을 어떻게 이해했는지 조사할 것이다.

세 가지 유형의 사랑

사랑의 실재를 경험하는 데 대한 테야르의 세 가지 접근방식이 비록 그의 초기 작품들에서도 관찰할 수 있다 할지라도, 그것은 1936년 베이징에서 집필된 "Sketch of a Personalistic Universe"에 가장 잘 표현되어 있다.[7] 세 가지 종류의 사랑은 성적 사랑, 일반화된 인간의 사랑, 우주적 사랑이다.

성적 사랑은, 테야르가 보았듯이, 대부분의 생명 진화 시기 동안, 주로 번식적인 것으로 연구되었다. 인간 종의 특성이 확립되면서, 이제 성은 단지 번식만이 아니라 서로의 정신적 에너지에도 적용된다. 결혼을 하면서 이 정신적인 호혜성은 개인의 자유를 보장하는 창조적인 원리나 차이를 인정하는 결합의 원리를 따라 부부가 하나의 자아로 흡수되는 것을 방지한다. 대신에 그것은 보완적인 방식으로 배우자들이 독특한 차이를 표현할 수 있게 한다. 그것은 또한 독신체제로 이끌 수도 있다. 독신자 테야르에게 있어서 신체적인 성적 결합과는

---

7) Pierre Teilhard de Chardin, "Sketch of a Personalistic Universe",in *Human Energy*, pp.53-92. 세 가지 유형의 사랑은 5장의 "The Energy of Personalization"(pp.71-84)에 묘사되어 있다. 사랑과 그것의 발전과 추이에 관한 그의 생각을 좀 더 살피기 위해서는, Grau, *Morality and the Human Future*, 4장 "Love the Highest Form of Spiritualized Energy"(pp.123-79)를 보라. 교회와 연관된 과학자의 관점에서 사랑에 관한 테야르의 생각을 연구하기 위해서는 R. Wayne Kraft, "Love as Energy", *Teilhard Studies* no. 19(spring/summer 1988)을 보라.

별개로, 그의 삶에서 여성이 미치는 힘을 경험한 그는 이러한 촉매반
응을 일으키면서 활력을 주는 측면을 강하게 인정할 수밖에 없었다.8)
그러나 남자나 여자나 모두 이 "감정적인 한 쌍"은 일반화된 인간 사
랑의 맥락에서 협동하기 위해, 그리고 궁극적으로는 그리스도-오메가
에서 인격화된 우주와 사랑스러운 교감을 나누기 위해, 그들 자신을
넘어서 더 완전한 것을 바라보아야 한다.

일반화된 인간 사랑, 테야르의 인류에 대한 사랑은 신성한 우주의
성장에 충실히 참여하기 위해 인간과 공동체 관계에 필수적인 것으로
생각되었다. 서로에 대한 남녀의 사랑은 그 자체로 완전한 인격적 발
달에 적합한 것은 아니라고 지적한 후, 그의 "Sketch of a Personali-
stic Universe"에서 테야르는 다음과 같이 말한다.

　　따라서 열정적인 사랑이 보여주는 개인적 에너지는 인간 분자들 전
　　체를 함께 끌어당기는 또 다른 형태의 인력을 통해 완성되어야 한다.
　　인지권 전체에 퍼져 있는 이러한 특정한 형태의 응집을 우리는 여기에
　　서 "인류에 대한 감각"이라 부른다.9)

이렇게 말한 뒤, 그는 즉시 어려움을 호소한다. 세상에는 이와 같은
특별한 형태의 인력이 거의 없는 것으로 보인다. 불쾌한 "다른 사람
들"과의 경쟁이 서로를 잘 알지 못하는 사람들의 좀 더 공통적인 반
응으로 보인다. 그리고 그것은 종종 서로를 아는 사람들의 반응이기
도 하다. "다른 사람들"은 우리를 방해하는 귀찮은 장애물들이다. 그

---

8) Pierre Teilhard de Chardin, *The Heart of Matter*(New York: Harcourt Brace
　Jovanovich, 1976), pp.58-61. 1장 "The Heart of Matter"의 부분 "Conclusion:
　The Feminine or the Unitive"을 보라.

9) Teilhard, "Sketch of a Personalistic Universe", p.78.

러나 테야르는 지구를 건설하는 더 큰 과업에서 이러한 "다른 사람들"을 동역자로 보는 데서 인력의 기초를 발견한다. 그럼에도 그가 "성적인 의미와는 반대로, 인류에 대한 감각은 직접 그것으로서 건드릴 수 있는 것이 아니라 그들을 둘러싸고 있는 어떤 것"이라고 말하고 있음을 주목해야 한다.[10]

이 지점에서 더 큰 복잡함이 생긴다. 그 사람을 건드리지 않고, 그 사람에 외재적인 어떤 것으로 보일 때, 우리는 어떤 종류의 사랑을 갖는가? 그러나 5년 전 그는 이러한 외적인 기의 인력에서 발생하는 문제에 대한 해결책을 발전시켰다. "The Spirit of the Earth"에서 그는 인간의 통일성이라는 맥락에서 이와 똑같은 기본적인 문제를 다음과 같이 다루었다.

> 본능적으로 그리고 원리적으로, 인간은 보통 인간으로부터 거리를 유지한다. 하지만 반면에 연구에서건 전투에서건, 만약 그가 동지애나 애정의 숨결을 느낀다면, 어떻게 그의 힘들이 증가하겠는가? 어떤 열정이나 위험의 순간 갑자기 그 자신이 공통된 영혼의 기적을 인정하는 것을 발견할 때, 어떤 만족을 느끼는가? … 지구에 대한 감각은 어느 순간 그들을 공통된 열정으로 묶어주는 저항할 수 없는 압력이 된다. … 그들은 수백만의 이방인들을 사랑할 수 없다. 그 자신의 일부가 나머지 모두 안에 존재한다는 것을 서로에게 밝힘으로써, 지구에 대한 감각은 이제 살아 있는 존재 덩어리 중에 있는 새로운 보편적 애정의 원리를 통찰케 한다. 그것은 진보 중에 있는 하나의 세계 내의 다른 요소들을 위한 한 요소의 헌신적인 애정이다.[11]

테야르는 그 자신의 광대한 삶의 경험에서 이러한 주장에 도달했다.

---

10) 같은 곳.

11) Teilhard, "The Spirit of the Earth", in *Human Energy*, p.35.

그는 아주 분명하게 두 가지 종류의 공동 작업에 대한 그의 지식을 끌어내고 있다. 연구 공동 작업은 그의 현장 과학자로서의 경험에서 나온 것이었으며, 전투 공동 작업은 제1차 세계대전에서 그가 들것 메는 사람으로 4년간 봉직했을 때 알게 된 것이었다. 마음속으로 그는 이로부터 추정하여 모든 인류를 진화의 영역 즉 지구 주변에서 발달하는 인지권을 구성하는 팀으로 지각할 수 있었다. 물론 그러한 통찰이 다른 사람들에서 어느 정도로 형성될지는 그들 자신의 팀이나 그룹 혹은 그 구성원의 상황과 그리고 이것을 더 큰 인간 차원으로 기획하고자 하는 그들의 능력과 의도에 따라 차이가 날 것이다. 그가 묘사하는 것의 가능성이 인정될 수 있는 반면, 인류와 지구에 대한 공통된 사랑이 필요하다고 할지라도, 그의 예언적인 열정에 반대하는 논변이 제기될 수 있을 것으로 보인다. 이러한 유형의 인간 이해를 어떻게 개발하고 촉진할지가 중요한 심리학적, 지적, 윤리적 도전으로 남아 있으며, 우리는 이 연구에서 이러한 문제에 직면하고 있다.

우주적 사랑을 위한 우리의 자료는 테야르의 "Sketch of a Personalistic Universe"이다. 거기에서 테야르는 다음과 같이 말하고 있다.

나는 심리적으로 우리를 둘러싸고 있는 모든 것에 우리를 묶어주는 다소 혼란스러운 친화성에 우주적 감각이라는 이름을 준다. … 우주적 감각은 인간이 숲과 바다와 별들을 마주하고 있는 자신을 발견하자마자 생겨났음에 틀림없다. 그리고 그때 이래로 우리는 예술에서 시에서 종교에서 위대하고 한정되어 있지 않은 것들에 대한 모든 우리의 경험에서 그것의 증거를 발견한다. 이를 통해 우리는 우리의 눈이 빛에 대해서 반응하듯이, "전체로서" 우리의 세계에 대해 반응한다.12)

---

12) Teilhard, "Sketch of a Personalistic Universe", p.82.

테야르는 이것이 무엇을 의미하는지 설명할 때, 우주의 인격적 중심을 향한 인격적 사랑의 실재에 호소함으로써, 그리고 신-인간 관계의 맥락에서 창조적 결합의 원리에 호소함으로써 궁극적으로 그것을 범신론과 구별한다.13) 설명의 말미에서 그는 다음과 같이 말한다. "단지 하나의 것이 결국 사랑받는데, 그것은 모든 수렴이 사랑하는 중심이다. 하지만 우리는 단지 우리 자신을 그 실재에 결합시킴으로써만, 그리고 그 깊숙한 곳에서 빛을 발하는 그 특별한 존재들을 이해함으로써만 거기에 도달할 수 있을 뿐이다."14)

The Divine Milieu 에서, 결합과 이탈의 관점에서 표현된 그의 신학적 입장은 꽤 분명해진다. "그(기독교인)가 창조된 것들의 실재를 통해 찾는 것은 오직 신뿐이다. 그는 진정으로 사물들에 관심을 갖지만, 그것들에서 나타나는 신의 현존에 대한 절대적 의존에 더욱 관심을 갖는다."15) 그렇다면 결국 우주의 인격화는 내재적이면서 초월적인, 내부에 있으면서 뒤에 있는, 우리가 보는 것과는 구별된 신의 인격화로 이어진다.

성스러운 환경에서 사랑의 그리스도적 인격화

이제까지 우리는 대부분 과학적인 인본주의적 정신을 마음에 두고 쓰인 테야르의 작품들에서 고려할 점들을 살펴보았다. 성적, 일반화된 인간적, 우주적이라는 세 가지 유형의 사랑은 또한 은혜로운 신의 생명의 선물을 통해 신의 에너지와 힘으로 생명이 불어넣어지고 "신성화"될 수 있는 것으로 보여야 한다. *The Divine Milieu* 에서 테야르가

---

13) 같은 책, p.83.
14) 같은 책, p.84.
15) Pierre Teilhard de Chardin, *The Divine Milieu*(New York: Harper Torchbook, 1965). p.73.

"적극성의 신성화"(그가 행하는 것 안에서 신과의 교감)와 "소극성의 신성화"(주어진 것과 고통 받는 것 안에서 신과의 교감)에 대해 쓸 때, 그는 신성화의 경계 안에 진정으로 인간적인 모든 것을 포함시킨다.16)

따라서 로버트 페리시가 주장하듯, 우주는 사랑하는 신의 인격이 현존하는 살아 있는 "그리스도"로 보인다.17) 모든 인간의 관계는 그리스도의 자비를 통해 그리고 그 안에서 신-인간이 되며 생명을 얻는다. 테야르의 가설적인 오메가 포인트는 우주와 인간 진화의 성스러운 초점으로서 그리스도 안에서 심장과 얼굴을 얻는다.18) 남자와 여자는 특별한 방식으로 결혼 안에서 서로에게 그리스도가 된다. 그리스도의 삶을 공유하는 결혼하지 않은 사람들은 그리스도 안에서 궁극적인 완성을 발견하는 특별한 관계가 될 수 있다. 게다가 모든 사람들은 그리스도의 자비를 통해 진화를 계속하려는 공동의 노력으로 묶여 있는 똑같은 인류의 구성원 그 이상이 된다. 의식적으로 모든 생명체를 위한 더 좋은 세상을 성취하려고 할 때, 그들은 우주에서 그리스도 전체를 계속해서 완성시키는 임무의 동료들이 되며 공동의 구세주가 된다. 일반적인 인간 사랑은 사람들에 대한 동정적이고 협력적인 이해로서, 그들이 그의 몸과 그의 지구의 창조를 완성하려고 노력할 때, 서로에게 그리스도의 신비한 몸의 구성원들에 대한 사랑이 된다.

---

16) 창조에서 테야르의 성스러운 내재성에 대한 감각을 전달하는 중요한 다른 내용을 보려면, *Hymn of the Universe*(New York: Harper & Row, 1961), pp. 13-37("The Mass on the World"), pp.41-54("Christ in the World of Matter"), 그리고 pp.59-71("The Spiritual Power of Matter")를 보라. 또한 *The Heart of Matter*, pp.14-60; "The Christic", pp.80-104를 보라.

17) Robert Faricy, S.J., *Building God's World*(Denville, N.J.: Dimension Books, 1976), 2장 "Christ and the World"(pp.36-71).

18) Teilhard, *The Heart of Matter*, pp.40-44.

경제적 삶에서 사랑 에너지의 활성화와 조직화

여기에서는 사람과 공동체의 성장과 관련한 테야르의 이론에서 사랑 에너지의 의미에 관해 우리가 이전에 보았던 것을 기억하는 것이 중요하다. 우리가 사회에서 증가하고 있는 여성들의 평등한 역할에 대한 평가를 생각할 때, 남자와 여자라는 "감정적인 쌍"에 관한 테야르 사상의 긍정적인 촉매적 의미를 기억해야 한다. 우리가 살아남아서 번성하고자 한다면, 사람들을 지구 진화의 가장자리에서 함께 일하는 동료로서 강조하는 그의 "일반적인 인간 사랑"의 인간적 의미 개념은 협력을 강화하는 데 대단히 중요하다. 우리가 지구와 우주에 뿌리를 내리고 있다는 깨달음이 깊어짐에 따라, 그리고 우리의 세계적인 생태학적 책임에 더 민감해짐에 따라, "우주 사랑"에 대한 테야르의 비전은 더욱 큰 의미를 갖는다.

우리를 인도하는 건설적인 힘으로서 사랑 에너지를 바라보는 이러한 아이디어를 갖고, 이제 우리는 그것의 창조적인 힘의 활용을 탐구해볼 수 있다. 서문에서 우리는 (1) 경제 조직, (2) 연구, (3) 과학기술이라는 세 가지 주요 도전 분야를 언급했다. 이제 우리는 그것들을 테야르의 진화적 관점에 비추어 생각해보고자 한다.

경제적 삶의 협동 조직

테야르의 연구방법에 대한 기본적인 이해는 1952년 그의 묵상 노트에서 발견될 수 있다. 거기에서 그는 차별적인 결합의 원리를 그의 인생에서 다섯 가지 "위대한 계몽" 중 두 번째라고 언급한다. 나는 그것에 관해 이미 다루었으며 여기에서는 그것을 좀 더 자세히 다룰 것이다. 그가 성스러운 환경을 첫 번째 계몽으로 열거한 후, 그는 (인격화하는) "차별적인 결합"의 원리에 대해 말한다.19)

그의 "창조적 결합"의 법칙으로도 알려져 있는 이 원리가 의미하는 바는, 인간관계에서 그 어떠한 진정한 사랑의 결합이 존재하든, 사람들은 동질적인 집합체로 동화되는 것이 아니라, 각자 타인들이 그들의 구별된 고유함을 발전시킬 수 있게 한다는 것이다. 이것은 (이미 지적되었듯이, 범신론을 피하기 위한) 그리스도-오메가 신과의 교감뿐 아니라, 아내와 남편, 연구 팀이나 사회 그룹의 구성원들, 그리고 더 큰 국제사회들까지 인간 유대의 전 영역에 적용된다.[20] 창조적 결합은 역사적인 개인-공동체의 긴장을 해결하기 위한 그의 궁극적인 개념이다. 사람의 완성은 하나를 다른 것들과 묶어주는 사랑에서 발견되지만, 그것은 각자의 다양한 특별한 잠재성을 존중하고 고무하고 자유롭게 계발하도록 하는 방식으로 이루어지는 것이다.

그렇다면 다양성을 존중하고 고무하는 유대에 대한 깨달음을 강하게 강조하는 그의 인간 공동체에 대한 이론은 건설적인 사랑의 보완성을 이해하는 데 의존한다.

이제 우리는 이러한 맥락에서 경제사회의 작동을 볼 준비가 되었다. 그것이 함축하는 것은 꽤 분명해 보인다. 협동에 대한 테야르의 정신은 인간의 경제적 생존과 발전을 강화할 수 있다. 왜냐하면 그러한 상호 협동은 진화적 진보를 목적으로 하는 창조성과 개인에 대해 커다란 범위를 제공하고 그것을 고무하기 때문이다.

이제 이러한 아이디어를 명심하고, 경제활동에 관한 테야르의 특별한 관찰들 중 몇 가지를 살펴보자. 1947년 그의 개인적인 노트에서

---

19) 1952년 6월, 미발간 묵상 노트. 테야르가 의미하는 것에 대한 가장 좋은 설명을 보기 위해서는, "The Phenomenon of Spirituality", in *Human Energy*, pp.103-4와 "Centrology", in *The Activation of Energy*(New York: Harcourt Brace Jovanovich, 1970), pp.116-17을 보라.

20) 이 연구의 p.418을 보라.

우리는 다음과 같은 것을 발견할 수 있다. "정치적 경제의 목적은 더 이상 물질적인 부가 아니라 이제까지 물질적인 생산 작업에서 흡수된 거대하게 축적된 인간 에너지를 (조직과 기계화를 통해) 해방시키는 것이다."21)

그는 조직화를 통해 어떤 종류의 인간 에너지 해방을 생각했는가? 여기에서의 그의 생각은 보다시피 사회주의 진영과 자본주의 진영 모두로부터 공격을 받을 수 있다. 이전에 "Human Energy"(1937)에서 그는 다음과 같이 말했다.

겉보기에는, 합리적인 황금정책 설립을 통해 강화되는 일반적인 생산과 노동경제를 위한 세계적인 기구를 설치하는 것이 에너지 자원 문제만큼이나 긴급한 문제다. 재정적, 사회적 위기는 우리에게 이 문제들에서 우리의 이론들이 얼마나 혼란스러운지, 그리고 우리의 행위가 얼마나 야만적인지 고통스럽게 상기시킨다. 하지만 다음의 두 가지 조건, 첫째, 제시된 조직화가 국제적이어야 한다는 조건, 둘째, 그것이 매우 큰 규모로 생각되어야 한다는 조건 하에서를 제외하고는, 이러한 방향에서는 어떠한 진지한 진보도 이룰 수 없다는 것을 언제 사람들은 깨달을 것인가? 더 치명적인 것은 정적인 형식과 이상 즉 개인적인 짧은 회로에서나 완전한 것으로 보이는 교환에 대한 호혜적 아이디어를 그들이 완고하게 보존하려 한다는 것이다.22)

이러한 경제사상에서는 분열시키고 고립시키는 장벽을 무너뜨리지만, 동시에 민주적인 자유와 결단 그리고 창조성을 허용하는, 어떤 세계적인 윤리성과 조직화가 요구된다는 것을 분명히 긍정하고 있다.23)

---

21) Grau, *Morality and the Human Future*, p.288, 언급된 내용은 Pierre-Louis Mathieu, *La pens politique et economique de Teilhard de Chardin*(Paris: Éditions du Seuil, 1969), p.193에서 인용함.

22) Teilhard, *Human Energy*, pp.133-34.

근본적으로 민주적인 정치노선에서 그는 점점 더 요구되는 더 큰 사회의 경계 내에서 자유와 혁신을 최대화하고자 했다.24) 그는 사업을 성공시키는 보람 있는 경험뿐 아니라 부와 개인적 소유라는 자극적 측면을 인식하는 반면, 타인의 복지에 대한 관심도 없이 부의 소유를 그 자체 목적으로 추구하는 사람들을 강하게 비난했다. 성공은 인간의 개인적 발전을 위한 에너지의 기초이자 원천이다. 하지만 인류를 위해 그것을 사용하기보다 자신을 위해 그것을 매점매석하는 것은 받아들일 수 없었다. 그에게 있어서 부르주아는 존재하기보다는 소유하기로 선택한 사람들이며, 소유에 감금되어 다른 사람들로부터 고립된 사람이며, 사랑이 없는, 따라서 사람이 아니었다.25)

게다가 테야르는 1950년 로버트 바라트에게 한 언급에서 실제로 다음과 같이 미국의 조직들의 이러한 에토스의 문제를 다루었다.

미국인들에게는 현재에 대한 열정적인 관심이 지배적이다. 그들은 순간을 위해 산다. 이것은 놀라운 과학기술적 발전을 이룩하게 한다. … 하지만 그들은 "비전"을 갖고 있지 못하다. 미래는 분명 그들에게 거의 중요하지 않다. 그들의 현재의 철학은 고전적 의미에서 보자면 우상숭배다. 즉 그들은 이 땅의 상품들을 즉각적으로 즐기고자 한다. 따라서 모든 이교도들이 그러하듯이 그들은 어떤 침울함을 경험한다. 기쁨의 조건들 중 하나는 희망인데, 그것은 미래에 대한 생각에 기초한다.26)

---

23) Pierre-Louis Mathieu는 테야르가 세계 정부 조직을 바라는 것으로 보지 않으며, 오히려 그러한 조직적 틀이 없이 이루어지는 국제적인 경제적, 과학적, 문화적 협동을 바라는 것으로 본다. 하지만 그의 생각은 다른 해석 가능성도 있다. 나의 책 *Morality and the Human Future*, pp.246-49("Teilhard and World Government")를 보라.

24) Pierre Teilhard de Chardin, "The Essence of the Democratic Idea", in *The Future of Man*(New York: Harper & Row, 1964), pp.238-43.

25) Grau, *Morality and the Human Future*, pp.275-77("The Orientation of Economic Organization").

그렇다면 어떻게 우리는 우리의 사업조직들을 인격화하는 법을 배울 것인가? 계획과 자유로운 결단, 통일과 다양성에서 균형을 이루는 경제적 문화 형태를 향한 일이 분명 있을 뿐 아니라, 그들의 목적은 소유와 물질적 부보다 개인의 우선성을 존중하고 육성해야 한다. 여기에서 작동할 필요가 있는 사랑 에너지를 인격화하는 단계는 일반화된 인간 사랑일 것이다. 게다가 서로를 지지해주는 남녀 쌍의 차별화는 요즈음 집 밖의 일터로 들어가는 점점 더 많아지는 수의 여성들의 모델이 되어야 한다. 마지막으로 협동적인 경제적 삶에 그리스도와 함께 일하는 사람들의 역동적이고 창조적인 구속의 자비를 고취시키면서 성스러운 환경의 분위기와 정신이 그것을 정신화하고 신성화하는 방식을 기억하는 것이 중요하다.27)

정의와 동정적인 관심이라는 근본적인 기준이 유지된다고 한다면, 자유와 결단 그리고 민주주의적 과정에 관한 테야르의 아이디어는 어떤 유형의 자유시장 상황의 가치를 긍정하는 좋은 기초의 역할을 할 수 있다. 그의 생각은 동정심을 결여한 자본주의의 유아론적 잔혹함과 민감성이 없는 사회주의의 숨 막히는 집중화에 대한 오늘날 유일하게 요구되는 실행 가능한 선택지의 탐색을 자극할 수 있다.

이러한 맥락에서 주목할 가치가 있는 것은 테야르에서 우리가 발견한 협동적인 개념들이 "참여적인 경영"이라는 제목 하에 요즈음 나타난 많은 것들과 어떻게 어울리는지를 보는 것이다. 마찬가지로 미국 주교들의 1986년 목회 서신, *Economic Justice for All*, 특히 4장의 "A

---

26) Mathieu, *La pense politique*, p.190.

27) "활동들의 성화"에 관한 테야르의 아이디어를 발전시키기 위해서는, 특히 *The Divine Milieu*, pp.62-64("Communion through Action")를 보라. 또한 불공정하고 사랑이 없는 경제 패턴들을 바꾸려는 투쟁에 대한 테야르의 이해를 위한 함축과 관련해서는 "The Divinization of Our Passivities"를 다루는 "Our Struggle with God against Evil" 부분이 중요할 것이다.

New American Experiment: Partnership for the Public Good"을 통해
자극된 계속적인 대화에서 그것들을 명심하는 것이 도움이 될 것이
다.28)

건설적인 학제적 연구

산업과학기술이 계속 확장함에 따라, 그것은 모든 식물과 동물 그
리고 인간의 생활체계를 교란시키고 필연적으로 재생할 수 있는 천연
자원들을 감소시키는, 공기와 물의 오염문제를 발생시킨다. 이러한 도
전을 맞이하여 극단적으로 대립되는 다양한 반응들이 나타난다. 한
가지 입장은 환경에 미치는 영향을 경시하는 경향을 갖고서 생활수준
이 올라갈 수 있다면 그것을 상쇄할 것들을 찾을 수 있으리라 본다.
그러한 입장은 과학과 기술을 신뢰하며, 공기와 물 그리고 지구 파괴
에 관해서보다는 과학기술이 치료함으로써 나타나는 이점에 더 많은
관심을 깊는다. 또 다른 반응은 첨단 기술 장치에 대한 더 비뚤어진
견해를 취하고, 무감각하고 근시안적인 착취로 인해 그 생명이 위협
을 받는 살아 있는 유기체로서 지구의 우선권을 강조한다. 이러한 반
응들은 거만하거나 무지한 지배와 무책임함에서부터 유사-신비한 복
종, 거대하고 측량할 수 없는, 하지만 어찌된 일인지 살아 있는, 친절
한 자연에의 잠김에까지 이른다. 내 생각에 후자는 낭만적이지만 몰

---

28) 참여적인 경영을 연구하는 작품들에는 Lawrence M. Miller, *American Spirit:*
Visions of a New Corporate Culture(New York: Warner Books 1984), 3장
("The Consensus Principle"); Charles S. McCoy, *The Management of Values*
(Marshfield, Mass.: Pitman, 1985), 9장("Communication, Participation, and
Commitment"); 그리고 Max De Pree, *Leadership Is an Art*(New York:
Doubleday, 1989)가 있다. 그리고 미국의 가톨릭 주교들의 보고서를 위해서는
Economic Justice for All: Pastoral Letter on Catholic Social Teaching and
the U. S. Economy(Washington, D.C.: USCC Publishing Services, 1986), 4장
("A New American Experiment; Partnership for the Public Good")을 보라.

개성적인 범신론 속에서 사람과 궁극적으로는 개인의 존엄성을 잃을 위험을 갖고 있다.29)

여기에서 균형을 잡기 위해 나는 "지구-인본주의"라는 새로운 용어를 사용할 것을 제안한다. 테야르의 진화적 관점에 영향을 받은 그 의미의 요점은 지구에 뿌리를 내린 인간 실재에 특히 주목할 것을 요청하는 것이다. 내 생각에, 그 용어가 옳게 이해된다면, 그것은 우리를 지탱해주는 생물권 안에 우리의 집이 있다는 우리의 깨달음을 전달하는 동시에, 또한 마찬가지로 이 지구라는 배경에서 개인적인 인간의 구별됨에도 열려 있을 것이다. 나는 "열려 있다"고 말하는데, 왜냐하면 아이디어의 역사에서 볼 때, 인간을 독특하게 개인적인 것으로 이해하거나 절대자 속의 한 몰개성적인 점으로 이해하는 것은 누가 그 단어를 사용하든 그 사람의 특정 철학적/신학적 전제에 의존한다는 것은 충분히 분명하기 때문이다.

이러한 어려운 문제들과 관련해서, 탐구의 목적과 의미 그리고 그 것의 조직화에 관한 테야르의 생각은 충분히 고려할 가치가 있다. 그 것은 지구에 대한 건전한 존중을 포함하며, 또한 정신적인 방향의 "지구-인본주의" 진화에 봉사하기 위해 과학과 기술을 사용하는 데 대한 역동적이고 균형 잡힌 접근방식도 포함한다.

우선, 탐구의 의미와 목적에 관한 그의 생각은 다음과 같다. "더 이상 단지 호기심에서 아는 것, 다시 말해 앎 그 자체를 위해 아는 것이

---

29) 지구에 대한 인간의 황폐화를 바라보는 가장 중요한 반성적 작품들 중 하나는 토머스 베리의 *The Dream of the Earth*(San Francisco: Sierra Club Books, 1988)이다. 또한 이러한 맥락에서 중요한 것은 *Thomas Berry and the New Cosmology*, ed. Anne Lonergan and Caroline Richard(Mystic, Conn.: Twenty-Third Publications, 1987)이다. 후자의 작품은 Donald Senior, Gregory Baum, Stephen Dunn 등에 대해 답하는 글로서, 중요한 신학적, 성서적, 사회적, 도덕적 문제를 다룬다.

아니라, 여전히 불완전하게 형성된 세상을 인간에서 확장하고 완성하는 수단으로서 그 자체에 대해 의식하게 되는 우주적 발전에 대한 믿음으로부터 아는 것."30) 이것이 과학자들 사이에서 보편적으로 받아들여지는 목적은 아니라는 사실을 그가 깨달았다는 것을 주목할 필요가 있다. 왜냐하면 "이제껏 연구가 여전히 이기적이고 무의미하기" 때문에, "새로운 심리학과 탐구윤리"의 필요성과 관련해서 그가 한 친구에게 얼마 전에 서신을 보낸 적이 있었기 때문이다.31)

그의 과학적 이상은 상아탑이 아니라, "진화의 충실한 하인으로서 세상을 성취하려는" 특정 동기적 요인과 응용 탐구와 발전의 특별한 결합이었다.32) 그의 그리스도 중심의 성스러운 환경 내에서 볼 때, 탐구는 그리스도적 우주를 성취하는 진보적인 작업을 신성화하는 매우 중요한 방법이 된다. 그것이 없다면, 인간의 의식은 그 진화적 발전 속에서 지구권에 근거한 생물권 내의 인지권을 형성하도록 창조적으로 확장되지 못할 것이다.33)

탐구의 목적이 이러한 방식으로 이해될 때, 그것의 조직화의 방향은 일정 논리를 따르며, 다음과 같은 여러 가지 요소들을 포함한다.

---

30) Teilhard, "The Mysticism of Science", in *Human Energy*, p.171.

31) Pierre Teilhard de Chardin, *Letters to Two Friends*(New York: New American Library, 1968), p.125.

32) 같은 곳. 또한 여기에서는 테야르의 "Research, Work, and Worship"의 함축들이 중요할 것이다. 1955년의 이 짧은 글에서, 그는 과학자나 성직자가 될 젊은 종교인들을 위해 특별 훈련을 추천한다. 30년 전 *The Divine Milieu*에서 표현되었듯이, 그는 믿음과 사랑을 통해 세상에서의 일이 세상에서 그리스도의 삶을 완성하는 데 봉사하는 것으로 보일 수 있다는 것을 분명하게 강조한다. 또한 그의 *Science and Christ*(New York: Harper & Row, 1968), pp.214-20을 보라.

33) 지구를 둘러싸고 있는 "생각하는 외피"인 "인지권"에 관해 테야르가 가장 훌륭하게 다루고 있는 것을 보기 위해서는, *Man's Place in Nature*(New York: Harper & Row, 1966), 4장("The Formation of the Noosphere")을 보라.

(1) 학제적 과학 연구, (2) 지구-인간 실재로서 인간사회를 향상시키는 과학기술적 발전과 탐구를 통합함, (3) 이것들을 그리스도 중심의 창조 즉 그리스도적 우주에 대한 믿음과 통합함. 비록 테야르가 이것들을 모두 하나의 포괄적인 틀 안에 넣지는 않았다 할지라도, 그는 그것들을 종합하는 길을 가리켰다. 그가 기여한 분야는 지구생물학과 인류학의 두 분야다.

먼저 지구생물학부터 살펴보자. 제2차 세계대전 동안 베이징에 갇혀 있는 가운데, 동료 수사이자 생물학자인 피에르 르루아와 함께 테야르는 지구생물학 연구소를 설립했다. 그것은 1940년부터 1945년까지 운영되었으며, 전쟁이 끝나고 그는 프랑스로 떠났다. 지구생물학은 다음의 두 가지 목적을 갖고 있는 독립적인 학문분과인 것으로 생각되었다. 첫째, 그 자체로 닫혀 전반적인 하나의 체계를 구성하는 생명체들 간의 유기적 관계를 연구하는 것. 둘째, 이러한 생명 층의 기원과 성장을 지구의 역사에 연결시키는 물리화학적 관계를 연구하는 것.34) 만약 누군가 이 지구 생명체계에 과학기술적인 인지권 진화 국면의 영향력을 끼워 넣는다면, 우리는 광범위한 생태학적 탐구와 훈련을 위한 훌륭한 기반을 발견할 수 있다.

인류학과 관련해서 살펴보자면, 1950년대 초, 지구적 규모로 인간 발달을 연구하려는 협회에 관한 줄리안 헉슬리의 몇몇 아이디어에 대한 대답으로, 그는 이론적 분야와 응용 분야를 갖고 있는 다각적인 인

---

34) Claude Cuenot, "L'apport scientifique de Pierre Teilhard de Chardin", in *Cahiers Pierre Teilhard de Chardin*, 4, *La parole attendue*(Paris: Editions du Seuil, 1963), pp.64-65. Cuenot는 테야르의 "Geobiologie et Geobiologia", in *Geobiologia: Revue de l'Institute de Geobiologie*[Beijing](1943), pp.1-2를 인용한다. 테야르의 글의 완전한 영어 번역본은 Nicole and Karl Schmitz-Moormann, *Pierre Teilhard de Chardin: L'oeuvre Scientifique*(Olten and Freiburg im Breisgau: Walter-Verlag, 1971), vol. 9, pp.3753-59에서 발견할 수 있다.

간 연구기구를 추천하는 비망록을 썼다.35) 만약 누군가 테야르의 1951년 비망록 "A Major Problem for Anthropology"에서 제안된 기구에 대한 그의 연구를 테야르의 지구생물학에 관한 생각과 결합시키고자 한다면, 그는 지구를 존중하면서도 지구적 규모로 지속가능한 인간의 경제발전을 촉진하는 과학적인 지구-인본주의 철학적 견해를 산출할 수도 있을 것이라고 나는 믿는다.36) 우리는 오늘날 절실히 그러한 실행 가능한 철학이 필요하다.

게다가 만약 이 지점에서 종교적인 가치들이 탐구자의 의식에 들어온다면, 미래의 인간 진화를 위한 학제적인 응용 탐구는 전진 중에 있는 그리스도적 우주의 공동 창조와 공동 구속을 위한 협동적인 신-인간 행위가 된다. 끌어당기는 궁극적인 원동력으로서의 그리스도-오메가와 더불어, 전체의 과정은, 살아 있지만 또한 보이는 세계를 넘어서 있는, 지극히 인격적인 궁극적 신성에 대한 대단히 개인적인 반응으로 나타난다.

과학기술의 지구-인간화

약 60년 전쯤, 그의 "인간화" 에세이에서, 테야르는 과학기술에 관한 그의 생각의 토대를 제시했다. 이러한 틀에서 그의 아이디어들을 다루면서, 나는 만약 건설적인 사랑 에너지가 그 과정을 형성한다면 무엇이 될 수 있는지에 대한 비전에 관심을 갖게 되었다. 나는 과학기술이 인간의 인격화를 위해 사용되고 있다는 테야르의 낙관적인 주장이 확실한 증거가 있다고 생각하지 않는다. 또한 나는 그것이 진화적 필연성을 갖고 그러한 방향에서 사용될 것이라고 하는 그의 주장이

---

35) Claude Cueonot, *Teilhard de Chardin: A Biographical Study*(Baltimore: Helicon Press, 1967), p.305.

36) Teilhard, *The Activation of Energy*, pp.313-18.

타당하다고 보지도 않는다. 나의 목적은 그의 자료로부터 만약 진화가 성공적이고자 한다면 무엇을 할 수 있고 무엇을 해야 하는지를 가리키는 데 매우 도움이 될 수 있는 것을 수집하는 것이다. 나는 그의 생각을 예측적인 맥락이 아니라 도덕적 맥락에서 사용하고 있다.

그렇다면 과학기술에 관한 그의 아이디어에서 무엇을 발견할 수 있는가? "생명의 도구 만들기 국면"에 대해 설명하기 시작할 때, 그는 어떤 면에서 동물의 문이란 사지나 몸 전체가 도구로 변형됨을 나타낸다는 쿠에노의 말을 언급한다. 그런 다음 그는 다음과 같이 말한다.

> 두더지는 파는 도구이며 말은 달리는 도구다. 참돌고래는 수영하는 도구이며 새는 나는 도구다. … 모든 경우에, 도구는 몸에 있는 것이며, 생명체는 그것을 발명하는 쪽으로 나아간다.
> 인간과 더불어 모든 것은 변한다. 도구는 그것을 사용하는 사지에 외재적인 것이 된다. … 진정한 동물학적 가치에서 인간을 평가할 때, 우리는 말하자면 우리의 관점에서 날개와 지느러미를 만들어낸 동물의 재구성과 배와 잠수함과 비행기의 깊은 연관을 우리가 무시하듯이, 절대적으로 "자연적"인 것을 "인공적"인 것으로부터 분리해서는 안 된다. … 똑같은 개인이 번갈아 두더지일 수도 새나 물고기일 수도 있다. 동물 중에서 오로지 인간만이 그것의 철저한 노예가 되지 않으면서 그의 노력들을 다양화하는 능력을 갖고 있다.[37]

이러한 관점은 "인류의 유기적 통일"에 어떻게 봉사하는가? 테야르에게 있어서, 과학적인 기술적 발명은 "인류 전체를 위해 개체들을 억압하지 않으면서 심리학적 영역에서 대규모로 공동의 의식을 정교화하는, 인류를 위한 진정한 신경계 창조"를 제공한다.[38]

---

37) Pierre Teilhard de Chardin, *The Vision of the Past*(New York: Harper & Row, 1966), pp.56-58.

그는 이 모든 것을 "단지 더 높은 단계로 계속되는 것으로, 그리고 다른 수단을 통한, 방해받지 않는 생물학적 진화의 작업"으로 본다.39) 그는 그것의 원천으로서 두 가지 심적인 요소인 반성과 협력에 대해 말한다. 반성에 대해서, 그는 "그것으로부터 인공적인 도구가 발견되며, 결과적으로 인간 종을 통한 세계의 침투가 발생하는" 것이라 말한다.40)

협력에 있어서, 우리는 인격화와 관련된 이전에 보았던 중심 개념들과의 중요한 연결점에 다다른다.

> 모든 다른 지구의 생명체로부터 인간의 층을 구별해주는 새로운 형태의 연결이 탄생하게 되는 "협력"은 한 그룹에서 획득되는 다양한 의식들의 경향으로서, 반성을 통해 각 요소가 모든 나머지들에 대해 집단임을 의식하는 하나의 모두를 구성하기 위해 (언어와 수많은 다른 좀더 모호한 연결점을 통해) 결합한다.41)

테야르의 이러한 아이디어와 관련해서, 우리는 인간 개인의 활동을 통해 진화의 폭과 강도를 열어주는 과학기술의 잠재력을 볼 수 있다. 그것이 또한 인간 이하의 개미집 유형의 존재로 이어질 수 있다는 것을 그는 부정하지 않을 것이다.42) 하지만 결합된 공동체에서 그것이 인간적인 사람을 개발하는 데 협동적으로 사용될 때, 그리고 이러한 활동들이 *The Divine Milieu* 의 비전으로 고취될 때, 우리는 인간의

---

38) 같은 책, pp.59-60.
39) 같은 책, p.60.
40) 같은 곳.
41) 같은 곳.
42) 테야르는 현대의 조직화된 삶의 비관적인 측면에 대해 다음과 같이 말한다. "그래서 우리는 세포 대신에 결정체를, 형제애 대신에 개미집을 얻는다."(*The Phenomenon of Man*, p.257)

성품이 효과적으로 남녀의, 일반화된 인간의, 그리고 우주적인 세 가지 모든 수준에서의 창조적인 성스러운 사랑을 표현할 수 있게 하는, 그리고 그렇게 함에 있어서 진화를 앞으로 그리고 위로 움직이게 하는, 실로 도움이 되는 강한 도구를 얻게 된다.

게다가 "세상에서의 책임의 진화"에 관한 그의 후기 작품들을 이러한 그림 안으로 들여올 때, 우리는 무엇을 할 수 있는지에 대한 표현뿐 아니라 무엇을 해야 하는지에 대한 윤리적 명령과 관련해서 긴급하게 요구하는 강한 표현을 갖게 된다. 이 1950년 에세이에서, 그는 어떻게 운송과 통신의 발전이 인간의 활동범위를 확장시켰는지, 어떻게 과학적 방법들이 더 깊은 심리학적 연구를 가능케 했는지, 그리고 어떻게 다양한 과학기술들이 인간의 영향력의 크기를 확장시켰는지에 대해 말한다. 이러한 발전들이 "새로운 지구윤리"의 필요성을 가리키지 않는지 물을 때, 그는 다음과 같이 결론짓는다. "역사상 그 어떤 순간에도 인간은 오늘날만큼 존재의 심연 속에서, 능동적으로 수동적으로, 그의 주변의 모든 사람들의 가치와 완전함에 그렇게 연결되어 있는 것으로 발견된 적은 없다."[43]

요약과 결론

요약을 위해, 나는 협동과 환경적 책임 그리고 과학기술의 지구-인간화 즉 인지권 발전과정에서 유기적인 지구-인간 관계회복에 대한 이러한 연구에 대해서 기본적인 테야르 방식의 반응을 표현하는 논제들을 제안하고자 한다.

---

43) Teilhard, *The Activation of Energy*, pp.207-14.

1. 인간은 진화를 완성시키려고 노력하면서 서로와 그리고 그리스도와 함께 일하는 사람들로서 궁극적인 완성에 이른다.

2. 인간은 지구 과정의 동력을 존중하고 그것에 관심을 갖고 인간과 자연자원들을 활용하면서, 건설적인 탐구를 통해 그리고 그들의 독특한 개인적 잠재력 발달을 통해, 그리스도와 다른 사람들과 결속해 살아간다.

3. 이러한 협동적 노력에서, 과학기술 활용을 위한 탐구는 역동적이고 창조적인 구속적인 사랑 에너지를 표현하고 지지해야 한다.

4. 성스러운 환경 내에서 그리고 그것을 통해 힘을 얻는 좀 더 완전한 지구-인간 공동체를 세우려고 노력함에 있어서, 인간은 새로운 그리스도적 지구-인본주의의 설계자들이 될 수 있다.

여기서 제시된 자료에 관해 반성해보면, 국부적, 지역적, 그리고 세계적인 수준에서, 좀 더 분명하게 정의되고 이해되는 인간 유대의식의 결속에 도달할 필요성에 관한 라이히와 많은 다른 사람들의 관심에 대한 해답을 찾는 데 테야르의 생각이 매우 도움을 줄 수 있다는 것을 알게 될 것이다. 테야르의 비전은 그가 우리에게 우리가 갖지 못한 중요한 지침들을 밝혀주는 진화적 기반과 임무를 제공한다는 데 특히 가치가 있다고 나는 주장한다. 그로부터 우리는 사람들과 공동체가 서로와 그리고 지구와 상호 연관될 때 발생하는 경제적 과정의 긴장들을 역동적인 호혜성과 창조적 결합 속에서 화해시키는 실천철학을 도출할 수 있다. 우리는 또한 과학적 인본주의의 이상에 침투하여 활성화시킬 수 있는 종교적 비전을 발견할 수 있다.

따라서 나는 이 글을 마치면서 위에서 제시되었듯이 테야르의 비전이 기독교 전통의 근본적인 핵심 가치들을 과학적으로 정통하고 생태학적으로 책임 있는 인간의 경제에 관한 가장 훌륭한 열망과 통합시킨다고 주장한다. 만약 우리가 망하지 않고 성장하고자 한다면, 우리가 해야 할 일은 지구 전체에 그리스도의 치료와 완성을 가져다주기 위해 공동체 안에서 함께 일하는 사람들이 되는 것이다.

미국 테야르 협회와 *Teilhard Studies* 소개

■ 협회

1976년 설립된 미국 테야르 협회는 다음의 목적을 성취하는 데 전념한다.

1. 화려하게 진화에서 출현한 지구의 미래가치
2. 지구의 진화 과정의 표현과 완성으로서 인간 공동체의 미래가치
3. 우리를 계승할 세대들의 미래가치

테야르 드 샤르댕의 작품들을 기초로, 연합회는 아주 많은 위기들이 위협을 가하는 때에 지구 공동체의 복지를 구체화하는 이러한 작업을 포괄적으로 조망하고자 한다. 그 기원에서부터 인간 현상까지 우주의 연속적인 진화에 대한 테야르의 비전은 확고하고도 영감을 불러일으키는 토대를 제공할 수 있다. 이제 처음으로 인류는 이해되고 촉진될 필요가 있는 새로운 다양한 형태의 지구 문명을 향하여 수렴하고 있다.

미국 테야르 협회는 일 년에 두 번 *Teilhard Studies* 와 함께 *Teilhard Perspective* 의 회보를 발간한다. 연합회의 매년 회의는 봄에 뉴욕 시에

서 개최된다. 연회비는 30달러다. 회원권이나 더 많은 정보를 위해서는 American Teilhard Association, c/o The Spirituality Institute, Iona College, 715 North Ave., New Rochelle, NY 10801로 연락하라. 미국 테야르 협회 웹사이트 www.teilhard.cjb.net에 방문하라.

- *Teilhard Studies*

25년 동안 미국 테야르 협회는 피에르 테야르 드 샤르댕(1881-1955)의 사상에 비추어 인류의 미래와 관련해서 연 2회의 짧은 연구물들을 발간했다. *Teilhard Studies* 시리즈에서는, 테야르의 지적 전망을 많은 관련 분야들로 확장시키고자 하는 일관적인 시도가 이루어졌다. 이 책『21세기의 테야르』는 이 연구에서 대표적인 것들을 선택한 것이다. 전체 연구 목록은 다음과 같다.

1. Thomas Berry. *The New Story: Comments on the Origin, Identification and Transmission of Values*. Winter 1978.
2. Donald Gray. *A New Creation Story: The Creative Spirituality of Teilhard de Chardin*. Spring 1979.
3. Thomas Berry. *Management: The Management Ethos and the Future of Planet Earth*. Spring 1980.
4. Alexander Wolsky. *Teilhard de Chardin's Biological Ideas*. Spring 1981.
5. Arthur Fabel. *Cosmic Genesis: Teilhard de Chardin and the Emerging Scientific Paradigm*. Summer 1981.
6. John Grim. *Reflections on Shamanism: The Tribal Healer and the Technological Trance*. Fall 1981.
7. Thomas Berry. *Teilhard in the Ecological Age*. Fall 1982.

8. Arthur Fabel. *The New Book of Nature*. Fall 1982.

9. Thomas King, S.J. *Teilhard's Unity of Knowledge*. Summer 1983.

10. Brian Swimme. *The New Natural Selection*. Fall 1983.

11. John Grim and Mary Evelyn Tucker. *Teilhard de Chardin: A Short Biography*. Spring 1984.

12. Edward O. Dodson. *Teilhard and Mendel: Contrasts and Parallels*. Fall 1984.

13. Mary Evelyn Tucker. *The Ecological Spirituality of Teilhard*. Spring 1985.

14. Thomas Berry. *Technology and the Healing of the Earth*. Fall 1985.

15. Allerd Stikker. *Teilhard, Taoism and Western Thought*. Spring/ Summer 1986.

16. James Salmon, S.J. *Teilhard and Prigogine*. Fall/Winter 1987.

17. Irvine H. Anderson. *History in a Teilhardian Context: The Thought of Teilhard de Chardin as a Guide to Social Science*. Spring/ Summer 1987.

18. Marilyn Nichols, S.S.J. *The Journal Symbol*. Fall/Winter 1987.

19. Wayne R. Kraft. *Love as Energy*. Spring/Summer 1988.

20. Eulalio Baltazar. *Liberation Theology and Teilhard de Chardin*. Fall/Winter 1988.

21. Thomas King, S.J. *Teilhard, Evil and Providence*. Spring/Summer 1989.

22. Joseph Grau. *The Creative Union of Person and Community: A Geo-Humanist Ethic*. Fall/Winter 1989.

23. William E. Rees. *Sustainable Development and the Biosphere: Concepts and Principles*. Spring/Summer 1990.

24. Christopher Mooney, S.J. *Cybernation, Responsibility and Providen-*

tial Design. Summer 1991.

25. Bernice Marie-Daly. *Ecofeminism: Sacred Matter/Sacred Mother.* Autumn 1991.

26. Adrian Hofstetter, O.P. *The New Biology: Barbara McClintock and an Emerging Holistic Science.* Spring 1992.

27. John Grim. *Apocalyptic Spirituality in the Old and New Worlds: The Revisioning of History and Matter.* Autumn 1992.

28. Mary Evelyn Tucker. *Education and Ecology.* Spring 1993.

29. Edward O. Dodson. *The Teilhardian Synthesis, Lamarckism, and Orthogenesis.* Summer 1993.

30. John Haught. *Chaos, Complexity and Theology.* Summer 1994.

31. Russell B. Norris. *Creation, Cosmology, and the Cosmic Christ: Teleological Implications of the Anthropic Cosmological Principle.* Spring 1995.

32. Ursula King. *The Letters of Teilhard de Chardin and Lucil Swan.* Fall 1995.

33. Winifred McCulloch. *Teilhard de Chardin and the Piltdown Hoax.* Spring 1996.

34. John Ryan. *Psychotherapy, Religion and the Teilhardian Vision.* Winter 1997.

35. William Falla. *Synthesis in Science and Religion: A Comparison.* Summer 1997.

36. Arthur Fabel. *Teilhard 2000: The Vision of a Cosmic Genesis at the Millennium.* Spring 1998.

37. Dennis O'Hare and Donald P. St. John. *Merton and Ecology: A Double Issue.* Spring 1999.

38. Jean Maalouf. *The Divine Milieu: A Spritual Classic for Today and*

Tomorrow. Autumn 1999.

39. Kenneth Dupuy. *The Once and Future Earth: The Millennium Programmatic in Teilhard and Bacon.* Spring 2000.

40. Eleanor Rae. *Divine Wisdom: Her Significance for Today.* Summer 2000.

41. Herman Greene. *Understanding Thomas Berry's Great Work.* Autumn 2000.

42. Mark McMenamin. *Evolution of the Noosphere.* Spring 2001.

43. Kathleen Duffy, S.S.J. *The Texture of the Evolutionary Cosmos: Matter and Spirit in Teilhard de Chardin.* Fall 2001.

44. Ursula King. *Mysticism and Contemporary Society: Some Teilhardian Reflections.* Spring 2002.

45. John Haught. *In Search of a God for Evolution: Paul Tillich and Pierre Teilhard de Chardin.* Fall 2002.

집필자와 편집자

에울라리오 발타자르(Eulalio Baltazar)는 필리핀 대학교에서 농업 분야의 학위를 갖고 있으며, 테야르에 관한 논문으로 조지타운 대학교에서 철학 박사 학위를 받았다. 그는 많은 도시 내의 학생들에게 도움을 주는 컬럼비아 대학교(UDC)의 철학 교수다. 주요 저서로는 *Teilhard and the Supernatural*(1966), *God in Process*(1970) 등이 있다.

토머스 베리(Thomas Berry)는 포드햄 대학교의 종교 역사 명예교수이며, 리버데일 종교 연구소와 함께 이 책의 그 프로그램을 기초했다. 미국 테야르 협회의 전임 의장이다(1972-1985). 주요 저서로는 *The Dream of the Earth*(1988), *The Great Work*(1999), *The Universe Story*(브라이언 스윔과 공저, 1992) 등이 있다.

캐슬린 더피(Kathleen Duffy, S.S.J.)는 드렉셀 대학교에서 물리학 박사 학위를 받았으며, 현재 체스넛 힐 대학의 물리학 교수다. 드렉셀 대학교, 브린모어 대학, 마닐라의 아테네오 대학교, 필리핀 대학교에서 물리학을 가르쳤다. *Physics Review Letters* 와 *Journal of Chemical Physics* 와 같은 간행물에 원자 물리학과 혼돈이론 연구를 발표했다.

아서 파벨(Arthur Fabel)은 물질과 환경 과학기술 분야의 공학자이자 저자로서 최근에 은퇴했다. 1983년부터 1993년까지 *Teilhard Studies* 의 편집자였으며, 현재는 미국 테야르 협회의 *Teilhard Perspective* 회보의 편집자다. *Cross Currents, Journal of Evolutionary and Social Systems, Environmental Ethics* 에 논문을 발표했다.

조셉 그라우(Joseph A. Grau)는 코네티컷 페어필드의 새크리드 하트 대학교 종교 연구 교수였으며, *Teilhard Studies* 에 공헌한 후 세상을 떠났다. 미국 가톨릭 대학교에서 도덕 신학 박사 학위를 받았다. 주요 저서로 *Morality and the Human Future in the Thought of Teilhard de Chardin* (1976) 등이 있다. 밀워키의 정의와 평화 센터의 이사로 봉직했으며, 세인트 메리 대학과 마케트 대학교에서도 가르쳤다.

도날드 그레이(Donald P. Gray)는 맨해튼 대학의 종교 연구 교수이다. *Teilhard Studies* 의 초창기 편집자였으며 미국 테야르 협회의 전임 부의장이다. 포드햄 대학교에서 발표된 그의 박사 학위 주제가 *The One and the Many: Teilhard de Chardin's Vision of Unity*(1969)라는 제목으로 출판되었다.

존 그림(John Grim)은 펜실베이니아 루이스버그의 벅넬 대학교 종교과 교수다. 그의 박사 학위는 오지브웨이 샤머니즘에 관하여 토머스 베리의 지도 하에서 이루어졌으며, *The Shaman* 으로 출판되었다. 워싱턴 주의 케틀 폴스의 샐리시어를 사용하는 인디언 부족(Swy-ahl-puh)과 몬태나의 압살록(크로우) 인디언 부족을 현지 조사하였다. 1985년 이래로 미국 테야르 협회의 의장이다. 메리 에블린 터커와 더불어 종교와 생태에 관한 포럼의 공동 책임자이며, 또한 *Indigenous Traditions and Ecology*(2000) 의 편집자다.

존 호트(John F. Haught)는 미국 가톨릭 대학교에서 박사 학위를 받았으며, 현재 조지타운 대학교 신학과 힐리 석학 교수다. 1990년부터 1995년까지 조지타운 대학교 신학과의 교수로 봉직했다. 그의 가르침과 연구의 관심은 특히 과학과 종교, 우주론과 신학, 종교와 환경 문제에 집중한다. 많은 논문과 책을 썼으며, 최근의 작품으로 *Deeper Than Darwin*(2003)이 있다.

토머스 킹(Thomas M. King, S.J.)은 조지타운 대학교 종교과에 들어간 1968년부터 테야르에 관한 수업을 가르쳤다. 그의 작품들 중에는 The Way of the Christian Mystics 시리즈를 위해 쓰인 *Teilhard de Chardin* (1988)이 있다. 킹 신부는 포드햄 대학교에서 석사 학위를 받고 스트라스부르 대학교에서 신성한 신학으로 박사 학위를 받았으며, 우드스탁에서 S.T.L을 받았다.

어슐러 킹(Ursula King)은 영국 브리스톨 대학교의 신학·종교학 명예교수이며 원로 연구원이다. 다음과 같이 오르비스 북스가 발행하는 테야르에 관한 여러 작품들을 쓰거나 편집했다. *The Life and Vision of Teilhard de Chardin*(1996), *Pierre Teilhard de Chardin: Wrings*(1998), *Christ in All Things: Exploring Spirituality with Teilhard de Chardin* (2000)

엘리노 레이(Eleanor Rae)는 포드햄 대학교에서 현대의 체계 신학으로 박사 학위를 받았다. 오르비스 북스에서 출판한 *Women, the Earth, the Divine*(1994)의 저자다. 가장 최근에는 "The Holy Spirit and Process Theology"에 관한 논문이 Harvard World Religions and Ecology 시리즈 *Christianity and Ecology* 에 출판되었다. 신성한 영과 지구-중심의 정신성과 같은 주제에 관해 광범하게 연구하고 있다.

윌리엄 리스(William E. Rees)는 토론토 대학교에서 개체군 생태학으로 박사 학위를 받았으며, 1969년 이래로 브리티시컬럼비아 대학교 SCARP (School of Community and Regional Planning)에서 가르쳤다. 그는 환경과 자원 계획에서 SCARP 프로그램을 기초했으며, 1994년부터 1999년까지 그 연수원의 책임자로 있었다. 리스의 가르침과 연구는 지속가능한 사회경제 발전을 위해 필요한 생태 조건들과 세계 환경 추세들에 대한 공적인 정책과 계획의 함축에 초점을 맞추었다. 이러한 많은 일들은 인간 생태 영역과 생태학적 경제 영역에서 이루어지는데, 거기에서 그는 "생태학적 발자국"이란 개념을 발명한 것으로 잘 알려져 있다. Canadian Society for Ecological Economics의 창립 회원이며 최근 전임 회장이다. 또한 그는 생물 다양성 보존을 위한 생태학적, 정치적 요구조건들을 정의하는 목적을 갖고 있는 Global Integrity Project의 공동 연구자다.

도날드 세인트 존(Donald St. John)은 이 책의 공동 편집자이며, 지난 10년 동안 *Teilhard Studies* 의 편집자로 일했다. 펜실베이니아 베들레헴의 모라비안 대학의 종교과 교수이며, 토머스 베리와 함께 포드햄 대학교에서 박사 학위를 받았다. 생태학적 정신성, 미국 원주민 종교들, 그리고 토머스 머튼에 관해 논문을 썼다. 그는 *Teilhard Study* no. 37: Merton and Ecology 의 공동 저자다.

브라이언 스윔(Brian Swimme)은 중력계에 관한 연구로 오리건 대학교에서 박사 학위를 받았다. 그는 토머스 베리와 *The Universe Story*(1992)를 공저했으며, 호평을 받은 비디오 시리즈 *Canticle to the Cosmos and Earth's Imagination* 을 제작했다. 1998년에 오르비스 북스에서 *The Hidden Heart of the Cosmos* 를 발간했다. 현재 California Institute of Integral Studies의 대학원 교수진에 있다.

메리 에블린 터커(Mary Evelyn Tucker)는 컬럼비아 대학교에서 박사 학위를 받았으며 벅넬 대학교의 종교학 교수다. 그녀의 가장 최근의 저서는 *Worldly Wonder: Religions Enter their Ecological Phase*(2003)이다. 1979년부터 미국 테야르 협회의 부의장으로 일했다. 존 그림과 함께 그녀는 *Forum on Religion and Ecology* 의 공동 책임자이며, *Religions of the World and Ecology* 에 관한 하버드 시리즈 열 권의 편집자다. 그들은 하버드 대학교 환경센터를 기초로 종교와 생태에 관한 웹사이트 (http://environment. harvard.edu/religion)도 구성했다.

영어로 발간된 테야르의 작품 목록

■ 모음집

The Human Phenomenon. Sarah Appleton-Weber trans. Brighton: Sussex Academic Press, 1999. 번역 원본: *The Phenomenon of Man*. New York: Harper & Row, 1959. 테야르의 우주적 진화와 생명 창발에 대한 주제를 유일하게 포괄적으로 표현함.

The Appearance of Man. New York: Harper & Row, 1965. 인간의 기원에 대한 테야르의 이론.

The Vision of the Past. New York: Harper & Row, 1967. *The Human Phenomenon* 의 주제를 발전시킴.

The Divine Milieu. New York: Harper & Row, 1960. 내적 삶, "세상을 사랑하는 사람들을 위한" 정신성에 대한 고전적 에세이.

The Future of Man. New York: Harper & Row, 1964. 테야르의 비전을 이해하는 데 매우 중요함. 현대의 인간성이 진화적 미래를 바라보아야 한다는 요구를 진척시킴.

Human Energy. New York: Harcourt Brace Jovanovich, 1971. 사랑 에너지라는 주제가 광범위하게 다루어지고 있는 테야르의 주요 에세이들 중 여섯 번째.

The Activation of Energy. New York: Harcourt Brace Jovanovich, 1971. 이 에세이들은 연대순으로 *Human Energy* 의 에세이 뒤에 나온 것이며, 테야르 비전의 내적 정합성을 이해하는 데 중요하다.

Man's Place in Nature. New York: Harper & Row, 1966. 우주 전체의 과정
에서 인간의 위치에 대한 테야르의 개념.

Science and Christ. New York: Harper & Row, 1969. 종교적인 아이디어들과
관련해서 과학의 본성에 관한 풍부하고 자극적인 반성.

Christianity and Evolution. New York: Harcourt Brace Jovanovich, 1971. 기
독교와 진화하는 우주에 대한 테야르의 비전을 개진하는 이 에세이들은 원
죄에 관한 초기 에세이들을 포함함.

Toward the Future. New York: Harcourt Brace Jovanovich, 1975. 테야르는
인간의 실현이 진화 과정의 성스러운 중심과 인격적으로 교감하는 데 있으
며, 물질을 정신화하는 데에서 절정에 달한다고 제안한다. "The Evolution
of Chastity"라는 제목의 에세이를 포함.

Writings in Time of War. New York: Harper & Row, 1968. 테야르의 많은 후
기 사상의 씨앗들이 이 에세이 안에 있다. 그것들은 그의 "지적인 서약"이
다. 전쟁 중 참호 안에서 쓰인 그것들은 성스러움에 대한 사랑과 더불어
지구에 대한 열정적인 비전을 반영함.

The Heart of Matter. New York: Harcourt Brace Jovanovich, 1979. 이 책은
정신적 자선전이라는 제목의 에세이 안에 포함되어 있는데, "The Cristic"
이라는 에세이는 *The Divine Milieu* 라는 그의 아이디어를 더 발전시킨 것
임.

■ 다른 책들

Building the Earth. Wilkes-Barre, Pa.: Dimension Books, 1965. *Human
Energy* 에서 발췌된 초록. 그의 사상에 대한 훌륭한 안내서임.

Building the Earth. New York: Avon Books, 1969. John Kobler의 "The Priest
who Haunts the Catholic World"와 테야르의 에세이 "The Psychological
Conditions of Human Unification"을 포함한 확장판.

Hymn of the Universe. New York: Harper & Row, 1965. 테야르의 독창적인
명상 "Mass on the World"를 포함.

How I Believe. New York: Harper & Row, 1969. 테야르는 그의 신앙에 대한
이론적 근거를 개진하기 위해 이 에세이를 1934에 베이징에서 썼다.

Let Me Explain. New York: Harper & Row, 1970. 테야르의 사상은 모음집들
의 처음 9권으로부터 그리고 미발간된 몇몇 원고들로부터 Jean-Puerre

Demoulin에 의해 교묘하게 정리된다.

The Prayer of the Universe. New York: Harper & Row, 1973. *Writings in Time of War* 에서 추려짐.

■ 편지

Letters from Egypt 1905-1908. New York: Herder & Herder, 1965. 카이로에 서 수사로서 가르치고 있는 동안 그의 부모에게 보낸 편지들.

Letters from Hastings 1908-1914. New York: Herder & Herder, 1968. 영국의 수도회에서 보내는 동안 그의 부모에게 보낸 편지들.

Letters from Paris 1912-1914. New York: Herder & Herder, 1967. 그가 인간 박물관에 있는 동안 그의 부모에게 보낸 편지들.

Pierre Teilhard de Chardin-Maurice Blondel Correspondence. New York: Herder & Herder, 1967. 테야르가 블롱델에게 답장으로 보낸 몇몇 에세이 들과 관련해서 1919년에 간단히 교환했던 편지들.

Making of a Mind: Letters from a Soldier Priest. 1914-1919. New York: Harper, 1965. 그의 사촌 마르그리트에게 보낸 매우 소중한 편지 모음. 이 책은 *Writings in Time of War* 와 함께 읽어야 한다. 그가 종종 그 에세이 들을 언급하고 있기 때문이다.

Letters from a Traveler 1923-1939. New York: Harper & Row, 1962. 이것은 중국과 고비사막, 자바와 인도에 대한 테야르의 생생한 인상을 보여준다.

Letters to Two Friends 1926-1952. New York: New American Library, 1968. 주로 베이징에서 많이 쓰인 이 170통의 편지 모음집은 테야르 삶의 원숙기 에 대한 상세한 기록이다.

Letters to Leontine Zanta 1923-1939. New York: Harper & Row, 1969. 지적 으로 뛰어난 이 친구에게 보낸 편지에서, 테야르는 수도회와 교회와의 관 계에서 발생하는 마음의 부담을 덜어낸다. 그는 또한 이 중요한 시기 동안 정신적 방향을 제시하고 그의 사상의 성장을 보여준다.

Letters from My Friend — Correspondence between Teilhard de Chardin and Pierre Leroy 1948-1955. New York: Paulist/Newman, 1979. 그의 가장 가 까운 믿을 만한 친구들 중 하나에게 보낸 이 편지에서, 테야르는 무한히 인간적이고 매력적인 그의 솔직한 얼굴을 가장 분명하게 보여준다. 여기에 서 완전히 성숙된 모습으로 그의 비전이 펼쳐진다.

21세기를 위한 테야르 관련 참고문헌

Berry, Thomas, *The Great Work*. New York: Bell Tower, 1999. 진화, 삼림, 우주, 인간 재발명과 같은 주제에 관한 에세이 모음집. 베리는 앞으로의 길이 토착민들과 여자들, 전통 종교와 과학이라는 네 가지의 지혜를 포함해야 한다고 제안한다. "역사는 인간의 모험을 더 큰 우주의 운명에 관계시킴으로써 삶에 의미를 주는 그러한 중요한 운동들에 지배된다. 그러한 운동을 창조하는 것이 사람들의 위대한 일이라 불릴 것이다."(p.1) "우리가 새 천년으로 들어감에 따라, 인간이 지구를 황폐화하는 기간에서 인간이 상호 이익이 되는 방식으로 지구에 나타나는 기간으로 변화하는 것이 위대한 일이다." (p.3)

Boff, Leonardo. *Cry of the Earth, Cry of the Poor*, Maryknoll, N.Y.: Orbis Books, 1997. 사회적 정의와 해방을 추구함에 있어서, 새로운 자기 조직 시스템 과학은 창조의 운명과 정신적 깊이를 드러내 보여주는 상호 의존성, 보완성, 내면성 그리고 공동의 선을 가르칠 수 있다.

Bruteau, Beatrice. *God's Ecstasy*. New York: Crossroad, 1997. 철학자이자 신학자가 복잡성에 대한 비선형 과학과 기독교 전통을 통합시키고, 신의 섭리의 출현에 참여하여 펼쳐지는 우주를 상상한다. 브루토는 신성한 삶을 공유하기 위해서는 이러한 자기 창조적 우주를 마음에 새겨 살아가야 한다고 결론을 내린다.

Capra, Fritjof. *The Hidden Connections: Integrating the Biological Cognitive, and Social Dimensions of Life into a Science of Sustainability*. New York: Doubleday, 2002. 공생 세포에서 예시되듯이, 카프라는 요소가 되는

실재들이나 대상들 간의 체계적 관계들을 누적적으로 평가함으로써, 인간의 지속가능한 공동체를 유도하고 자기 조직할 수 있게 하는, 자연스러운 생태학적 원리들이 제공될 수 있을 것이라고 말한다.

Cobb, Jennifer. *Cybergrace*. New York: Crown, 1998. 콥은 인지권으로서의 인터넷이 그것의 대화 잠재력을 통해 공정한 지구 공동체를 촉진시킬 수 있는 정신적인 질을 소유한다고 본다.

Coelho, Mary. *Awakening Universe, Emerging Personhood*. Lima, Ohio: Wyndham Hall Press, 2003. 콜호는 테야르와 토머스 베리 그리고 브라이언 스윔의 새로운 우주 이야기와 기독교의 묵상 전통을 통합한다. 자기 조직화하는 우주에 대한 그러한 평가를 통해, 사람은 그 미래의 펼침에 참여자로서 창조적인 모습으로 나타날 수도 있다.

Cousins, Ewert. "The Convergence of Cultures and Religions in Light of the Evolution of Consciousness." *Zygon* 34/2(1999), pp.209-19. 이 포드햄 대학교의 신학자는 인류의 세계적인 출현을 그 초기 국면에서부터 주요 세계 종교들의 "첫 번째 축이 되는 기간"까지 추적한다. 커즌스는 기계론적 세계관이 지배하고 난 뒤 여러 세기 후, 이제 우리의 현 세기는 세계 종교들의 모임으로 특징지어지는 "두 번째 축이 되는 기간"에서 절정에 이르고 있는 것 같다고 암시한다.

Forum on Religion and Ecology. www.environment.harvard.edu/religion. 메리 에블린 터커와 존 그림 그리고 앤 커스터가 설립한 이 포괄적인 홈페이지는 토착 문화들을 포함해서 열 가지 종교 전통들로부터 관련된 환경적, 경제적, 정치적 연계뿐 아니라 많은 자료들을 제공한다.

Goodenough, Ursula. *The Sacred Depths of Nature*. New York: Oxford University Press, 1998. 세포 생물학자는 그녀의 "종교적 자연주의"를 통해 놀랍고 복잡한 진화 과정을 과학적으로 평가한다.

Haught, John. *God after Darwin*. Boulder, Colo.: Westview, 1999. 호트는 성스러운 미래를 향해 움직이고 있는 끝나지 않은 우주에서 목적을 발견하는 테야르와 알프레드 화이트헤드에 뿌리를 두고 있는 진화 신학을 탐구한다.

Holmes, Barbara. *Race and the Cosmos*. Harrisburg, Pa.: Trinity Press International, 2002. 신학자이자 윤리학자이고 활동가이자 변호사인 그는 외관상 해결할 수 없어 보이는 인종과 사회정의 문제가 지금 전체론적인 과학을 통해 분명해지고 있는 역동적으로 상호 연관된 양자 우주론의 포괄적 맥락 내에서 해결될 수 있다고 주장한다. "나는 우리가 우주의 관점에서 인종과 해방의 문제를 보아야 한다고 제안하고 있는 것이며, 우리의 해방에 대한 논의 안에 과학의 언어를 편입시키기 시작해야 한다고 제안하고 있는 것이다. 우주가 우리의 활동의 당연한 배경일 때조차도, 우주가 모든 인간 노력의 통합적 측면이라고 한다면, 이것은 합리적인 선택이다. 나는 정의를 찾는 모든 사람들에게 활기차고 신비로운 양자 물리학과 우주론의 세계를 깨닫도록 요구하고 있는 것이다."(p.3)

King, Thomas, S.J. *Jung's Four and Some Philosophers*. South Bend, Ind.: University of Notre Dame Press, 1999. 이 조지타운 대학교의 신학자는 생각과 감각, 느낌과 직관이라는 네 가지 칼 융의 개념을 사용해서 소크라테스에서 사르트르까지 열두 명의 철학자들에 대한 새로운 통찰을 얻는다. 특히 테야르에 관한 장은 진화에 대한 그의 통합적인 비전을 분명하게 보여준다.

King, Ursula. *Spirit of Fire: The Life and Vision of Teilhard de Chardin*. Maryknoll, N.Y.: Orbis Books, 1998. 연구와 설명이 잘되어 있는 테야르 전기문.

King, Ursula. ed. *Pierre Teilhard de Chardin: Writings*. Maryknoll N.Y.: Orbis Books, 1998. 킹이 서문을 쓰고 테야르가 과학과 신앙에 관해 쓴 글들 중 발췌한 것.

Liebes, Sidney, et al. *A Walk through Time*. New York: Wiley, 1998. 브라이언 스윔과 엘리자베스 샤토리스와 함께 쓴 이 책은 자기 조직적인 우주에 대한 새로운 창조 이야기로서, 삽화가 장식하는 아름다운 여행을 즐기는 듯하다.

Malin, Shimon. *Nature Loves to Hide: Quantum Physics and Reality, a Western Perspective*. New York: Oxford University Press, 2001. 말린은 만약 양자 물리학이 플라톤과 플로티노스에 근거하고 알프레드 화이트헤드의 견문을 얻어 적절하게 이해된다면, 그것은 우주에 대한 기계론적 모델을 전복시킬 수 있으며 유기적이고 의미 있는 우주를 밝혀줄 것이라고 주장한다.

Matthews, Clifford, Mary Evelyn Tucker, Philip Hefner, eds. *When Worlds Converge: What Science and Religion Tell Us about the Story of the Universe and Our Place in It*. Peterborough, N.H.: Open Court Publishing, 2002. 저명한 과학자들과 종교 역사가들 그리고 신학자들은 환경윤리를 위해 세계 종교들의 자원과 더불어 새로운 우주론을 탐구한다. 인류

452

학자 터렌스 디컨은 다음과 같이 의식의 창발적 견해를 제안한다. "이러한 관점으로부터, 단지 의식이 생명에서 진화했기 때문이 아니라, 그것들이 각각 기저의 공통된 창조적 동력의 표시들이기 때문에, 생명과 의식은 깊이 상호 관련되어 있는 것으로 보일 수 있다."(p.152)

McFague, Sallie. *Super, Natural Christians*. Minneapolis: Fortress Press, 1997. 이 여성주의 신학자는 과정철학과 생태과학과 여성주의 인식론에서 통찰을 얻어, 신성한 지구에 대한 인간의 관계와 관심을 보여주는 "기능적 우주론"을 되살려낸다. "이 책의 논제는 다음과 같이 간단히 말할 수 있다. 그 자체로 우리의 사랑을 받을 가치가 있는 주제들로서 사랑의 신과 이웃들이라는 기독교적 관행은 자연에까지 확장되어야 한다."(p.1)

Morowitz, Harold. *The Emergence of Everything: How the World Became Complex*. New York: Oxford University Press, 2002. 모로위츠는 체계 생물학자로서 테야르의 아이디어를 받아들여, 어떻게 새로운 복잡성 과학이 연속적으로 감각적 존재로 진화하는 우주를 밝혀주고 있는지를 묘사한다.

O'Murchu, Diarmuid. *Evolutionary Faith*. Maryknoll, N.Y.: Orbis Books, 2002. 토머스 베리가 충고하듯이, 우리는 정말로 이야기들 가운데에 있다. 창조적이고 교육적인 우주론을 목격하고 계시하는 데 공헌하는 오머쿠는 자기 조직적인 발생에 참여하는 살아 있는 관계적 우주를 재현한다. "우리는 신-인간의 창조적 과정의 전 영역에서 자의식적 깨달음을 독특하게 방출하는 상호 의존적인 우주 내의 상호 의존적인 종들이다."(p.150)

Rolston, Holmes, III. *Genes, Genesis, and God*. Cambridge: Cambridge University Press, 1999. 이 환경윤리 철학자는 지적이고 인격화된 정신의 자기 조직적이고 자생적인 과정으로 진화를 읽을 것을 제안한다. 이러한 견해에서, 조화로운 지구의 자연은 산출의 과정으로 보일 수 있다.

Ruether, Rosemary Radford. *Gaia and God: An Ecofeminist Theology of Earth's Healing*. San Francisco: HarperSanFrancisco, 1992. 류터는 새로운 우주 이야기의 생태학적 잠재성뿐 아니라 성경적 전통의 생태학적 차원도 기록한다.

Salmon, James, S.J., and Nicole Schmitz-Moormann. "Evolution as Revelation of a Triune God." *Zygon* 37/4(2002), pp.855-71. 초월적이기도 내재적이기도 한 신에 대한 기독교적 믿음을 입증하는 방법으로, 창조적 결합과 열역학을 통해 테야르의 진화 비전을 종합함

Schmitz-Moormann, Karl. *Theology of Creation in an Evolutionary World*.

Cleveland: Pilgrim Press, 1997. 이 독일의 신학자는 유기적 우주에 대한 테야르와 화이트헤드의 과정 사상을 탐구한다. 슈미츠-무어만은 예수회 과학자 제임스 새먼에게 도움을 받는다.

Skehan, James, S.J. *Praying with Teilhard de Chardin.* Winona, Minn.: St. Mary's Press, 2001. 세상에서의 미사, 지구의 공동 창조주들, 우리의 활동의 신성화 등과 같은 주제들에 관한 장들에서 테야르의 정신적 비전의 본질에 관한 명상들.

Swimme, Brian. *The Hidden Heart of the Cosmos.* Maryknoll, N.Y.: Orbis Books, 1999. 실재의 풍부한 중심으로서 양자 진공에 대한 탐구. 이러한 우주적 관점에 대한 스윔의 서정적 찬사는 지구와 그것의 수많은 형태의 생명과의 관계적 반향을 위한 기초를 제공한다.

Swimme, Brian, and Thomas Berry. *The Universe Story.* San Francisco: HarperCollins, 1992. 수학적 우주론자와 문화 역사가의 이 독특한 공동 작품은 그 하나의 기원에서부터 잠재적으로 인간적인 지속가능한 "생태(Ecozoic)"의 시대까지 자기 조직적인 창조의 서사적 의미를 전달한다. "여기에서 말하고 있는 그 이야기는 기계론적이고 본질적으로 무의미한 우주 이야기가 아니라 신비로운 자기 조직적인 힘을 처음부터 갖고 있는 우주 이야기라는 것을 중요하게 평가해야 한다." 바로 이 이야기로부터 다양한 자연현상들이 출현했기 때문에, 이전 시대에서보다 더욱 지평선 너머에서 떠오르는 여명과 언덕들에 부딪치는 번개, 폭풍우 혹은 열대우림의 밤의 소리들에서 경험하는 경외는 분명 더욱 클 것이다.

Toolan, David, S.J. *At Home in the Cosmos.* Maryknoll, N.Y.: Orbis Books, 2001. 테야르에게 헌정된 책에서, 예수회 신학자 툴란은 인간 현상을 통하여 의식에 도달하는 자기 조직적인 우주와 성경적 전통을 통합시킨다. 이러한 종합으로부터 신성한 창조 내에서 생태학적인 지속가능성을 고무하는 "지구윤리"가 따라 나온다.

Tucker, Mary Evelyn, and John Grim, eds. *Religions of the World and Ecology.* Cambridge, Mass.: Center for the Study of World Religions and Harvard University Press, 1998-2003. 환경윤리와 공적인 정책을 위한 원천으로서 세계의 종교들의 통찰을 탐구하기 위해 하버드 대학교에서 개최된 회의에서 나온 열 권의 시리즈. 편집된 책에는 다음이 포함된다. 불교, 기독교, 유교, 도교, 힌두교, 토착 전통들, 이슬람, 자이나교, 유대교, (일본의) 신도.

Tucker, Mary Evelyn, and John Grim. "Religion and Ecology: Can the Climate Change?" *Daedalus* 130/4(2001), pp.1-22. Harvard Religions of the World and Ecology 회의 참여자들이 도출한 지속가능한 미래를 위한 세계 종교의 지혜에 관한 특별 안건. 저자들 중에는 Michael McElroy, J. Baird Callicott, Sallie McFague, Tu Weiming, 그리고 Bill McKibben이 있다.

Wessels, Cletus, O.P. *The Holy Web: Church and the New Universe.* Maryknoll, N.Y.: Orbis Books, 2000. 유기적으로 자기 발전하는 우주라는 새로운 이야기에 비추어 기독교의 역할과 구조를 통찰력 있게 재고함. 영속적인 성스러운 창조성 내에서, 사람들의 정신적 자각과 관계적 관심이 성장하듯이, 우주도 의식으로 나올 수 있을 것이다. 그것의 자기 조직적 패턴들로부터, 통합적인 공동체의 "전체지배(holarchy)"로서, 유사하게 실행 가능한 교회를 위한 모델을 끌어내라고 제안한다.

__. *Jesus in the New Universe Story.* Maryknoll, N.Y.: Orbis Books, 2003. 이 책에서 웨슬즈는 성경 전통의 예수 그리스도가 역동적으로 출현하는 창조 내에서 평가될 수 있는 길을 펼쳐나간다. 신의 현존은 모든 사람들과 포괄적인 지구 간의 신성한 관계의 망으로 펼쳐지는 것으로 보인다. 따라서 구원은 예수의 영원한 사랑과 해방의 메시지를 통해 촉진되는 회복과 변형, 화해와 갱생으로 다시 바뀐다.

Wright, Robert. *Nonzero.* New York: Pantheon, 2000. 승자/패자 경쟁을 포함하는 제로섬 견해보다는, 모든 당사자들에게 이익이 되는 진화의 진보적인 방향과 협동에 대한 본래적인 강한 경향을 보여주는 테야르적인 논변.

찾아보기

ㄱ.

가이아 가설 195, 319
가치 전달 175-6
가치 창조 171-2
가치 확인 173-5
가톨릭교회와 테야르와의 갈등 53-59, 111
건설적인 학제적 연구 426-30
겔만, 머리 280
결합과 창발적 자아 200
경제활동의 협동적 조직화 414
계몽 145, 162
고에르너, 샐리 303
고통의 속죄 기능 20
공간과 시간 273
공동주택 316
과학기술과 인간 삶의 개선 188
과학적 세계관 207, 209
과학적 창조 공동체 162-4

관념론자 89
구속과 해방 331, 342
구속 신앙 공동체 161-2
구티에레즈, 구스타보 325-8, 332
군사산업사회 180
굴드, 스티븐 제이 309, 374
굴드의 자연선택 이론 375
굿윈, 브라이언 308
극성 28
Global 2000 Report 154, 183, 185
금서 목록 47
기계론적 세계관 451
기독교 이야기 162
기초 교육자로서의 지구 197
길버트, 메리 우드 99, 104

ㄴ.

나무의 은유 337
내선적인 진화 현상 21

내재성과 지혜 396
내재성과 초월성 330-2
내재주의 323, 349
네스, 아르네 314
noogenesis(인지 발생) 26
뉴욕 58
뉴턴, 아이작 147, 209
뉴턴과 우주에 대한 기계론적 모델 147

ㄷ.

다윈, 찰스 64, 79, 147, 164
다윈의 진화론 18, 20
달링턴, 리처드 308
The Divine Milieu 55, 71
The Heart of Matter 42, 268
The Human Phenomenon 18-22
데닛, 다니엘 317
데이비스, 폴 306
데카르트, 르네 19, 88, 95, 147, 208
도슨, 찰스 47
뒤르켐, 에밀 315
드 뒤브, 크리스티앙 303
드 뤼박, 앙리 96
드 지터, 빌렘 366
드 테라, 로다 59, 100, 114
드롭, 샌포드 319
들것 메는 사람 30, 41, 48, 270

ㄹ.

러브탁, 세임스 195

러브락의 가이아 가설 195
레도초프스키, 블라디미르 54
레오폴드, 알도 150, 153
레이븐, 피터 185
로작, 시어도어 317
로크, 존 209-10
롱, 아스포델 385
르루아, 피에르 59, 116, 429
르메트르, 솔란지 100
리샹, 에밀 52-6

ㅁ.

마굴리스, 린 299, 308-9
마르크스, 카를 163
마르크스주의와 기독교 324
마르크스주의와 테야르의 진화적 틀
    327
마르크스주의와 해방 이론 326
망델브로, 브누아 309
매키벤, 빌 185
매튜즈, 프레야 314
맥페이그, 샐리 381
머피, 롤랜드 391
메데인 중남미 주교들의 모임 325, 330
메이시, 조애너 389
모노, 자크 304
모더니스트 논쟁 18
모든 지식의 맥락으로서 진화 75-80
문제 해결책으로서의 시장 220-3
문화와 실재 206
물질과 정신 16, 19, 24, 31, 266-97

물질의 다양성 20
물질의 세 가지 질들 중 하나인 다수성
22
물질의 세 가지 질들 중의 하나로서의
통일성 22
물질의 전체성 22
물질의 질 20
물질의 창발적 속성 16
물질의 창발적 속성으로서의 복잡성과
의식 16
뮤어, 존 139, 150, 153

ㅂ.

"바라봄"에 대한 요구 18
바렐라, 프란시스코 313
바티칸 II 사목헌장 325-41
말렌싱, 오귀스트 44, 53-4
발로, 코니 318
방사형 에너지 24
배티, 마이클 316
베너-그렌 재단 57-9
베네딕토 15세 52
베르그송, 앙리 46, 270
베르나드스키, 블라디미르 310
베리, 웬델 190, 202
베리, 토머스 190
베리의 생명의 공동체로서의 지구 190
베이컨, 프랜시스 129, 147, 163, 208
베이트슨, 그레고리 249
변증법적이고 혁명적인 해방 신학 329
보편적 구원자 381-9

보프, 레오나르도 333
보프의 해방과 구원에 관해 333-4, 347
복잡계 280-3
복잡성 이론 279, 286
복잡성-의식 274, 312
부삭, 장 47
부삭, 조르주 47
부울, 마슬랭 47-54
부조리한 우주 133, 148
브라운, 레스터 184, 226
브라운의 환경수용력에 관해 184, 187
브라이슨, 레이드 226
브뢰이, 앙리 47, 54
블랙홀로서의 경제 213
비가역성 28
비코, 잠바티스타 163

ㅅ.

사랑 에너지 413-35
사랑의 활성화 421-6
사랑화 26
사르트르, 장-폴 88, 95-6, 133
사회적 신화로서의 세계관 206
산업화로 인한 불균형 258
산타페 연구소 280, 287, 304
살테, 스탠리 314
새로운 이야기 159-77
새로운 이야기와 옛 이야기 196
생명 발생 25
생명계의 자기 조직화 369-79
생물권 147

생물학과 이원론 88-95
생 시몽, 클로드 앙리 드 루브루아 163
생태계 216-8
생태권과 환경 214
생태학 127-55, 178-203
생태학적 시대 127-55
생태학적 실재 212-6
생태학적 자원 소비 225
샹봉, 마르그리트 테야르 47, 102-3,
성경 17, 18, 20
세 가지 무한 21
세 가지 유형의 사랑 415
세계자연헌장 139
세군도, 후안 루이스 332, 336
세속주의 323
세이건, 도리언 309
소로, 헨리 데이비드 139, 150, 153
소버, 엘리엇 315
수권 16
수학과 자연선택 250-3
수학과 프랙탈 복잡성 306-10
수학적 접근방식 279
슈미츠 무어만, 칼 317
슈스터, 피터 307
스몰린, 리 304
스무트, 조지 305
스미스, 아담 210
스완, 루실 99-126
스윔, 브라이언 25
신과 인간의 상호작용 15
신비주의 16, 17, 30
신앙 공동체 161-9

신앙과 약속 373
신의 계시로서의 창조 400
신의 역사 내재성 336-9
신의 왕국 333, 339, 344
신의 왕국과 역사 332-5
신플라톤주의 20
실재의 문화적 뿌리들 206-7
실존주의 133
실존주의의 두려움 149
씨앗의 은유 342

ㅇ.

아리아드네의 실타래 272-76, 312
아스만, 휴고 328
아이슬리, 로렌 200
IPCC(기후 변화에 관한 정부간 협의체)
  186
아인슈타인, 알베르트 364-7
악에 대한 테야르의 설명 21
알곡화 24
암석권 16
야블롱카, 에바 313
얀치, 에리히 142
에너지 활성화 148-52
엔트로피와 에너지 소산 23, 67
여성 신 389-98, 407
여성으로서의 신성한 영 392-5
연결 접근방식 280, 288
열역학 과정으로서의 성장 213-5
열역학 제2법칙 23, 213
예수회 17, 44

옛날이야기 159
오그덴, 슈베르트 335
오그덴의 해방 신학자들에 대한 비평 335
오메가 포인트 26
오메가 포인트로서의 그리스도 420
오베르마이어, 후고 47
오코너, 캐서린 319
와인버그, 스티븐 200, 320, 370
우연한 우주 366
우주 발생 14, 25, 30
우주 질서 174
우주의 우연성 362-67
우주를 이해하기 위한 생물학적 모델로서의 진화 76-9
우주를 이해하는 열쇠로서의 인류 79
우주에 대한 기계론적 모델 207
우주의 새로운 이야기 196
우주의 신성한 차원 132, 314
우주의 의식 양상으로서의 인간 132
우주의 인격화 414-19
우주의 필연성 363
우주적 그리스도 133, 278, 279, 297
우주적 사랑 415, 418
원시물질 273
월드워치 재단의 State of the World Reports 183
월리스, 앨프리드 러셀 165
윌슨, 데이비드 슬론 315
유기체설 142
유물론자들 88-9
육화된 정신성 34

은하 진화 131
음양학 318
의식의 축 311
이원론 88, 95
이원론자들과 생물학 95
이전의 기독교적 우주론 165-6
인간들의 새로운 역할 16
인간 에너지의 활성화 148
인간우주적 견해 191
인간의 거대 국면의 역할 259
인간의 자기반성 역할 20
인간의 환경수용력 225-9
인간화 19
인류 발생 25
인류의 이야기 162
인본주의 323
인지권 16, 26, 301-3
일반화된 인간 사랑 413-6
일치성 28

ㅈ.

자기 비움(kenosis) 377-9
자기 생성 217-19
자아 정체성 137
자연 자원의 사용 181-2
자연세계의 대상화 212
자연세계의 대상화 212
장타, 레옹틴느 100
접선형 에너지 23
정신 391
정신과의 결합의 형이상학 17

정신성의 상실 150
정신적, 물질적 과정으로서의 진화 16
정신적 여정의 세 단계 70-3
정신화의 의미 27
제1차 세계대전 30, 41
존슨, 엘리자베스 386
주구점 55, 56, 103
죽음의 장벽 65
중남미 주교들의 모임 325 331
쥐스, 에두아르드 54
지구교양 186-90
지구 공동체 128, 136
지구 진화 131, 421
지구생물학 연구소(베이징) 57
지구와 인간의 관계 137, 146
지구의 관점 179
지구의 생각하는 존재들의 층 54
지구-인본주의 윤리 410-35
지속가능한 경제 발전 180-2
지속가능한 발전 204-44
지속가능한 발전에 관한 세계정상회의
    182
지속가능한 생태권 204
지식과 어둠 96
지식과 통일성 74-8
지역 상호간 교역 230-2
지역적 환경수용력 229-232
지혜 문헌 384-408
지혜의 신 380-409
진보 신화 182-6
진보의 아이디어 129
진보의 환상 226

진화 과정의 발단 25
진화 과정의 완성으로서의 인간 132
진화 과정의 축적으로서의 오메가
    포인트 348
진화의 네 국면 131
진화의 네 국면 중 하나로서의 생명
    진화 131
진화의 네 국면 중 하나로서의 인간
    진화 131
진화적 우주 266-97
짐멀리, 발터 399

ㅊ.

창발적 자아 300, 312-4
창조의 모체 399-404
초월성과 내재성 330-2
충만의 원리 141

ㅋ.

카뮈, 알베르 133
카슨, 레이첼 150,153
카우프만, 스튜어트 287, 305-6, 317
캠프, 클라우디아 389-90
켈러트, 스티븐 353
코닝, 피터 315
코모너, 배리 181, 189
콘첼만, 한스 396
콩도르세, 마리 장 드 163
콩트, 오귀스트 163
킹, 어슐러 319, 407, 444

킹, 토머스 99

ㅌ.

타나스, 리처드 318
테야르 사상의 기여와 한계 32-7
테야르와 복잡성 이론 286-95
테야르와 중국 36, 45, 52-8
테야르의 신비주의에 대한 정의 30
테야르의 육화된 정신성 34
테야르와 인간 에너지의 활성화 148
테야르의 정신성 62-5
테야르의 형성기 42-52
테인터, 조셉 241
토머스, 루이스 135, 145
통일과 이원론 341
트레아, 이다 100
트로사르, 폴 44

ㅍ.

파울루스 6세의 「현대 복음 선교
  (Evangelii Nuntiandi)」 331
판넨베르크, 볼프하르트 369
페이절스, 일레인 392-3
폰 라트, 게르하르트 397-402
퐁트넬, 베르나르 129
푸리에, 장 밥티스트 163
프랙탈 284-5, 292-4
프리고진, 일리야 306
피우스 10세의 반-모더니즘 46
피우스 11세의 지적 분위기 53

피우스 12세의 보수주의 58
핀리, 바버라 308

ㅎ.

하임스, 에드워드 153
해방 325, 328
해방과 구원 331, 341-50
해방신학 323-51
허블, 에드윈 366
헤겔, G. W. F. 163, 164
호프만, 말비나 100
혼돈 체계 283-7
혼돈과 생명의 기원과 진화 374
혼돈과 복잡성과 신학 352-67
혼돈과 복잡성 과학 353-79
혼돈의 가장자리 286
혼돈의 의미 353
화이트헤드, 알프레드 노스 142, 321,
  338, 359, 361
환경과 개발에 관한 세계위원회 204
환경에 미치는 축적의 영향 228-30
환원주의자 88
휴스턴, 진 310
흑사병 147, 161
힌두교에 대한 테야르의 이해 36

엮은이 **아서 파벨**
물질과 환경 과학기술 분야의 공학자이자 저자이며, 1983년부터 1993년까지
Teilhard Studies 의 편집자를 지냈다.

엮은이 **도날드 세인트 존**
펜실베이니아 베들레헴의 모라비안 대학 종교학 교수이며, *Teilhard Studies* 의
편집자를 지냈다.

옮긴이 **박정희**
성균관대학교를 졸업하였고 동대학원에서 박사 학위를 받았다. 현재 성균관대
학교 강사로 재직 중이다. 주요 번역서로 『생물학의 고유성은 어디에 있는가』,
『도덕성이란 무엇인가』 등이 있다.

21세기의 테야르

1판 1쇄 인쇄	2013년 4월 10일
1판 1쇄 발행	2013년 4월 15일
엮은이	아서 파벨 · 도날드 세인트 존
옮긴이	박 정 희
발행인	전 춘 호
발행처	철학과현실사
등록번호	제1-583호
등록일자	1987년 12월 15일

서울특별시 종로구 동숭동 1-45
전화번호 579-5908
팩시밀리 572-2830

ISBN 978-89-7775-765-3 93160
값 20,000원